中国法学交流基金会资助
民盟中央中国民族文化产业研究中心承担课题

第六届民族文化产业
发展论坛论文集

Essay Collections of the Sixth Forum
on National Cultural Industry Development

论文集

陈忱 主编

中国政法大学出版社

2015·北京

图书在版编目（ＣＩＰ）数据

第六届民族文化产业发展论坛论文集/陈忱主编. —北京:中国政法大学
出版社，2015.12
　ISBN 978-7-5620-6512-8

　Ⅰ.①第… Ⅱ.①陈… Ⅲ.①民族文化－文化产业－产业发展－中国－文集
Ⅳ.①G124-53

　中国版本图书馆CIP数据核字(2015)第277118号

出　版　者　　中国政法大学出版社

地　　　址　　北京市海淀区西土城路 25 号

邮寄地址　　北京 100088 信箱 8034 分箱　邮编 100088

网　　　址　　http://www.cuplpress.com （网络实名: 中国政法大学出版社）

电　　　话　　010-58908524(编辑部)　58908334(邮购部)

承　　印　　固安华明印业有限公司

开　　本　　720mm×960mm　　1/16

印　　张　　22.5

字　　数　　320千字

版　　次　　2015 年 12 月第 1 版

印　　次　　2015 年 12 月第 1 次印刷

定　　价　　58.00 元

序
国际传播和我国民族文化产业发展

周文彰 *

  国际传播正以日益迅猛、不可阻挡的态势，提高着速度，扩大着范围，丰富着内容，增强着影响。这种态势，我们每天从传统媒体广播、电视、报纸、杂志中可以深切感受到，从电影、电视剧、歌舞、音乐剧中可以深切感受到，从与各国之间的人员、货物、资金、技术往来中可以深切感受到，从我们自己的电脑、手机中更可以深切感受到。国际传播对我国社会生活各领域的影响，以及对我国民族文化产业发展的影响是潜移默化的，无时不有，无处不在，能量巨大。正视和研究这种影响，对我国民族文化产业发展至关重要。

  国际传播包含外向传播和内向传播两个维度。尽可能地扩大外向传播和内向传播，是我国三十多年改革开放的目标取向和重大成果，当然也是我国经济社会迅速发展的重要动力和重要原因。我国民族文化产业这些年大步向前的发展，离开国际传播是不可想象的。邓小平同志说，"经验证明，关起门来搞建设是不能成功的"。这当然包括文化建设。

  外向国际传播的目的是推介和输出，让我们走向世界。推介我们的历史文化，推介我们的改革开放，推介我们的方针政策，推介我们的发展进步，推介我们的友好善意，推介我们的优秀产品……；输出，就是让我们

---

* 曾任中共海南省委常委、宣传部部长、国家行政学院副院长。

对世界有价值的东西走向世界，使我们的观点、主张、态度、价值等得到世界的理解、认同和支持。由此，我们得出的结论必然是：我国民族文化产业发展需要外向国际传播。

内向国际传播的目的是吸收和引进，让世界走近我们。内向国际传播使我们看到了外部世界的文明状态、改革动向、发展走向、科技革命、城市管理、文化创意、市场需求、合作机会；我们看到了对我们有用的东西、需要追赶的东西、必须防范的东西；我们开阔了眼界，拓展了思路，学到了技术，看到了管理，找到了机会。于是，该吸收的我们吸收，该引进的我们引进。由此，我们得出的结论必然是：我国民族文化产业发展需要内向国际传播。

外向国际传播和内向国际传播就是这样一个让世界走近我们、让我们走向世界的双向过程，实质是敞开国门、对外开放、融入世界，置身于世界经济一体化浪潮。在某种意义上说，国际传播，传播到什么范围，我们才有可能在什么范围内融入世界；传播到什么程度，我们才有可能在什么程度上融入世界。国际传播是对外开放、融入世界的前提，也是对外开放、融入世界本身。国际传播需要胆略，需要策划，需要智慧。

国际传播对外传播什么？从广义的文化定义上看，外向国际传播就是文化传播；而根据狭义的文化定义，外向国际传播包括文化传播，但不仅仅是文化传播，对外宣传、对外交流、对外贸易都属于国际传播范畴。据此，我们看到了国际传播和民族文化产业的另一层关系：国际传播是民族文化走向世界的前提和推手，这是我们前面已经说过的；同样重要的是，民族文化是国际传播的重要内容，民族文化常常是对外宣传、对外交流、对外贸易的重要内容；民族文化还是国际传播的重要载体，民族文化常常承担着对外宣传、对外交流、对外贸易的重任。从这个意义上说，民族文化产品走出去的过程，就是国际传播的过程。

民族文化产业和国际传播的这一层关系提醒我们，文化产业是内容产业，民族文化产品走出去，首先要考虑的不是外汇，而是影响；不是经济效益，而是传播效果。一部反映个别村寨愚昧落后的电影，可能误导外国观众，让他们以为这就是中国农村；一部表现艺术人物群体之间奸狡巨滑、钩心斗角的小说，可能使中国人的整体形象受损……外向国际传播要始终坚持传播中国的正能量。因此，民族文化产品，无论是作为国际传播的内容还是载体，都要坚持传播效果至上，在此前提下，争取经济效益的最大化。

具有正能量的文化产品，自然就有好的国际传播效果吗？回答是否定的。我家乡的扬州评话进京演出，全场欢声笑语，但也有一些听了打瞌睡的观众，问其缘由，答曰"扬州土话听不懂"。这是扬州评话异地传播的语言障碍。民族文化的国际传播除了要克服语言障碍外，还有社会制度、意识形态、历史知识的隔膜，风俗习惯、禁忌忌讳、审美情趣的差异……因此，民族文化的国际传播除了要解决好传播什么的问题外，还要善于传播，解决好怎样传播的问题。笔者认为，民族文化产品的输出需要精准定向，为特定国家、特定地区、特定民族精心打造，在深入研究这些国家、地区、民族的前提下打造。适宜走进全球所有国家、所有地区、所有民族的文化产品，即使有也是很少的。适合走进欧洲的，不一定适合走进非洲；适合走进亚洲的，不一定适合走进北美。

内向国际传播为我们带来了世界许多国家和地区的优秀文化产品。外国电影、动漫、游戏、电视剧、图书、报纸杂志等进入了我们的日常精神生活，也对我国民族文化产业的发展起到了积极作用。首先，它们的到来或填充了我国民族文化产品的空缺，或弥补了我国民族文化产品的不足。例如，好莱坞大片的引进，满足了人们在观看国产电影之外的欣赏需求，日本动画片在我国电视台的播出，弥补了孩子们缺少优秀动画片的遗憾。其次，这些外国文化产品的引进对我国民族文化产业的发展提供了不少启发和借鉴，起到刺激和推动的作用。

在我国加入世贸组织的谈判中，我们起初最担心的就是外国商品和服务的进入对我国民族产业的冲击。所以，有限度、有步骤地开放市场是我国许多领域的谈判底线，文化市场便是其中最需要坚守的市场。事实上，改革开放以来，我国开放度最高的行业，大多也是后来发展最快最好的行业，从而也是国际竞争力增强最快的行业，如酒店业、零售业、家电业、汽车业……在文化产业方面，我们看到了类似的情形。在我的印象中，这三十多年，几乎每一部热播的进口电视连续剧播出过后，就会有一批更吸引观众的国产电视连续剧播出；我们曾对美国电影在我国的票房望洋兴叹，但近年来，一些优秀国产故事片的票房也扶摇直上，有的甚至出现超过进口电影票房的喜人景象。这里，我并不是把国产电影、电视剧的成功归因于进口剧，而是强调国际传播对于民族文化产业发展的意义。

正如外向国际传播需要把好内容关一样，内向国际传播需要安装"过滤器"。我们要加快外向国际传播的步伐，同样也要加大内向国际传播的力度。只是外向和内向国际传播之间的不平衡，使我们深感外向国际传播任重道远。例如，在信息国际传播上，长期以来一直是"西强我弱"；在文化国际贸易上，我国文化产品的出口总量较小，主要以视觉艺术品（工艺品等）、新型媒介（游戏机等）、印刷品、乐器为主。内地电视剧能够称得上成功"走出去"的可谓凤毛麟角，主要销往港澳台地区和东南亚，约占输出总量的2/3，而进入欧美等主流市场的很少。不仅如此，西方文化在我国的认知度远远超过我国文化在西方国家的认知度。比如，西洋画法深入到我国各级各类美术教学中，而中国画的画法技巧进入西方国家美术课堂的却很鲜见；西方的歌剧、美声唱法在我国的地位，与我国的京剧、民族唱法在西方国家的待遇形成极大反差……

文化外向国际传播和内向国际传播的这种不平衡格局，是由多种历史原因造成的。其中一个主要原因就是，我国综合国力长期处在发展中国家的水平，一方面我国文化得不到世界应有的重视，另一方面我们尚缺乏足够的力量向世界传播自己的文化，而西方文化凭借其强大的综合国力在世界范围内广泛传播。这样，在世界通行文化和文化时尚形成过程中，我国文化丧失了机遇。近三十多年来，伴随我国改革开放的加快和综合国力增强的步伐，中华文化的国际传播速度越来越快、范围越来越大，文化国际贸易逆差状况也迅速改善。按照中央的部署和要求，进一步提高文化自觉和文化自信，以更大的力度让中华文化走出去，是我们这个时代的历史责任。

目　录

民族文化产业发展与法制建设

民族文化产业发展与少数民族

民族文化产业发展的相关研究

民族文化产业发展与国际传播

从"文明冲突论"到文化"包容互鉴论"

——当代国际文化交流中的理念之争

刘笑盈 [*]

刘笑盈 *

摘要：冷战结束后，美国学者亨廷顿的"文明冲突论"横空出世，成为后冷战时期西方构筑国际关系体系和认识国际文化交流中的重要理论。其实"文明冲突论"不过是西方文明中心论的当代翻版。在中国和平崛起的今天，习近平主席在提出中国梦的同时，也提出了国际文化的四原则，其中强调的文化"包容互鉴论"，也是对文明冲突论的直接回应。对这两种文化理念进行分析，指出其理论渊源、现实影响及发展前景，是本文的主要内容。

2014年底，《环球时报》舆情中心发布了一个2014中国形象与国际地位的多国调查报告。这一调查在六大洲17个国家展开，兼顾了发达国家和发展中国家，共收回有效问卷17 544份。调查显示，有64.3%的来自世界各地的受访者认为，中国已经成为一个世界性强国，当被问及"你认为中国已经具备世界性强国的哪些条件"时，有71.5%的受访者选择了"经济实力"，36.5%的受访者选择了"政治及外交影响力"，33.3%的受访者选

---

* 刘笑盈，中国传媒大学新闻传播学部传播研究院教授、博士生导师，国际新闻研究所所长。

择了"军事实力",而选择"文化影响力"的受访者仅占 29.1%。[1] 尽管这一比例已经远高于 2013 年的 22.2%，然而可以看到，"文化"依然是影响中国作为世界强国的"软肋"。

文化走出去是中国提升文化影响力的关键环节，理论研究又是指导文化走出去实践的关键。在文化走出去的理论研究中，我们认为包括三大领域、多个方面。首先，一个大的领域是理论研究，其中包括纯理论研究和政策研究部分；其次一个大的领域是案例研究，其中包括企业的个案研究、行业研究和全案例研究及不同案例的比较研究等部分；最后一个大的领域是理论与实践结合的研究，其中包括由案例出发向上上升为理论的部分，也包括从理论出发向下指导实践的部分。目前看来，这三类研究都有必要深入，尤其是第三类研究。所以我们认为，学者、企业家和政府官员所形成的讨论和研究的"旋转门"是必要而有效的途径。

本文的研究可以说是纯理论研究，希望通过理论探讨，厘清当前国际文化传播和交往中的理念之争。我们选择的对象，就是当前在文化交流中最有影响的"文明冲突论"和文化"包容互鉴论"。

一、两种文化交往理论

首先应该说明，在我们这里，文明和文化是一个层次的概念。这两个概念是常常被混淆的，例如亨廷顿在他的名著《文明的冲突与世界秩序的重建》中，就经常交替使用这两个概念，称其著作的主题"是文化和文化认同（它在最广泛的层面上是文明的认同）形成了世界的结合、分裂和冲突模式"，文明也"是一个文化实体"。[2] 德国学者哈拉尔德·米勒也认为，德语中的"文化"一词，在英语和法语中同时也是指"文明"。[3] 其实从词源学的角度看，文化——Culture 一词来自拉丁文的 Cultra，本指"耕

---

〔1〕 王欣："超六成国外受访者认定中国已是'世界性强国'"，载环球网 http：//mil. huan-qiu. com/observation/2014 - 12/5229869. html？1418113456097，访问日期：2014 年 12 月 7 日。

〔2〕 ［美］塞缪尔·亨廷顿：《文明的冲突与世界秩序的重建》，周琪、刘绯、张立平等译，新华出版社 1998 年版，第 22 页。

〔3〕 ［德］哈拉尔德·米勒：《文明的共存——对塞缪尔·亨廷顿"文明冲突论"的批判》，郦红、那滨译，新华出版社 2001 年版，第 31 页。

作、培养、教育"，文明——Civilization 一词来自拉丁文的 Civils，原是"城市国家、公民的、国家的"意思。显然，前者更多的是指生活方式与个人，后者更多的是指社会体系与群体。尽管都被看作是人类所创造的物质财富和精神财富的总和，但是二者之间还是有所区别。简而言之，文明是更具体的、成体系的、边界明显的，偏向社会性、物质、技术和显在的，文化则是更宽泛的、灵活的、边界模糊的，偏向人文性、精神、价值和隐性的。文化的定义更加复杂和多样，文化可以大于文明，包括文明，可以说"文化是人类的一切活动，而文明属于文化活动的成果"；文化也可以小于文明，只是文明中文化价值观的部分。

"文明冲突论"的主要倡导者是美国哈佛大学的教授塞缪尔·亨廷顿。他在 1993 年夏季号《外交》季刊上发表的论文《文明的冲突》（The Clash of Civilization）、《不是文明，又是什么？》（If Not Civilization，What？）（《外交》1993 年冬季号）、《西方文明：是特有的，不是普遍的》（The West Civilization：Unique，Not Universal）（《外交》1996 年冬季号）等文章，以及随后的专著《文明的冲突与世界秩序的重建》（1996 年）中，构建了自己的观点体系。

亨廷顿的理论不仅在思想方法上独树一帜，一改过去各国学者乃至于他自己常用的讨论方式，抛开了政治学、经济学、社会学等较低层面的实证研究路线，采用了较为形而上的文化学方法，以文化、文明这种大概念为基础来探讨未来国际潮流的走向，而且其立论也是极为独特的。其别具一格的系列观点逻辑如下：随着冷战的结束，国际政治走出了西方阶段，其中心是西方文明与非西方文明，以及非西方文明之间的相互影响；世界政治正在步入一个新阶段，发生冲突的根本原因将不再主要是意识形态或经济因素，人类最大的分歧和冲突的主导因素将是文化方面的差异，世界的划分不再按照政治制度和经济制度的异同，而是根据文化和文明的背景；一种文明就是一个文化实体，一种文明就是民族的最高文化组合，它既取决于人们所属的最广泛的文化属性，也取决于人们的主观自我认定；尽管民族所组成的国家仍是世界事务中强大的因素，但是相同文明组成的国家以及国家集团将具有更重要的意义；决定未来世界大格局的是七大或八大文明，主要有西方文明、儒家文明、日本文明、伊斯兰文明、印度文明、斯拉夫—东正教文明、拉美文明，可能还有非洲文明，今后最重要的冲突将围绕着区别这些不同文明的文化差异界线而爆发；文明的冲突将主宰着全球政治，不同文化的断层正在成为新的危机和流血冲突的爆发点，"最危险的文化冲突是沿着文明的断层线发生的那些冲突"，[1] 新的世界大战如果发生，将是文明之间的战争。由此，他所提出的"文明冲突论"、"文明基本差异和不可转换论"、"断层线战争论"，成为后冷战时期国际学术界的重要理论。随着 2001 年"9·11"事件和 2003 年伊拉克战争的发生，这一理论似乎更得到了印证，影响日隆。

"文明包容互鉴论"是中国政府在新世纪以来随着国际环境的变化和中国国际地位的提升所提出的理论。其早期的表现有和平崛起论、和平发展论、和谐世界论。中国前国家主席胡锦涛在中共的十八大报告中就称，"我们主张，在国际关系中弘扬平等互信、包容互鉴、合作共赢的精神，共同维护国际公平正义"。[2] 2014 年，中国国家主席习近平在两次关于国际文化的讲话中，更是明确地提出了文化的"包容互鉴"论。

2014 年 3 月 27 日，习近平在巴黎联合国教科文总部发表演讲时指出，"文明因交流而多彩，文明因互鉴而丰富。文明交流互鉴，是推动人类文明进步和世界和平发展的重要动力"。随后在讲话中首次提出了推动文明"交流互鉴"的三原则：其一，文明是多彩的，人类文明因多样才有交流互鉴的价值；其二，文明是平等的，人类文明因平等才有交流互鉴的前提；其三，文明是包容的，人类文明因包容才有交流互鉴的动力。[3] 2014 年 9 月 25 日，习近平主席又在出席纪念孔子诞辰 2565 年的国际学术研讨会上发表

---

〔1〕 ［美］塞缪尔·亨廷顿：《文明的冲突与世界秩序的重建》，周琪、刘绯、张立平等译，新华出版社 1998 年版，第 7 页。

〔2〕 胡锦涛："在中国共产党十八次全国代表大会上的报告"，载新华网 http：//news. xinhua-net. com/18cpcnc/2012 –11/17/c_ 113711665. htm，访问日期：2012 年 11 月 19 日。

〔3〕 "习近平在联合国教科文总部的演讲"，载新华网 http：//news. xinhuanet. com/politics/2014 –03/28/c_ 119982831_ 2. htm，访问日期：2014 年 3 月 27 日。

演讲，提出了正确对待不同国家和民族的文明，正确对待传统文化和现实文化的四个原则：其一，维护世界文明多样性，"物之不齐，物之情也"，"和而不同"是一切事物发生发展的规律。其二，尊重各国各民族文明，文明特别是思想文化是一个国家、一个民族的灵魂。其三，正确进行文明学习借鉴，文明因交流而多彩，文明因互鉴而丰富。其四，科学对待文化传统，不忘历史才能开辟未来，善于继承才能善于创新。[1] 这两个讲话，明确地阐明了文明"包容互鉴"的内涵和意义。

毫无疑问，"文明冲突论"和"文明包容互鉴论"是有着极大不同的理论，那么这两种理论产生的背景和文化土壤有哪些区别呢？

二、两种理论的根源

"文明冲突论"产生于冷战结束初期美国崛起的年代。在 20 世纪的 80 年代末 90 年代初，随着柏林墙的倒塌、苏联的解体和冷战的结束，世界政治进入了后冷战时期，其表现就是国际关系形成了"一超多强"的格局，美国再次获得了近似于第二次世界大战结束后的世界霸权地位。应该如何认识世界发展的走向和美国的未来发展战略，在美国出现了福山的"历史终结论"和亨廷顿的"文明冲突论"。所谓"历史终结"相对乐观，称冷战的结束是共产主义制度的终结，自由民主制度是"人类意识形态发展的终点"和"人类最后一种统治形式"。而"文明冲突论"更加务实，亨廷顿认为，世界冲突的模式先后经历了"君主的冲突"、"民族国家的冲突"和"意识形态的冲突"，在冷战结束后开始进入了"文明的冲突"的新阶段，所以要以文明重新划线来寻找敌人。他以西方文化为参照，把非西方国家分为抗拒西方的、加入西方的、平衡西方的三类，甚至提出了明确的国家战略：加强自身文明内部的合作，把接近西方的东欧和拉美拉入西方，促进与俄罗斯和日本的合作，限制儒教和伊斯兰教扩大军事力量，防止二者的接近与合作，支持其他文明中赞同西方价值观和利益的集团，加强反映西方利益和价值观的国际机构……美国的后冷战国家战略，从老布什的

---

〔1〕 "习近平纪念孔子诞辰 2565 周年讲话"，载《中国青年报》2014 年 9 月 25 日。

“超越遏制”战略的“世界新秩序”、克林顿的“参与与扩展”战略的扩大民主国家的疆界，到小布什的“单边主义”、“新干涉主义”的全球反恐，再到奥巴马的“变革”、“重振美国的领导地位”和“重返亚太”，都是在这条路线下进行的。

“文明包容互鉴”论产生于新世纪，特别是最近几年的中国崛起以来，反映了中国对国际问题的看法和对自身发展道路的认知。在经过了“和平崛起”、“和谐世界”、“和平发展”及国际关系中“平等互信、包容互鉴、合作共赢”的理念铺垫之后，习近平主席明确地提出了文明包容互鉴的观念，在强调文明包容互鉴的三原则、四原则的同时，还在不同场合讲述中国的发展战略与立场。例如，2014 年 3 月 28 日，习近平在法国的中法建交50 周年纪念大会上说，“实现中国梦，给世界带来的是机遇不是威胁，是和平不是动荡，是进步不是倒退。拿破仑说过，中国是一头沉睡的狮子，当这头睡狮醒来时，世界都会为之发抖。中国这头狮子已经醒了，但这是一只和平的、可亲的、文明的狮子”。2014 年 11 月 17 日在澳大利亚的议会上习主席又说道，“中国是个大国，是个大块头，但是中国坚持和平发展、共同发展、合作发展、可持续发展”，“坚持与邻为善、以邻为伴，践行亲诚惠容的理念”。

我们认为，之所以产生“冲突论”和“包容互鉴论”，是有深刻的历史和文化背景的。可以说有 20 年、200 年和 2000 年三个层面的视角。

这两个理论的背景首先看近 20 年国际关系结构的变化。在后冷战时期，世界历史上最重要的事情就是美国获得全球霸权和中国的崛起。两种理论恰恰就是在这样的背景下出现的，而这两种理论的交替碰撞又恰恰出现在美国的相对衰落和中国的崛起中。但是，20 年毕竟太短。有人认为，“1830年以来国际政治中延续最久的两种政治理论就基于两种彼此对立的观点，一种强调合作，另一种则强调竞争”。“这种争论凸显了两种不同的思潮：亨廷顿坚持文化（及随之而来的身份认同）的特殊性，继承自西欧的历史主义思潮；而他的反对者则愿意相信文化的普世性。这两种思潮已交锋二百年之久，在可预见的将来也不会平息。"[1] 我们衡量和研究事务的角度及标准，按照法国年鉴学派的理论，历史分为短时段、中时段和长时段，有表层的那些重大事件体现的"事件"史，中层以较慢速率变化的、期性波动体现的"局势"史和深层长时段的"结构"史。[2] 还有一个分析角度就是表层的政治、经济视角和深层的历史、文化观念。如果说20年是短时段，是政治，200年是政治经济与文化，但这还不够，还需要深入到2000年的历史与文化结构中。

在人类的发展史上，自渔猎进入文明社会以来，出现过农耕民族文明、海洋民族文明和游牧民族文明三种不同的文化类型，这些不同的文化类型体现出了不同的文化特征。正如亨廷顿所言，文明是最广泛的文化实体，"事实上，文明是所有史话中最长的史话"，文明的"独特性和特殊性"是"它们长期的历史延续性"。[3] 两种理论的差异反映了东西方文明不同的观念，也应该从不同文明的历史文化结构中找。海洋文明面对的主要生活资源是大海，正如黑格尔所说，"大海给了人们茫茫无定、浩浩无际和渺渺无限的观念"，"大海邀请人类从事征服"[4] 体现海洋文明的西方文明更多的是强调自由和竞争，有对手，要征服，由竞争上升为冲突；而农耕文明面对的主要生产资源是相对稀缺的土地，生产方式是靠严酷的自然推动，不断循环重复，正如汤因比所言，"自然环境对人类是一种非常残酷的监工"，[5] 所以，体现农耕文明的东方文明更多地强调平等、秩序与合作，要同伴，要和谐，由合作上升为包容互鉴。"虽然平等和自由的观念都只能在群体社会生活的氛围中形成，但平等表现为个体对群体的一种依赖"，"而

〔1〕 文明冲突论，检索自百度百科 http://baike.baidu.com/link? url = 32rLNAQJy8gGifLvLA4i9TpOiv1gL − 9F5gEcNoAqeinfzTwh_ eOKQRNYtRaIjPePslOeSE8_ fHD6o_ CoTjkmSa，访问日期：2015年2月12日。

〔2〕 陆象淦：《现代历史科学》，重庆出版社1991年版，第226页。

〔3〕 [美]塞缪尔·亨廷顿：《文明的冲突与世界秩序的重建》，周琪、刘绯、张立平等译，新华出版社1998年版，第27页。

〔4〕 [德]黑格尔：《历史哲学》，王造时译，上海书店出版社1999年版，第96页。

〔5〕 [英]汤因比：《历史研究》（上），曹未风等译，上海人民出版社1997年版，第47页。

自由则更多地表现为个体对群体的一种超越。"[1] 东西方的观念有所不同，这是不同的地理、自然和初民环境所决定的。

三、对两种理论的评价

亨廷顿的理论出现之后，由于观点大胆新奇，方法突破窠臼，加之其学术地位及与政府的密切关系，立刻引起了国际学术界极大的轰动，首登其文章的美国《外交事务》主编说，该理论"是该刊 1940 年创刊之后所仅见"。赞誉者有之，批判更多。批评不仅来自发展中国家的学者，也来自西方国家学术界。例如中国学者在亨廷顿的文章发表后就召开了系列研讨会，还出版了分析、批判其观点的论文集。[2] 德国著名政治学者哈拉尔德·米勒在亨廷顿的著作出版后曾与之当面公开辩论，随后又出版了著作《文明的共存——对塞缪尔·亨廷顿"文明冲突论"的批判》。[3] 可以说，对"文明冲突论"的讨论一直没有停止，"文明冲突"不仅成为亨廷顿的学术符号，也成为一个高频词。

概而言之，中外学者对文明冲突论的批评主要围绕文明的概念、当代世界冲突的根源、其理论的背景和目的以及某些具体问题展开。如有学者指出亨廷顿的文明概念过于简单，把文明看作一个地理概念是错误的；有学者指出当代世界的冲突不仅仅是文明的冲突，更多的是利益的冲突，把文明作为冲突的根源，缺乏说服力，用文明取代国家也言之过早；有学者称亨廷顿夸大了文化差异所带来的消极后果，只看到了文化差异所带来的矛盾和冲突，却对不同文化间的共存与融合视而不见，亨廷顿认为的儒教和伊斯兰文明将会联合起来对付西方文明是主观臆断；有学者批评亨廷顿没有跳出冷战思维和西方中心论，其观点是在为美国后冷战时期的国家战略服务。[4] 德国学者米勒也认为"我们"反对"他们"是过于简化的政治

---

〔1〕 冯亚东：《平等、自由与中西文明》，法律出版社 2002 年版，第 97 页。

〔2〕 王缉思主编：《文明与国际政治——中国学者评亨廷顿的文明冲突论》，上海人民出版社 1995 年版。

〔3〕 该书的德文版于 1998 年出版，中文版于 2001 年由新华出版社出版，郦红、那滨译。

〔4〕 赵琦："中国学术界关于亨廷顿文明冲突论的研究综述"，载《时代报告》2011 年 10 月下期。

理论模式，亨廷顿受冷战思维的影响，带上了"有色眼镜"，不能看清世界的本来状况。[1] 我们也认为，亨廷顿的理论混乱不堪，把许多当代原因复杂的冲突统统归结为文明的重新集结与冲突的说法非常牵强，他既承认文明是能动的，有起伏、有分裂、有融合，实际上却又把文明看作是僵化、凝固和静止的；既承认文明之间的分界线不甚明显，但又断然把这种界线作为冲突的爆发点；等等。不一而足。

其实，亨廷顿也知道自己的理论有许多漏洞，所以预先做了一块盾牌。他引用科学哲学家库恩的话说："一种理论要想被接受为一个范式，必须看上去强于其竞争对手，但它不必要解释，事实上也从来没有解释所有它可能遇到的事实。"[2] 简单的批评，寻找逻辑和混乱的事实，用传统的政治解释模式，的确不能击中要害，要批判亨廷顿的理论，不仅必须用他同样的方法，与他站在同一个层面，而且还需要用建构的方式。既然他自己跳出了国家主义、意识形态的范式而进入了"文明冲突"的范式，那么，"文明包容互鉴论"就是批判和对抗这一理论最好的武器。我们所需要做的事情，是认真分析这两种理论，同时充分加强对文明包容互鉴论的论证，丰富和强化这一理论。

可以说，这两种理论还是有一些共同基础的。例如，两种理论都认为，世界进入了多种文明并存的时代；都认为文化可以超越政治，是世界更深层的发展基础。两种理论最大的不同就是对文明发展深层结构的认识存在差异：不同文明的存在基础到底是冲突，还是在共存中的包容互鉴？我们不否认在不同的文明中，存在着独特而鲜明的文化特征，但是更不能否认文化的包容开放和发展演变；我们不否认人类的发展史上确有文明或文化价值观的冲突，但是更不能否认文明之间除了冲突还存在着共融和共处。而且，当今进入了人类的利益共同体、命运共同体的时代，强调后者而不

---

〔1〕［德］哈拉尔德·米勒：《文明的共存——对塞缪尔·亨廷顿"文明冲突论"的批判》，新华出版社 2001 年版，第 11 页。

〔2〕［美］塞缪尔·亨廷顿：《文明的冲突与世界秩序的重建》，周琪、刘绯、张立平等译，新华出版社 1998 年版，第 9 页。

是前者，是时代的必然要求。实际上，文明的包容互鉴论是可以包容和消解文明冲突论的。亨廷顿自己尽管在大谈冲突，但是他也知道文明之间的大战是不可想象的，所以也提到了所谓文明相处的三原则："避免干涉"、"共同调解"和扩大"共同性"。[1] 这也恰恰是文明包容互鉴论所提倡的，说明了"冲突论"终将归于"包容互鉴论"的包容和解释之中。

从宏观历史的角度看，人类历史上重要转折关头并不是很多。如果说公元前 800 年到公元前 200 年德国学者雅斯贝斯所称人类的"轴心时代"算一个，公元 15 世纪～16 世纪以来世界开始走向近代化和整体化发展算一个，那么 21 世纪以来的发展便是第三个了。这次历史转折的意义不亚于，甚至可以超过前两次转折。假如我们借助亨廷顿的"文明"概念可以这样描述：如果说第一次是人类早期的不同文明分别在各自地区发展而达到相对高峰，第二次是这些独立发展的区域性文明开始走向交汇和整体性发展，那么这一次转折则是这些不同国家和地区的文明开始由一种强制性、单向和冲突式的整体性发展走向了一种平等、开放和并存共处的整体性发展了。这次转折的意义就是人类的相处基础从政治、经济的表层转为文化的深层，从文化的西方一元论结构发展到多元结构，战争、征服和冲突开始被争取和平与发展的潮流所取代。因此，"文明包容互鉴论"应该成为这个时代的特征和标志。

---

〔1〕 ［美］塞缪尔·亨廷顿：《文明的冲突与世界秩序的重建》，周琪、刘绯、张立平等译，新华出版社 1998 年版，第 366、370 页。

构建文化认同和文化交融的东亚梦

赵雪波 *

摘要：构筑"亚太梦"绕不开"东亚梦"。东亚不是狭义的东亚，而是广义的"泛东亚"。东亚梦的基础是经济合作和文化认同，本文集中论述后者。泛东亚地区在历史上有过密切的交往，在很长的时间内自成一体，儒家文化是其核心，其他亚文化、边陲（相对于中国）文化是重要的组成部分，他们共同组成了追求这一地区文化认同的历史基础和现实基础。文化认同要从更细微的举措做起。

在 2014 年亚太经济合作组织工商领导人峰会上，中国国家主席习近平出席开幕式并发表题为"谋求持久发展、共筑亚太梦想"的主题演讲。演讲中他首次提出要创造和实现亚太梦想，"这个梦想就是坚持亚太大家庭精神和命运共同体意识，顺应和平、发展、合作、共赢的时代潮流，共同致力于亚太繁荣进步；就是继续引领世界发展大势，为人类福祉作出更大贡献；就是让经济更有活力、贸易更加自由、投资更加便利、道路更加畅顺、人与人交往更加密切；就是让人民过上更加安宁、富足的生活，让孩子们成长得更好，工作得更好，生活得更好"[1]。

---

* 赵雪波，博士，中国传媒大学教授，中国传媒大学文化创意园管委会副主任。

〔1〕习近平主席演讲："谋求持久发展 共筑亚太梦"，载 http：//news. sohu. com/20141110/n405912305. shtml，访问日期：2014 年 12 月 25 日。

"亚太梦"的设想和提出是中国国家领导人高屋建瓴为亚太区域的合作和繁荣构建的共同目标，是建设和巩固中国在亚太地区的主导作用的重要举措。"亚太梦"将突破政治藩篱，进一步加深亚太各国之间的经济、贸易、文化等联系，也将打破亚洲东部地区经济一体化的僵局从而大踏步地跨越至整个太平洋地区。客观地讲，这是所有亚太国家所不能拒绝的一种诱惑，无论区域内的各国如何规划，谋求整个区域的合作共赢和繁荣发展是大势所趋。

然而，由于历史和地理的原因，实现这一梦想尚有一定的难度。毕竟东西文化差异巨大，各大国在此区域的政治、经济、文化诉求也不尽相同，许多问题，特别是一些历史恩怨、现实冲突无法回避。远的不说，处在我们家门口的区域——东亚就有一道坎，不能漠视，无法回避。因此，从某种意义上讲，实现"东亚梦"可能要更为现实和迫切。

所谓"东亚梦"就是要树立东亚命运共同体意识，共同进步，共同繁荣；要增进东亚各国之间的相互依存关系，努力实现经济一体化；要维护东亚地区长久的和平，通过对话和协商机制解决纠纷与冲突；要加强共识，构建文化认同，增进文化往来和交融。"东亚梦"应该成为"亚太梦"的重要组成部分，也是实现"亚太梦"的锁钥之一。

东亚所指有狭义和广义之分。狭义上的"东亚"主要包括中国、朝鲜、韩国、日本几个国家。广义上的东亚还应当包括除上述四国之外的蒙古、东盟各国和俄罗斯远东地区，即太平洋西岸的亚洲东部地区，可以说这是一个"泛东亚"的概念。由于中国幅员辽阔，北部与蒙古国接壤，东北部与俄罗斯和朝鲜半岛相连，西部与中亚诸国接壤，西南部与南亚和东南亚各国比邻，所以从中国的角度出发，东亚自然是广义上的东亚，即"泛东亚"。当然，"泛东亚"也不能把整个与中国相邻的亚洲部分都包含进来，它主要还是指传统意义上的东亚、东北亚和东南亚地区。

近代历史上，日本发动对亚洲各国的侵略战争，给这些遭受侵略的国家留下了巨大的历史伤疤。直到今天，由于日本国内右翼势力不能在历史问题上端正态度，继续影响、阻碍着它与周边各国发展友好关系。此外，由于历史遗留问题和外部势力介入，东亚很多国家之间还存在着或多或少、或大或小的边界和领土纠纷。在这样的环境下谋求建立共同的"东亚梦"显然难以取得东亚各国普遍的认可，更难以完成和实现，这也正是习近平主席在此次 APEC 工商领导人峰会上直接呼吁创建亚太梦的原因。然而，正如笔者在前文提到的，创建亚太梦绕不过也跨越不过"东亚梦"。而且，愈是这样，愈凸显创建"东亚梦"的重要性。既然如此，如何去创建和实现"东亚梦"？"东亚梦"从何处建起？答案是经济和文化。关于经济，已经有很多人在设计东亚经济一体化的路径，尽管路还很远，障碍还很多，但是只要中国经济动力足够强大，各国在经济上的相互依存度继续加强，实现这一地区的经济一体化是迟早的事情。故此，本文将从文化的角度提出一点粗浅的认识和建议。

创建共同的梦想首先需要寻找这种梦想的基础，如果各方没有任何可认同的理念、价值、精神和历史，那么梦想就永远地只是一个臆想，甚至连臆想的必要都没有。东亚梦的基础之一就是东亚各国在文化上的相似、趋同甚至一致性，以及各国在历史上你中有我、我中有你、你来我往、缠绕纠结的关系。这种关系有时表现为和平的交往，有时又是恩怨的纠纷、冲突甚至大动干戈。

早期的东亚文化较为单一，主要是中国的中原"中心文化"与周边地区"亚文化"之间相互争夺主导权。在长达两三千年的交往历史中，各种文化互有先手后手，互有输赢，但总体上是中原文化占据主导，无论是入主中原的，还是远在千里之外的"夷狄"，无不主动接受中原文化，或者以中原文化为自己的立族文化，或者"归顺"中原文化，或者吸收借鉴中原文化（当然中原文化也多次吸收借鉴外来文化、"化外"文化、"夷狄"文化）。直到今天，中原文化除了在中国的海峡两岸作为主体文化存在外，在东亚许多国家中都有明显的中原文化或者说是汉文化的原型、遗存、变体或痕迹，比如在韩国、日本、朝鲜、越南、新加坡等地的儒家思想、生活习惯等。前些年因韩国申报"端午祭"为非物质文化遗产，引发中韩民众的嘴仗和两国文化机构的对峙，但这个事件让我们意识到周边国家有许多生活习俗和我们是相近或一致的。除了端午节，朝、韩、越等国也过中秋节、春节等节日。日本的和服据说就是来源于唐朝的服饰风格，日本的茶道、文字等无不具有明显的中原文化的精髓和痕迹。中原的文字在相当长时期内一直是周边诸多附属国的"国文"、"国字"。朝鲜半岛在15世纪时由世宗颁布《训民正音》，才有了属于自己的文字，越南是在近代被法国殖民之后才由法国人为其创造了今天的越南文字，日本则从秦代开始引入汉字，到隋唐时大量使用汉字标音，后来逐渐创造出日本的平假名和片假名文字。今天，在所有中国周边国家中，日本和中国的关系最为紧张，但是日本的文化和中国的文化最为相似，特别是在文字方面。据说虽然发音不同，但是一个中国人走到日本大街上一点也不觉得陌生，因为满大街尽是汉字——平假文和片假文。

除了中原文化，中国在边陲还有大量的文化与周边国家是完全相同的。正北方的蒙古原本和我们就是一家，内蒙外蒙都是蒙古人，双方的文化高度一致。东北地区生活着近200万朝鲜族人，他们与朝鲜半岛两个国家的人民语言相同、习性相同、传统相同。在西南部地区，中国有十多个少数民族与东南亚各国国内有关民族要么是同一民族，要么传统习俗相似相近。

在泛东亚地区，除了中原文化（到今天已经发展为中华文化了），还有一种文化对整个泛东亚地区影响深远，那就是佛教。佛教诞生于公元前6～5世纪的古印度（今尼泊尔境内的蓝毗尼），影响很快遍及整个南亚和东南亚，东汉时传入中国，再由中国传入朝鲜半岛和日本。东南亚一些国家中佛教是国教，佛教的势力和影响力是无与伦比的。在中国，按照有关部门的统计，出家僧侣只有20万（包括藏传佛教僧侣），但是信佛的人则有一亿多，其实信佛的人绝不止于这个数，可能要乘上几倍。佛教作为一种文化和传统已经深深地浸润进了中国文化的骨髓。在韩国和日本也有上千万甚至更多的佛教徒，佛教文化同样已经成为其国家文化的一种重要元素。

这里需要再次强调，罗列这么多事实和数据并不是为了争辩哪一种文化是占据主导的或垄断地位的，更不是炫耀哪一种文化比其他文化优秀或出类拔萃，而是要指出东亚各国文化的共性。毕竟这已经是历史事实或现实，谁也不能否认，谁也不能无视。我们应该坦诚地、勇敢地、大方地、虚心地面对这一现状，积极地思考这些一致和相似之处能给我们带来什么，或者我们主动地能从中得到什么好处。

有了这些共同点，泛东亚地区就有了创造共同梦想的坚实基础。夯实这个基础就是文化认同和文化交融。

无论从历史的角度还是现实的角度看，东亚文化融合已然是一种结果，这种结果谁也改变不了。尽管个别国家看不上地区内的其他伙伴，曾经提出要"脱亚入欧"，但是这种举动基本上是徒劳的，因为地理位置决定了我们中的任何一员都脱不了亚，更入不了欧或美。随着东亚经济的勃兴，东亚已经成为世界经济的一极，现在不是东亚要向欧美靠拢，而是欧美在主动地向东亚示好。"泛东亚"地区无论是经济，还是文化，抑或人种和族群，都有着自己独特的、共同的表征。任何人都不能否认，随着时间的推移，这种融合只能是更进一步地加强和加深。既然如此，文化认同就是一件很重要的事情。

认同问题是人类与生俱来的，是人的心理的自然反应和需要，是一种本能。弗洛伊德正是从心理学的层面提出了"认同"概念。其实动物都有认同感，那就是对自己类别的认同，对自己群体的认同，只不过它们对此没有认识和理解能力。人的认同感是从动物那里来的。最原始的认同是对同类的认同，意识出现以后就上升到了对自己身份的认同，对自己族群的认同，进而上升到了对共同的文化、精神、价值观念的认同。弗洛姆曾指出，文化是人的第二本能。这个"本能"决定了人的社会存在是一种文化存在。离开这种存在的属性，人将只剩下动物本能和抽象的、还没有被编码的人性。故此，文化认同也是一种人本性的表现，这种认同可以是小的氏族范围的，可以是小的族群的，也可是大的族群、族际之间的。换言之，文化认同可以在国家内部的群体之间达成，也可以在国家群体、民族群体之间或者超越国家的更大范围的群体之间达成。

中国与周边国家在地理上的接近性和历史上的密切性为中国与周边国家在文化融合的基础之上达成一种文化认同准备了条件。具体来说，可以

考虑以下一些具体的举措:

第一,继续加强与周边国家的文化往来。中国与周边国家的文化往来一直没有中断过,新中国成立以来更加重视这一工作,在某些方面还取得了重大的突破和进展。但是由于受政治因素和领土纠纷的影响,与邻居之间的文化往来总是或多或少地受到干扰。例如由于教科书问题、日本右翼势力参拜靖国神社、日本政府国有化钓鱼岛等事件,使中日关系全方位迅速降温,中日两国民众互信程度降到历史最低,文化往来也大大减少。由于越南、菲律宾等国在南海问题上发难,中国与这些国家的关系也闹得很僵,文化往来自然受到冲击。就连保持传统友谊的中朝两国也因为朝鲜在核武器等问题上一意孤行而互相不信任。

好在各国政府坚持认为文化交流是缓和彼此矛盾、促进友好关系的有效手段,特别是中国政府即使在双边关系受挫之时也一以贯之地加强与周边国家的文化睦邻政策。2012 年中国政府在中俄、中美、中欧、中英、中非论坛、中阿论坛、东盟 10 + 3、上合组织等 18 个区域性多边和双边政府合作机制框架下,参与和深化各类中外人文交流合作机制。实施"文化睦邻计划",全方位推进对朝鲜、东南亚和南亚的文化交流合作,对 16 个发展中和周边国家实施约 400 万的小额"文化援助",共培训 22 个国家的政府文化官员和文化艺术人士 124 名。"中日国民交流友好年"和"中韩友好交流年"分别完成合作项目 600 余项和 100 余项。[1] 中国自 1998 年以来先后在北京、杭州、长春、佛山、南通、郑州、鄂尔多斯、重庆、云南等地举办了 13 届亚洲艺术节,迄今已有来自 30 多个国家的 300 余个艺术团体站在艺术节的舞台上。亚洲艺术节为亚洲各国的不同艺术形式提供更多的交流机会,得到广大观众及国际艺术界的广泛关注,也促进了中国和亚洲各国的文化交流。这其中,泛东亚地区各国扮演了重要的角色。

今后,在处理与泛东亚地区国家的关系过程中,仍然要积极、主动、

---

〔1〕 数据来源:中华人民共和国文化部 2012 年文化发展统计公报,载文化部网站 http://zwgk. mcprc. gov. cn/auto255/201404/W020140421388597656885. pdf,访问时间:2014 年 12 月 25 日。

灵活地开展各种文化外交。在政治关系尚处在紧张阶段的时候，尽量做到通过文化往来打破政治上的僵局，冷却政治、军事、民意诸方面的对峙热度，继续有效地扩散中国的影响力，扭转、引导双边关系朝我们所期望的方向发展。通过双边和多边的路径扩大与各国或整个地区的文化往来和交融。对于一些已经签署了的文化协定要落到实处。2014 年 7 月，国家主席习近平访问韩国，双方达成包括人文交流内容在内的多项协议，并约定最终在年底签订中韩自贸协定。无论是已签署的协定，还是即将建立的自贸协定，其中都包含了很多有关文化的内容，下一步要做的就是要尽快地把这些协定落到实处。

第二，围绕有共性的文化特征展开全方位的交流合作。前文已经指出中国与周边国家在许多方面存在共同特征，其中特别是老祖宗留下的儒家文化遗产，这份遗产不仅仅是中国的，不仅仅是大中华区的，也不仅仅是全体华人的，而是整个东亚地区的，甚至是整个泛东亚地区的。例如筷子，中原的人们很早就发明了筷子，那时叫"箸"，至迟在殷商的时候就确定使用"箸"了。《韩非子·喻老》记载"昔纣为象箸"，后来逐渐为周边的民族所接受。唐朝时传入日本，继续沿用"箸"的称呼。明朝后，中国民间开始称呼"箸"为"筷子"，但官方一直到清初仍称"箸"。今天，除中国、朝鲜半岛、日本之外，越南、新加坡、泰国等很多国家的人都用筷子。东亚人使用筷子，西方人使用刀叉，这就是东亚很显著的一个文化特点。那么我们能不能搞一个"筷子节"呢？通过举办这样的节日，推广筷子的使用，增进共同使用筷子的人们的感情和友谊，进一步提高这一文化以及它的连带文化在世界上的影响。国内各地热衷于搞各种文化节，国际上其实更需要，特别是像泛东亚地区这样需要寻求文化认同的地区。

汉字曾经是东亚很多民族的共同文字，后来随着周边各民族的民族意识的增强，许多地方创造了自己的文字，有意识地与汉字保持距离。但是，作为一种书写的艺术，汉字的书法艺术却在这些国家深深地扎下了根。当然，这种根主要扎根于老一辈的人群中，一代一代的年轻人不可避免地逐渐地在疏远这种文化。有关部门应该为推广中国书法艺术找寻出路。还有很多儒家文化遗产都有类似的现状，我们应该想办法拯救它，恢复这一地区对儒家文化的普遍认同。毕竟，儒家文化是泛东亚地区三千多年历史长河中的主流文化，它既是中国的文化，也是整个泛东亚地区的文化。在这方面，孔子学院贡献很大。目前亚洲 32 国（地区）里设置了 102 所孔子学院，而亚洲的 102 所孔子学院中，日本有 13 所，韩国 19 所，泰国 12 所。分布在东亚地区的孔子学院占到整个亚洲的七成以上，可以说孔子学院在泛东亚地区对推广汉语、汉文、汉字发挥巨大的作用。但是仅凭孔子学院，效果还很有限。应该发动更多的人和团体采取一切有效的措施来促进这一文化的振兴。

泛东亚地区还有一个共同的文化特征要强调和利用，那就是佛教。不论政党对佛教的态度如何，泛东亚地区的每一个国家都拥有众多的佛教徒这一事实必须面对。我们可以不信教，但是我们必须尊重宗教，尊重人们信教的自由和权力。更何况佛教的初衷之一是让人向善行善，它作为一种高度凝聚人心的力量，在泛东亚地区有着广泛的信众基础和号召力。通过各国佛教协会、组织和寺庙之间的合作，佛教可以为我所用，为泛东亚地区的文化认同添砖加瓦。需要注意的是，中国国内庙宇文化有待净化，一些地方僧众唯利是图，不问香客是否信佛，只顾拼命敛财。为此，有的地方"要想富先修庙"，不管条件允许不允许都修庙，庙比学校和其他所有公共服务设施都富丽堂皇，庙宇里的香火越做越大，越做越粗，扭曲了香火的意义，污染了环境。

中国幅员辽阔，边陲地区民族众多，横跨国境，彼此文化相似相同。针对这一特点，要保护和延续彼此间多年来形成的文化交往活动，开展由国家间组织的、地方政府组织的、民众自发组织的不同层次的更多形式的文化交流。

第三，以包容的心态对待共同的历史遗产。在进入西方主导的现代国际体系之前，东亚自成一体，东亚由儒家文化主导，东亚各国和各民族你中有我，我中有你，共同创造了今天东亚的文化。我们甚至不能断定某一项文明成果是由哪个民族或国家的人民在某一特定的历史时期独立创造和发明的。由于人员迁徙、边界嬗变、民族离合、国家兴亡等原因，原本属于自己的文化成了大家共同的遗产，原本是他人留下的遗迹变成了自己的财富。这都是正常的现象，关键在于我们以一种什么样的心态去对待和处理。是民族主义，还是国际情怀；是以争夺历史遗产为目的，还是以共同弘扬、保护和传承文化为己任。

这些年经常听到东亚各国为了争夺某项世界非物质文化遗产而争吵不休，胜利的一方沾沾自喜，失败的一方从此耿耿于怀。前几年因韩国申报"端午祭"为非物质文化遗产，中国方面严重不满，网民们更是愤怒有加。而中国申报境内历史遗迹高句丽王墓王宫为历史文化遗产后，韩国官方提出抗议，更引发两国民众间的严重对抗。其实，这样的申报真的很重要吗？这样的申报真的是对历史遗迹的最佳保护方式吗？"端午祭"肯定是和湘楚一带的端午节有关系的，高句丽王墓的主人肯定和朝鲜半岛的先人是有关系的。但是这些关系究竟有多大有多深？我们能用今天的视角去诠释昨天的文明吗？为什么各方不能以一种开放的、包容的心态对待我们共同的经历和经验？比如说韩国政府可以和中国一起申报有关端午的历史文化，这样会最大化地宣传推广这一文化。中国政府也可以邀请朝韩共同保护高句丽王墓等历史遗迹，这样会增进彼此间的感情和友谊。

2005年11月，中国成功与蒙古国联合申请蒙古族长调民歌作为世界口头和非物质文化遗产，这是中国第一次与邻国联合就同一非物质文化遗产向联合国教科文组织提出申报。两国承诺在未来的10年里将在蒙古族长调民歌保护方面进行合作，共同协调采取保护措施，把保护工作做得更好。这一合作为泛东亚地区各国共同保护和传承历史文化提供了一种可资借鉴和推广的积极模式。儒家文化圈和中国边陲文化带有很多内容属于各民族或多民族共同的历史遗产，各国应该携手合作，以保护和传承为宗旨，共同协调配合开展历史遗产和非物质文化遗产的申报保护工作。最近几年，不断有人提议中国尽快申报春节为非物质文化遗产。在这个问题上应该向西方学习，西方从来没有哪个国家想要把圣诞节据为己有，大家形成一种共识，那就是此类文化是各民族共有的遗产，至少是基督教文明世界共有的遗产。以这样的心态对待历史遗产，不仅不会因为谁可以拥有它的发明权而争吵，而且能够将其普及成为一种世界的文化。我们应该以这种心态对待春节等东亚文化共有遗产。中国如果一定要申报，那也最好联合、朝鲜、韩国、越南、新加坡等国家和地区共同申报，这样不仅确认了春节这一非物质文化遗产，而且推广了春节的影响，特别是让东亚诸国通过认可这一非物质文化遗产达到对共同文化的认同。一举几得，何乐而不为？

据统计，截至 2013 年中国世界遗产总数达 45 项，位列世界第二；非物质文化遗产入选数目总数达 38 个。这些骄人的成绩如果是真正用来保护遗产的话固然可喜，但是如果仅仅是用来争取国际认可和经费支持的话，申遗的真正意义就大打折扣了，更何况对遗产的争夺经常引发邻里纠纷就更要不得了。

第四，文化认同要尊重历史。文化认同的基础是共同的历史经验和文化体验，这要求各方除了对历史传承下来的文化继续保护、推广、使用之外，更要尊重历史。没有一种文化是凭空产生的，没有一种文化是在完全封闭的状态下产生的，没有一种文化不是在和别的文化对冲、融合之后产生的，没有一种文化没有荣辱感。真正有生命力的文化一定是胸襟开阔、包容万物、历史悠久、万类尊崇的文化。以前有一位学者说过，东亚地区的人们都有不尊重历史、不承认历史的习惯。这话未免以偏概全，不过只要把目光聚焦到现实的地区政治的图谱上，还不得不承认确实在一些国家有这样一批人或一股势力竭尽全力地在否定历史、涂抹历史、篡改历史。因此，如果要追求文化认同并进而创造和实现"东亚梦"，首先要求我们共同来尊重历史，把尊重历史看作是文化认同的重要内涵。

如前文所述，有些地方抢夺文化遗产的原因之一就是不尊重历史、不承认历史。今天的国家和昨天的国家不是一回事，今天的民族和昨天的民族不是一回事，今天的许多人所认识的历史和真正的历史不是一回事，今天和昨天就完全不是一回事。所以，历史越是往前走就越发觉尊重历史的重要性，越是要强调实现共同的梦想也越发觉共同维护历史的真实性的重要。远的不说，举一个眼前的事例。最近参加一个旅行社的活动，怀着无比神秘和向往的心情去了一趟朝鲜。期间有一项活动是参观板门店谈判旧址。前去参观的都是中国游客，估计大家此行的最大目的地也就是这里。进了景点，一身戎装的朝方导游用熟练的汉语给中国游客们介绍朝鲜战争以及最后停战谈判的经过。朝方导游强调当时谈判的主角是朝鲜人民军的南勇将军，另一方是美方的将领。导游指着谈判桌的中心说南勇将军就坐在这里，你们的彭德怀元帅坐在边上……中国游客用狐疑的眼光互相对视。难道我们的历史记载有误？导游介绍完了，让游客自己参观。四周墙上贴满了朝鲜战争期间的各种照片。但是令中国游客纳闷的是，这么多的照片中几乎没有一张是有中国人民志愿军形象或有关中国的。直到此时，中国游客终于明白是怎么回事了。

与之形成鲜明对比的是韩国。笔者之前曾前往韩国首都首尔（汉城）参观，恰逢韩国国内纪念朝鲜战争爆发。首尔的许多广场和重要场所都摆放着、张贴着各种朝鲜战争期间的宣传画，特别引人注目的是很多地方书写的标语：感谢美国及联合国在朝鲜战争期间对韩国的帮助。无论过去孰对孰错，作为一名游客当时不得不感叹一个懂得感恩的民族是伟大的民族。这大概就是韩国这些年蓬勃发展的动力之一。当然，提起韩国的首都，也让人觉得韩国人在很多方面不够大气。韩国首都历史上都叫"汉城"，特别是在汉语中一直这样称呼，这个名称是对中韩或中朝两国特殊关系的特殊注解。但是在 2005 年，中国应韩国方面的要求把汉语中对韩国首都的称呼由"汉城"改为了"首尔"，协助韩国方面推行"去汉化"再进一步。

还有一种不尊重历史的极端现象，那就是日本右翼势力竭力否认对邻国的侵略历史，想尽一切办法涂抹历史、篡改历史。这其实是一种小儿科做法。历史就在那里摆着，这是被世界各国所认可了的历史，是被国际组织用法律文件、用集体审判——东京审判锁定了的历史，如何能够改变？在东南亚地区也有类似的现象。20 世纪 70 年代之前还承认别人对某一海域拥有主权，20 世纪 70 年代发现油气资源后就开始赖账，不承认历史了。

在整个泛东亚地区，这种现象不是个别现象。有些现象表面上看是领土纠纷、主权纠纷，实质是尊重不尊重历史的问题，而不尊重历史的态度坚持得久了就变成了一种文化。所以，要么是泛东亚地区有这样一种根深蒂固的文化，要么就是为了眼前的利益正在培植这样一种文化。扪心自问，我们自己也要反省自己，看看自己是不是也存在这样的情况。无论何种情况，无论何种原因，无论是何方势力，否认历史、不尊重历史的文化我们是坚决不能认同的。

回到文章的主题——为了东亚共同的和平、繁荣、进步和发展，我们有必要共筑梦想和目标。而要实现这一梦想首先要找到创建梦想的基点，这个基点有两端，一端是经济合作，另一端就是文化认同。在国际化日益加深的今天，在整个地区各种力量和利益交织对抗的今天，寻求东亚地区的文化认同可能会有很大的难度，但正是因为越有难度，就越是表明寻求这种认同的必要性和重要性。政治是政治，经济是经济，文化是文化，文化自有文化的路径。

历史有时就像爬山，站在更高的地方往回看、往下看，过去的磨难困苦会自然地释怀和消失，剩下的只是欣赏风景，享受登顶的成功。以这样的胸怀面对过去，就不会纠缠于过去的恩怨，而是更关注于前行的目标。今天站在 21 世纪的台阶上，东亚各国应该携起手来，共同促进地区的和平与发展，共筑美好的梦想于明天。

反思民族文化的跨边界传播：国际化的逻辑

朱振明 *

摘要：本文以跨学科的视角不仅点出中外"文化产业"概念的差异，而且展现并分析了民族文化产业在跨边界传播中所面对的三种国际化逻辑：意义生产与理解的格栅、技术理性和人文理性的博弈、从"观念"的中介化到"物"的中介化。参照这种三种逻辑以及文化产业的国际传播现实问题，文章最后指出，要走向理性的文化产业传播，需要关注文化产业的内容生产、公民素质的培养以及文化产业跨边界活动的新的传播景观等议题。

文化产业不仅是产业问题也是人类学问题。所谓产业问题，在于探讨文化活动如何成了国民经济的主要增长点；所谓人类学问题，在于探讨作为生活方式与价值体系的文化如何实现了跨边界的国际传播。谈到国际传播，存在着一系谱学问题。首先，国际传播是跨民族或种族边界的传播，在 19 世纪随着西方工业化过程而具有了全球时空和学科维度。在民族文化的研究中，当我们把全媒体、民族文化产业和国际传播等概念联系起来的时候，我们实际进入到当前的一门"显学"：全球文化产业研究。这种研究基本关注两个方面：作为产品的"意义"的生产、流通与消费的符号政治经济学以及作为物质产品生产、流通和消费的商品政治经济学（具体毋宁说经济学）。作为商品政治经济学则把文化产业视作一种产业活动，目的在

---

* 朱振明，博士，中国传媒大学国际传播研究中心副教授。

于获取经济意义上的增长，如作为收益的利润；作为符号政治经济学，其把文化产业视作一种意义的生产、传播与接受，目的之一在于增加民族国家的文化软实力或感召力。因为 20 世纪 70 年代的中东石油危机之后，文化与信息具有了战略性作用：它不但代替物质资源成了生产的原材料，而且成了治理国家和组织社会的工具。而真正的"文化产业"概念的提出也是在 20 世纪 70 年代的事情，它是欧盟面对美国的大众文化（或流行文化）入侵时，为促使欧盟调整文化政策而提出的概念。随着全球化和全媒体传播的出现，特别是自 20 世纪 80 年代以来，随着传播领域中的自由化和私有化浪潮，文化产业不仅成了经济增长的主要组成部分，而且也成了民族国家博弈的工具和领域。

一、文化产业的身份：概念的扭合

在西方国家，文化产业主要涵盖以大众媒介为中介的文化生产活动，如广播、电视、出版、游戏、动漫、演出等；当这种产业活动涉及文艺创作和版权时候，又被称作文化创意产业（尤其在英国），如文艺作品创作。法国学者贝尔纳·米涅区分了文化产业和文化创意产业的含义：文化产业的特征为"复制"，文化创意产业的特征则是"创造"。当"文化产业"被引入中国后，似乎所有的文化资源与活动都可被商业化，形成"文化产业"，尤其是地方历史文化资源，如旅游景点、历史名人或名胜古迹。实际上，作为"文化产业"前身的"文化工业"是一个社会批判概念，来自于法兰克福学派阿多诺和霍克海默从整体论观点对"流行文化"或"大众文化"产业的分析与批判，指出对这种以大众媒介为中介的文化产业使消费者失去了欧洲启蒙运动所认为的"人具有理性批判能力"，人类借以发展自己的科技最终成了奴役自己的牢笼。当美国的流行文化于 20 世纪初开始大举"入侵"欧洲时候，"文化产业"才被正式提出来，并作为一种经济活动被整合到经济全球化的过程中。据说，在中国，同经济体制改革、政治体制改革、教育体制改革、科技体制改革等一样，文化体制改革与改革开放相伴相生——1979 年，广州出现第一家音乐茶座，市场力量开始向传统文化领域渗透；1988 年，国务院相关部门陆续颁布文化市场管理法规，文化市场的概念得以确立；2000 年，"文化产业"一词被正式写入中央文件。发展文化产业，其核心是希望探讨"文化立国"战略，基本上这种观点的启发来自于欧美发达国家的"文化产业"发展经验以及对"软实力"观点的陈述与实践。在外国的"文化产业"研究文献中，鲜有像我们所说的"民族文化产业"，其"文化产业"内容主要集中于"流行文化"（或"大众文化"）以及"媒介产业"，在此种意义上，以少数民族文化特色为特征的"民族文化产业"具有鲜明的"中国特色"，是中国学术界和业界对"文化产业"研究的贡献。中国有着上千年的文明史，加之地域辽阔，民族众多，既有以汉文化为主体的华夏民族文化，又有以种族为特征的少数民族文化，这些文化为民族文化产业发展提供了丰厚的资源，也使中外"文化产业"具有了不尽相同的内涵。

二、文化产业的国际化逻辑

（一）意义生产与理解的格栅

对于经济和人类学活动的"文化产业"而言，其涉及商品和符号经济学，经济效益是通过文化内容（或意义）的消费来实现的，而符号经济学则符合传播学的规律。从传播学角度来思考，当然关注的是信息的编码、解码、传输和消费。在全球化背景下，数字化成了文化传播的重要形式，数字化媒介则是这种传播或传输的主要载体，而文化工业则是这种传播的主要表象。当前，先进的传播技术为此提供了可靠的技术保障。对文化工业或产业而言，无论是业界或学术界，换言之，无论是在实践层面还是在理论层面，普遍观点认为内容起着决定性作用，即"内容为王"。从传播学的角度来看，文化产业是涉及意义生产与消费的传播活动，这意味着要关照文化产业所负载的内容的生产、传播、解读和消费（如使用与满足）。在一个既定的时代，一种知识和文化的生产与消费不是偶然的与随意的。一方面，"支配一种文化的语言、知觉图式、交流、技术、价值、实践体系等基本代码，从一开始就为媒体人确定了与其相关并置身其中的经验秩序"，[1]

---

〔1〕　Michel Foucault, *Les Mots et les CHoses*, Gallimard, 1966, p. 11.

另一方面，在每个既定历史时期，具体地，在某个既定的时空中，知识的生产与消费是通过一定的理解格栅来进行的，这种格栅在法国思想家米歇尔·福柯那里被称作"认识型"，即某种话语的出现不是凭空产生，而是一系列不同性质的条件使其成为可能，用更为通俗化的话说，一个时代的知识的生产与消费，尤其是生产，是通过主流思想指导方针来进行的。在表达多元化不充分的社会里，这具体表现为知识的生产由官方意识形态来指导，知识（与文化）生产要反映当时的具体主流思想精神，用马克思主义的观点来说，知识的生产成了占统治地位的上层建筑的组成部分。我们说文化产业及其国际化是一种"人类学"特征的活动，谈及人类学就意味着"差异"，即不同民族有着自己不同的文化内容，如生活方式、思想和价值观等，谈及全球化背景下的文化实际是在谈论文化的"多元性"以及跨文化传播问题。这种知识（与文化）生产的格栅成了文化工业发展的过滤器，于是，被过滤出来的东西能否在不同文化语境中完成"去地域化"和"再地域化"过程，成了一种赌注，尤其当政治意识形态弥漫在文化生产活动中的时候。

文化产业的传播，尤其是跨边界传播，加速了"集体想象"或"集体记忆"的外化——既是记忆从人体里的外化，又是地方记忆超越国家或民族边界的外化。在现实世界中，对于国家或群体来说，无论是合作，还是竞争与对抗，作为文化重要传播渠道的文化工业成了"软实力"博弈的重要资源。英国文化研究者斯图亚特·霍尔在对电视节目的研究中，提出了受众对电视节目讯息接受的三种模式：支配霸权模式、协商模式和相反模式。[1] 支配霸权模式在于展示受众接受与主流意识形态的契合；协商模式显示了电视信息在被编码和解码时候的彼此差异；而相反模式则显示了电视受众对主流话语所"框架"出的意识形态的不同认同。这就是说，在文化产业的传播过程中，对内容意义的解读基本上存在着三种可能性，而这

---

[1] Stuart Hall, *Encoding/Decoding*, *Media and Cultural Studies*: *key works*, Douglas M. Kellner, Blackwell Publishing , 2006, pp. 171 ~ 173.

些可能也符合阐释学的"视域融合"过程。但问题是，当我们把文化产业作为意义生产的战略工具而增加"软实力"或感召力时，"支配霸权"成了最理想的模式，当然"协商模式"次之，最不希望看到的是遭遇"相反模式"。当然，霍尔这种理解是把作为文化工业具体形式的"电视传播"当作研究对象来进行的，但这种编码和解码方式也可应用到其他的文化工业活动中，因为其从哲学的角度讲授了人对信息的可能接受方式。对作为情景化和制度化存在的社会活动者来说，其认知和主体化过程是与特定知识生产条件（如政治、经济、社会、文化以及技术等）联系在一起，知识的生产条件越相近，知识（或文化）的"去地域化"和"再地域化"过程就越容易进行，因此以文化工业为载体的跨文化传播实际上就是寻找与扩大"传者"和"受者"间的共同点与相似点的过程，单纯的具有单向政治意识形态功能的"宣传"难以取得理想的传播效果。

（二）技术理性和人文理性的博弈

跨边界的文化产业活动是国际传播的重要组成部分。在法国学者阿芒·马特拉那里，传播的国际化具有两个维度：其一是西欧早期（自文艺复兴以来）的社会乌托邦思想，旨在构建一个普世的民主共和国；其二是随着欧洲启蒙运动而来的普世商业思想，旨在构建一个普世的商业主义共和国。传播在两个维度上的扩展构成了现在的国际传播现实。普世的民主工业国继承了欧洲启蒙运动的精神，追求作为社会活动者的人的自我完善与发展，在这种情况下，尤其是民族文化被看作民族身份、文化创新和意义更新的源泉；普世的商业工业国更多遵循商业逻辑特征，在这种逻辑的支配下，古典政治经济学经历了"脱道德"的嬗变，早期具有道德哲学特征的古典经济学嬗变为全球化背景下的经济学，利润追求成了唯一的产业活动目的，而且经济逻辑正倾向于成为管理和组织社会的唯一逻辑，作为以服务社会成员为目的的"公共物品"或"公器"的文化让位于以经济红利为目的的"商品"。国际传播的这两种维度及其暗含的两种逻辑成了当前对文化产业（或工业）实施分析与批判的重要内容。在中国，当下虽然有"文化事业"和"文化产业"之说，但后者远远走在了前者的前面。

　　作为经济活动，文化产业的跨边界入侵意味着一种文化工业生产方式在另一个地方找到了一个合适的生长环境。在文化产业跨边界活动中，要摆脱"第三世界主义"的善恶二元论思想，对文化公共服务的单纯保护，一方面，在作为政治经济学现代面目的经济学层面上，文化工业的文化产品被看成一般商品和服务，文化产业拥有自己设计、生产和销售产品的结构，而且不同产业拥有不同的逻辑，如出版逻辑（主要体现为广播电视传播中的流动逻辑）、报刊印刷逻辑以及表演和旅游逻辑，不同逻辑的生产、流动和消费方式不同，在这里商业逻辑成了支配逻辑；另一方面，由于商业唯一支配逻辑的工具理性功能过于强大，还需要强调一种公共服务逻辑的回归，因为商业唯一逻辑不仅阻遏了人类作为象征动物的再生产，而且也阻碍了传播的民主化以及社会的正义。对文化产业的（合）理论性批判的启发主要来自于欧洲大陆的主题哲学。自从笛卡尔实现主客体二分之后，哲学认识论成了哲学知识生产的重要组成部分。于是人的理性受到了尊重（例如马克斯·韦伯），合理化成了人类借助理性原则对社会、政治、经济，乃至文化进行合理组织的过程，合理化导致我们现在所谓的"现代性及其后果"。基于科学和技术上的合理性，自 20 世纪以来受到了青睐，这种理性被韦伯等人称作工具理性（instrumental rationality），是一种手段—目的理性，涉及寻找最有效的方法与手段来达到既定的目的，不过这种合理性的特征之一是没有对目的的本身实施评估。换言之（如约翰·杜威），目的可以为手段辩护，但手段不能为自己的目的作出有力的证明。[1] 于是在人们欣赏政治、社会和经济的现代化成果的同时，我们又进入到德国社会学家乌尔希·贝克的"风险社会"，例如，污染和环境恶化、旅游资源的破坏与枯竭。

　　自 20 世纪 30 年代兴起的以法兰克福学派的"社会批判理论"就是对这种技术工具理性的学术性反应。社会批判理论的兴趣点之一，就是阐释这种手段—目的合理性如何利用合理性原则最终为人类自己打造了限制自

---

〔1〕　Val Dusek, *Philosophy of Technology: An Introduction*, Blackwell Publishing, 2006, p. 58.

由的"铁笼"。人的自由与充分发展是欧洲启蒙运动的理想,但在批判理论那里,这种合理性成了奴役人的工具,对这种合理性的批判试图为人类、人类存在的意义以及价值观寻找"获得解放"的可能性。法兰克福学派在批判理论中所选的对象就是单数的"文化工业",分析和批判大众文化如何利用消费"欢愉"手段使社会成员(或消费者)失去分析与批判的能力而被"愚化",失去"主体性",沉浸在日常的符号消费中,随着大众文化兴起,这种单数的文化工业,被作为产业活动的"文化产业"所替代。实际上,这种商业共和国/民主共和国以及批判理论强调的支配/解放的对立概念暗含工具理性和人文理性的对抗,其不但折射出民族国家对经济增长的非理性追求,如对不可恢复的文化资源的破坏,而且也反映在国家对民众的治理策略中,如在资本主义社会中,消费者被化约为纯粹的影像消费动物,失去对社会不公正的批判能力。

(三)从"观念"的中介化到"物"的中介化

文化产业活动的跨边界移动和传播体现着一种产业活动表达的变迁,即从"观念"的中介化到"物"的中介化的变迁。这种中介化的变迁实际展现一种产业活动理念的变迁。文化产业主要表现为一种内容产业。在传统的文化产业时期(1945～1970年),文化属于上层建筑,通过意识形态、符号、表征来实行支配与抵抗,作为上层建筑的文化构成了文化产业的主要内容,而这种产业活动主要通过大众媒介来进行,换句话说,在传统文化产业时期,作为内容的"观念"成了整个产业的中介化的平台,整个产业活动围绕"观念"开展。随着全球化过程的展开,文化工业成了一种跨越民族边界的产业活动,我们从民族文化产业时代进入全球文化产业时代。在全球文化产业时代,文化从上层建筑中渗透出来,渗入并接管了经济技术本身,换句话说,象征性(如观念)与物质性(如由观念物化而来的产品)具有互动关系,表征(如观念)和物(如由观念物化而来的产品)的中介化成了新的意义组织方式。简而言之,在全球文化工业背景下,传统时代表现为表征的文化被物化,并支配着经济和人们的日常生活,换句话说,在古典文化工业时代,中介化是靠表征(如作为内容的观念)来进行的，但到了全球文化产业时代，中介化主要是靠物来实现的，"表征的中介化"和"物的中介化"成了全球文化产业的文化运作逻辑。这就是说，在传统的文化产业时期，文化产业的经济和意义（meaning）红利如果依靠了内容来实现，那么在全球文化产业时期，经济和意义的红利除了靠意义来实现外，还需要依赖由内容衍生的产品来实现。在这里，产品衍生出了新的经济和意义红利，如遍布世界的"迪斯尼主题公园"形成了新的意义景观。

美国学者斯科特·拉什对传统文化工业到全球化文化产业的转换进行了现象学描述："从同一到差异"、"从商品到品牌"、"从表征到物"、"从象征到真实"、"物获得生命：生命权力"、"从外延物到内涵物"、"虚拟的兴起"。[1]

在"从同一到差异"方面，传统文化产业的设想是，文化产品一经生产就作为一致的商品进行流动，发挥着资本积累的作用，社会活动者（或受众）被拖进资本主义的再生产过程中，隶属于商品方法——目的理性的文化（产品）为物化或商品化，全球化文化工业则表现后福特式的差异性生产，这种差异性更多属于一个资本成功积累的方式问题，而不是抵抗问题。在"从商品到品牌"方面，传统文化产业运作依赖的是文化的物质性商品，全球文化产业则是品牌。虽然二者都是支配与权力的源泉，但前者靠的是一致性逻辑，后者则是差异逻辑，体现了从无机性向有机性的转变，从无生命特征向有生命特征的过渡。在"从表征到物"方面，在全球文化产业时代，隶属于商品方法—目的理性的文化（产品）被物化或商品化，被物质化的文化实体在全球文化产业背景下，又成了一种新的意义的重组介质。这时的实体不再是单纯物体，而是构成了事件—物体或事件—实体。所谓事件—物体，是指该物体不是简单的物理存在，而是成了一种具有具体时空维度的情景化叙事。如当商标变成商标环境时，它就掌控了机场空

---

〔1〕 Scott Lash, *The Global Culture Industry: The Mediation of Things*, Polity Press, 2007, pp. 5～15.

间，并重新建构着百货商店、道路广告牌和城市中心；当卡通人物变成收集物和服装时，当音乐在电梯里播放时，构成了移动声音景观的组成部分。这种意义不再是阐释或解释性的，而是操作性的。在"从象征到真实"方面，在象征空间中，意义的生产过程靠生产意义的结构，即通过阐释来实现，具有结构主义特征；在现实空间中，意义的生产过程靠力量与直接性来实现，是实践性的，如由物体—事件所构建的意义，具有建构主义特征。传统文化产业占据的是象征空间，而全球文化工业则是真实空间，从象征到真实实际上是一种意义生产过程转换。在"获得生命"方面，拉什在此挪用了福柯的"生命权利"概念，认为全球产业具有自我组成，并具有产生差异性的能力，是生产性的，这不同于拥有再生产或可复制性以及机械权力的传统文化产业。在"外延物到内涵物"方面，从笛卡尔的自然物（res extensa）和思维物（res cogitans）出发，把传统文化产业生产划归为自然物，而全球文化工业生产则属于思维物。这里的"物"在传统文化产业中表现为自然物，在全球文化产业中表现为知识或智力的物（或称作知识产权）。在这种情况下，主体遭遇到的不是具有意义指称结构或所指的物质性，而是被物化的所指或意义，即物化的表征。在"虚拟的兴起"方面，在全球文化产业中，媒介景观具有了思维物的特征（即具有了反思性，不是机械的再生产或复制产物），是一个多节点的体验空间，该空间具体地被表现为事件而不是物，全球文化产业就成了一种事件—物的东西，传统文化产业意义上产品或商品嬗变为一种联系不同体验的载体：事件—物体，于是物具有了中介化的作用。因此在全球文化产业背景下，文化工业系统具有了开放性特征，其开放性在于被物化的表征本身又成了不同关系与活动得以形成的中介。

三、走向理性的文化产业传播

意义生产与理解的格栅、技术理性和人文理性的博弈、从"观念"的中介化到"物"的中介化。以上三个逻辑的提出源自对当前文化产业在跨边界流动中所造成的国际传播现实的跨学科思考。民族文化产业的跨边界传播不只是一种简单的产业流动，更重要地，它又是民族国家经济增长的重要元素、培养民族精神以及传播软实力的主要渠道。但在以手段—目的为特征的工具理性的驱使下，经济效益作为国家发展主要目的而得到重视，不可再生的文化资源却缺乏可持续发展的策略来保护，同时，为实现产业内容的跨边界传播，而无视作为意义生产与解读的情景化因素，希冀以宣传的方式把具有政治意识形态的东西传播出去，致使文化产业的对外传播始终处于一种尴尬的境地：一方面努力实施对外传播，另一方面国际传播效果并不令人满意；一方面促使消费者沦落为"两耳不闻窗外事，一心只顾（大众文化）消费"的社会活动者，另一方面试图努力提高国民素质；一方面努力学习西方发达国家的文化产业发展经验，另一方面注意不到全球文化产业运作活动的变迁。

这三个国际化的逻辑实际涉及民族文化产业的内容、效果和形式问题。走向合理的文化产业传播，似乎要考虑以下三方面的议题：其一，在传播内容方面，要对意义赋予具体的意象框架，还原文化的人类学特征，使民族文化真正成为民族身份及其意义创新的依据；其二，在效果方面，文化产业在作为产业活动的同时，需要借助内容的生产来培养消费者对社会的认知和批判能力，公民意识完全的社会才是一个成熟的社会——由于现在是全媒体的全球化传播时代，任何隐性操作将在数字化网络的投射下变得具有可见性；其三，在形式方面，文化产业活动对社会和意义构建已从"观念的中介化"走向了"物的中介化"，"物的中介化"为文化产业传播提供了一种新的社会景观和传播现实：传统的、以大众媒介为载体的文化产业嬗变为一种新的、以衍生产品为中介的新的体验和意义组织方式，当然这意味着出现了新的文化产业营销策略。

浅议文化帝国主义与中国民族文化认同

刘　雯 *

摘要：尽管作为一种批评话语的"文化帝国主义"论题极富争议，但是对于非西方国家甚至某些西方国家来说，它确实是一种真实的存在。在中国逐渐被卷入全球化进程的几十年时间里，西方发达国家利用大众传媒工具，给中国带来了现代化文明理念的同时，也向中国渗透了一些虚无的、伪善的价值观念。面对以美国为代表的西方发达国家企图通过文化帝国主义进程逐渐侵蚀和消解中华民族文化认同的现实，我们必须清醒地认识到文化帝国主义的存在及其对民族文化认同的严重威胁，加强民族文化建设，培养民族文化自觉，在社会和经济发展的同时不断建构统一的民族文化身份认同。

作为产生于20世纪60年代的批评话语，"文化帝国主义"先后经历了席勒、威廉斯、汤林森、萨义德等学者使用不同方法、选择不同视角进行的解读和论证，积累了观点各异、数量可观的研究文本。尽管如此，就此长达几十年争论的话题却仍未收获明晰的结论和实质性的成果：迄今为止，没有任何一位学者针对"文化帝国主义"的定义堪称权威，也没有任何一部专著或者一篇论文对于"文化帝国主义"内涵和外延的分析和论述能够得到较为一致的认可。文化帝国主义的论题极富争议，似乎具有不可贬计

---

* 刘雯，中国传媒大学传播研究院 2013 级博士研究生。

的塑性和张力，被用来指涉一切与西方国家文化扩张和文化渗透、国家间文化不平等交流、全世界文化同质化等有关的现象或趋势。

暂且不论以严谨的学术角度看待、以缜密的理论话语探讨此论题是否成立，仅从现实经验出发，对于非西方国家甚至某些西方国家（如法国、加拿大）来说，文化帝国主义是一种真实且令其有切肤之感的存在，它最核心的行为主体无疑就是美国。20 世纪 80 年代末，一组来自联合国教科文组织的统计数据是文化帝国主义在场性的有力证据：美国控制了全球 75%的电视节目生产和制作，许多第三世界国家电视节目有 60% ~ 80%的栏目内容来自美国，而在美国自己的电视播映中，外国节目的占有率只有1.2%，美国的电影产量占全球影片产量的 6.7%，但却占有全球影片总放映时间的 50%以上[1]。最早提出"文化帝国主义"的美国学者席勒正是通过分析美国政府推进影视工业向海外扩张的战略，指出文化帝国主义的实质是少数国家（特别是美国）通过控制国内外大众媒体，强制性地输出自己的政治文化、商业规范、文化习俗、价值观念及生活方式[2]。

近年来，尽管有学者以"积极受众"、"后现代性"等理论作为工具批判文化帝国主义的话语，但是少数国家，尤其是美国，通过文化的不平等交流将资本主义社会的政治制度、意识形态、文化价值观等输送给第三世界国家以达到控制和支配整个世界的企图昭然若揭，对全球文化多元化、弱势国家民族文化认同所造成的影响不容忽视。处于社会转型期的中国应如何抵御文化帝国主义的侵略，增强中华民族文化认同，并在全球对话平台上与其他文化体系平等对话和交流，将是中国文化研究相当长时期内的一项重要课题。

一、文化帝国主义与民族文化认同

文化帝国主义从字面上看，由"文化"和"帝国主义"两个词语组成。其中，文化可谓迄今为止最难定义的概念之一，大英百科全书引用了美国

---

〔1〕 黄梦阮、申睿："文化帝国主义对中国文化传播的影响"，载《西南民族大学学报（人文社科版）》2006 年第 8 期。

〔2〕 黄力之："再论文化帝国主义问题"，载《思想战线》2006 年第 1 期。

学者克罗伯和克拉克洪《文化：一个概念定义的考评》书中的内容，足足列出164条定义。[1] 尽管如此，已经形成共识的是，文化以价值观为核心，具有显著的民族性，民族是文化稳定性的边界，"在所有的文化层面上，民族文化的概念是最为稳定和鲜明的"。[2] 关于帝国主义的概念，最为中国学者熟知的应是列宁提出的"帝国主义是资本主义的垄断阶段"的论断；而1902年，英国经济学家约翰·罗布森在《帝国主义研究》一书中所给出的解释，应是"帝国主义"最早且较为具体和明确的定义：帝国主义是资本主义经济过剩的产物，是一个国家为了本国的政治和经济等目的而对他国制度与生活的控制。[3] 如此分析，不难明确文化帝国主义的话语所指涉和探讨的对象正是当今国际社会最主要的行为主体：民族国家。

当越来越多的国家被卷入资本主义向世界范围扩张的进程中、被迫纳入现代化发展的潮流中时，伴随着西方先进的工业生产和科学技术而来的，必然有资本主义的政治制度、意识形态、生活方式和价值观念等。文化成为帝国主义新的侵略工具和手段，并同时使帝国主义的侵略意图和过程变得更为隐蔽。所以，许多发展中国家在经济上依附于资本主义强国的同时，其民族文化也"在潜移默化之中逐渐淡出人们的视野，西方价值成为主导，并进一步影响着整个国家政治经济的走向"。[4]

资本主义生产方式造成了人的异化，使人与传统的生存环境和生活方式完全割裂，对于民族文化的认同也越来越出现了障碍。一个人的身份认同可以从家庭生活中寻找，比如是一个家庭的母亲、妻子或女儿；也可能是在工作过程中确立的，比如是某公司的经理、职员等；但是却难以从"民族—国家"的层面上获得真实生动的归属感，因为标识着民族文化的特定符号、风俗习惯和价值观念等已经被以美国为代表的资本主义文化逐渐侵蚀和同化。正如郭英剑教授在一篇文章中所描述的："无处不在的西方文

---

〔1〕 郭莲："文化定义·文化差异·文化冲突"，载《理论前沿》2001年第24期。

〔2〕 刘笑盈：《国际新闻学：本体、方法和功能》，中国广播电视出版社2010年版，第22页。

〔3〕 王晓德："'文化帝国主义'命题源流考"，载《学海》2009年第2期。

〔4〕 黄梦阮、申睿："文化帝国主义对中国文化传播的影响"，载《西南民族大学学报（人文社科版）》2006年第8期。

化产品充斥于世界，尤其是第三世界国家。目前，西方文化品位和西方文化习俗正在日趋全球化，无论是在服装、食品、电影、电视，还是在建筑设计方面，这样的例子俯拾即是。可以说，在这个世界上，只要有人居住的地方都有大量西方的文化产品、西方的文化习俗和西方的文化样式的存在。"[1]

关于作为民族性话语的文化帝国主义，汤林森在《文化帝国主义》中这样写道："在大多数民族国家都是由多元民族群组合而成的情况下，人们既可以拒斥外邦的文化帝国主义，又可以同时否认他们所居住的国度具有统一的文化观。"[2] 汤林森认为民族国家与文化不能等同，而所谓民族国家与文化不过是"想象出来的社群"。他试图通过否认民族国家有统一的文化认同，甚至否认民族国家的存在本身，来抨击文化帝国主义的话语。

然而，正如金惠敏在其文章中所言："一个民族内部尽管可能有无穷多的差异，种族差异，地区差异，个体差异，但并不能使人视而不见一个民族就在那儿存在着。……'民族国家'与其内部的多元性差异并非同一层次上的概念。"[3] 尽管世界上绝大多数国家都是由多元民族构成，民族国家的文化本身也具有多元化的特征，但是因为在相当长的历史实践过程中形成了对国家主权、领土、语言、风俗、艺术等方面的一致认知，生活在这个疆域里的人们因而形成了关于自己身份的相同界定以及对于这个民族国家的共同归属感，即所谓的"民族文化认同"。人们的某种民族文化认同一旦形成就具有较强的稳定性，[4] 尤其是当民族国家受到外来的威胁或侵略时，民族文化认同就会表现得更为显著和强烈。

在全球化已经全面来临的时代，我们不能也不应全盘否认西方文化，现代化的生产方式和科学技术也的确给生活带来了诸多便利。正因如此，

---

〔1〕 郭英剑："带镣铐的文化帝国主义"，载《民族艺术》2000 年第 1 期。

〔2〕 ［英］汤林森：《文化帝国主义》，冯建三译，上海人民出版社 1999 年版，第 151 页。

〔3〕 金惠敏："从'文化帝国主义'到'全球化'——评汤姆林森的后现代性全球化理论"，载《解放军艺术学院学报（季刊）》2008 年第 2 期。

〔4〕 王沛、胡发稳："民族文化认同：内涵与结构"，载《上海师范大学学报（哲学社会科学版）》2011 年第 1 期。

某些保持西方中心主义视角的学者声称资本主义的生活方式和文化观念是这些第三世界国家人民自己的选择，不存在强制的控制和支配，所以文化帝国主义根本是个伪命题。如果说大众对于民族文化认同的逐渐消解处于一种无意识状态，那么知识分子和学者则必须清醒地认识到文化帝国主义的存在及其对民族文化认同的严重威胁。

二、中国民族文化面临的威胁和挑战

2006 年起，国务院将每年六月的第二个星期六确定为我国的"文化遗产日"，一方面，这说明我国越来越重视对于民族文化的保护和传承，同时也在另一方面反映了我国许多传统文化形式和民族文化技艺濒临流失和灭绝的严峻形势。对于普通大众而言，民族文化认同方面存在的危机似乎难以觉察，伴随全球化进程而来的只是生产和生活方式的改变。然而，只要对实际经验中的现象和事物进行冷静的观察和思考，不难发现，我们已经越来越难以辨认自己的民族文化和身份认同。以春节为例，传统的舞龙舞狮、踩高跷、贴窗花等庆祝节日的习俗在农村可能还偶尔看得到，但在城市却难觅踪迹。此外，无论在城市还是农村，属于民族文化的特有符号也在急剧减少：建筑风格向欧美靠拢，服饰装扮与西方审美一致，充斥大众传媒的内容也有很大一部分来自西方发达国家。

即使是抱持西方中心主义视角对文化帝国主义话语大肆批判的英国学者汤林森，也不得不承认来自发达国家的资本主义文化自身存在邪恶的部分。[1] 为了不断在世界各地开拓市场和倾销商品，资本主义必然要大肆推广消费主义的观念和享乐主义的态度，故而形成了一种被金钱、物质和权力所主导的畸形价值观。"从人类精神世界的角度来看，西方的消费主义、享乐主义价值观在解放人的同时，将人置于物欲的控制之下，无限增长的欲望与现实条件之间永远存在着紧张关系，狂热、焦虑、自卑、担心等不同的心态充满于人心，西方文明在享受中亦被种种问题缠住。"[2]

---

〔1〕 ［英］汤林森：《文化帝国主义》，冯建三译，上海人民出版社 1999 年版，第 211 页。
〔2〕 黄力之："文化帝国主义与价值冲突"，载《哲学研究》2004 年第 9 期。

如今，这样的文明病已然蔓延到了中国。虚荣、浮躁、迷茫越来越成了社会大众普遍的精神状态描述，每日身陷忙碌、疲惫和重复的工作，严重挤压了思考的时间和空间，人们无暇体会生命和生活的真正意义为何，更不必说权衡人与人之间、人与社会之间、人与民族之间乃至人与国家、人与世界之间怎样的关系最为和谐、持久。原本由中国民族文化中那些积极、深刻和纯粹的价值观念而建构的独特身份认同，现在已经被金钱、财富、权力和地位等标签所掩盖，难以发挥精神给养、智识源泉和社会整合的作用。

此外，自从诞生文化帝国主义的话语，媒介就被当作这一问题的核心，甚至还有学者将媒介帝国主义等同于文化帝国主义。[1] 大众媒介对于当今时代的社会生活、文化塑造、人际关系等方方面面产生着深刻而广泛的影响，以美国为代表的西方发达国家利用覆盖全球的大众传媒体系，大规模制造并输出承载资本主义价值观念的文化产品，娱乐至上的媒介内容更是进一步消解了第三世界国家对于文化帝国主义的清醒意识和抵抗意志，进而严重威胁了关系到一国生存、发展及命运走向的民族文化认同。近年来，大众媒介极为发达的一些资本主义国家，在新闻报道和影视作品中刻意歪曲中国形象，不仅造成了其他国家受众对中国错误的刻板印象，不利于中国与其他国家的正常交往及文化交流，甚至误导中国人民对自己国家的理解，间接破坏我们的民族文化认同。

媒介帝国主义所代表的政治和经济利益毋庸置疑，在其背后隐藏的种种意图也依稀可辨，但它对于不同国家和民族所造成的影响则充满了变数和差异。造成这一现象的原因可以使用多种理论加以解释，例如"制码解码论"、"积极受众论"、"读者中心论"等传播学领域效果研究的相关理论，都否认了作者对文本意义的支配地位并强调读者对于文本解读的能动作用，这些都说明了文化帝国主义对于一个国家的民族文化认同能够产生多大影

---

〔1〕 ［英］汤林森：《文化帝国主义》，冯建三译，上海人民出版社1999年版，第41页。

响，同时也取决于民族文化本身所具有的张力。[1] 面对以美国为代表的西方发达国家企图通过文化帝国主义进程逐渐侵蚀和消解中华民族文化认同的现实，在国家、民族、社会组织、家庭和个人等不同层面，我们都应该并且能够有所作为，这不仅关乎国家和民族生存和发展的命运，也与个人的成长和价值实现密切相关。

三、应对文化帝国主义的策略和工具

国家、民族和社会都是人的集合体，文化的行为主体也是人，所以任何形式的文化研究都离不开人，离不开人性、人的思想、人的行为以及人的选择。在全球化进程中，我们坚守和传承民族文化的原因绝不是狭隘的民族主义情感，也不是认为我们的文化优于其他国家的文化。文化没有优劣之分，文化也没有任何一种固定的形态，它在交流和传播的过程中被不断塑造。中国民族文化的精华，是广大劳动人民从古至今在实践中积累而来的真理，是哲学家、思想家以及知识分子所创造的精神财富。它不仅解答了为人之本与处世之道，揭示了生命的真谛和生活的意义，还倡导了人与自然的共生关系，以及国与天下的大同理想。

在中国逐渐被卷入全球化进程的几十年时间里，西方发达国家利用大众传媒工具，给中国带来了现代化文明理念的同时，也向中国渗透了一些虚无的、伪善的价值观念。我们对于这些文化产品及其内容必须进行仔细的辨别和过滤，因为相比之下，西方文化自身存在着很大的缺陷，正如汤林森所说："当我说一种文化有力量的时候，我是说，这种文化能够回答怎样才能把生活过得有意义，或者，一种有意义的生活应该是个什么样子。……它应该告诉人们，传递给人们，关于其生活或其生活目的的一种感受，一种叙述，一种故事！如果是从这方面看，我觉得，来自西方的故事倒是非常孱弱，非常无力，非常浅薄，也可以说，非常堕落，因为这些故事无非是要人们多多地挣钱，多多地消费，多多地享乐！这些故事不关

---

〔1〕 黄梦阮、申睿："文化帝国主义对中国文化传播的影响"，载《西南民族大学学报（人文社科版）》2006 年第 8 期。

心我们的工作究竟有何价值，有何意义。"[1] 就连法国这样的老牌资本主义国家和文化大国，都一直坚持在世界贸易组织的原则中增加"文化例外"一条，我们在与西方发达国家的经济交往过程中，更需要警惕各种形式的打着"自由贸易"和"信息自由流通"幌子的文化入侵。

民族文化本身具有的张力，决定了其抵御文化帝国主义的能力。所以，应对文化帝国主义的根本策略，还需从提高自身文化张力着手：加强民族文化建设，培养民族文化自觉，在社会和经济发展的同时不断建构统一的民族文化身份认同。从党的十六届六中全会提出社会主义核心价值体系的科学命题开始，到2014年2月12日公布了从国家、社会和个人三个层面表述的二十四字"社会主义核心价值观"内容，是党和国家为了应对文化帝国主义的严峻形势在制度层面和意识形态领域所做出的重要举措。正如《人民日报》文章的题目，"人民有信仰，国家才有力量"。[2] 民族的进步、文明的成长，最终的力量还是要来在于每一个社会成员的觉悟和坚守。

传承数千年的中华民族优秀传统文化，在历史演进、环境变迁、朝代更替时，始终支撑着华夏子孙的精神和灵魂，指导人们在社会生活中积极寻求自己的身份认同，以正确的价值观认识和看待客观世界。今天，面对文化帝国主义的来势汹汹，我们最有效、最有力的工具正是中华民族传统文化。对于中华民族传统文化的重视和再度发掘，尤其是对儒道佛三家哲学精髓的学习和继承，是提升民族文化认同、提高文化创新能力的明智之举。中国文化研究一度因为追随西方话语、盲目模仿西方思维，而难以与其他文化在国际舞台上平等对话、发出自己的声音，更无所谓形成一定的文化影响力。对比之下，近年来中国民族文化的精神价值反而受到国外学术界越来越多的发现、接受和认可，被纳入西方的语言、文学和艺术中，成为诸多优秀文化作品创作的灵感之源和社会价值体系的积极要素。

民族文化认同的形成需要经历漫长的历史发展过程，但是面对文化帝

---

〔1〕 金惠敏："文化帝国主义与文化全球化——约翰·汤姆林森教授访谈录"，载《陕西师范大学学报（哲学社会科学版）》2012年第6期。

〔2〕 "人民有信仰，国家才有力量"，载《人民日报》2014年2月12日。

国主义，如果所有成员都无意识而无所作为，那么其消解以致最终破碎恐怕会是迅速而彻底的。"世界历史中从未有过像今天这样，一种文化对另一种文化实行如此大规模力量与思想上的干预，像美国对世界的干预一样。"[1] 我们到底选择每天如机器一般地工作，下班回家后盯着电视机发呆，还是成为那一股觉醒的、坚守的文化力量，将决定中华民族文化是否能在大规模的文化帝国主义"干预"之下，重新焕发生机与活力，与其他国家的文化进行平等对话和交流，为全人类贡献积极的精神力量和价值财富。

---

〔1〕〔美〕爱德华·W·萨义德：《文化与帝国主义》，李琨译，生活·读书·新知三联书店2003年版，第454页。

目的性传播与交往性传播

——基于哈贝马斯"交往行动理论"的文化传播形态分析

杜海滨 *

摘要：普遍的文化传播研究，都将文化传播作为一种传播现象来考量；而作为一种社会行为，对于文化传播的研究也可以参考相关的社会学理论。亚历山大·温特在其著作《国际政治的社会理论》中另辟蹊径，为国际关系研究提出了新的社会学视角。那么，社会学视角下的文化传播，也应该能够为文化传播实践指出新的路径选择。本文从德国社会学家哈贝马斯的"交往行动理论"出发，对文化传播行为进行形态分类，并指出在不同的环境下，不同类型的文化在传播形态上存在选择偏向。

论及文化传播，人们一般首先会考虑它是一种传播现象与行为。因此，对于文化传播形态的思考与研究，也大多基于传播学对于传播形态的划分。比如，基于传播主体性质的形态分为人内传播、人际传播、群体传播、组织传播以及大众传播；基于媒介形态则可以划分为文字传播、图像传播、视频传播等。我们认为，文化传播除了可以在传播学中找到解释以外，本质上还是一种社会行为，因此还可以从社会学层面加以区别。本文援引德

---

* 杜海滨，中国传媒大学 2014 级博士研究生。

国法兰克福学派社会学家哈贝马斯的"交往行动理论",[1] 以传播者的行为取向为标准,将文化传播分为目的性文化传播与交往性文化传播两类。进而以此为依据,分析不同环境中,不同类型的文化在传播形态上的选择性偏向。

近年来,中国政治、经济等硬实力的迅猛增强要求文化软实力的对等性发展,这就对文化传播的效果提出了更高的要求。当前的传播全球化趋势也给中国文化传播提供了难得的机遇。本文希望通过分析文化传播的形态及其偏向,为我们该传播什么文化,又该如何传播自己的文化提供宏观参考。

一、交往行动理论

哈贝马斯将社会行为分为"目的合理行动"和"交往合理行动"。目的合理行动以成就为取向,具有工具性和策略性。其出发点是"行动者首先以达到某种目的为方向,选择一定合适的手段,其他预计的行动结果都被看作成果的附带条件",[2] 强调个体目标与利益。交往合理行动则以理解沟通为取向,实现"并非为外部影响达到的……必须由交往的全体参与者同意接受的意见一致",[3] 它强调整体协调与规范。

哈贝马斯的行动类型

行动取向 行动取向	以成就为取向	以理解为取向
非社会的	工具行动	——
社会的	策略行动	交往行动

〔1〕 笔者了解到,哈贝马斯的《交往行为理论》(两卷)有两版译著:一为洪佩郁、蔺青译本,另一为曹卫东译本。前者标题为《交往行动理论》,后者标题为《交往行为理论》,虽用词各异,但指涉相同,因此本文以下如无特别说明,交往行动与交往行为意义相同。

〔2〕 [德] 哈贝马斯:《交往行动理论》(第一卷),洪佩郁、蔺青译,重庆出版社1994年版,第361页。

〔3〕 [德] 哈贝马斯:《交往行动理论》(第一卷),洪佩郁、蔺青译,重庆出版社1994年版,第363页。

作为社会行为的文化传播，依据哈贝马斯的两种行为类型，可以分为"目的性文化传播"和"交往性文化传播"。这种传播形态的两分法并非一种绝对概念，而是在不同的历史背景和社会背景下以不同的表现形式发挥着作用，文化传播效果也因此存在差别。

二、两种文化传播形态的内涵与特点

（一）目的性文化传播内涵与特点

目的性文化传播，是指以影响和改变对象文化群体为目的的传播形态，具有外显性、宏大性、扩张性和主观性特点。军事征服、殖民扩张、传教布道、朝贡宣威，以及当代各国的官方文化传播活动，都是目的性文化传播的具体表现形态。

第一，外显性。目的性文化传播一般表现为传播者将文化本体直接传播到特定的对象文化群体，是一种显性传播。在传播过程中，被传播的文化和传播对象同时具有外显性。前者未经传播者改造、打磨，处于"和盘托出"的状态；而后者则由于传播者出于影响和改造的目的，通常也是明确的某一文化群体。

外显性特点在古代东亚的封贡体系中可以一探其详。在东亚的封贡体系中，中国作为体系核心，愿意通过文化输出对藩属国进行更有力的控制，作为藩属国的东亚诸国由于看到了中国在经济文化水平以及社会制度上的优越性，也希望从中学习以实现本国改革。因此，中国文化得以大量外输。前有持续数百年的遣唐使盛况，后有明代郑和七次大规模远洋航行。东亚诸国的社会、经济、文化发展都得到了来自中华文化的推动力，尤以日本、韩国为甚，东亚文化圈逐渐形成。在这一过程中，中国文化几乎是原封不动地输入东亚诸国。中国的主体性传播行为不会考虑传播什么，不传播什么；藩属国面对庞大优越的中华文化更表现出一种全盘接受的态度。使日本从奴隶制度向封建制度过渡的大化改新，主要内容就是"依唐制"——依照从唐朝输入的均田制、租庸调制等制度进行经济社会的改革。

第二，目的性文化传播具有宏大性。文化是一个整体概念，《现代汉语词典》对"文化"的解释是:"人类在社会历史发展过程中所创造的物质财富和精神财富的总和,特指精神财富。"因此,从传播者角度来看,目的性文化传播主体多为国家、政府、宗教团体等大型社会组织。它们是人类社会最成熟的社会单位,富有组织性、整体性,承载着人类政治经济文化发展,在文化传播中也发挥了主体作用。同时,正是因为传播主体的宏大性,使其传播目的多是国家发展、社会控制等宏观主题。比如,军事征服往往带来大规模文化传播,或强力传播征服者文化,或主动接受被征服文化的传播。斯塔夫里阿诺斯说:"日耳曼蛮族征服了罗马帝国,而罗马帝国的基督教却征服了日耳曼蛮族。"[1] 事实上,日耳曼蛮族早在入侵罗马帝国之前就已经开始接触基督教,直到整个日耳曼民族被基督教化,这一传播过程持续了数百年。从传播者——基督教会的角度来看,这不得不说是一项伟大的成就。至于征服者文化的传播,我们可以在日本侵华战争中的文化同化政策中略见一二。当然,日本的文化目的性传播随着其军事征服的失败而失败了。

第三,目的性文化传播具有主观性,它是一种"一厢情愿"的传播。传播者在文化传播行为之前,往往不会像今天一样作受众调查,对对象文化群体进行系统性了解,甚至有些情况下几乎完全不了解。这样,文化传播就成了一种主观盲目的行为。这种主观性如果走向极端,就成为强制性。清朝入关后要求全体汉人剃头蓄辫,显然是一种强制性的文化传播;而这也同所有强制性文化传播一样,遭到了汉人的强烈不满和抵制。

虽然目的性文化传播带有主观性,但如果传播者在传播过程中具有优势,比如政治优势、经济优势等,那么即便是走向极端的强制传播也能够达到效果。当民国政府要求清朝遗民剪辫子时,即使是汉人也不惜以死抗争。这其中不否认时间对文化的积淀作用,但如果离开清政府在中国两百余年的高压政策也是难以实现的。

---

〔1〕〔美〕斯塔夫里阿诺斯:《全球通史:1500 年以前的世界》,北京大学出版社 2012 年版,第 185 页。

第四，目的性文化传播具有扩张性。目的性传播者带有强烈的传播欲望。"只要有传播的欲望总有一股向外拓展的冲动，常常表现为一种主动出击的姿态和行为，以不断扩大自身的传播版图和文化版图。"[1] 从 15 世纪末地理大发现开始，西方国家开始了长达数百年的殖民扩张。这一政治经济活动同时也逐渐伴随着大规模的文化传播，而且最初只是存在于政治经济中的扩张性也出现在文化传播中。文化的扩张性传播，得到了政治力量和经济力量的巩固和推进，因此传播效果也更加明显。我们可以看到从墨西哥以南的美洲因为被拉丁文化同化，而普遍被世界称为拉丁美洲。地理概念因为文化的扩张性传播而变成了文化概念。而在非洲，曾经的法国殖民地国家大量的法语人口同样说明了这一问题。

需要指出的是，当代目的性文化传播中的扩张性是收敛和微弱的。这主要是因为当代国际社会文化传播主体和传播内容都趋于多元化，各个文化群体的文化自觉和文化自信都空前提高。而目的性文化传播主体却以国家为主，传播内容以主流正统文化为主。这与人们的文化选择越来越多，普遍对文化求新求异的现实是不符的。目的性文化传播的大规模扩张也就无从谈起了。

（二）交往性文化传播的内涵与特点

交往性文化传播以哈贝马斯所说的交往合理行动为基础。它通过地位平等的交往性沟通，达成不同文化群体的相互理解，进而促进国际行为上的一致性。复旦大学教授于海在其《西方社会思想史》中对交往合理行动作了如下评价："其行为计划既非斤斤计较，又非算计（或影响）他人，而是通过相互沟通获得协调。"[2] 而这一评价也恰恰可以看作交往性文化传播的基本精神。基于此，我们认为交往性文化传播具有以下特点：隐蔽性、多元形、客观性、渐进性。具体表现形式包括经济贸易、个人游历、国际新闻传播、文化产品输出等。

---

〔1〕 李建军、刘会强、刘娟："强势传播与柔性传播：对外传播的新向度"，载《东北师大学报（哲学社会科学版）》2014 年第 3 期。

〔2〕 于海：《西方社会思想史》，复旦大学出版社 2014 年版，第 371 页。

第一，交往性文化传播具有隐蔽性。文化被隐藏在其他形式当中，文化传播在非文化产品的传播过程中来实现。以美国影视文化产品输出为例，在全球化的今天，国际文化市场已经形成，市场流通的是商品和货币。国际文化市场主体主要是迪士尼、派拉蒙等大型跨国娱乐企业。企业的终极目标是追求利润，而不是传播文化。因此，严格来讲国际文化市场上的主体性传播并非文化行为，而是经济行为。而即便是最早联通东西方文明的丝绸之路，其最初开辟的目的也是西汉联盟大月氏以夹击匈奴的政治目的，之后以经济往来通道为主要任务，文化传播只是附带效应。

由于存在隐蔽性，交往性文化传播通常能够达到"润物细无声"的效果。文化传播的目的在于影响对方的行为和观念，而单纯的文化宣教则很容易让人产生抵触情绪。作为经济行为的交往性文化传播中，传播者与受众群体处在生产者与消费者的层面，他们之间是一种供需关系。这样就能够绕过单纯文化传播的抵触，让人们在购买商品的同时被传播者"潜移默化"了。而这种潜移默化式的文化传播，效果也更加持久稳定。比如席卷全球的美国快餐文化，已经成为包括中国在内的许多国家的一种大众生活方式。

交往性文化传播的隐蔽性还引起了关于"文化帝国主义"的争论。这一观点认为以美国为首的西方文化产品大规模输出是一种文化入侵和文化同化，它摧毁了弱势国家本土文化。笔者对此持保留意见。我们认为，所谓文化帝国主义，正如汤林森所言，是一种"现代性的延伸"。[1] 首先，交往性文化传播并非单项输出，而是双向互动。文化没有高低之分，造成文化高低分野假象的是经济水平的差异。因此，即便是弱势国家同样可以实现成功的文化传播。其次，文化传播过程中受众群体是具有主体性的。在文化面前，他们会经历一个主体选择过程。因此，我们认为文化的交往性传播是多种文化相互交融的过程，并不存在谁入侵谁，谁吃掉谁的问题。这一点我们可以在麦当劳、肯德基等快餐文化在中国的本土化策略中找到

---

〔1〕 汤林森：《文化帝国主义》，冯建三译，上海人民出版社1999年版，第309页。

答案。

第二，交往性文化传播具有多元性。哈贝马斯认为，交往合理行动强调整体规范和协调，属于整体主义的概念。因此交往性文化传播本质上要求多元性。从定义上看，交往性文化传播是寓于人类各种跨文化的社会交往活动当中的。它既可以是某一特定的社会组织，也可以是分散的个人。只要行为跨越了文化界限，就必然能够形成文化传播的事实。在古代，交往性文化传播主要是沿丝绸之路的文化传播。欧亚草原上的各国、各族人民像浪潮一样携带着文明的信息沟通着欧亚之间的交流。[1] 在现代则表现得更加明显。如果说丝绸之路是文化传播的单线联系，那么现代交往性文化传播就是一张大网。每个国家、每个民族、每个企业、每个个人都是这张文化传播网上的节点。

第三，交往性文化传播内容具有客观性。这是区分两种文化传播形态的标志。这里所说的客观性，不是指文化本身的客观性——文化本身属于人类主观创造物——而是传播过程具有客观性。在这一过程中，传播者主观上往往不带有传播文化的强烈欲望，文化传播是一种客观效果。交往性文化传播重在交流理解，而不是灌输宣教。国际新闻最能体现交往性文化传播客观性。从本质上来看，它本身就是一种交往性文化传播形式。中国传媒大学刘笑盈教授认为："新闻是人们通过大众媒介传播最新事实而调整人们社会关系的一种特殊活动。"[2] 由此可见，新闻传播本质上就是一种交往性活动。国际新闻作为新闻的一大品种，在跨越国家界线的同时，往往也跨越了文化界线，因而也必然具有了一定的文化传播功能。一般认为，国际新闻具有以下三个方面的文化功能：一是传播文化信息，建构和传递价值观；二是作为跨文化传播载体与社会整合的工具；三是提供娱乐。[3] 同时，新闻视真实性、客观性为生命，而只有真实客观的东西才有可能让对方接受。因此国际新闻在发挥其文化传播功能时，也必须遵循这一根本

〔1〕 周月亮：《中国古代文化传播史》，北京广播学院出版社 2000 年版，第 133 页。
〔2〕 刘笑盈：《中外新闻传播史》，中国传媒大学出版社 2006 年版，第 13～14 页。
〔3〕 刘笑盈：《中外新闻传播史》，中国传媒大学出版社 2006 年版，第 282～285 页。

原则。

第四，交往性文化传播过程具有渐进性。与目的性文化传播呈现出的大规模扩张不同，交往性文化传播更多表现为一个渐进的、弥散的过程。这一分别也是哈贝马斯的交往行动与目的行动的区别："虽然对一种意见的一致可以在客观上进行强迫，但是凡是有意地通过外部影响，或运用暴力所形成的意见一致，在主观上都不能算作意见一致。意见一致是以共同信任为基础的。"[1] 然而信任的建立不是一蹴而就的，在政治观念、意识形态等领域，"冰冻三尺非一日之寒"。由于价值观、思维方式等因素的差异，不同的文化群体要达成意见一致并不容易，因此需要一个长期的相互理解的过程。当前中国恰逢崛起时期，力推"和平崛起""新型大国关系"等和平理念的效果并不显著，奥巴马在国际场合从未认同过"新型大国关系"的提法。外交理念的背后体现的是文化价值观的冲突，而这一冲突有赖于文化传播的突破。

在传播全球化的今天，媒介日益多元化，"人人都有麦克风"，客观上为交往性文化传播提供了有利的条件，大大提高了文化传播效率。但是，媒介终究是文化传播的桥梁，并不是主客体。它所提供的是工具性要素，而不是本质性要素。要实现哈贝马斯所说的"意见一致"，还需要传播主体与对象共同将文化传播的效果反映到实践中，以实际行动来巩固"一致意见"。

三、两种文化传播形态的适应性偏向

伊尼斯在其《传播的偏向》一书中论述了不同的媒介形态的时空偏向。我们把文化传播按照哈贝马斯的交往行动理论分为两种形态，并不是给两种传播形态进行优劣高下的比较。而是试图探讨在不同的时空条件下，不同类型文化的传播存在着对两种形态的适应性偏向。

（一）基于文化先进性落差的偏向

上海外国语大学吴瑛在其《文化传播：理论与战略》中提出，文化传

---

〔1〕 ［德］哈贝马斯：《交往行动理论》（第一卷），洪佩郁、蔺青译，重庆出版社1994年版，第364页。

播之所以能够实现依赖以下三个要素：文化的共通性、传播媒介、时空条件。[1] 我们认为，在此基础之上，还应该加入第四个参考因素：文化的先进性落差。

关于是否存在文化的先进性落差，有着文化进化论和文化相对论的争论。前者承认先进性落差，认为先进文化是各文化中比较而言发展水平较高或发展结果较优的文化；而后者则否认这种分别，认为每个民族都有自己独特的历史和独特的文化，强调文化是由传统习惯及其相伴的情绪积淀而成，并非理性思考而得，因此是不可比较的。[2] 我们认为，承认先进性落差，是一种人的主观反应，而认为每个文化都各具特点，没有高下，则是一种文化本身的客观状态。两者并不存在本质上的矛盾。不同落差环境下的文化传播适用于不同的传播形态。具体来说，就是大落差环境下的文化传播适用目的性文化传播，小落差环境下的文化传播适用交往性文化传播。

大落差环境普遍存在于各民族文化自觉之前，也即现代民族国家形成之前。一般认为，现代民族国家的形成始于1648年《威斯特伐利亚合约》的签订。在此之前，世界各个文化群体虽然都已经形成相对稳定的核心价值和体系化的文化实体，但是在物质文化上的发展水平差异会形成强大的文化传播动力，社会发展状况则导致对精神文化的迫切需求。这些都使不同的文化群体之间存在较大的先进性落差。而且，年代越久远，这种落差也越大。

比如，在古罗马帝国时期，希腊罗马文化在欧洲一骑绝尘，使北方蛮族对这种先进文化趋之若鹜，从很大程度上驱使日耳曼蛮族入侵罗马帝国。在东方，中国物质文化在东亚诸国中的领先地位，使其成为周边国家向往效仿的对象。精神文化的先进性表现为社会和政治统治对某一文化的迫切需求。佛教传入中国始于两汉之际，战乱纷争和社会动荡中的普通百姓渴

---

〔1〕 吴瑛：《文化对外传播：理论与战略》，上海交通大学出版社2009年版，第14～15页。

〔2〕 吴信训：《文化传播新论——以历史与现实为镜鉴》，上海人民出版社2008年版，第18～19页。

望一种能够解释这种现实的精神寄托，而长期流行于两汉统治集团的神鬼、占卜等迷信法术也与佛教一些教义相符合。这样，佛教文化得到了中国自上而下的认同，也就推动和巩固了文化传播的进程与效果。由此可见，在传播者与受众文化群体之间存在较大文化落差的环境下，传播者拥有传播本国文化的自豪感与使命感，受众文化群体拥有强烈的效仿欲望，因此文化传播普遍表现出目的性传播形态。

小落差环境从1648年《威斯特伐利亚合约》之后开始成为全球普遍现象。从西欧开始，建立独立的民族国家逐渐成为全球大势。民族国家的普遍建立，带来了民族文化的普遍自觉。自觉即自知自明，自知自明则自强自信。人们情感上的效忠对象从王权转换成同族同胞的共同体，越来越多的文化群体与主权国家相互融合，而主权平等思想的深入人心也使文化地位的平等成为共识。尽管物质文化上的先进性仍然客观存在，但精神文化的先进性落差从很大程度上被弥合了。

回到前文所述的实现文化传播的四个要素，文化先进性落差形成的传播驱动力减少了，传播全球化使传播媒介的触角可以延伸到世界的各个角落，传播技术的发展则使时空条件几乎不再成为文化传播的障碍，那么要实现文化传播目的，强化传播效果，能够施力的领域只有扩大不同文化之间共通的意义空间。这个过程，是通过交往性文化传播来实现的。交往活动中，地位的平等使任何一个文化都不再像原来那样可以以一种居高临下的优越感来审视对方。想要实现文化传播的目的，刻意强调目的性反而弱化了传播的实际效果。每个文化群体都必须放下身段，平等交流，相互尊重，相互理解。这正是文化共通性的最重要的建构途径。

先进性落差的缩小，推动了文化传播从目的性向交往性的转化，但从某种程度上也给文化传播带来了障碍——文化自觉从反面催生了民族中心主义。当各民族和国家都对自己的文化拥有无可推翻的自信时，也就从人们的心理上构建了一道文化壁垒，阻断了文化传播的路径。传播媒介的飞速发展让每个文化群体都能够发出自己的声音，更加深了这种文化自信。这使交往性文化传播面临的心理障碍远远超过了目的性文化传播。

（二）基于文化类型的偏向

从上文提到的文化定义上看，文化可以分为物质文化和精神文化。在文化传播中，两种类型的文化在传播形态上也存在着一定的偏向。具体来说，物质文化偏向于目的性文化传播，精神文化偏向于交往性文化传播。

物质文化重在体验。物质文化传播是需要在对方感官上形成体验才能有效实现的。所谓"百闻不如一见"说的就是这个道理。欧洲通过中国的瓷器认识了中国，又因为对中国瓷器的喜好，将中国与瓷器共用一个单词（china）。清末，列强入侵殖民所带来的蒸汽机等高效机器也征服了中国，随后便推动了晚清自救的"洋务运动"。物质文化比精神文化更容易显示出先进性，而且这种先进性并不会像精神文化先进性落差因为文化自觉而缩小那样，呈现出缩小的规律，因为推动物质文化进步的生产力是不断进步的。因此，物质文化的传播更偏向于目的性传播形态。

精神文化则更注重理解和交流。如上文所说，目的性的精神文化传播是灌输和宣教，很容易使受众产生抵触情绪，这样不仅不能达到传播效果，更失去了文化传播的意义。因此，精神文化传播更偏向于交往性传播形态。中国目前正处于和平崛起的关键时期，但国外对于崛起大国带来的威胁心理却始终存在，这就需要将中国的和平文化有效传播出去。应该在传播本国文化的同时，认真倾听他国文化的标准与需要，从中寻找更多的契合点和共通点。只有这样，才能让外界从内心打消对中国的误解与恐惧。

我国文化资源品牌化国际营销战略初探 *

周庆山 **

摘要：我国是文化资源大国，但是文化资源的积极保护、合理开发及品牌化建设尚不够完善，造成这一现象有诸多复杂的原因，其中很重要的就是尚不能很好地运用品牌建设及国际营销策略来将其塑造成具有普遍认知的国际知名度、良好印象的国际美誉度、依赖性强的国际忠诚度的知名品牌。本文针对这一问题进行了探讨和分析，认为我国有必要进一步从提高文化软实力的角度加强国际营销中文化资源的品牌化建设，从品牌的核心理念、认知度、美誉度、忠诚度、价值输出等环节的递进式建设及延伸品牌价值等方面提高其在国际传播受众中的接受效果，从而创造出适合国际消费者喜闻乐见的世界型文化产品。

一、文化资源国际传播存在的问题

文化资源一般是指在特定自然、人文及社会历史发展过程中形成、积淀、创造和呈现出来的各类精神文明遗产、制度规范、宗教信仰、价值体系以及文学艺术娱乐作品和与之相关的人力资源、资本、权利及制度等资源要素集合。

---

 * 本文为国家社科基金重大项目"我国文化产业发展战略研究"（编号 10zd&021）子课题阶段性研究成果之一。
 ** 周庆山，北京大学信息管理系教授，博士生导师，北京大学文化产业研究院研究员。

我国是文化资源大国，在上下五千年的历史长河中，传承和积淀了异彩纷呈的传统文化源流及形态，其中不仅包括掩映着各种宗教——儒释道庙堂古刹的秀丽山川，储藏着珍奇壁画及稀世典籍的大漠敦煌，还包括延续着中国文化精神及信仰的诗词歌赋、诗书礼乐、曲艺杂技、抚琴品茶、弄墨习武……这些都是中国浩瀚文化的灿烂瑰宝。

与此同时，我国的自然和生物文化资源也令世界瞩目，比如四川卧龙的大熊猫就深受各国人民的喜爱，成为中国的文化形象大使，而展现大熊猫生活的网上直播更是引来世界各国热情的关注。与此同时，我国还拥有不同民族文化的多元特色，它们造就了中华民族色彩斑斓的瑰丽图景。

改革开放之后，中国向世界打开了国门，引进世界各国的各种技术、资本和文化的同时，也把中国的现代化新形象传播出去。经过 30 年的经济发展，中国的国际影响力日益强大，特别是奥运会、世博会等世界盛会在中国的召开，不仅传播了中国的辉煌文化，也改变了国际社会长期形成的对中国愚昧落后、封建保守等错误刻板的认识。正如韩国驻华使馆公使参赞兼韩国文化院金辰坤院长所指出的，"中国的奥运会和世博会等表明，中国已经具备世界水平舞台技术和演出力"。[1]

与此同时，我们也都意识到，中国制造的产品虽然销往世界各地，但是中国创意还难以进入国际市场，中国的文化话语体系还不能被广泛接受，文化资本转化力和影响力不强，国际社会对中国的国际形象的评价也存在着认知不足、效果不佳并充满偏见而褒贬不一的现实情况，文化的国际软实力有待加强，呈现出与我国作为世界四大文明古国及世界第二大经济体不相称的刻板文化现象，其中既有意识形态及文化差异问题，也有自身文化建设和国际传播力不足造成的问题。

据统计，我国的文化影响力指数在全世界排名第七，位居美国、德国、

---

〔1〕〔韩〕金辰坤："中韩两国在文化产业合作前景"，参见向勇、陈名杰编：《文化创新战略，创意与科技》，北京联合出版公司 2013 年版。

英国、法国、意大利、西班牙之后，但中国文化竞争力仅居世界第 24位。[1] 原新闻出版总署署长、国家版权局局长柳斌杰曾谈到，联合国教科文组织每年公布的影响世界的一百本书，影响世界的一百种报纸，影响世界的一百条新闻，影响世界的一百首歌曲，很少有中国的，我们的基本不能入围。这是我们文化的软肋。[2]

我国的传统文化资源虽然很丰富，但是，对这些资源的保护不够完善，甚至过度开发、滥用乃至破坏，有的濒临消亡。据 20 世纪 80 年代梁太鹤先生调查，明代《天工开物》中记载的 18 类 107 项传统工艺的实物中，尚存仅 57%。[3]

与此同时，将传统资源进行现代转换和国际化品牌重塑还任重道远，美国 2006 年《新闻周刊》评选的 21 世纪最具影响力的中国 20 个文化形象符号，包括汉语、北京故宫、长城、苏州园林、孔子、道教、孙子兵法、兵马俑、莫高窟、唐帝国、丝绸、瓷器、京剧、少林寺、功夫、《西游记》、天坛、毛主席、针灸、中国烹饪，这些文化符号中基本都是传统文化资源符号，现代意义的文化符号较少，反映出我们的现代文化形象仍然不够突出，而当代中国价值及中国精神文化思想内涵的文化资源走出国门的更少之又少。

我国的文化产品在国际贸易和传播中，缺乏品牌意识、盈利模式和现代营销理念，文化对外贸易额小，贸易逆差大，文化资源的资本转化中尚未合理传承传统经典文化精髓并实施品牌化封装，因此成为文化资源可持续发展的一大障碍，导致很多文化产品未能获得国际社会的认知和接受，文化资源如同散落的珍珠，没有通过一种创新设计和封装使其成为一条精美绝伦的项链。

此外，大量文化资源被片面的商品化，缺乏人文内涵，而成为一种

---

〔1〕 中国现代化战略研究课题组："中国现代化报告 2009——文化现代化研究"，载中国现代化网 http://www.modernization.com.cn/CMR2009 01.HTM，访问日期：2015 年 1 月 20 日。

〔2〕 覃爱玲："专访柳斌杰：新闻出版改革下一步"，载《南方周末》2008 年 12 月 4 日。

〔3〕 秦宗财、房凯："我国地方传统工艺产业化发展模式研究"，载叶朗编著：《北大文化产业评论（2012 年上卷）》，北京联合出版公司 2013 年版，第 140 页。

"快餐式"的消费品。其中有些一味地模仿西方的文化模式，比如喜欢用洋名字作为各种品牌名称，但是这样的品牌难以被国际消费者接受。附着特定文化仪式的神圣感被剥离，只剩下文化商品经营者手中的利润了。我们虽然制作了大量的动漫作品，建立了很多的动漫产业基地，但是真正反映中国文化和资源禀赋并打动世界观众的动漫产品少之又少。

因此，需要判断文化资源的文化价值和历史价值，再为它们注入当代元素，让文化资源与当代人的精神生活形成一种相互融合、相互接纳的互动关系，从而构成文化生产和文化服务，再通过相关或系列资源的相互补充与烘托，最终成为具有完整市场吸引力的商品。

我国拥有丰富的文化旅游资源，但是相关消费市场并不尽如人意。意大利拥有全世界大约 60% 的历史、考古及艺术资源，这些辉煌不朽的历史文化遗产，每年吸引近 4000 万世界各地的游客，直接创汇约 300 亿欧元。[1] 相对而言，同样作为世界文化资源大国的中国，文化遗产资源的开发和营销能力显然比较弱，很多旅游点的文化资源品牌化不够。

解决这一问题，需要将文化资源进行科学定位，深度发掘，提高其文化品质与内涵，与此同时，运用科技创新及先进传播手段进行有效传播，更应注重传播效果和受众及消费者分析。对于海外受众来说，越是本土的就越是世界的，但本土的需要有世界的眼光和思维视野。虽然熊猫是"国宝"，功夫是"传家宝"，但是功夫熊猫却是好莱坞打造出来并返销国内，我们自己的资源反倒没有好好被利用和品牌化。

文化资源建设还需要完善相关的制度措施，包括保护知识产权，保护消费者权益，比如旅游点经常曝出宰客和欺诈行为，艺术品交易市场则出现虚假鉴定与拍卖，人为炒作市场等现象，削弱了消费者的投资热情，更使国际消费者望而却步，甚至可能砸了牌子。

二、文化资源品牌化的营销价值效应

品牌是给拥有者带来溢价效益、产生增值利益的一种无形的资产，品

---

〔1〕 穆方顺："意大利实施文化遗产开发新战略"，载《光明日报》2009 年 4 月 16 日。

牌意味着影响力、渗透力、传播力和竞争力，文化品牌更是具有强大的价值传播及价值衍生效益的无形资产，文化资源品牌化建设具有如下一些营销效应。

（一）价值认同与文化归属效应

随着社会发展，符号成为消费对象，符号品牌也就成为一种消费认同，正如美国学者约翰·菲克斯所言，他们购买的是一种文化资源，从中生产他们自己的意义，实现对他们自己的亚文化认同，从而也对他们与社会秩序的关系做一份声明。[1]

大众消费者具有从众化特征，消费者在社会心理上喜欢将流行的内容加以推崇乃至痴迷，文化资源的创作者、演艺者和传播者一般具有媒体授予的明星光环效应，从而具有偶像认同感，比如作家罗琳、韩寒，演员迈克尔·杰克逊、章子怡，导演冯小刚等，偶像具有品牌影响力，形成营销的广告效应，带来较为明显的经济效益，这也被称为眼球经济或注意力经济。

（二）刻板印象效应

文化资源在传播中形成一种对特定地域、特定群体及特殊行业等形成的概念化形象认知，这些认知在建构成文化品牌后就具有很强的象征符号意义，比如对巴黎的印象就是时尚，对黑人的印象就是体育明星，等等。中国的姚明在美国就带动了篮球产业与中国的一种信息和交流印象，而韩剧带来的哈韩效应就是文化消费群体通过对韩国文化的喜爱和认同，从而形成了一个独特的文化资源消费热。

因此，道格拉斯·霍尔特（Douglas B. Holt）就指出，品牌是一种社会建构表征，具有文化性和互动性，品牌比具体的产品更能让产品对于消费者产生不可替代性。云南丽江自 1933 年英国作家 James Hilton《消失的地平线》（*Lost Horizon*）一书出版之后成为全球"香格里拉 Shangri - La"爱好者

---

〔1〕〔美〕约翰·菲克斯:《解读大众文化》，杨全强译，南京大学出版社 2006 年版，第 28 页。

的旅游胜地，其纳西文化、古城建筑与雪山净土吸引大量国内外游客，也成为各地艺术家们前来定居、创作与经营的创意目的地。[1]

（三）产业扩张效应

文化营销核心是意义营销，而文化品牌能够在意义与产品之间搭建一个桥梁，从而促进意义的营销。正如有学者所指出的，和普通商品由"产品——品牌——意义"生成过程不同，文化品牌形成的过程恰恰相反，其诞生一般要经历"意义——品牌——产品"的路线。[2]

文化品牌运营促进了产业链延伸，形成多元化经营优势，带动关联实体产业发展，一批文化名城、名村、名馆、名山、名园作为品牌可以带动地方经济发展，比如丽江的城市文化品牌中的印象丽江，就带动了当地旅游、餐饮、酒店等产业发展。

迪斯尼乐园借用其品牌在顾客心目中的形象、声誉，将迪斯尼品牌运用于主题产品，消费者出于对迪斯尼品牌的信任与偏好会将对这种品牌的忠诚延伸到新的产品中去，这增加了新产品取得市场成功的机会，从而促进了公司迅速形成产品多元化或产业多元化经营格局。

品牌经营是迪斯尼乐园加速扩张的重要有效手段之一，它可以摆脱地域限制，以品牌拓展企业发展空间、扩张市场规模，从而促进公司走上快速扩张、规模经营的道路。其主要形式是特许经营，迪斯尼总公司通过管理模式、经营理念、商标品牌等无形资产的转让和特许使用这一方式迅速实现集团扩张，它成功地建设、运营了东京、巴黎及香港迪斯尼乐园。

迪斯尼乐园还与影视传媒企业、玩具商、服装商等合作开发一系列授权衍生产品，包括卡通人物、玩具、服饰、电器，等等，这给迪斯尼乐园带来了丰厚利润。

（四）乘数效应

文化资源既具有文化的精神价值，能够发挥文化的意识形态功能，又

---

〔1〕 李亚夫："南山文化沙龙第二期——创意产业兴起与经济发展8模式"，载南山文化网 http：//www. nswenhua. com/gongyi/gongyi/417930. html，访问日期：2015 年 1 月 20 日。

〔2〕 赵小波："论文化产业发展中的文化品牌建设"，载向勇、陈名杰：《文化的力量：文化市场与改革红利，文化产业前沿报告》，北京联合出版公司 2014 年版，第 295 页。

有文化的经济属性，实现文化的经济价值。

文化品牌融合了实体产品的价值化内涵，可以推进实体产品的软创新，实现价值增效，如苹果公司就是通过其美学创新实现了价值增值效应。苹果首席设计师乔纳森·艾维（Jonathan Ive）认为："产品必须具备能释放人们潜在情感的东西，才能倍受欢迎。"

迪斯尼就是一个"品牌乘数"型企业，即用迪斯尼的品牌做乘数，在后面乘上各种经营手段以获得最大的利润。此外，七部系列小说《哈利·波特》也是从一部英国女作家 J. K. 罗琳（J. K. Rowling）创作的小说演绎出了在两百多个国家累计超过三亿五千万册的销量，相关产品的总销售额可能已超过 150 亿美元，这还不包括其开设在美国和日本的哈利·波特魔法世界主题公园的收入。因此，英国有书评家不由得赞叹："《哈利·波特》不只是一本好书，而且成为一种文化、一个品牌、一个巨大的市场。"[1]

"798"的品牌影响力通过各种方式、渠道传播开来，无论是口口相传，还是新兴或主流媒体的宣传，都使 798 在中国人和外国人心目中已经成为一个品牌。2003 年，北京 798 艺术区被美国《时代周刊》评为全球最有文化标志性的 22 个城市艺术中心之一。同年，美国《新闻周刊》将这里评选为年度世界 TOP12，首次把中国北京列入其中，原因之一就是 798 艺术区的存在和发展，证明了北京作为世界之都的能力和未来潜力。2004 年北京被列入美国《财富》杂志一年一度评选出的世界有发展性十二个城市之一，798 就是入选理由之一。

据相关研究表明，798 艺术区的环境和品牌影响力吸引了 77% 的人来此地经营。在这种品牌影响下，798 会有源源不断的中外游客前来参观。根据调查，大家来 798 的目的，有 38% 是慕名而来，46% 是游客参观休闲，30% 是来看展览、参与活动。游客们通过各种方式知道 798，并且在强大的品牌驱动力下前往这里，他们多数来这里不是出于专业上的目的，只是来

---

〔1〕 王如君："漫话'哈利·波特现象'"，载《人民日报》2007 年 8 月 2 日，第 7 版。

休闲消遣的，而这种旅游式的参观，自然推进了 798 区域经济的发展。[1]

（五）文化符号元素的共识规范效应

文化品牌一般都具有内在的价值观和精神因素，这些会潜移默化影响人们的信仰、观念及思想，被消费了的文化产品把新的象征符号体系和象征性价值留在了消费者的认知结构中，从而建立意识思想体系，达到价值宣传的效果。好的文化品牌及文化资源的传播，可以对国家文化软实力的宣传起到事半功倍的作用。

比如美国好莱坞电影品牌以及很多美剧在网络的热播体现了美国文化产品不仅具有流行文化特征、商业美学手段，还通过精致的叙事模式及真善美的价值伦理内涵包装产生世界范围的影响力，在这一产品进行国际市场营销的同时，也为美国文化输出起到了文化大使的作用。

（六）差异化竞争优势效应

品牌的建立使消费者具有良好的认知和接受度，从而赢得忠诚顾客。战略品牌管理的成功和拥有极高的品牌忠诚度的顾客带给品牌资产的积累，形成了差异化竞争优势。

苹果公司成功地以"Think Different"创新、时尚与自我独特的品牌形象和品牌文化作为品牌定位，凝聚起大批品牌忠诚度极高的"果粉"的认同，并相应地实施有效的营销策略，实现了产品制造到品牌创造的转化，最终优异地体现在苹果公司的销售业绩、市场份额乃至资本市场的财务表现中。[2]

差异化还体现在国际视野与本土特色的融会贯通之上，在对"中国元素"的国际化传播中，电影《英雄》可说是经典的案例。在这部电影中，"琴棋书画"等中国文化要素分别穿插在几场重头动作戏中，虽未进入剧情，却成为渲染气氛的绝佳道具。在古筝与雨声交织中，李连杰和甄子丹上演了一场经典对决，因此这部影片在国际上也产生了一定的积极影响。

---

〔1〕 戴凯、李宏赫、黄志明等："798 品牌影响力对区域经济的影响"，北方工业大学 2009 年社会调查理论与实践课程结业调查报告。

〔2〕 田岚："苹果公司战略品牌管理"，对外经济贸易大学 2012 年硕士学位论文。

三、文化资源品牌化国际营销战略

品牌战略与企业组织战略、人才战略、投资战略、产品战略、技术战略、跨国经营战略等并列齐观，成为企业诸多战略选择的一种。从文化角度来看，实施品牌战略也是发展文化产业的突破口。在文化产业这个大蛋糕的价值链中，创意是灵魂，而品牌则是核心竞争力。

文化资源的品牌化建设起源于欧美发达国家，特别是美国好莱坞的影视产业在传播内容的基础上，延伸了其产品的附加值，从而建立了一个从内容到产品、再通过品牌营销的全产业链。美国的各种娱乐经济产业与其他产业一样十分注重品牌的形成、营销与价值，从而形成了名副其实的产业价值互动与张力。诸如迪斯尼、梦工场、环球等一系列国际文化娱乐名牌企业和产品，其品牌在识别定位、广告策略、个性产品包装等多方面都具有跨越国界的高度。

文化品牌的营销首先需要在品牌定位设计及建设方面打牢基础，这是将企业、机构的经营理念与精神文化，透过整体的识别系统，传达给社会公众，促使社会公众对组织体产生一致的认同感和价值观的一整套识别系统。作为一个符号传播与意义构建的过程，包括计划的研究、制订、实施和评估控制。具体来说，品牌设计包括品牌理念的定位、企业执行规范和品牌视觉设计三个方面。

其中，理念定位就是将自己的事业理想和精神提炼出来，作为具有永恒影响力的文化目标。比如美国读者杂志的创始人戴维斯·华莱士就描述《读者文摘》的理念是："以非常广阔的媒介形式，致力于丰富各种年龄与文化层次的人们的生活。使他们受到教育，并得到娱乐。"[1]

迪斯尼乐园的服务理念（SCSE）水准已成为各类企业争先效仿的榜样，即安全（safe）、礼貌（civility）、表演（show）、效率（efficiency），[2]在满足以上三项准则的前提下保证工作具有高效率，并在全体员工中有效落实，

---

〔1〕 李峥嵘："四月杂志变脸：《读者文摘》为中国变'大'脸"，载《北京晚报》2009 年 4 月 14 日。

〔2〕 陈统奎、陈雪姣："看看迪士尼这个中年人"，载《新民周刊》2005 年 8 月 10 日。

才打造了迪斯尼乐园优质、高效、细致的服务水准，赢得了顾客良好的口碑效应和较高的重游率。[1]

正确的品牌定位和营销造就优秀的品牌，品牌在成长过程中从获得知名度到可信度，从拥有美誉度到忠诚度再到依赖度，从而具有真正的软实力。

其中，品牌的认知效应达到知名度的效果，品牌知名度在文化领域由于其本身就具有传播效应，因此一旦其作品有了很高的影响力，就容易受到关注，但同时也需要经过一个传播影响过程，比如钱钟书的作品《围城》一直默默无闻，直到其电视剧播出后才带来了小说原著的阅读热潮。

当然，单纯拥有知名度，却不能创造正面的品牌积累与销售的品牌无法进入优秀品牌的行列。因此，在消费者心目中有美好的情感效应，即提高其美誉度是十分必要的。迪斯尼公司推出的卡通形象十分惹人喜爱，特别深得儿童的迷恋，91%的中国青少年认为迪斯尼是他们心目中最喜欢的品牌，[2] 因此增强了消费者对于其产品的情感效果。与此同时，迪斯尼乐园这一品牌在人们心目中就是欢乐的代名词，它树立了良好的企业与产品形象，并在世界范围内形成了良好口碑，从而为其带来了广泛的客源聚集效应。

忠诚度是消费者对于品牌的一种支持和接受，如粉丝文化就是对于特有文化的一种膜拜和认同。拥有知名度和美誉度的品牌虽然对抵御市场风险、口碑传播等方面有一定帮助，但对实质的销售促进作用并不明显。片面追求品牌知名度而忽视品牌美誉度、忠诚度，往往导致品牌畸形发展，生命力极其脆弱，一旦市场出现不利品牌的突发事件，品牌便会很快夭折。单纯的广告往往只能提高品牌的知名度，消费者选购产品时，除了看产品质量，还会受到企业的责任意识和品质等影响。品牌有没有对消费者和社会怀有感恩之心，有没有良好的公共关系，都是影响优势品牌地位的重要

〔1〕 李琳："展望迪斯尼在上海旅游发展对策及发展前景"，载《当代旅游》2010 年第 3 期。
〔2〕 韩方方："迪士尼：品牌授权的成功"，载《财富时报》2008 年 11 月 21 日。

因素，而非仅仅只有产品而已。目前一些电影片面追求票房炒作效应，往往成为一种急功近利的忽视文化品牌内涵和忠诚度的做法。

李光斗将品牌建设分为四个阶段，即打造知名度、提高美誉度、传递文化内涵和价值观输出。因此，文化品牌的营销终极目标是实现其核心价值观的输出和软实力的形成，只有通过品牌的不断建设和完善，中国的文化软实力才能真正实现文化的国际影响力。

文化品牌的营销不仅是文化产品本身的营销，还可以进一步实现相关产品及相关附加产业的衍生开发，延伸品牌价值，实现"一源多用"。

1979 年 Tauber 最早提出了品牌延伸概念，可以说，正是对版权的绝对占有，才使得迪斯尼公司规避了繁冗的版权纠纷，进而缔造了这一当今全球传媒集团巨擘。迪斯尼公司对于"Mickey Mouse"系列作品都拥有原始版权或买断版权，进而建立了自己的作品库，从而保证了有权将作品进行改编、翻译、汇编、网络传播等推陈出新的演绎，不断组合各种素材来综合利用，在版权产业领域赚取了数以亿计的利润。

目前我国的品牌授权性延伸还有待完善和发展，[1] 有关数据统计，中国卡通形象授权市场 80% 被国外卡通形象占据，中国本土的卡通形象市场占有率不足 10%。[2]

总之，目前我国文化资源品牌化建设战略的几个不同递进环节没有很好地筑牢、发展及升级延伸，导致我国文化品牌的价值链难以形成持久的效益，有必要在今后的发展中加以完善。

---

〔1〕 符国群："品牌延伸研究：回顾与展望"，载《中国软科学》2003 年第 1 期。

〔2〕 张沈伟："是谁谋杀了中国动漫业？"，载网易财经 http：//money. 163. com/10/0426/10/656J1Q2A00253G87. html，访问日期：2015 年 1 月 20 日。

中国文化产业走出去的国际竞争策略思考

宫玉选 *

摘要：中国的文化产业虽然已经走上国际舞台并取得了很多成绩，但国际竞争力仍然不强，进出口逆差大、规模小而分散是其主要特征。本文分析了六种主要原因，其中最主要的是出口模式落后，没有针对国际市场需求开发文化产品。必须从文化全球化视野来重新思考我国文化产业的国际竞争策略：不能单纯推广一个国家的文化，要以相互融合为主要方式找到共同点，巧妙渗透本国文化价值观；改变以国内市场为对象的单一开发模式，根据对象国文化结合中国文化内涵，综合开发具有国际竞争力的产品；根据国际市场机制的要求开发经营文化产品；文化企业要全面实施国际化战略和策略；制定具有国际竞争力的新型人才培养策略。此外，政府也要提高支持文化企业海外发展的服务力度和水平。

中国文化产业"走出去"，或称外向国际化，是指通过扩大出口、增加对外投资等途径，扩大中国文化产品和服务在国际市场上的份额，将中国文化产业由建立在内需基础上、小规模的发展模式，变为内需和外需平衡且大规模发展的模式。文化产业走出去对于我国的战略意义不仅在于平衡文化产业对外贸易和加快国民财富积累。更重要的是传播我国的文化理念，促进世界对我国的了解，宣传中华民族的意识形态和价值观念，树立中国

---

* 宫玉选，北京外国语大学文化产业研究中心主任。

的良好国际形象。中国的文化产业已经走上国际舞台，并取得了很多成绩，但总体上还处于初级阶段。

一、中国文化产业走出去的成就

（一）文化产业出口成绩

改革开放以来，伴随着文化产业面向国际化的发展进程加快，中国的文化产业也逐步走向世界。据统计，2013 年，中国文化产品出口总额 251.3 亿美元，以视觉艺术品、新型媒体（游戏）、印刷品、乐器制品为主。文化服务贸易出口 51.3 亿美元，以广告宣传服务为主。在文化产品出口中，网络游戏产品海外发展势头良好，后来居上，出口规模不断扩大。2011 年，34 家企业的 131 款原创网络游戏出口海外，实现收入 3.6 亿美元。2012 年，40 家中国企业的 177 款网游产品出口海外，实现收益 5.7 亿元，同比增长 57.5%。2013 年，游戏出口突破 10 亿美元。2014 年 1 至 6 月游戏出口达 8 亿美元，率先实现了国际游戏贸易顺差，其中完美世界公司连续六年保持出口量第一。完美世界目前已将自主开发的 10 余款网络游戏成功出口到 100 多个国家，同时还通过子公司在北美洲、欧洲、日本、韩国和东南亚运营游戏。

电影、电视、动漫等主流文化产品出口总值的发展也在国际贸易逆差中有所改观。其中深圳华强集团的动漫产业较为出色，其创作的动画片《熊出没》于 2013 年成功与迪斯尼签约海外版权，进入全球知名儿童频道，并在俄罗斯、伊朗等多个国家电视频道中热播。事实上，华强集团一直致力于文化产品的创意研发，拥有 300 多项著作权和软件产品登记，原创动漫作品累计出口 10 多万分钟，覆盖至美国、意大利、俄罗斯等 100 多个国家和地区。

（二）海外投资成绩

中国文化产业海外投资虽然起步时间较晚、总体发展水平较低、规模不大，但一些龙头文化企业的发展势头不可小视，海外投资是中国文化产业"走出去"战略中具有较大发展潜力的一种途径。中国文化产业海外投资领域比较集中，主要涉及演出剧场、电视台或电视频道落户播出、电影院线等；海外投资对象主要集中在美国等发达国家；海外投资或并购动机多为获取有利的无形资源，包括生产和营销资源、打破市场壁垒、获得进入这些国家市场的通行证。2009 年 12 月，天创国际演艺制作交流有限公司收购了美国著名演艺中心布兰森白宫剧院，中国文化企业首次拥有了属于自己的海外剧场；2012 年，万达集团收购了全球第二大院线 AMC，从而获得了全球最大的电影院线运营渠道；到 2012 年上半年，中央电视台中文国际频道与 119 个国家和地区的电视机构签订落地合作协议，信号覆盖 171 个国家和地区，用户总数超过 3 亿，海外落地酒店 1242 家，酒店房间总量超过 32 万间。一些民营企业还积极并购国外电视台，如 2009 年浙江商人叶茂西的西京集团全资收购了一家阿联酋国有电视台和一家英国本土卫星电视台，大力宣传中国文化和中国精英人物，引起相关国家地区对中国文化的关注。

二、国际竞争力评价及原因分析

中国文化产业经过 10 多年的发展，总的来说发展速度很快，走出去也有一定规模，但从国际竞争力水平来看仍不容乐观。在东西文化对话的世纪转折期，中国文化的世界影响力仍然不足，在西方强势文化的扩张中处于接受与退却的弱势地位。主要表现为文化贸易逆差大、企业规模小而分散。我们的平均引进输出比是 3∶1。以演艺产品为例，我们海外文艺演出每场平均收入只有引进演出的十分之一。目前我国全部海外商业演出的年收入 1 亿美元左右，还不及加拿大著名马戏团太阳马戏团一年的海外演出收入。最好的是游戏产业，已实现顺差。

形成这种格局的主要原因在于：其一，我国的出口模式是以中国市场为对象开发产品，先在中国卖，然后再出口，而非以国际市场为对象，但美国、欧洲、日本、韩国等国早已主攻国际市场，这就注定了我国的文化产品在国外会有很大的文化折扣；其二，原创性较差造成中华文化产品的吸引力不足，各地过分注重文化产业化进程，忽视文化传播的内容、文化产品的质量，造成文化产品海外销售业绩滑坡，衍生产业链也难以发展；其三，对传统文化资源的开发不够，只是以片面化、零碎化的方式呈现给西方世界，没有显示出足以影响世界的精神内涵，我们输出的武术、茉莉花、民间剪纸等文化素材，多是通过象征符号向西方世界勾画"中华文化"，缺少中国文化的精神母体，没有体现中华文化的文化价值、民族精神；其四，缺乏对当代国内和国际最新精神的提炼，没有震撼国际的精神作品；其五，大多数国内文化企业没有国际化竞争策略；其六，政府虽然支持文化产业走出去，但在支持水平上还处于初级阶段，很多事情帮不上忙。因此，必须从文化全球化视野来重新思考我国文化产业走出去的国际竞争策略。

三、国际化竞争策略定位

第一，从国际视野来看，经济全球化所带来的不仅是物品、技术、资本、人员等要素在全世界范围内的自由流动，还包括文化产品、文化资本、文化信息和文化观念在世界范围内的自由流动，尤其是在信息技术和网络系统等现代传媒设施日益国际化的条件下。经济全球化导致了思想意识、价值观念、文化艺术、行为方式、生活方式在国际范围内的交流碰撞，决定了文化全球化的发展趋向是双向融合而不是单向传播，决定了我国竞争策略的基本定位。

第二，虽然国家战略明确指出要向外传播中国文化价值观念，但在文化全球化时代，既然发展趋向是双向融合，就不可能再单纯推广一个国家的文化，而首先要以相互融合为主要方式找到共同点，再巧妙渗透本国文化价值观。美国文化之所以成为强势文化与其能够吸收各国文化精髓是分不开的。美国的实践证明，即使针对目标市场开发的文化产品也一样可以传播自己的价值理念。这方面我们至少落后了十年。因此，要改变以国内市场为对象的单一开发模式，根据对象国文化需求结合中国先进文化理念进行综合开发，特别在当今国际形势下，传播中国文化更应采取隐蔽的方式。比如完美世界正在进行的游戏《圣斗士星矢 Online》的开发，就采取购买全球知名漫画版权进行研发的方式，借由国外的文化形象并在其中融入中国的文化因素，这种文化融合显然更适合中国文化的海外传播。

第三，根据国际市场机制的要求开发文化产品，要深入研究对象国市场的精神需求，开发出具有竞争力的产品。任何一种文化的竞争力都来自两大因素：一是能够生产出满足各国人民文化生活需求的文化产品；二是能够创造出满足各国人民不断提高的文化需求的市场。因此，我们要通过专业机构深入的调查研究，提炼出各国（或对象国）都殷切期待的精神需求。

第四，文化企业要全面实施国际化战略和策略。目前我国大部分文化企业没有国际化战略，这是它们缺乏国际竞争力的重要原因。应利用好经济全球化和文化全球化背景下提供的各种资源，积极构建国际化产业链，在研发、制作、发行、衍生产品、售后服务、资本运作、品牌经营等方面全面国际化，只有这样才能在国际市场上占据有利地位，逐渐做大做强。

第五，要根据国际先进经验不断进行改进人才培养模式。为什么我们的文化创意能力不强？为什么我们的国际文化项目创新不多？关键在于没有国际化顶尖人才。这要从我国的人才培养模式上找原因。目前我国人才培养模式存在分科太细、实践性差、空泛等缺陷。要改变这种情况，必须注重综合性、实战性教育，开辟模拟课堂和校外课堂，文化管理人才课程要有跨学科的多元化设计，比如要包括创业、财务、资本运作等相关课程，培养学生多元思维、国际视野和整合国际资源的能力，最好实行国际合作教学模式，研究国际上最新的成功案例。

四、政府支持策略现状与改进

自中国共产党第十七届六中全会提出大力实施文化走出去战略以来，政府在宏观政策上一直鼓励和支持文化企业出口。具体来讲，商务部会同相关部门积极利用财税、金融手段，支持文化贸易企业。2009年商务部会同有关部门印发了《关于金融支持文化出口的指导意见》，2010年商务部等十部门联合发布了《关于进一步推进国家文化出口重点企业和项目目录相关工作的指导意见》，提出了更加全面和完善的政策措施。在鼓励文化出口重点企业方面，2007年，商务部会同有关部门共同制定了《文化产品和服务出口指导目录》，并于2012年进行了重新修订。根据《指导目录》，商务部会同中宣部、财政部、文化部、国家新闻出版广电总局等相关部门，从

2007 年开始,每两年认定一批国家文化出口重点企业和重点项目。2013~2014 年度国家文化出口重点企业共有 366 家,重点项目 123 个。2014 年 3 月初,国务院正式印发了商务部等有关单位参与起草的《关于加快发展对外文化贸易的意见》,在财税方面也有一系列扶持措施。加大文化产业发展专项资金等支持力度,综合运用多种政策手段,对文化服务出口、境外投资、营销渠道建设、市场开拓、公共服务平台建设、文化贸易人才培养等方面给予支持,对国家重点鼓励的文化服务出口实行营业税免税优惠政策,结合营业税改征增值税改革试点,逐步将文化服务行业纳入"营改增"试点范围,对纳入增值税征收范围的文化服务出口实行增值税零税率或免税。此外,支持符合条件的国家文化出口重点企业通过发行企业债券、公司债券、非金融企业债务融资工具等方式融资。笔者认为,目前国家扶持的倾向应该调整,改变主要对国有文化创意企业进行资助的做法,调整资助方向,加强对创意能力较强、产品一流的民营文化创意企业的资助。必须认识到,文化产业走出去的常态发展主要依靠中小民营文化企业。

同时,政府也初步搭建了一些贸易促进平台。商务部积极开展各项文化出口促进工作,包括将文化贸易作为京交会的重要展示、洽谈、交流领域,在京交会上举办文化贸易展区和论坛;积极参与主办深圳文博会,指导驻外经商机构协助文博会境外推介和贸易促进活动,促进文化企业国际交流与合作;引导企业参加日本东京电玩展、德国科隆游戏展,举办中国(香港)国际服务贸易洽谈会;利用"中国服务贸易指南网",为文化企业搭建出口信息平台,等等。各地方政府也先后出台了一些具体的优惠政策,有些还初步搭建了一些服务平台。如上海国际文化服务贸易平台,作为推动文化服务贸易快速健康发展的重要平台和支持优秀文化产品和服务"走出去"的战略基地,自建立之初就确立了五大功能定位,即文化产品进出口基地、文化贸易品牌企业集聚地、文化贸易金融政策试验基地、文化产品展览展示推介基地、文化经营贸易人才培训基地。

尽管如此,这些平台的功能还远远不能满足企业的需要。目前中国许多文化创意企业感到"走出去"所需的前期推广宣传费用高,综合运作成本大，资金筹措困难重重，对国际文化市场和受众调查研究不够，市场信息闭塞，缺少联系渠道，难以根据国际市场需求变化策划、生产和营销中国文化产品和演展剧目。因此，文化走出去，除了企业要积极参与市场竞争，政府还需搭建更加深入的平台，提供良好的服务，如服务外包、国际采购、订单加工、商贸咨询、进出口贸易等。应建立对外交流与合作信息平台，建立国内文化企业和产品资源库、国外文化贸易渠道信息库，构建完整有效的投资信息和文化贸易统计分析系统，为企业提供海外市场信息。发挥社会传媒中介咨询机构和行业协会的作用，推动它们参与信息平台建设和经营。外交部要发挥驻外使领馆的桥梁、纽带作用，搜集、了解并反馈当地文化消费需求，逐步建立各国海外服务平台，引导社会资本组建市场化的专业国际文化信息中介机构，评估中国对外文化创意产品和服务出口的效果。

参考文献：

1. 赵有广、盛蓓蓓："中国文化产业外向国际化发展战略及其实施"，载《国际贸易》2008 年第 10 期。

2. 胡惠林："文化'走出去'的战略转型"，载《人民日报》2010 年 9 月 21 日。

3. 卫红："中国对外文化贸易逆差的原因及对策分析"，载《中国经贸导刊》2010 年第 16 期。

4. 郭周明："中国文化产业'走出去'现状分析及途径选择"，载《国际经济合作》2014 年第 9 期。

5. 齐勇锋、蒋多："中国文化走出去战略的内涵和模式探讨"，载《东岳论丛》2010 年第 10 期。

6. 陈杰：《中国文化走出去战略"落地"研究：以阿拉伯社会为例》，宁夏人民出版社 2013 年版。

7. 湖北大学高等人文研究院编：《文化建设蓝皮书·中国文化发展报告 2013》，社会科学文献出版社 2014 年版。

8. 北京大学文化产业研究院：《2014 中国文化产业年度发展报告》，北京大学出版社 2014 年版。

中华文化"走出去"的困境与出路

彭祝斌 * 李成家 **

摘要：近十多年来，我国政府出台了一系列政策支持和鼓励中华文化"走出去"，但中华文化的对外传播始终面临困境，其主要表现为：中华文化的"走出去"主要是"政府主导型"机制下的文化"送出去"，因此未能准确把握国外文化市场需求，缺乏独特的"中华文化内容"及其产品，导致中华文化"走出去"的社会效益和经济效益都很有限。面对这些困境，我们可从三个方面寻找出路：其一，改变中华文化"走出去"战略思路，把中华文化"送出去"变成"卖出去"，最终达到"走进去"的传播目的；其二，完善中华文化"走出去"机制，由"政府主导型"机制向"市场主导型"机制转变；其三，坚持市场主导，从内容选择、表现形式、市场营销等方面准确把握和满足国外受众的文化需求。

我国自加入 WTO 以来，在对外经济贸易中普遍保持着较大的贸易顺差。但与此同时，我国在对外文化贸易中，特别是在与美国等西方发达国家的文化贸易中，却始终存在严重的逆差。这引起了党和政府的高度重视，近些年来，我国政府出台了一系列政策支持和鼓励中华文化"走出去"，以扩大中华文化的世界影响。

---

   * 彭祝斌，湖南大学新闻传播与影视艺术学院院长，教授，博士生导师。
  ** 李成家，湖南大学新闻传播与影视艺术学院博士研究生，湖南理工学院讲师。

早在 2000 年时，我国就提出了"走出去"战略，但当时更多地体现在经济层面，扶持中国企业"走出去"。2009 年，国务院审议通过并授权新华社发布了我国第一部文化产业专项规划——《文化产业振兴规划》，这标志着文化产业已经上升为国家的战略性产业，规划明确指出，"要在对外文化贸易当中坚持以企业为主体，推动中华文化走出去。要以企业为中心，重点是扶持体现民族特色的文化产品和服务的出口。要抓好国际营销网络的建设，鼓励我们的文化企业到境外设立研发生产基地，生产和开发适合当地文化消费特点的文化产品，真正使中华文化走出去，扩大影响力"[1]。2011 年，党的十七届六中全会提出了建设社会主义"文化强国"，要实施文化走出去工程，推动中华文化走向世界。这也把"文化强国"提升至国家战略层面。2013 年，党的十八届三中全会再次提出要"建设社会主义文化强国，增强国家文化软实力……要完善文化管理体制，建立健全现代文化市场体系，构建现代公共文化服务体系，提高文化开放水平"[2]。在国家政策的大力扶持下，中华文化开展了丰富多彩的"走出去"活动，并取得了一定的成效。但从总体上看，我国在与西方发达国家的对外文化贸易中依然处于弱势地位，存在明显的文化贸易逆差。可以说，中华文化在对外传播中面临许多困境。

一、中国文化"走出去"面临的困境

以近些年来中华文化在美国的传播为例，尽管国内外一些媒体报道称，"美国：中国文化元素无处不在"、"中国文化打动美国人"，但这并不表示中华文化的"走出去"在美国已取得良好成效。相反，我们应清醒地认识到，中华文化的"走出去"，至少面临以下几方面的困境。

第一，中华文化的"走出去"主要是"政府主导型"机制下的文化"送出去"。推动中华文化"走出去"是国家制定的文化强国战略，需要各

〔1〕 http://news.xinhuanet.com/politics/2009-09/26/content_12114302_3.htm，访问日期：2009 年 9 月 26 日。

〔2〕 http://news.xinhuanet.com/house/suzhou/2013-11-12/c_118113773.htm，访问日期：2013 年 11 月 12 日。

级政府、文化企业等围绕这一战略，制定切实可行的具体制度与措施，推动中华文化走向世界，扩大中华文化的世界影响力。但当前的真实情况离这一目标还很遥远。有研究者指出，"近些年，国家积极推动文化走出去，取得了很大成绩。但总体来看，还是'送出去'的多、'卖出去'的少。以演艺业为例，据统计，近 10 年我们的出国演出中完全商业性的演出项目仅占总数的 18%。全国演艺团体海外商演的年收入甚至不及加拿大太阳马戏团年收入的 1/10"[1] 美国著名华文报纸《国际日报》执行社长兼总编辑朱易（Chris Chu）长期致力于中华文化的海外传播，2014 年 11 月，他在受聘湖南大学新闻传播与影视艺术学院客座教授并做学术交流时曾表示，当前中华文化的"走出去"，其实质多为政府推动的免费"送出去"活动。他以洛杉矶为例，中国各地政府或文化机构每年要在该市举办总计达几百场文化活动，如戏剧演出、音乐会等，但其门票大多是免费赠送的，且赠送的对象也主要为美籍华人或留学生等，因此没有任何经济效益。

同时，我国在把中华文化"送出去"的过程中，付出的成本也是巨大的。当前的中华文化"送出去"活动，大多是由政府来买单，有些甚至耗费巨资，如我国在纽约时代广场播放的中国国家形象宣传片，滚动播出 20 天，其制作与传播成本等，总共耗资 450 亿。[2]

第二，未能准确把握外国文化市场需求，缺乏独特的"中华文化内容"及其产品。在文化传播中，"内容为王"始终是一条不变和有效的规律。中国作为文明古国，文化资源丰富，文化积淀深厚，这为中华文化"走出去"提供了重要的内容基础和保障。在人类的文化发展史上，源远流长的中华文化曾经对亚洲乃至世界产生过重要影响，如儒家文化就被亨廷顿列为世界八大文明之一。

当然，由于历史传统、生活习俗等方面的差异，外国受众不可能对所有中华"文化内容"都感兴趣。因此，中华文化的"走出去"，要准确把握

---

〔1〕 祁述裕："文化传播要重视'卖出去'"，载《人民日报》2014 年 11 月 7 日，第 24 版。
〔2〕 苏毅："国家文化安全战略下的中国文化走出去战略"，载《暨南学报（社会科学版）》2014 年第 5 期。

国外文化市场需求，在丰富的中华文化资源中，找准外国受众感兴趣的独特的"中华文化内容"。同时，"文化产品是中华文化走出去战略中不可或缺的组成部分，也是中华文化走出去的最为重要的途径和方法之一"，[1] 由此可见，我们还要将独特的"中华文化内容"转化为国外受众喜欢的文化产品，让中华文化以外国受众喜闻乐见的方式，进入他们的生活。

第三，中华文化"走出去"的传播效益有限。由于中华文化的"走出去"实质多为免费的"送出去"，因此其传播效益有限，特别是在外籍华人之外的外国人中，难以产生真正的影响。如我国耗费巨资打造在纽约时代广场播放的中国国家形象宣传片，美国人看到后的真实反馈是"（我们看到）除了展现出中国丰富的人群和他们的成就外，我不太清楚它们想传达怎样的信息，（短片）并没彰显出中国充满活力的国家形象"，[2] 由于"送出去"的中华文化产品，基本是一些各级政府和文化机构根据主观意愿和自身标准选择的，没有深入调查和把握别国人们的文化需求、价值观念和消费习惯等，此类文化产品很难被他们所真正理解和接受。

除了免费"送出去"的文化活动，一些遵循市场化运作"走出去"的文化产品，在国外也常常遇冷。以电影为例，一些在国内广泛宣传并取得不错票房的国产电影大片，如《满城尽带黄金甲》、《夜宴》、《无极》、《赤壁》、《唐山大地震》、《金陵十三钗》等，都在海外市场遇冷。既然票房都一片冷清，更遑论通过影片把中华文化传播出去了。从市场经济的角度看，中华文化的"走出去"应达到"双效统一"的目标，即既要追求良好的经济，还应追求良好的社会效益，将优秀的中华文化传播到世界各地。

二、中华文化"走出去"的出路

面对中华文化"走出去"面临的困境，我们认为，应从战略理念、传播机制、内容取舍与形式选择、营销策略等方面进行更新与优化，寻找真正能取得良好传播效益的中华文化"走出去"之路。

---

〔1〕 苏毅："国家文化安全战略下的中国文化走出去战略"，载《暨南学报（社会科学版）》2014 年第 5 期，第 127 页。

〔2〕 刘锋："中国文化'走出去'：为什么？如何'走'"，载《民主》2011 年第 7 期。

（一）转变战略思路：由"送出去"变"卖出去"再到"走进去"

在实施中华文化"走出去"战略的过程中，首先，我们要改变当前的战略思路，把中华文化"送出去"变成"卖出去"，最终达到"走进去"的传播目的。

当然，在当前中华文化在世界的传播、特别是在西方发达国家的传播的情况下方兴未艾，借助各类文化交流推广活动把中华文化"送出去"，对扩大中华文化的世界影响，也有其意义。但从传播的过程来看，在把中华文化"送出去"这一活动中，送什么、怎么送都完全由我们决定，往往没有考虑外国受众的需求，而至于"送出去"以后取得了什么样的效果，我们也基本没有反馈。而把中华文化"卖出去"则不一样，能够"卖出去"的文化产品，必然是对外国受众有吸引力、符合他们需求的产品，这样的文化产品具有强大的生命力，能获得受众的青睐。

同时，"卖出去"还不是中华文化"走出去"的终点，我们更要力求在"卖出去"的同时，实现中华文化的"走进去"。所谓中华文化的"走进去"，就是在把中华文化"卖出去"的过程中，让其能够为外国受众理解、领悟和接受，并真正深入他们的心田，甚至影响他们的生活，实现中华文化在外国的"软着陆"。近些年来，韩剧在中国的热播掀起的"韩流"，既实现了"卖出去"，即把韩国的电视剧卖给中国的电视媒体，又实现了"走进去"，即带来了韩国服饰、饮食等文化习俗在中国的风行，影响和改变着中国人的生活方式。由此可见，韩剧带来的影响，就是韩国文化走进中国的最好证明，这也值得中华文化在"走出去"战略的实施中思考和借鉴。

总之，中华文化的"走出去"，只有遵循"卖出去"和"走进去"的战略思路，才能获得更好的传播效益，实现中华文化在外国的"软着陆"。

（二）完善"走出去"机制：由"政府主导型"机制向"市场主导型"机制转变

当前，中华文化"走出去"主要为"政府主导型"的走出去，即在中华文化"走出去"的实施中，我国政府处于主导地位，系列文化"送出去"活动，也主要是由各地政府或文化部门所推动和实施的。而真正能够"卖出去"并实现"走进去"的文化产品，必然是文化市场经济机制下的产物。因此，中华文化的"走出去"，应努力实现由"政府主导型"机制向"市场主导型"机制的转变。美国《国际日报》执行社长兼总编辑朱易（Chris Chu）认为："中国文化进入美国市场、走入美国主流社会的切入点是找到市场机遇。"[1]

关于在中华文化"走出去"过程中政府与市场的关系问题，目前已有较多研究，普遍的观点是政府应起到推动和引导作用，但不应干预和阻碍文化"卖出去"的市场化运作。近些年来，湖南的文化产业发展取得了令人瞩目的成绩，电视湘军更是火遍全国，"超级女声"等节目还走向了海外，引起国外观众和媒体的广泛关注。湖南省委常委、宣传部长许又声在分析湖南推动文化"走出去"过程时表示，"在推动湖南文化'走出去'过程中，我们也深刻认识到，文化产品'卖出去'比'送出去'效果更好，在推动文化'走出去'的过程中，既要注重发挥好政府的作用，更要重视市场的力量"[2]。

要实现由"政府主导型"机制向"市场主导型"机制转变，要求我国政府在中华文化"走出去"的过程中，转变思想观念，明确自身定位和角色，改变过去"大包大揽"的做法，主要为文化"走出去"进行顶层设计，完善相关政策法规，做好引导、推动和服务工作。我们相信，在"市场主导型"机制下实施中华文化的"走出去"，将更有助于中华文化的"卖出去"和"走进去"，实现社会效益和经济效益的统一。

（三）坚持市场主导：准确把握和满足国外受众的文化需求和消费习惯

中华文化的"走出去"战略，最终要达到"卖出去"和"走进去"的目标，就必须坚持市场主导，准确把握国外受众的文化需求，并从内容取舍、表现形式、市场营销等方面满足他们的需求。

在内容取舍上，准确把握国外受众对中华文化的兴趣和需求点。中华

---

〔1〕 http://www.hnist.cn/html/meitijujiao/2014/1124/10830.html.
〔2〕 许又声："文化'卖出去'比'送出去'好"，载《人民日报》2014年8月7日，第19版。

文化博大精深，文化资源丰富多彩，到底哪些是国外受众最感兴趣的内容呢？这就需要从事文化产品生产、对外文化传播、研究中华文化"走出去"的相关人员进行分析和思考，选取国外受众最渴望了解的中华特色文化内容来进行艺术创作和产品开发。

从书籍方面看，"根据中国出版科学研究所的统计显示，外国人更乐于接受的书籍是：中国菜谱、中医、气功、风水等"[1]。这一研究从我国电影的海外传播中也得到印证，到目前为止，我国在海外市场获得较大成功的主要是《卧虎藏龙》、《英雄》、《功夫》等带有"中国功夫"特色文化的影片。而中央电视台播出的美食纪录片《舌尖上的中国》在海外颇受追捧，一些国家和地区甚至争抢该片播映权，这也证明了外国受众对中国特色美食的浓厚兴趣。

因此，我们需要加大对中华文化资源的挖掘和利用，使这些国外受众感兴趣的文化资源通过"走出去"获得切实的效益。在这方面，我国有过深刻的经验教训，一些优秀的文化素材被国外所利用，这是值得我们反思的。"比如美国拍摄的《功夫熊猫》、《花木兰》都是运用了中国的文化资源，耳熟能详乃至家喻户晓的《西游记》、《三国演义》的故事被美国人、日本人制作成动漫和游戏而大赚其钱。"[2]

在中华文化"走出去"过程中，选择国外受众喜闻乐见的表现形式，站在国外受众的角度。这需要我们充分了解、把握和尊重他们的文化消费习惯，用他们喜欢的表现形式传播中华文化。原国务院新闻办主任赵启正曾提出对外文化传播要做到"中国故事国际化表达"，"我们是一个文明古国，世界四大文明发源地之一，我们要把我们优秀的文化传统加以发挥，我们不能够只说我们的祖先多么伟大、多么光荣，不能只分享他们的遗产，我们要有新的创造，也就是创造先进的文化，还要对外传播。……第一要把传统文化挖掘出来；第二要考虑如何对外传播。外国人的思维方式和我

---

〔1〕 陈文力、陶秀璬：《中国文化对外传播战略研究》，九州出版社2012年版，第204页。
〔2〕 陈文力、陶秀璬：《中国文化对外传播战略研究》，九州出版社2012年版，第228页。

们不一样，语言不一样，如果让他们明白我们所想、我们所做、我们的价值观，这要有一番工夫，不仅仅是语言要翻译，而且可以说是一种文化的翻译。也就是说，中国故事，国际化表达，这是我们的任务"〔1〕

同时，从传播的角度看，不同的文化表现形式，其传播效果可能会有着显著的区别。试想，《花木兰》如果不是被拍成动画片，而只是以《木兰诗》这一民歌为表现形式向外国受众传播，它还可能家喻户晓吗？再如，在海外受到热捧的纪录片《舌尖上的中国》，如果以书籍的形式进行传播，也不可能获得如此火爆的传播效益。在这方面，美国电影传播的一些做法就值得我们借鉴，好莱坞电影界曾专门调查过中国观众喜欢的影片类型。"据报道，中美双边协议后，好莱坞各大公司均立即展开了对中国市场的研究。在一份把中国电影市场分为'都市'、'小城'和'乡村'三个区域的调查表中，好莱坞的电影已被分成'动作片'、'爱情片'、'科幻片'、'灾难片''历史片'等10种类型向中国观众征求意见，以便对所生产的影片进行更适合中国市场的调整。"〔2〕

加强市场营销，推动中华文化"卖出去"和"走进去"。当前，在中华文化"走出去"的过程中，市场营销问题还没有引起我们的足够重视。"文化能否作为产品在市场上销售？传统文化能否通过合理的市场包装而让自己更具吸引力？答案是肯定的。现阶段中华文化走出去战略最大的问题就在于没有树立'营销思维'。"〔3〕因此，中华文化要实现从"送出去"到"卖出去"再"走进去"，既要转变观念，重视市场营销工作、树立营销思维，又要结合消费者特点和市场营销的发展趋势，把国外受众摆在中心位置，围绕目标消费者进行文化生产并开展市场营销活动。

市场营销学自19世纪末20世纪初创立以来，在其百余年的发展历程

---

〔1〕 "赵启正：对外文化传播要做到中国故事国际化表达"，载人民网 http：//politics. people. com. cn/GB/1026/5087117. html，访问日期：2006年11月24日。

〔2〕 白鹤："敢问路在何方——试论中国电影市场的营销策略"，载《影视技术》2001年第4期。

〔3〕 苏毅："国家文化安全战略下的中国文化走出去战略"，载《暨南学报（社会科学版）》，2014年第5期，第132页。

中，研究者提出了许多经典理论。其中，从麦卡锡的 4P 理论到科特勒的 6P（产品、价格、渠道、促销、公共关系、政策）理论，到劳特朋的 4C（客户、成本、便利、沟通）理论，再到舒尔茨等人的整合营销传播理论，都对企业的市场营销实践提供了重要的指导，产生了重要影响。市场营销理论的发展历程和趋势告诉我们，市场营销在企业发展中的地位日益重要，而消费者又占据着企业日常营销工作的中心地位。这些理论，对今天中华文化"走出去"的市场营销，依然具有重要的指导意义。美国电影能在世界市场取得巨大成功，与其采取的与时俱进的市场营销方式密切相关。"好莱坞电影生产已从以导演为中心过渡到以制片人为中心，再发展到当前的营销策划为中心的格局"，[1] "好莱坞大片进入国际市场都作过调研和分析：从选择哪部大片（导演、演员、故事等）、上映时间（节假日）、宣传方式（网络、海报、首映式）、放映组合（影片、DVD 等）等方面，根据该国实际情况选择性地进行组合，一切都以充分占有该国市场为目的。"[2] 这在中华文化"走出去"的战略实施中是值得学习和借鉴的。

---

〔1〕 张爱华：《当代好莱坞：电影风格与全球化市场策略》，中国电影出版社 2009 年版，第 136 页。

〔2〕 黄沛、郑品海、张勇："美国电影的整合营销传播体系"，载《电影艺术》2003 年第 4 期。

中国民族文化创意企业"走出去"的若干思考

——以完美世界为视角

王雨蕴 *

摘要：近年来，随着经济的进一步发展，中国崛起了一批以完美世界为代表的新兴的民族文化创意企业，这些企业正在成为推进中国经济快速发展的生力军，也在逐步成为中国企业"走出去"战略中的重要组成部分。本文将结合完美世界的成功经验，从文化内涵、企业运营模式、人力资源配置和法治保障等四个维度分析和总结中国民族文化创意企业在"走出去"过程中应关注的重点，以期为中国的民族文化企业全球化发展做出贡献。

一、引 言

2001 年底，中国加入世界贸易组织。在过去的 13 年间，中国的发展取得了举世瞩目的成就，综合国力显著提高，国际影响力与日俱增。其中，经济建设方面的成绩尤为突出。2001 年中国刚加入世贸组织时，GDP 总量为 1.16 万亿美元，世界排名第七位。到 2014 年时，中国的 GDP 总量突破10 万亿美元，世界排名第二位。进出口贸易方面，中国在入世之时仅为3000 亿美元左右；到了 2014 年，商务部公开的数据显示，中国的进出贸易总量已经到了 4.16 万亿，超过美国成为世界头号贸易大国。众多学者表示，

＊ 王雨蕴，新加坡国立大学 EMBA，完美世界高级副总裁兼官方发言人。

中国经济的崛起，已成为 21 世纪最为重要的国际性事件，对国际政治经济格局有着深远的影响。

中国总体经济实力的增强，依托的是众多具有国际竞争力的中国企业的快速健康的发展。入世之初，在国际市场上，中国企业的产品以劳动密集型的轻工业纺织品为主。随着时间的推移，中国企业在产业链升级方面不遗余力，涌现出了众多的高科技创新企业。"中国制造"升级为"中国智造"，中国出口的高速列车、高科技通讯设备等产品在国际市场上广受用户青睐。中国企业实力的增强，也有效推动了中国企业"走出去"战略的布局。

近年来，随着产业链的进一步升级，市场上涌现出了一大批以完美世界为代表的民族文化创意类企业。这些企业以文化创新为核心竞争力，立足中国本土，着眼全球市场，积极开拓布局，正在迅速成为推动中国经济持续快速发展的生力军，国际影响力也在不断提高。

在走向全球化的过程中，中国民族文化企业有着无限的机遇。同时，由于此类企业以文化产品为着眼点，不同国家间的历史文化差异使中国民族文化企业在"走出去"过程中面临着挑战。基于此，总结中国民族文化企业全球化过程中的经验就显得尤为重要。

鉴于完美世界是中国民族文化创意企业"走出去"过程中的典范，本文将结合完美世界的成功经验，从文化内涵、媒介传播、企业运营模式和法治保障等四个维度分析和总结中国民族文化创新企业在"走出去"过程中应关注的重点，以期为中国的民族文化企业全球化发展作出贡献。

二、中华文明与世界多元文明交融互动

（一）立足于中国民族文化

"只有民族的，才是世界的。"中华文明历时数千载，源远流长。据英国著名历史学家汤因比的研究，中华文明是世界上曾出现过的 26 个文明型态中唯一一个没有断裂的文明。在数千年的发展历程中，无数的先辈们创造了星河灿烂的中华文明。中华思想文化博大精深，学术著作不胜枚举。在学术思想方面，从先秦的诸子百家，到秦代法家、汉代儒学、魏晋玄学、

宋明理学、阳明心学，再到乾嘉的考据之学，历代的思想家们为我们留下了取之不尽、用之不竭的智慧宝藏。

在文化种类方面，中国的先辈历来重视文化的多元化培养和发展。在这方面，孔子堪称中国思想界的典范。"居于仁，游于艺"是孔子的治学理念。孔子在礼、乐、射、御、书、术等方面都有重要贡献。在文学体裁方面，中华文化也是多样化发展：周代的诗经，春秋战国时的策术之论，汉朝的歌赋，六朝的骈文，隋唐的古文，宋朝的词作，明清的小说，都是中华文明的重要体现形式。

中国的民族文化创意企业要想成长为具有世界影响力的企业，应当将自己的发展根植于中国的民族文化中去。否则，将成为无源之水，无本之木，必将难以可持续发展。完美世界将自己定位为"中国的"民族文化创意企业，所研发的娱乐产品都来自于中国的民族文化，具有原创性，这样既提升了产品的文化品味，又强化了企业的国际竞争力。

完美世界推出的一系列娱乐产品，如《武林外传》、《赤壁》、《口袋西游》、《倚天屠龙记》、《神雕侠侣》、《笑傲江湖 OL》，其题材都来自于中国本土的文学作品，很受大众欢迎。比如，娱乐产品《神雕侠侣》取材于著名武侠小说作家金庸先生的同名小说《神雕侠侣》，该小说情节曲折动人，内容丰富多彩，富有中国文化特色。该产品一经推出，就广受消费者的好评。在海外市场中，由于该产品鲜明的东方特色，也赢得了众多用户的交口称赞。

有鉴于此，中国民族文化创意企业应该高度重视挖掘中国的文化资源，只有使自己的产品具有深厚的中国文化特色，才可以在激烈的国际竞争中立于不败之地。

（二）与多元文化互融互通

世界各国文明有其共通性，也有其差异性。各地区之间由于其地理环境、文化传统、宗教背景、历史进程等因素的差异，在审美习惯、认同感和选择偏好上，也存在一定的差异性。同一种行为举止，在不同的文化里，所具有的含义可能完全不同。一种标识在一个国家受欢迎，在另一个国度也许是一种禁忌。中国民族文化创意企业在"走出去"的过程中，在坚持中国民族文化的基础上，也要尊重当地的风俗习惯，学习借鉴其他文明的优点，以当地民众更愿意接受的形式开展商业活动，设计文化创意类的产品。如此，才有利于中国民族文化创意企业的全球化发展，才会在海外市场中产生持久的竞争力。

完美世界在"全球研发、全球设计、全球推广"理念的指导下实施"走出去"战略。完美世界的娱乐产品很注重与海外市场文化方面的融合。比如，在中东，伊斯兰教的教义规定，妇女需要以纱遮面。完美世界为中东地区的用户设计的娱乐产品中，就注意因地制宜，艺术家们在创作过程中，尝试使用不同的绘画技巧或者艺术的方式来展现人物的美，努力符合当地的风俗习惯。完美世界为东南亚地区用户设计产品时，也十分注重当地文化的研究，使娱乐产品中的人物形象更符合当地用户的审美标准。正是由于在尊重世界文化差异性方面的努力，完美世界的产品受到了全球不同地区众多用户的交口称赞。

三、"独立自主"与"合作共赢"并重

中国的民族文化创意企业在"走出去"过程中，应该结合企业自身情况，合理选择海外拓展模式。一般而言，中国企业在拓展海外业务时，有两种模式可供选择：一种是在当地设立子公司，独立开展运营；另一种是在当地寻求合作伙伴，共同开拓当地市场。两种模式各有利弊，应根据企业的具体情况合理选择。中国民族文化创意企业可以分阶段策略性地采取不同的模式，做到"独立自主"与"合作共赢"相结合，充分发挥两种模式的优势。

完美世界在"走出去"的过程中，先期采用了"合作共赢"的模式，在海外市场寻求当地合作伙伴，利用合作伙伴在当地的本土优势，充分研究当地用户的需求，开发适应于当地文化与民众偏好的产品。同时，与海外合作伙伴的联合，也可以在经营管理方面积累宝贵的经验，适应跨文化主体之间的交流与合作，为企业的全球化布局奠定坚实基础。比如，在东南亚市场，由于东南亚文化与中国类似，对具有中国文化特色的产品接受

程度高，但东南亚市场分散且规模不大，所以完美世界选取授权代理策略进行市场开拓。在日本、韩国以及我国台湾等地区，由于网络娱乐市场规模大，导致竞争处于白热化水平，代理商拥有较强的能力，产品处于饱和状态，加之一般玩家对海外产品较为挑剔，所以完美世界采取了与当地合作伙伴设立合资企业的策略以开拓市场。

在后期，完美世界以"独立自主"的模式为主，布局全球市场。此种方式可以有效地实施公司独立的经营理念，在海外当地市场建立公司的品牌，开拓独立的营销渠道并健全企业对当地市场的信息反馈机制，为企业在当地的长期发展创造良好的条件。

比如，北美洲市场规模大、增长速度快、开放程度高，这种市场更适合采用自主运营策略，通过建立海外子公司的方式来运营。完美世界向来走在国内互联网娱乐企业运营商的前列，当国内其他同行还将营销策略定位于授权代理的时候，完美世界早已经在海外市场走得更加平稳长远。再如，2012 年，完美世界公司在马来西亚市场建立了海外子公司，并收回了本土代理商的部分权限，在东南亚市场直接运营《诛仙》和《赤壁》两款游戏，这种做法的优势明显——提供给当地玩家更优质的服务，同步更新所有的信息，实时接收玩家反馈。

事实证明，完美世界在"走出去"过程中采取的灵活经营模式，取得了巨大的成功，这也为公司未来的全球化发展创造了良好的条件。

四、人力资源优化配置

人才是文化创意企业成功的关键要素，要建立合理的机制，使人力资源得到最优配置。中国文化创意企业在"走出去"的过程中，首先应该处理好海外子公司与本土公司总部的关系。通过制度安排，创造良好的环境，充分调动当地员工的积极性，使其发挥比较优势，更好地服务于母公司的全球化发展战略。其次应该在宏观层面进行制度设计，充分做到人尽其用，各尽所长。

完美世界在处理母公司和海外子公司的关系方面，给予海外子公司充分的授权，使其可以在最大程度上发挥主观能动性，准确把握当地市场脉动，及时有效地回应用户需求。此外，在人力资源配置方面，完美世界在全球进行宏观布局，将不同类型的人才依其专长在完美世界的全球子公司合理配置。这样的制度安排，既可以使公司的人力资源得到充分利用，又有利于提升各类人才的综合能力，实现良性互动。

五、法治是企业发展的重要保障

由于中国民族文化创意企业的主要产品是文化创意类的"智慧型"产品，此类产品在本质上不同于家用电器、建筑物、交通工具等"有体型"的产品，这就决定了中国民族文化创意企业也很容易成为竞争对手的侵权对象。在"走出去"的过程，由于海外市场与中国政治经济制度和文化传统习惯的大不相同，在客观上增加了中国民族文化创意企业的潜在风险。有鉴于此，中国民族文化创意企业应该对国际知识产权保护和国际纠纷解决机制方面给予高度重视，充分利用法律机制来保护自己的合法权益。

随着经济全球化的进一步加深，世界各国之间的经济活动已经紧密地联系在一起，你中有我、我中有你。现代市场经济的良好运作，有赖于法治的充分保障。各国政府都制定了大量的法律规则，明确市场主体的法律地位，界定产品的所有权等一系列权能的边界，规范交易秩序，健全纠纷解决机制，切实保障各类商事主体的合法权益。中国民族文化创意企业在"走出去"的过程中，应该充分了解所在国的法律制度和商事行为规范，有效利用所在国的正式纠纷解决机制维护自己的合法权益。

完美世界在"走出去"过程中，历来重视知识产权的保护，切实有效地保护了企业的自身利益。第一，完美世界会将企业商标、域名和产品的专利等"无体财产"在所在国及时注册。由于知识产权的注册不具有域外效力，企业的企业商标、域名和产品的专利等"无体财产"只有在所在国当地进行注册登记之后，才可以成为当地法律的保护对象。因此，在所在国及时注册登记知识产权，对维护企业的合法权益大有裨益。

第二，要建立有效的监督机制，一旦有侵权行为发生，要立即采取防制措施。完美世界在"走出去"的过程中，对那些采用授权模式经营的海外地区，建立了长效的监督机制。在订立授权合同之时，就明确设立了保障机制,海外代理方也肩负起对当地市场的监督之责。授权方和代理方双主体监督预警机制的建立,切实保障了完美世界的合法权益。

第三,充分利用国际纠纷解决机制,维护企业自身权益。在企业海外发展的过程中必然涉及跨国交易,交易主体国籍的不同,交易地点的不同,法律规则的不同等多方面的因素,增加了解决纠纷的复杂性。一般而言,解决纠纷主要的方式有和解、调解、仲裁和诉讼。和解和调解是民间性质的纠纷解决方式,不具有正式的约束力。诉讼是国家通过正式的司法程序解决相关纠纷,具有法律强制力,也是最后的救急手段。

在解决一国国内的纠纷方面,相比较而言,诉讼是最具有法律约束力的纠纷解决方式。但是,在解决国际纠纷方面,诉讼也有其不利之处。出于国家主权方面的考量,外国法院的判决文书只有得到本国法院的认可后,才具有法律强制力。这使得许多企业即使赢得了诉讼,也面临着无法维护自己权益的尴尬境地。

相反,国际商事仲裁却在法律文书的认可和执行方面有一项优势。国际商事仲裁,是以仲裁的方式解决国际商事活动中产生的纠纷。只要相关主权国家是1958年《承认及执行外国仲裁裁决公约》(《纽约公约》)的缔约国,那一旦外国仲裁机构作出的仲裁裁决,该主权国家就有国际义务承认和执行。国际商事仲裁这一特点,对于中国民族文化创意企业"走出去"过程中的维权至关重要,值得引起高度重视。

完美世界在"走出去"的过程中,历来重视国际商事仲裁制度在解决纠纷方面的地位,并利用这一制度在海外有效地保护了自己的权益。比如,完美世界就曾通过国际商事仲裁制度解决了在菲律宾的某项国际知识产权纠纷,成功地维护了自己的合法利益。

综上所述,中国民族文化创意企业在"走出去"的过程中要充分重视法治的保障作用,切实维护自己的利益不受损害。

六、结 论

本文在结合完美世界国际化经验的基础上,从文化、企业经营管理制度、人力资源和法治保障四个方面,详细分析了中国民族文化创意企业在

"走出去"过程中应关注的重点和应防范的风险。

　　基于上述分析，本文认为，中国民族文化创意企业在"走出去"过程中应该注意：在文化上，既立足于中国民族文化，又注重与世界多元文化相契合；在经营方面，中国民族文化创意企业应结合自身情况，做到"独立自主"和"合作共赢"相得益彰；在人力资源方面，中国民族文化创意企业应该处理好母公司和海外子公司的关系，使企业的人力资源优化配置，做到人尽其才，各得其所；在维护权益方面，法治应成为中国民族文化创意企业的重要保障。

　　希望本文所述经验，对中国民族文化创意企业"走出去"具有指导和借鉴意义，为中国民族文化产业的崛起和腾飞贡献绵薄之力。

大数据时代民族文化产品国际推广新思路

王 飔 *

摘要：伴随着互联网技术的进步以及全球一体化程度的不断加深，以海量数据的收集、整理、分析为基础的大数据技术正被应用于各个领域。通过对规律的把握可以有效降低信息的不确定性，从而为原有问题的解决提供新的方法与可能。"中国文化走出去"具有跨文化传播的本质特性，长期以来一直面临着"传什么"和"怎么传"的问题。追溯这些问题的根本所在，正是信息获取和处理能力的欠缺和落后。本文旨在探讨，在大数据时代背景下中国民族文化产品如何更好地走向世界，进而探讨以大数据为核心的新技术为中国民族文化产品的国际推广带来的众多可能性。

近年来，中国文化产业逐步进入快速发展时期，文化产业走出去的步伐也日益加快。2013 年，中国的文化产品出口总额达到 251.3 亿美元，是 2006 年的 2.6 倍。出口的文化产品主要以视觉艺术品（工艺品等）、新型媒介（游戏机等）、印刷品、乐器为主。同年的文化服务出口额是 51.3 亿美元，是 2006 年的 3.2 倍。[1]一方面，我国民族文化产品正在走出国门且具备快速增长的可能性和巨大空间；另一方面，"产品定位模糊"、"受众分析

---

* 王飔，中国传媒大学传播研究院 2014 级博士研究生。

〔1〕 商务部："三项措施推进文化产品出口"，载 http：//www.ce.cn/culture/gd/201404/02/t20140402_2590080.shtml，访问日期：2015 年 2 月 7 日。

缺乏"、"产业链不完整"、"品牌包装欠缺"等问题已成为中国民族文化产品走出去的障碍。这些问题归根结底是由我们对规律的把握不够造成的，而正在兴起的大数据刚好可以有力弥补这一方面的缺陷，帮助我们完成民族文化产品面向国际市场的生产、营销，实现产品与国际用户有效对接，打造新型多维"产业空间"。在前大数据时代，文化产业化起步较晚的中国，长期以来只能跟随该领域占据主导优势的西方国家的脚步，我们也曾在一条自我开创的道路上小心摸索、反复试错。然而，大数据时代的到来无疑为中国民族文化产品的世界推广之路带来了新的契机，打开了新的思路。

一、大数据与国际化民族文化产品制作

（一）素材选择与核心价值提炼难题

由于"文化"的内核与"民族性"概念紧密相连，因此文化产品在传递过程中能否成功跨越民族差异至关重要。虽然 56 个民族的优秀文化和悠久的历史为中国民族文化产品的开发提供了丰富的资源，但是由于缺乏精准的市场定位和有效的营销手段，众多文化产品在行销海外之时屡屡遭遇水土不服的尴尬境地，虽然也曾有部分在海外获得一定认可的中国文化产品，但也终究流于昙花一现。以电影为例，中国第五代导演张艺谋一向被认为是善于向世界讲中国故事的人，但他的电影《金陵十三钗》却因文化差异折戟第 84 届奥斯卡电影节。在《金》片中张艺谋导演不但沿用了自己一贯擅长的"画面"与"色彩"技艺，还专门在影片中加入诸如"旗袍"、"教堂"、"美国演员"这些预期为影片国际化加分的元素。然而出乎意料的是，《金》片未获提名，被迫提前出局。对于《金》片的海外沉沙，有专家将其归因于西方"牺牲"概念的缺位，有评论认为是"妓女救处女"与西方的"平等"观念冲突，众说纷纭却无从定论。

什么样的产品适合走出去？什么样的产品能够走得深远？这是一直以来困扰我们的问题。但在丰富经验的美国大片制作人那里，成功源于对规律的把握，甚至可以利用规律进行预见。这种对规律的把握和利用就是电影产业的大数据思维。

（二）美国大片制作中的大数据实践

伴随互联网科技发展，大数据被运用于各个领域，文化产业也不例外。好莱坞利用计算机数据来进行电影数字化制作早已不是什么新鲜事，早在1997年，电影《泰坦尼克号》就是在数字技术的帮助下还原了昔日最豪华的渡轮及其冰海遇难的全过程，彻底刷新全球电影票房纪录。12年之后，又是数字3D技术将电影《阿凡达》推上全球票房历史冠军宝座。

如果说在电影科技层面，数字技术是美国大片制作中的法宝，那么在内容层面，大数据思维则为其开出一张畅游世界的通行证。将这种思维作一简单归纳，即好莱坞大片配方＝"简单有效的叙事模式"＋"世界普遍存在的人性追求"。

2013年，中国电影走出去有所突破，海外总收益达14.14亿人民币（约合2.28亿美元）。相比之下，同年的美国电影海外票房高达250亿美元，其中30亿美元来自中国市场。[1] 2014年，人们又被《美国队长》、《X战警》、《变形金刚4》、《星际穿越》等一系列美国大片带入影院。这些名利双收的影片事实上均遵循了好莱坞一贯的英雄叙事逻辑，即"激励事件——进展纠葛——危机——高潮——结局"。[2]

这种模式简单而且符合人类接受信息的习惯，实属经验丰富者对成功规律的把握。无论哪个国家哪个民族，都愿意与心中的英雄一同"成长"，在完成一个又一个艰难的任务后得到成功的快感，这就是美国大片的魅力所在。于是不难理解为什么被国内观众认为情节过于简单的电影《英雄》却能够在海外引起轰动。

文化产品是人类价值观的载体，民族文化产品则承载着民族文化的特性。我们可以发现，流行世界的美国大片制作议题和故事主题都是在普遍的人类共识基础上构建的。比如经常出现的"环境保护"、"地球毁灭"、

---

〔1〕"2013全球票房出炉 中国成首个过30亿的国际市场"，载金鹰网 http：//www. hunantv. com/c/20140327/1457129322. html，访问日期：2015年2月6日。

〔2〕转引自张倩南："电影《蓝色情人节》叙事结构分析——基于罗伯特·麦基的故事理论"，载《青年文学家》2011年第18期。

"人类危机"、"太空探索"、"人工智能"等等，皆与每个人息息相关，并且将全人类设定为一个利益共同体。这种构思有助于不同生活背景、知识体系和价值判断的人们在最深层次的"人性"这一点上达成共识、形成共鸣，淡化主人公"来自哪里"、"说何种语言"、"代表哪个国家"这些差异性元素，降低影片核心价值在传递过程中因特异性所造成的文化休克。反观圈囿于中国特有"抗日题材"下的《金陵十三钗》，虽在国内获得一片赞誉，却与同为张艺谋力作的《英雄》在海外境遇大不相同。一向不受尊敬的妓女为救纯洁的女学生而"舍生取义"，这一思想被接受和理解是需要价值认同为前提的，而"妓女"与"处女"、"个人生命"与"民族大义"这些被作者预设好的价值评判并不适用于全世界的价值评价体系。

（三）大数据与中国民族文化产品国际化

无论是罗伯特·麦基的"经典英雄叙事"，还是美国大片中的"人类共识"，都是人们通过对众多成功案例的分析和人类普遍存在的价值属性探索，基于海量信息的收集、分类、整理、加工而得出的具有实践价值的一般规律。随着信息量不断上升，这种规律性更加明显、更加趋于真实，对于之后的商业行为更具参考与指示作用。这种对规律的探求和把握是人类固有的一种大数据思维，并非某一民族所特有，在历史上也一直存在，只不过此前被我们简单称为"经验"。

《花木兰》和《功夫熊猫》这样的中国故事之所以能够通过迪士尼与梦工厂的加工而成为优秀的国际化产品、受欢迎的世界故事，很大程度上归功于制作团队的成功经验，即一套符合国际观众普遍需求的大数据思维建构模式。有人认为《花》与《功》是用美国话语方式讲述的美国故事，只不过选用了中国素材。或许，倒不如说《花》与《功》是美国人用世界话语方式讲述中国故事给世界听。或者也可以更大胆一些将此过程表述为——作为历史并不深厚的美国人，他们在选择文化核心价值输出的时候，将眼光投射到全人类共同追求的"爱"、"智慧"、"正义"和"自我实现"，进而成就了他们的世界话语方式。正如罗伯特·麦基在一次采访中谈到的，"文化那么浅，人性却那么深"。因此，面向世界的作品制作需以世界维度为参考系，以能够穿越民族文化外壳的人类共识作为核心价值。

前大数据时代，"经验"的得出往往需要时间的漫长积累并伴随着痛苦的试错过程。过去几年，甚至几十年中，我们的民族文化产品在国际推广中一直徘徊于这个过程。然而，互联网时代的到来使得全球化大数据采集成为可能，这无疑为在国际化传播方面落后于西方的中国提供了一个极速追赶的机遇。

美国网络电视剧《纸牌屋》在世界范围内的大获成功，向世人展现了在大数据时代，传播可以打破时间上固有的线性模式，产品可以在设计之初进行效果检验，也可以根据市场的需要来展开制作。与传统"经验"的不同之处在于，这种基于大数据思维的预测功能在大数据（甚至是全数据）的前提下会更加准确，也可以解决更复杂的问题。

国内观众，包括张艺谋自己对《金陵十三钗》的国际表现充满期待主要基于两大因素：一是该片由国际市场经验丰富的张艺谋亲自操刀，以全球为目标市场而作；二是该片在国内表现不俗。即使《金》在很多方面都符合当年《英雄》的"成功"轨迹，但是在"经验"无法顾及的某个地方出现致命疏忽，结果导致全盘皆输。相反，如果能够提前通过大数据对奥斯卡获奖影片故事要素进行解构或是将《金》的预告片通过互联网预播的形式投放海外，并对相关评论进行大数据采集分析，那么很可能会避免意料之外的搁浅奥斯卡。

因此，在互联网环境下的大数据时代，通过对以往成功案例的分析，依照国际用户的普遍使用习惯，使用有效的国际传播模式对民族文化产品进行制作、加工以及包装，从而打造出受欢迎的国际化中国民族文化产品是完全可以实现的。这样就解决了现阶段中国民族文化产品面向国际市场的内容定位问题。

二、大数据实现民族文化产品与国际用户对接

（一）国内大数据用户画像技术已成熟

10年前，很多国际一流的4A广告公司已经通过数据分析的方法为目标客户画像。现在，利用大数据（甚至是全数据）对用户进行实时分析也已

经成为现实。电影《小时代》在播出前通过对网络自然语言进行大数据分析，成功为其用户画像：18～25岁、女性、关注时尚。进一步做数据挖掘，得出他们喜欢的主持人为"何炅"、"谢娜"，于是制片方果断选择通过湖南卫视的《快乐大本营》节目对电影展开营销推广，从而获得最佳的宣传效果。百度网盟通过用户浏览习惯来判断其可能感兴趣的信息，进行关联性匹配推送；"今日头条"网则利用后台计算机算法根据用户所属圈子的行为习惯对用户进行预测性推送。大数据的用户画像已经不局限于前大数据时代通过抽样调查来进行的简单客户偏好分析，而是通过一个个细小但有规律的痕迹来立体模拟每个用户的真实存在。这样不仅能够令虚拟结果随数据量增大而无限接近真实，而且能够将从前无法描摹和计算的情感因素量化呈现。大数据时代的用户不是无法捕捉的影子，而是一个个日渐清晰的存在。

（二）大数据让国际用户不再陌生

对于中国民族文化产品的海外推广来说，互联网和大数据用户画像技术的发展意义重大。首先，它解决了空间上的问题。在发达国家，互联网用户比例在70%以上，这为我们跨越国界和地域限制，实现近距离了解、接近他们提供了可能性。同时，大数据可以通过互联网平台对那些中国民族文化产品现有和潜在的用户进行精准画像，了解他们的需求及其对我国民族文化产品的偏好；其次，它解决了时间上的问题。前大数据时代，由于分散多样的用户信息难以在短时间内被收集，因此许多有价值的反馈声音尚未被感知就已经被湮没了，对于国际市场反馈的不敏感导致民族文化产品推广策略调整严重滞后。但是，大数据技术可以帮助我们实时感受到世界各地用户的体验反应，并且能够进一步挖掘细小变动背后的联系。

截至2014年12月7日，全球126个国家（地区）共建立475所孔子学院和851个孔子课堂[1]不同国家、不同民族、不同肤色的人说汉语、写汉

---

〔1〕 孔子学院总部官方网站 http://www.hanban.edu.cn/confuciousinstitutes/node_10961.htm，访问日期：2014年2月7日。

字、表演中华才艺的画面不再陌生，但是当前世界上学习汉语和汉文化的人到底有多少？如何分布？他们具有怎样的共性和差异？以上问题不但没有得到统计，而且当2006年孔子学院在美国突然遭遇"驱逐"风波时，也没有任何事先预警。目前，由中国知网收录的有关"孔子学院"的文献超过46 000篇，但仍缺乏系统的受众及效果分析。加拿大的学生更喜欢书法还是太极拳，或是京剧在美国和澳大利亚的哪些城市更受欢迎，诸如此类的问题我们依然无法准确回答。处于一线的赴任汉语教师或许可以准确地脱口而出他所教的几十名学生的姓名、年龄、爱好，但是由于缺乏对这些宝贵资料的系统化整理，最终因时间和空间的割裂使信息网成了散落在各个角落的拼图。今天在大数据的帮助下，我们可以将这些散落的信息整合起来，结合互联网关注热度等数据信息抓取，编制成一张描摹各地学习者特征和偏好的地图。

（三）大数据助力定制服务与精准推送

正如不同程度的学员对于孔子学院提供的文化服务有着不同层次的需求，在民族文化产品走出去的推广实践中需要针对不同的用户画像进行适宜的产品推送。这样一方面能够了解不同用户各自的要求，另一方面有助于含纳在产品中的深厚文化价值得以释放。例如，位于澳大利亚的著名MO-NA博物馆，因其位于塔斯马尼亚岛上，所以到访的游客主要是外国慕名者。博物馆对每一位游客进行了电子邮箱登记，在随后的日子里根据游客的喜好继续向其推送博物馆的最新信息。这样，服务并没有随参观行为的结束而终止，用户则可以随着自己对MONA博物馆和澳大利亚文化了解的加深，逐步探求一些文化中更深层次的含义。

中国故宫的文化内涵丰富，尤其对大量的外国游客来说，单凭一次游览只能了解皮毛，因此引导外国游客对故宫的解读应当是分层次的。第一层：巨大的占地规模及宏伟的建筑感官；第二层：精美的工匠技艺和巧妙的功能布局；第三层：历史人物与故事；第四层：中国古代宫廷文化。对于每天接待数万游客的故宫来说，在前大数据时代难以对稍作停留的外国游客提供定制化深度服务，但是在大数据时代，完全可以通过用户画像来提供差异化服务。无论是在北京或是世界某个移动终端，根据用户的汉语水平、对故宫的到访次数以及互联网搜索等痕迹，都可以判断用户需求，选择适合的信息推送。对方需要的可能是一段故宫宣传片，或是一张乾隆的画像，也可能是一部清宫剧，当然还可能是一种尚未开发的文化服务或商品。那么，这种需求在大数据时代可以被敏感察觉，为下一步完善以故宫为核心的文化产品链提供依据。

不可否认，大数据时代的到来令中国民族文化产品与国际客户的亲密接触和无缝连接成为可能，也让难以描摹的传播对象变得容易把握。

三、大数据打造多维"产业空间"

(一) 断裂的产业链

当前中国民族文化产品在国际推广中往往是单兵作战、突击作战，缺乏系统性和前瞻性规划。从广度上看，主要体现为三个层面的断裂：

首先是汉族文化与少数民族文化断裂。因为民族是文化附着最紧密的载体，故在进行民族文化产品海外推广时，包括汉民族在内的 56 个民族倾向于着眼自身文化的挖掘，导致整体形象塑造的缺失，忽略了"各民族共生共存"这个中国民族文化的本质特征。

其次是古代文化与当代文化断裂。谈到中国文化走出去，人们总是想到中国的传统文化，却忽略了当代中国人的文化生活风貌正是世界希望了解的。无论是 20 世纪 80 年代的"乒乓外交"还是篮球明星姚明的 NBA 之旅，都说明了中国当代文化的魅力。传统文化固然是经过时间沉淀而成的瑰宝，但是对于中国的现代文明也应充满自信。

最后是文化表象与文化内涵割裂。不同于其他产品，文化产品的价值是需要层层深入、层层挖掘的。例如，让水墨画作为文化商品走出国门不是什么难事，习得绘画技艺以完成简单的作品也只需假以时日，但是想要将虚实意境准确地表达并让对方领悟则要费一番功夫了。然而，恰恰水墨画中的"意境"才是其核心价值所在。我们缺乏将文化内涵挖掘提炼并使之外显的技巧。

从深度上看，民族文化产业链不完整是导致产品核心价值展现不充分的主要原因。好莱坞影城、迪士尼乐园，这些由电影产业延伸出来的主题公园在国际影响和经济回报方面已经远远超过了一部影视作品本身，由文化服务衍生而成的文化商品更是销售至世界各地。美国电影《盗梦空间》的制作方在影片播出前就已完成对电影中的标志性物件——分辨现实与梦境的陀螺——的批量生产，随电影首映发售；日本动画片《机器猫》的人物公仔则占领世界各个角落，成为几代人喜爱的玩具，嵌入无数人的童年记忆。

但我们的传统经典《西游记》虽然以其探险玄幻的主题吸引了众多国内外粉丝，却因缺乏有效的推广策划而一直未被深度开发。2014 年瞄准全球市场的《大闹天宫》虽然受到一定欢迎，却因缺乏全产业链支撑而昙花一现。

（二）从单一"产品"到"产业空间"

一般来说，单个文化产品的推广需要经过"策划——实施——反馈"三个基本步骤，但就一个拥有成熟产品线的文化产业公司而言，其推广过程应进一步细化为"前期策划——市场预热——中期实施——后期评估——效果反馈"。后期评估所得到的效果会直接影响到后续其他产品的前期策划。比如，在看到《魔戒》系列影片的成功效果后，制作方毫不犹豫地投拍了《指环王》前传系列。

对于具有世界影响力的文化产业公司而言，通常采取的是全产业链开发的制作营销模式，这使得其产品能够在各个环节的平台上得以推广，获益于高效的资源整合。以处于第二黄金时期的迪士尼为例，其全产业链模式如下图：

迪士尼媒体网络	迪士尼影视娱乐	迪士尼互动媒体
●迪士尼国际电视集团 ●迪士尼-ABC国际电视集团 ●"迪士尼在线"广播 ●ESPN迪士尼互动媒体集团	●迪士尼电影集团 ●迪士尼家庭娱乐公司 ●迪士尼音乐集团 ●迪士尼戏剧制作集团	

迪士尼主题乐园度假区	迪士尼消费品
●迪士尼度假区 ●迪士尼主题乐园 ●迪士尼邮轮 ●ESPN Zone主题餐馆 ●NHL冰球队"巨鸭队"	●迪士尼授权产品 ●迪士尼全球出版部门 ●博伟游戏 ●迪士尼直销网站 ●迪士尼专卖店

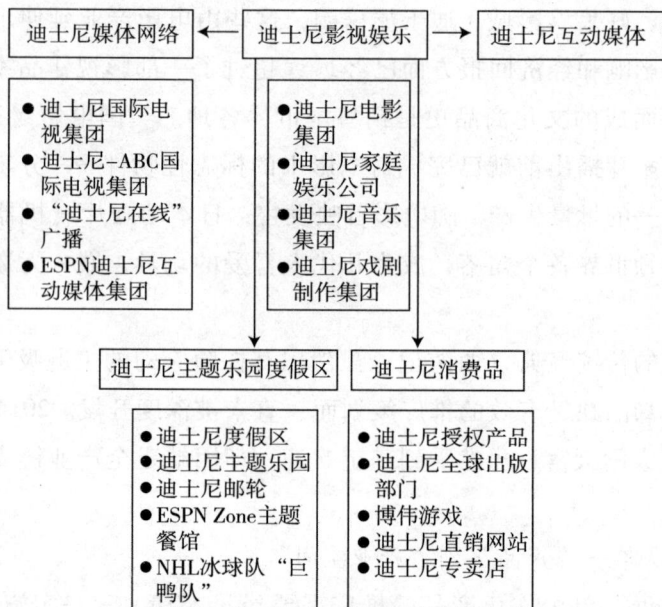

迪士尼产业链构架[1]

以电影、动漫产业为核心的延伸不但涉及游乐场、电子游戏等娱乐领域，甚至拓展到了运动、服装和教育领域。这样的结果是使每一个结点上的产品都拥有更多机会与用户接触，在实现高度资源共享的同时形成强大的品牌竞争力。

如果在前大数据时代，打破现有国际文化产业布局、实现中国民族文化产业在国际上突围，除了"先依附、再剥离"的借壳发展方式，恐怕别无他法。然而，互联网的兴起与大数据时代的到来为中国的突围带来可能，因为在今天的文化产业生态中，即使是全产业链营销也无法真正意义上对某个领域实行垄断，因为大数据时代的产品链接方式已经不局限于简单的空间网状关联，而是作为单个的能量单元以前所未有的自由组合形式离散在一个个"产业空间"之中。每一个文化产品就是一个文化粒子，其携带的文化价值是它的内核。如果我们能够将蕴含巨大能量的中国民族文化价

---

〔1〕 袁学伦："迪士尼的财富生产链"，载《经理人》2013年第1期。

值注入文化粒子之中，并掌握新产业生态中"产业空间"的操作规律，那么我们的民族文化产业将取得惊人的发展。

四、大数据时代的民族文化品牌与人文精神

文化产品不同于其他产品，其生命力在于继承和发扬。一般来讲，文化作品在其作者逝世 50～70 年后将脱离版权限制，成为全人类的共同财富，可自由开发利用。

我们感受美国《花木兰》风靡全球，看着日本"悟空"从漫画书中走向世界，听到韩国"端午祭"申遗的消息，从外媒读到云南"面临消失的东巴文化"，不禁感叹：中国的民族文化从不缺少具备挖掘价值的文化品牌，却因对国际文化产业生态规则的不了解而难以建立自己的品牌。无论在传统经济产业领域还是文化产业领域，品牌是产品的灵魂，也是产品价值的外显形式。遗憾的是在世界文化产业生态中，中国是后来者，近代史上长时间遭受文化侵略的中国在文化价值输出方面并不擅长。

然而，大数据时代的到来将为文化产业生态带来新的格局与机遇，从前被忽略的因子可能会触发巨大能量的传导。在这个新生态中，用户更加清晰，规则更加透明，时间可以折叠，因果可能倒置。每一个粒子所携带的能量来自其文化价值内核，其无限组合与搭配以及随之产生的连锁反应甚至可以带来原子弹爆炸式的能量——人类文化碰撞而产生的能量。

我们要做的并不是大文化的称霸，也不是卑微依附于某种力量，更不是臣服于互联网与大数据，而是本着人文精神，将浩瀚的中国民族文化中的灿烂价值提炼并制作成富有价值内核的文化粒子，以广阔的胸怀将它们放入已实现全世界互联互通的文化产业生态中，通过合作与共赢的方式，帮助每一个代表人类优秀文化的粒子在碰撞中焕发新的生机，迸发出它的力量。

媒介融合语境下民族文化的内涵式国际传播

张 力 *

摘要：随着媒介融合全球化时代的到来，民族文化迎来新的传播机遇，同时也面临新的传播挑战。民族文化如何在当今媒介技术飞速发展的传播语境下保护与呈现自身特色与内涵，体现本真的价值与意义，避免在与其他文化相遇以及在追逐商业价值过程中被削弱、被异化，是亟需关注与研究的课题。本文旨在考察民族文化国际传播过程，从间性的角度审视民族文化实现意义的过程，以及阐释、解读民族文化与文化语境的关系，深刻理解不同文化的差异性以及不同的意义交往习惯，从而探讨提高民族文化内涵式国际传播的运用水平和新媒体时代民族文化传播的创新途径。

世界文化是一个有机的意义系统，由各个国家、各个民族彼此紧密联系，相互激发创造而形成。文化传播的失衡会对整个系统造成或显或隐的影响，脱离了这个系统来讨论关于世界平等、进步、发展等价值假设，都是空谈。从这个意义来讲，就必须要消除不同文明之间、不同文化之间文化传播的不对等障碍，还原世界的文化知识生态。我们强调与探讨民族文化的国际传播，需要站在这样一个高度，即从新知识生产的高度参与文化传播新秩序的确立，为跨文化传播提供一个新视角，将民族文化的意义生

---

* 张力，北京市社会科学院外国问题研究所副研究员，中国人民大学博士、中国传媒大学博士后、美国密苏里大学访问学者。

产纳入世界的新知识生产体系中，从而参与到世界意义秩序与文化秩序的重构中。这需要我们的媒体在喧嚣的数字传播时代，潜心生产有内容、有情感、能唤起同理心的媒介产品、文化产品，走内涵式传播道路，实现深入人心的有效传播，摒弃粗放式的、自说自话式的传统传播方式。

一、数字传播技术下民族文化传播的迫切性

媒介技术对于历史文化、现实社会环境以及人的观念和感知方式等有着不假外求的塑造能力。麦克卢汉提出，每一种媒介技术的诞生，都为社会引进一种新的尺度，即规模、速度、类型、模式等的变化，所有这些信息的形式变化都会介入到人类的生活中，创造出一种全新的环境，而这种环境并不是消极的、空洞的、静止的，也不是徒为形式上的包装，而是可以对社会进程和人的心理变化有影响和促进作用的。传媒技术的每一次变革，都对人的思维方式、行为方式乃至社会变迁产生重大影响，它的"内爆"效应深入到人类物质世界与精神意识的各个层面，成为传媒时代话语权力的一大支柱，从而构成了人类当今生命样态的内在部分。

一种信息传播的技术方式就是一种思想文化传播的途径。作为一种文化载体乃至文化本体组成部分的传媒技术已不仅是一种技术工具，更是一种意识形态资源，携载着价值观念、生活方式、审美经验，大规模、大流量、高速度、高频率地抵达受众。人们在信息不间断的轰炸中趋向于认同传媒对内容的技术过滤，默认它对自己思想意识情感的影响和改造。在媒介技术创造的这种"自然"中，现代人容易不自觉地丧失主体意识，而成为准主体的媒介技术，无孔不入、到处渗透。近年来，由于数字互联网技术的广泛应用，媒体信息传播呈现出了全球化、网络化、全民化、移动化、融合化、社会化发展的趋势，新媒体已经成为人类有史以来最强势的媒体，并深度介入政治、经济、文化、社会等诸多领域，加速与深化着媒体传播对社会的影响。基于网络信息技术的新媒体已成为全球前所未有的最强势媒体，是各国竞相抢占的战略制高点，各国政府纷纷从国家战略层面推进新媒体及相关领域的发展。

我国的新兴媒体经过不到 20 年的超速发展，已经拥有世界最活跃的新兴媒体市场和最庞大的新兴媒体用户群,迅速成为世界新兴媒体大国,实现着从媒介融合到传播融合的实践。在数字传播的新形势下,必须看到数字化传播技术为民族文化的跨越式传播发展提供宝贵机会的同时,也使得民族文化的国际传播成为一个迫切要求。

二、内涵传播是民族文化传播的核心内容

媒介技术的应用对民族文化的传播具有巨大的推动作用,尤其是在全球数字化时代,民族文化传播具有的重要意义和价值,相对于传统媒体传播时代,呈现出新的特征与趋势。当下的民族文化传播要树立"大传播"理念,即传播不仅仅局限于各类规范传统的"媒体",而应拥有更加多样的载体平台。因此,我们应该要搭建民族文化传播的跨行业、跨领域、跨介质、跨载体的文化传播的超级平台,深刻认识媒介技术的意识形态属性,加强对内涵传播的重视这一民族文化传播的核心问题。

根据香农关于信息理论的观点,人们获取的信息越多,对事物认识的不确定性就会越少,从对事物认知的不确定状态逐渐变为较为确定的状态。事实上,虽然人们获取越来越多的信息,但是对于事物认知与理解的不确定性却并未减少,反而增加了更多的不确定性与偏向性。因此,需要注意的是,传播过程中需要重视的内容已经不仅仅是"信息",更需要重视的是其传播的"意义",也即内涵。民族文化传播是内涵式传播,是一种文化对世界、对事物的阐释与理解。当其传播的内涵意义被主体接受后,可以内化为观念体系,从而对主体的认知理解行为与社会生活实践产生作用,最终实现传播的深远效应。

在媒介全球化的今天,文化的存在依赖于传播。我们可以通过内涵式传播去表达与阐释民族文化的精神与理念,创造我们的文化存在,以确保在国际传播活动中双方主体能够进行成功的对话与意义分享,避免世界范围内文化传播的严重失衡。数字媒介技术的应用恰恰可以为我们民族文化更广泛与深入的传播提高可能性。强大的媒介科技可以逼真地体现并具化文化的内蕴与魅力,营造可以感知的文化语境。但是,首先要搞清楚,作为"高语境"的中华民族文化哪些部分是适合于媒介技术的呈现与传播的,并搞清楚如何通过媒介技术进行呈现与传播。其中，最核心的问题是要有好的创意与好的内容，即真正体现中华民族文化的本真内涵，既要保存民族文化的本然味道，又要具有与其他民族文化可分享的价值与意义。这就需要我们准确把握自己民族文化的精髓与特点，潜心挖掘，将可呈现的意义要素通过媒介科技、传播手段作充分的传播。在这个过程中，不能让民族文化在商业化的运作中被异化而丧失了本真。同时，也要具备开放包容的意识，面对全球化语境下，文化国际交流过程中出现的新的文化现象、新的文化内容，具有理性的开放态度。

三、民族文化内涵式传播依赖于文化语境

探讨民族文化的内涵式传播，不能脱离其背后的文化背景与文化体系，意义的理解与沟通绕不开文化语境这个具体情境。

有效的民族文化传播必然是适应受传者的文化语境与意义交往习惯的。社会文化语境的不同会形成不同的认知结构方式。具体来说，不同的国家、不同的民族有不同的自然人文环境与历史文化传统，其认知与思维方式等方面也存在差异，从而形成各自特定的框架，从这个特定框架中产生出来的话语意义也是特定的，社会文化差异从而表现为框架之间的差异。在当今这个变化快、复杂程度高的现实世界，传播时若不结合语境，不考虑文化语境因素的编码，只是通过高度技术化的操作，其传播效果往往会不尽如人意。尤其是中西方文化语境差异明显，彼此文化特质不可通约，传播效果常会不尽如人意。

按照美国文化人类学家爱德华·霍尔的文化语境理论，在高语境文化中，人与人之间的传播交流顺畅而且节省精力，往往凭直觉就可以了解对方的意图，对话用简洁的语句就能彼此会意。因为在高语境中，信息的传输有一套预定程序，包括价值观、背景、仪式、约定俗成的规范，等等。交流双方一般不直接说明自己的意思，而是借助这些非语言信息来表达，意义在语言之外还被编排在对话双方共喻的语境中。如果不知道所用语言的语境，就很难理解它的准确意思，意义中仅有一小部分是通过显在的语言传递。在低语境中，情况恰好相反，人与人之间如果要实现有效传播，就要尽可能地将自己的意思详尽地表达清楚，每个细节和含义都必须以编码信息的形式表达清楚。也就是说，尽可能将意义与信息用显在的语言表达出来，补足因为语境不同而有可能丢失的部分。低语境的交流是直接的外显的交流，它依靠的是逻辑、推理、思维和语言表达，而对语境的依赖性相对较弱。此外，高语境文化通常被低语境文化区的人认为交流低效，因为高语境的交流方式是含蓄和委婉的。这里其实是文化差异造成的误解，事实上，高语境与低语境都有交流传播低效和高效的时候，重要的是将需要交流的信息放在相应的具体语境中去才能解读出它的真正意义。

中国属于高语境文化国家，文化的特点是内隐、含蓄。而英美等西方国家则属于低语境国家，文化的特点是外显、直白。高语境文化与低语境文化拥有几乎相反的特征，因此彼此之间的交流必须要结合其所处的语境才能够顺利进行。作为高语境文化区的传播者，在向低语境文化区进行媒介话语传播的时候，需要考虑到低语境文化区的这一特点，要注意体察低语境受传者理解层次上的现实需求，从话语的表述方式和呈现手段上都要力求符合低语境受传者的认知和理解习惯，尽可能全面确切地传达意义，从而有意识地消除可能的交流障碍，以减少被误读和被误解情况的发生，从而达到更好的传播效果。

四、民族文化内涵式传播中凸显的"间性"

数字传播技术使得民族文化传播跨越文化的区域局限，在时空上形成一个世界架构体系，不同的文化文明在传播活动中开始交互碰撞和相互影响。但是，跨文化传播过程不是一个简单的讯息传播过程或者一个简单的霸权解读式的宣传过程，而是在一定文化语境下，主体之间对话的意义共建过程。在这个过程中，民族文化内涵式传播的"间性"得以凸显。

从现实情况来看，传播者主体与受传者主体因为习惯于不同范式的规则而成为自己以往经验、认知期待、话语架构下的俘虏，因此会与不同于自己范式的其他范式规则下的文化主体发生交流障碍、对话错位，导致传播失败或者传播效果减弱。按照库恩的范式理论分析，不同媒介话语范式下的术语和概念在不同的架构下形成了新的关系，话语在新的关系结构的解读中便会生成新的意义或者是不同的意涵。而文化主体对意义的解读依赖于由范式下的空间与时间等因素构成的概念网，因此，对相同的事物，某一文化范式下的主体在认知与理解时是将其放在一种概念框架中看待，而在另一种文化范式下的主体则可能是将其放在另一个概念框架中看待，于是他们对内涵的解读就出现了不可避免的差异与不同，甚至得出相反的观点。民族文化的国际传播过程，就是将一种文化背景下意义概念网中对事物的表述输出到另一种文化背景下的意义概念网中，以试图求得解读与理解，达成主体间的沟通。

民族文化国际传播过程中的主体"间性"决定了文化之间的传播交流必然是不断有所变化的，时空的变迁与文化主体本身的变化都会不断产生新的解释视角与阐释框架，从而产生新的认知与了解。同时，不同的解释视域也使人们可以在更广阔的视野中了解彼此的文化，挖掘其被自身遮蔽的创造性价值。因此，有效的民族文化国际传播是文化主体之间对内涵的理解达成了共识，或者形成了新的有创造性理解的结果，是进行传播交流时文化主体之间跨越自己有限的文化视域，通过视域融合形成更广阔的整体视域，从而在新的层面上实现彼此文化之间的传播与交流。

在当今世界，发达的媒介技术使得文化与文化之间的相遇与碰撞更加频繁，而且范围更广、程度更深。借助强大的媒介技术手段，各种文化信息以空前的规模和速度在不同国家、不同文化及不同文明之间循环，但是有效传播是否实现、如何实现，与"间性"在民族文化传播过程中的作用关系密切。不同民族文化"间性"的存在也正使得文化传播的必要性得以彰显。在承认文化差异的前提下进行传播，在跨文化传播中实现民族文化内涵的表达与阐释，最终实现民族文化在世界文化中的应有价值。

五、结 语

在当今全球传媒时代，民族文化传播对人类认知世界有着重大影响，特别是在跨文化传播的语境下，民族文化传播是文化之间、文明之间的交往过程，其意义的相遇与碰撞，是彼此从试图理解到实现理解的过程。不同民族的文化传播通过对世界方方面面的阐释，赋予事物以意义，引领人们认知、理解世界的诸种关系，并以这种方式影响和参与社会现实与世界秩序的构建。因此，我们强调跨文化语境下的民族文化传播，要特别重视意义生成的文化语境性，以及主体之间意义共建的间性，并在深刻了解民族文化内涵与传播方式、技术手段的关系的基础上，最大限度发挥数字传媒技术的优势，走民族文化内涵式传播道路，以实现成功的民族文化国际传播。

国学的域外传播价值及路径研究

——以孔子学院的教材编写为例

由兴波 *

摘要：当下国学的概念不应狭义化，而应广义定义国学，注重国学域外传播的重要价值。孔子学院作为近年来中国文化域外传播的重要媒介，应积极担负起国学传播的重任。在教材编写时将文化传播与语言教学有机结合，从而更好地发挥孔子学院的国学传播作用。

一、"国学"正名

提及"国学"二字，今人耳熟能详，然细究其内涵与外延，则众说纷纭，难以达成共识。名正则言顺，若谈"国学"传播，则先应正名"国学"。

国学有"狭义"与"广义"之辨。"狭义"的国学仅指中国传统的思想文化学说。章太炎指出："国学是中国固有的学术文化的总称，包括经学、史学、哲学、文学。"[1]"国"是指"国家、本国"，"学"是指"学问、学术"，"国学"可以理解为"一国固有之学术"，[2]但是最早出现在

---

* 由兴波，文学博士，历史学博士后。现任吉林大学文学院副教授，硕士生导师，曾任俄罗斯莫斯科国立语言大学孔子学院教师。

〔1〕 章太炎讲演：《国学概论》，曹聚仁整理，上海古籍出版社2008年版，第8页。
〔2〕 章太炎讲演：《国学概论》，曹聚仁整理，上海古籍出版社2008年版，第6页。

《周礼·春官宗伯·乐师》"乐师掌国学之政，以教国子小舞"中的"国学"含义并非如此，而是指国家所设立的高级教育机构。现代化的国学概念在20世纪由日本引入到中国，在概念引进的同时，对于国学含义的论争也随之而来。"广义"的国学指的是中国一切固有的思想文化学说、风俗习惯、艺术戏曲以及中国人所创造的医术、方术、天文、烹饪、巫术、节日等围绕生产生活各个方面，具有中国特色的生活方式和价值观。季羡林先生曾云："国学就是中国的学问，传统文化就是国学。"[1]可谓和同"狭义"与"广义"国学概念，但仍显局限。当代也有诸多学者对"国学"二字提出个人见解，此处不赘述。

笔者以为，随着时代之发展，定义国学不可过于片面与偏执，应注重其广泛性。综合近代以来多位学者观点，将国学定义为：研究中华文化传统学术及其载体的学问，是对中华民族在物质文明、精神文明、政治文明和社会文明进程中所形成的具有永恒意义和普遍价值的思想体系、文化观念、精神追求和学术方法的总结，是中华文学、艺术、体育等文化元素的综合。新世纪的国学应由过去比较注重从学术的角度来探讨国学的优劣、国学与西学的关系，转变为从国学的具体内容入手，针对现代化建设中遇到的各种问题，探究性地从传统经典中找到解决方法。从世界大文化背景出发，考量国学的功能和价值，发掘其在建设有中国特色文化事业上的独特功能，在体现国学民族性价值的同时也展现国学旺盛的生命力，提高文化创新意识，为和谐社会的建设起到重要的推动作用。[2]

二、国学域外传播的现代价值

作为"四大文明古国"之一，中国有着悠久的历史，创造了辉煌的文化。随着科技的高速发展，现代化进程的加速，其他三个"文明古国"逐渐衰弱是不争的事实。只有中国正在重新崛起，在世界政治、经济等领域起到了举足轻重的作用。世界各国在新的时代到来之时，也逐渐接受和认

---

[1] 季羡林研究所：《季羡林说国学》，中国书店2007年版，第1页。
[2] 由兴波、梁艳："国学的现代价值探析"，载《长白学刊》2014年第3期。

同中华文化。国学虽为中国特有，但不应局限国内，而应具有全球化战略意识，正确认识国学域外传播的价值。笔者曾发表《中华文化域外传播的新路径探求》[1] 一文，强调国学域外传播的重要意义。近年来，随着中国在国际政治经济等事务中地位的不断提高，世界开始将目光投向中国。各国各民族以经济活动为中心，辅以政治、军事等形式展开交流，而相应带来世界文化的相互交叉、碰撞、融合。随着中国在国际政治经济等事务中的地位不断提高，古老的中华文明也日益受到世界瞩目。世界文化日趋多样化，中华文化能够积极参与国际文化新秩序的建立，并以自己独特的风貌丰富世界文化，将东方文明与世界文明接轨，是国际新文化发展必不可少的环节。因此，中国应主动加强中华文化的域外推广工作，主动让世界各国认识中国，了解中国文化。这样既能增强中华民族内部凝聚力，同时也能提升国家文化软实力和世界竞争力。

当今世界，政治、经济等格局在不停地动荡、重整，新的文化秩序也亟待建立。中国作为一个"负责任大国"，必须在国际文化新秩序的建立中贡献自己应有的作用。在这种情况下，国学的有效域外传播对世界文化的大融合必将做出重要贡献。在当今建构国际新秩序的时代背景下，做好国学的域外传播，是中国积极参与国际事务的重要举措，是中华文化在世界新文化体系形成中的重要贡献。

国学的域外传播早已有之。汉代出现了中国第一次域外传播的高峰；唐代则为第二个高峰，在周边国家形成了"汉文化圈"；国学域外传播的第三次高峰发生在宋元时代，中国的"四大发明"均是在这一时期大规模西传并对世界产生重要影响的。明清时期是中华文化域外传播的第四次高峰。[2]

文学艺术具有共通性，世界各国人民即使语言不通，但共同的审美能够使彼此更容易接受对方的文学、绘画、舞蹈等艺术种类，这是经济、政

---

〔1〕 由兴波："中华文化域外传播的新路径探求"，载《2014 年中国文学传播与接受国际学术研讨会论文集（卷下）》，武汉大学文学院、马来亚大学华人研究中心 2014 年，第 222～228 页。

〔2〕 武斌："中华文化海外传播的历史规律"，载《光明日报》2008 年 8 月 21 日，第 10 版。

治所不能相比的。各国之间应首先加强文化交流，进而带动其他方面的全面交流。这为世界各民族文化的发展提供了一种借鉴和参照，甚至是提供了文化交流的理想模式。中华文化对世界文化的发展起到了激励、刺激、开发、推动作用，启发了各国进行文化创造的灵感和智慧，[1]同时也是中国为国际文化新秩序的建立作出的贡献。

三、孔子学院担负的国学传播责任

改革开放以来，汉语国际教育随着中国经济腾飞、国际地位的提高迅速发展起来，世界范围内对汉语的需求不断增加，汉语国际教育的地位日益重要。近年来对外汉语教学发展迅速，国内众多高校、培训机构等都纷纷开展了对外汉语教学活动。开办孔子学院是我国国家汉语战略的重要举措，作为向海外推广汉语的直接平台，已经得到举世瞩目。我国的汉语国际推广发展速度喜人，截至 2014 年 10 月，全球已建立 471 所孔子学院和 730 个孔子课堂，分布在 125 个国家（地区）。孔子学院设在 119 国（地区）共 471 所，其中，亚洲 32 国（地区）102 所，非洲 29 国 42 所，欧洲 38 国 158 所，美洲 17 国 152 所，大洋洲 3 国 17 所。孔子课堂设在 54 国共 730 个（科摩罗、缅甸、马里、突尼斯、塞舌尔只有课堂，没有学院），其中，亚洲 14 国 58 个，非洲 8 国 11 个，欧洲 22 国 178 个，美洲 7 国 424 个，大洋洲 3 国 59 个。[2]累计注册学员 345 万人。在孔子学院的带动下，已有 61 个国家和欧盟将汉语教学纳入国民教育体系，全球汉语学习者从 10 年前的不足 3000 万人，快速攀升至 1 亿人。10 年来，孔子学院为 100 多个国家培训汉语教师 20 万人次；举办各种文化交流活动近 10 万场，受众 5000 万人；邀请 120 多个国家 14 万师生和大学校长等访华，100 多个国家超过 50 万的大中小学生参加"汉语桥"比赛。[3]成绩虽然显著，但是与英语等其他语种比较起来，差距仍非常明显。比如，美国高中有大约 2.4 万人学中文，但

---

〔1〕 武斌："中华文化海外传播的历史规律"，载《光明日报》2008 年 8 月 21 日，第 10 版。

〔2〕 数字来自孔子学院总部/国家汉办官网 http：//www. hanban. edu. cn/confuciousinstitutes/node_ 10961. htm，访问日期：2014 年 12 月 28 日。

〔3〕 数字来自孔子学院总部/国家汉办官网 http：//www. hanban. edu. cn/article/2014 - 12/11/content_ 566021. htm，访问日期：2014 年 12 月 28 日。

学习法语的美国高中学生则是 100 多万。[1]

在国际上，随着孔子学院、孔子课堂规模的不断扩大，对外汉语教学逐渐成了国际语言教学的重要组成部分。如何全面深刻认识对外汉语教学的价值，是学术界着力探讨的一个重要问题。随着对外汉语教学规模的扩大，对外汉语教材不足的问题逐渐凸显。在教材内容开发、语言翻译等方面都亟待有所突破，在教材编写时融入国学的内容尤为重要。

（一）汉语国际推广是文化软实力建设的重要内容

语言的发展和使用范围的扩展历来是一个国家和民族的政治、经济实力的标志，即"软实力"，因此，搞好汉语国际教育，提高国家的软实力建设，弘扬和传播中华文明是国家发展的重要需求。以经济活动为中心的全球化趋势，使世界文化的相互影响、撞击和融合趋向也日益明显。随着中国在国际政治经济等事务中的地位不断提高，汉语和中华文明亦日益受到世界瞩目。汉语国际推广和中华文化软实力是密切相关的，中华文化软实力是汉语国际推广的基础和核心，汉语国际推广是中华文化软实力建设的重要内容和彰显途径。没有中华文化软实力建设，汉语国际推广就失去了内容和意义；没有汉语国际推广，中华文化软实力就不能在世界的舞台上的得到彰显和传播。

当今时代，文化越来越成为民族凝聚力和创造力的重要源泉，越来越成为综合国力竞争的重要因素。坚持社会主义先进文化前进方向、激发全民族文化创造活力、提高国家文化软实力，已经成为我国发展的战略目标。因此，加大中华文明传承的深度和广度、加强汉语国际化推广的力度，提升国家文化软实力、增强中华民族内部凝聚力和世界竞争力、实现人类文化多样化、建构人类和谐精神家园是我们当代人的权利和义务。

（二）以汉语教学为依托的国学传播

但在目前对外汉语教学的课程设置中，汉语语言教学所占的比重偏高，

---

〔1〕 赵启正："中西文化交流严重逆差 中国文化要振兴"，载中国政协新闻网 http：//cppcc. people. com. cn/GB/34961/59086/59089/4183209. html，访问日期：2014 年 12 月 28 日。

中华文化与中华才艺的教学所占比重偏低。以孔子学院、孔子课堂为依托的汉语国际推广的目标是传播中华文明，展示中国的悠久历史和灿烂文化，汉语语言只是作为一种传播工具，而传播中华文化与才艺应作为汉语国际推广的主要内容。因此，加强对中华才艺文化的教学与实践对汉语国际推广至关重要。

与中国对外贸易"出超"的情况相比，中国的对外文化交流和传播则是严重"入超"，存在"文化赤字"。以图书为例，多年来我国图书进出口贸易大约是10∶1的逆差，出口的图书主要流入一些亚洲国家和我国的港澳台地区，面对欧美的逆差则达100∶1以上。2004年，我国从美国引进图书版权4068种，输出14种；从英国引进2030种，输出16种；从日本引进694种，输出22种。2005年，对美版权贸易是4000∶24。文艺演出也有类似状况。1999～2002年，仅俄罗斯就有285个文艺团体到中国演出，同期中国到俄罗斯演出的文艺团体只有30个，相差10倍。2000～2004年，中国进口影片4332部，而出口影片却屈指可数。美国电影的生产量只占全世界的5%～6%，但放映时间却占全世界放映总时间的80%[1]2014年12月7日，在厦门举办的第九届孔子学院大会上，对孔子学院10年的工作进行了总结。在看到成绩的同时，更对孔子学院发展过程中存在的问题进行了剖析。"中外双方院长分工与配合"、"本土教师培养培训"、"汉语教师志愿者与孔子学院的教学质量"、"《国际汉语教材编写指南》与各国本土教材开发"、"孔子学院在所在国的法律地位"等多个困扰孔子学院发展的深层次问题被学者们细致探讨。[2]而孔子学院应担负的国学域外传播责任则未被重视。

（三）对外汉语教材开发路径研究

随着对外汉语教学规模的扩大，教材开发不足的问题凸显出来。目前

---

〔1〕 赵启正："中西文化交流严重逆差 中国文化要振兴"，载中国政协新闻网 http：//cppcc. people. com. cn/GB/34961/59086/59089/4183209. html，访问日期：2014年12月28日。

〔2〕 参见孔子学院总部/国家汉办官网 http：//www. hanban. edu. cn/article/2014－12/11/content_566021. htm，访问日期：2014年12月28日。

的对外汉语教学教材大多是针对母语为英语的学生开发，远远不能适应汉语国际化的趋势。在对外教材编写内容上应突出国别化，尽快改变只针对母语为英语学生的现状，在小语种教材开发方面加快步伐。在适用对象上强调本土化，避免"中国人教汉语"与"外国人教汉语"严重脱节的情况，形成中外语言文化的有效对接。教材形式上实现多媒体为主的立体化，避免单一的纸本教材。

　　因此，对外汉语教材的编写要突破传统汉语教材的编写模式，从孔子学院所在国和其他汉语推广效果较好的国家具体国情出发，深入研究各国不同教育体制和教学规律，针对不同国家、不同民族的不同需求来编写适合的教材。因此，在对外汉语教材开发过程中，应尽量避免由中国人单独编写的情况，由各国学者共同完成，保证教材的适用性。

　　1. 注重对外汉语教材的国学内容。目前对外汉语教材的重心在语言教学上，对文化教学内容重视不够。语言作为文化的载体，必须与文化教学相结合。对外文化教学与语言教学的关系是"体用结合，相互浸入"的，单一的语言教学是没有意义的，因此在教材编写时，应充分考虑文化的因素。对于中国文化的编写，要注意古典与现代的结合问题，不能简单地增加几首唐诗宋词，就代表了国学。应将国学的广博内容提炼，将最精彩的内容呈现出来。同时，不与现代社会脱节，要做到古今融合、中外融合。注重理论探索与教学实践关系，二者相互支撑、互为补充。没有理论支撑的实践，必然盲目；没有实践的理论，必然空洞。

　　2. 注重非英语语种对外汉语教材的开发。目前国内 2000 种对外汉语教材，多是针对英语母语的来华留学生编写的，难以适应非英语国家学生的特点。国别化汉语教材建设，需要按国别明确使用对象，确立编写原则，制定编写方案，选用对象国语言注释。根据各国汉语学习者的不同情况，针对母语的语言文化背景和母语迁移，有效地解决不同母语汉语学习者的难点和重点问题，从而增强教材的教学指导效率。

　　3. 加强对外汉语教材的本土性。现有对外汉语教材主要是为来华留学者编写的，难以满足境外汉语学习者的不同需求。在编写对外汉语教材过程中，应充分利用国外的汉语教师资源，使其与本土汉语教学专家合作编写、共同研发，避免教材编写的"中国式"、"单一式"，形成具有不同国别特色的对外汉语教材系列。研制编写国别化精品国际汉语教材，适用于不同国家、不同母语的各层次、各领域的汉语学习者的实际需求。研制编写本土化优质国际汉语教材，要贴近本土学习者的语言心理和学习规律，适应其汉语学习的需求。以此培养学习者的兴趣，增加对汉语的亲近感，进而增强学汉语的动力。

4. 丰富对外汉语教材系列。目前的对外汉语教材还主要以语言为主，即以拼音、汉字、句子、课文等为主，显得单一枯燥。这样的汉语教材易使学习者产生厌烦感，不利于调动学习积极性。所以在教材开发时，要注意丰富教材的内容，形成系列化、体系化的教材建设。如开发汉语主体教学系列、辅助教材系列等，也可以开发不同题材的汉语教材，如旅游、经贸、科技等专题教材系列。

在教材系列开发中，还要兼顾不同层次的汉语学习者，如针对教师培训的教材系列，大学、中学、小学及幼儿的汉语教材系列等，不同层次的教材有不同的内容，难度上、兴趣点上有所区别。教材的组成内容要丰富，不应单一化。各套教材既要有主课本，也要有副课本、学生练习册及教师用书等，并配套 VCD、多媒体课件、教学软件、电子书等。摆脱以往单一的纸本教材形式，形成丰富的教材系列。

5. 研制立体化多媒体的系列汉语教材。随着世界汉语教学的蓬勃发展，教与学两个方面都对汉语教材建设提出了更高要求，集纸质、音频、视频、电子等诸种媒体优势于一身的立体化的汉语教材已成为国际汉语教材建设的必然趋势。高等教育出版社于 2002 年在国内首次提出"立体化教材建设"的理念。立体化汉语教材建设，就是由单一纸质汉语教材，向以纸质教材为基础、以多种媒体教学资源（音像制品、电子教案、电子图书、CAI课件、试题库、网络课程和教学资源库等）和多种教学服务为内容的结构性配套的教学出版物的集合的转变，[1] 综合运用各种媒体并发挥其各自优势，形成媒体间的互动，强调各种媒体的立体化教学设计，根据不同的应用对象、不同的应用环境来设计教学，以满足多样化、个性化、实用化的教与学的需求，开发出真正意义上的立体化、本土化教材。从而使学习者快乐学习汉语，轻松掌握汉语，愉快感受汉语魅力。

6. 提高师资水平，增加实践性教学。孔子学院总干事许琳在第九届孔子学院大会上的发言指出："我们请各高校申报可以用外语讲孔子、讲儒家思想、讲中国文史哲的专家学者名单，统计结果总数不到 2000 人。人才问题不抓紧着力解决，孔子学院是不可持续的。" 对于仍然缺乏高水平师资的问题，许琳直言不讳。[2] 可见文化传播所面临的困难中，师资是一个重要方面。因此大力培养能够在域外进行国学传播的师资队伍的任务迫在眉睫。一方面需要提高那些国学基础扎实、具备域外传播能力的专家的外语水平，另一方面是提高外语水平较高的专家的国学素养。同时在师资选拔时，鼓励有能力进行域外传播的国学专家积极从事传播活动。在域外进行国学传播活动，要注重实践教学与课堂讲授相结合，鼓励学生多动手，提高学生的学习兴趣，以取得更好的传播效果。

---

〔1〕 黎华、刘柳："高等学校立体化教材的开发与管理"，载《广西教育》2010 年第 30 期。
〔2〕 参见孔子学院总部/国家汉办官网 http：//www.hanban.edu.cn/article/2014－12/11/content_566021.htm，访问日期：2014 年 12 月 28 日。

寻求传统文化的世界路径

——论道家文化的当代普世内涵

康秋洁 *

摘要：作为根植于中华文化土壤的本土宗教，道教在全球化的语境中得以复兴，并获得了新的世界性意义。"道"是中国宗教中最为经典、最为本真的精神表述，是中国传统文化的象征符号和灵性标志。改革开放以来，在融入全球化的进程中，道教也以开放融通的姿态走向世界，越来越成为世界性的思想理念，展现出传统文化中当代的、普世的精神内涵。对道家文化的思想内涵展开符合时代的世界性解读，是开辟中国传统文化走向世界的路径之一。

伴随着全球化的不断深入，在世界范围内兴起了一股寻求信仰、回归宗教的潮流，马克斯·韦伯将这一现象称为宗教的"复魅"（re - enchantment），而彼得·伯格则称之为"世界的非世俗化"·（de - secularization）[1]在世界化的宗教发展进一步走近中国社会生活的同时，中国的传统宗教思想也随着全球化的浪潮逐步走向世界，成为越来越具有世界性的价值理念。

在当代中国的五大宗教中，道教植根于中华文化土壤，是唯一土生土

* 康秋洁，博士，中国传媒大学新闻传播学部传播研究院国际新闻研究所助理研究员。
〔1〕 彼得·伯格在 1999 年出版的著作《世界的非世俗化：复兴的宗教及全球政治》中提出了"非世俗化"的理念，并阐述了"宗教在全球范围复兴"的观点。

长的宗教，是中国传统文化的重要组成部分。随着中国热的浪潮，道教已经在世界上许多国家和地区落地生根，很多地方都有信奉道教、崇尚道教精神的人群。目前，道家经典《道德经》在世界上已经有近500种外文译本，是翻译语言版本仅次于《圣经》的世界宗教经典。在当前全球化的时代背景下，传统道教思想中的价值体系以及很多思想观念，都具有世界性的普世意义。

一、回归传统与宗教复兴

鲁迅先生曾说，中国根柢全在道教。季羡林先生也说，中国文化从宗教来讲，就是儒释道，这三个思想体系加起来就是中国文化。在漫长的历史发展中，道教得以成为中国传统文化的一曲源头活水。道教以"道"为最高信仰，主张尊道贵德、天人合一、重生贵和、抱朴守真等理念，既是道教的基本教义和核心理念，同时也充分反映了中国人的精神生活、信仰心理和价值取向。随着中国社会的飞速发展，文化思想也日益丰富多元，对传统文化和宗教思想的回温也日渐明显。

根据中国国家宗教事务局公布的数字，1997年，全国各种宗教信徒1亿多人。[1] 2006年，华东师范大学进行了一项名为"当代中国人宗教信仰"的调查项目。[2] 根据该调查，16周岁以上的中国人中，有31.4%的人具有某种宗教信仰，即约3亿人。负责此项调查的刘仲宇教授指出，"从中国社会的实际情形来看，20世纪70年代末开始，就有一个宗教复苏的阶段。到了20世纪末，中国宗教的复苏转到正常的发展。当时便有人断言：宗教的发展已是一个事实。到这时起，可以说人们的宗教需要开始得到越来越正常的表述"。[3]

究其根本，宗教在中国的复兴主要是基于以下几点原因：

---

〔1〕 参见国家宗教事务局网站 http://www.sara.gov.cn/GB/zgzj/default.htm.

〔2〕 "当代中国人宗教信仰"调查是从属于童世骏教授主持的"当代中国人精神生活调查"课题的一个项目。具体调查由刘仲宇教授负责，于2005年夏天开始，历时近三年完成。《瞭望东方周刊》于2007年第6期刊发了部分调查结果。该调查的结果被宗教研究界认为是可信度较高的统计数据，受到广泛采用。

〔3〕 孙轶玮："当代中国人宗教信仰调查"，载《瞭望东方周刊》2007年第6期。

第一，政策开放。华东师范大学宗教文化研究中心主任李向平教授将中国宗教自改革开放 30 年以来的复兴发展描述为：从"精神鸦片"到"社会资本"，以此来说明中国宗教在政治话语体系中的变化。[1]

新中国成立初期，尽管中国政府将佛教、道教、伊斯兰教、天主教和基督教确立为合法的五大宗教，但当时处理宗教问题、对待宗教事务的基本态度是认为"宗教是人民的精神鸦片"，为宗教定义了消极、负面的性质。以"落后愚昧"、"封建迷信"的固定标签看待一切宗教形式及其文化内涵。

1982 年开始，中央政府颁布了一系列针对宗教问题和宗教事务的政策法规，彻底扭转了以往的"鸦片论"观点，并逐步正视并肯定宗教在中国社会发展、文化传统中所起的积极作用。随着改革开放的不断深入，宗教已经成为"能够适时地进入社会，以其独特的意义系统、服务方式和组织形式，为当前中国经济社会的发展提供社会公益服务，发挥社会协调功能"的重要"社会资本"。

第二，经济发展。马克斯·韦伯在论及西方资本主义的发展时，曾提出其信仰和宗教是其社会及经济发展"潜在的精神力量"，起到了重要的推动作用，从而肯定了宗教在社会、经济发展过程中所起的重要作用。神圣层面的信仰，即基于"超越"追求的宗教，具有"精神变物质"的意义。[2]

随着 2008 年经济危机的开始，很多学者开始反思其背后的精神实质，认为正是缺乏信仰约束的"信用滥用"导致了整个经济体制和基本制度的动摇。世俗的经济适用原则导致了经济危机的发生，而随着经济危机的蔓延，这种世俗信仰的危机也不断深化。汤因比曾指出："人类的力量越大，就越需要宗教。就科学的应用而言，如不受宗教的启迪和善导，科学就会被用于满足欲望。这样的话，科学就会极有成效地为欲望服务，因而必然

---

〔1〕 李向平："从'精神鸦片'到'社会资本'——改革开放三十年中国宗教的基本变迁"，载《中国宗教》2008 年第 11 期。

〔2〕 卓新平："金融危机与宗教发展"，载《中国宗教报告2009》，社会科学文献出版社 2009 年版，第 23 页。

导致毁灭的结果。"[1]

对于中国，尽管社会经济并不存在这样的"危机"，但其经济结构和发展方式的实际变化都带来了新的"问题"。从而引起了当代中国社会阶层的变化，形成了新的不同社会群体及其多元的精神诉求。

第三，文化自觉。"文化自觉"的概念，由著名学者费孝通提出，之后被中国学界广为倡导。其含义是，生活在既定文化中的人对其文化有实事求是的自觉意识，要求对自身文化的渊源来历、形成过程、自有特色和发展趋势都有所了解和认识。伴随着全球化的不断拓展和深入，在文化层面的自我认同和探索成为世界各个国家、民族都在积极探索的主题。

宗教是人类历史上一种普遍的文化现象，各大宗教的体系中都蕴含着丰富的思想文化内涵。20世纪以来，研究人类文明史的西方著名学者，从汤因比到亨廷顿，大多以宗教信仰作为划分人类文明区域的基本标志，并且认为宗教信仰是现代民族国家文化认同的核心要素。同时，作为重要的文化载体，宗教对人类文明的发展做出了重大的贡献。在其发展、传播的过程中，宗教吸收了人类文明史上的众多精神财富、思想创造，从而成为传统文化的重要组成部分。

宗教在中国复兴和发展的同时，也被赋予了文化自觉的意义。各种宗教的研究，也开始以发掘宗教的传统意义和文化内涵为重点。宗教作为传统文化重要载体的作用，也获得了广泛的认同。从政府的层面来说，也是如此。江泽民在谈到宗教时曾指出，"在其产生和发展的过程中，与我国文化的发展相互交融，吸取了我国建筑、绘画、雕塑、音乐、文学、哲学、医学当中的不少优秀成分，可以研究和发掘其中的精华"[2]

第四，精神填充。作为人民主要信仰形式的宗教，在新中国成立初期以及文化大革命的年代，被冠以"鸦片"的恶名。作为"封建迷信、愚昧

---

〔1〕［英］汤因比、［日］池田大作：《展望二十一世纪——汤因比与池田大作对话录》，荀泰生等译，国际文化出版公司1985年版，第40页。

〔2〕江泽民："论宗教问题"，参见中共中央文献编辑委员会编辑：《江泽民文选》第三卷，人民出版社2006年版。

落后"的产物，各种宗教都广受压制，甚至遭受了破坏性的铲除运动。在抽离宗教之后，中国人的信仰世界进入了一个什么样的阶段？

1980 年，《中国青年》杂志刊登了一篇名为潘晓的读者来信——《人生的路呵，怎么越走越窄》，发出了很多中国人尤其是年轻人的困惑和疑问："人生的意义是什么？活着是为了什么？"这篇文章所引发的讨论揭示了当代中国人的一个重要特征，即"信仰真空"或"信仰危机"。自改革开放以来，关于中国人的精神信仰问题的讨论一直没有中断，也始终未曾得出一个令所有人信服的结果。但从始至终，信仰的缺失都被认为是导致社会失范的重要原因。

中国社会在信仰真空的环境中，亟需伦理道德的重建。而对伦理道德的建构，需要具有超验关怀的制度化宗教来引领指导。意识形态的日益瓦解让中国人越来越真切地感受到精神世界的空虚荒芜，需要找到寄托来抵御、阻挡迅速蹿升的物质主义、实用主义、拜金主义等价值观念。正如欧大年在《中国季刊》"当今中国的宗教"[1]专辑导言中的表述："在过去 20 年里，中国的许多宗教传统已经复苏⋯⋯这些复兴活动具有许多外部的原因，但基本推动力是中国人民自己的信仰与投入。"[2]

在宗教复兴的大环境背景下，中国的政治、经济、文化乃至整个当代社会体系，都不能对宗教的影响和作用视如无物。宗教，作为一种重要的信仰、思想和文化，已经越来越广泛、深入地介入了中国当代社会的方方面面，并深刻影响着中国人的思维信念、生活方式和道德立场。本文以中国本土宗教道教为例，说明传统文化对当代中国社会的影响。

二、道教文化的当代普世内涵

在中国五大合法宗教中，佛教、伊斯兰教、基督教、天主教都是由其他国家传入中国的外来宗教，尽管在传播发展的过程中都已不同程度地与

---

〔1〕 西方中国研究的权威刊物《中国季刊》（*China Quarterly*）于 2003 年组织了一个"当今中国的宗教"专辑，刊发了一组西方学者对当代中国人宗教信仰情况研究的论著。

〔2〕 Daniel L., Overmyer, "Religion in China Today: Introduction", *China Quarterly*, 2003, 174th, pp. 307~316.

中国本土文化融汇结合，道教始终是唯一一个根植于中国本土文化的传统宗教。在历史上，道教本身滥觞于中国传统文化，同时又不断地以其自身的思想体系丰富着传统文化，其核心理念在中华民族心理性格的形成中起着重要作用。李约瑟博士曾指出，"中国人性格中有许多最吸引人的因素都来源于道教思想"。[1]

目前，国内外宗教学界普遍肯定，中国道教正面临着有史以来最好的发展机遇。这一方面基于宗教复兴的全球趋势，另一方面则源于道教及其文化本身含有很多符合现代社会发展的因素。与其他宗教相比，道教在很多方面都更接近现代人的思想和理念，更符合现代社会发展的原则和观点，更具有普世性的价值和意义，表现如下：

（一）贵人重生

宗教的普遍定义为："对于人以外的力量之信仰"，并相信这种力量能对人及社会产生影响，改变其命运和发展。也就是说，其核心在于人与这种超自然力量之间的关系，以及由此衍生的其他关系及其整体系统。而这种超自然的力量，通常被具化为神，并进而成为一个宗教信仰、崇拜的核心对象，甚至成为该宗教的标志和图腾。比如，基督教对耶稣基督的信仰，并基于此产生了教义信仰的赎罪人生观，以及教会实行的忏悔、祈祷等仪式。在这一点上，道教与其他宗教都有所不同。

道教文化的思想核心，在于"贵生"，即对人的重视。道教无论何派，都认为生命本身是极为可贵而应予以珍惜的，贵生而恶死。就如《太平经》所述，"天道恶杀好生"。根据这部道教经典的论述，宇宙运行的原理在于生生不息，即所谓"天地之大德曰生"。宇宙之道就是"生"，因此人也应"贵生"，珍视生命、尊重生命、热爱生命。

贵人重生的思想，强调的是人作为生命的本体重要性，以作人为世界观的观照核心和重点，体现了中国传统文化中的人本思想理念。

（二）"我命在我不在天"

作为中国的传统宗教，道教也相信有鬼神存在。但与一般宗教认为鬼

---

〔1〕 吕锡琛："道教与现代化社会相适应的'文化自觉'"，载《中国宗教》2005 年 12 期。

神主宰人世及命运的观点不同，道教却将鬼神的地位放在"生"之后，将其视为人及其他各种生命的补充。道教系统中的神人关系，是以人为主、以神为辅的。人为神之长，人的命运不由鬼神决定，也就不需要与鬼神沟通、向鬼神祈福祝祷。

因此，道教又被称为是一种"自力宗教"，主张祸福无门，唯人自召。人种善因即得善果，种恶因则得恶果。一切吉凶都由自己造成，所谓的鬼神，实质上也就是人自身精神状态的一种投射而已。道教认为，鬼神其实并不是人以外的力量或存在，而根本在人自己身上，即所谓"身中神"。

"我命在我不在天"的根本含义就在于：人的命运由人自己决定。其中包含的一个重要理念就是人可以通过自身的努力不断提高个体生命的质量，这也是现代社会所推崇的一种积极进取的生命自主观。

（三）尊道贵德

通常的宗教理念中，人与神之间有着一种"神福佑人，人报神恩"的关系，也即所谓的"福——报"逻辑。人烧纸钱给鬼，奉献牺牲给神，都是在求这种福报，祈求鬼神的庇佑，为人消除灾难厄运、赐予财禄福寿。因此，人之命运的通顺畅达与否，是靠祝祷、牺牲这些外在之物从神那里换取来的。

基于道教"重生"的思想核心，人的命运由自己掌握，幸福通达都是由个人的德行所决定。老子说，"天道无常，常与善人"，就是说，鬼神或上帝都不会固定保佑某人，而是根据人的行为决定是否给予福佑。若他为善，即可获得福佑；若他为恶，则会获得灾殃。换言之，人不可能再以牺牲祭祀来贿赂神，以换取幸福和顺利。

道教思想中蕴含着极强的道德伦理要求，其核心是劝导人要"诸恶莫作，众善奉行"。并且，道教将行善和人的生命、祸福联系起来，从而形成了一种生命伦理学。

（四）修身养德

中国人所信仰的传统宗教都以追求人的生命的延续，即"延生"为目标。佛教相信生命的生死轮回，将幸福的希望寄托在循环往复的来生。对于重生轻神的道教来说，生命的升华在于生命质量的不断提升。道教认为，人的生命价值在于对超越世俗的追求。要超越世俗生活对人的种种束缚，解决人生的各种痛苦，使人获得一种完满的幸福和自由。

这种"超越"，包含着两个层面：首先，从生命的角度来说，超越在于生活的健康合理。道教认为人生的完满不在于占有多少物质财富，拥有多少权力和声名，而在于健康快乐地活着，并能长生不死，也即"福莫大于生"。生命依托于身体而存在，故而道教讲求养生之道，重视对身体的修炼；其次，这一"超越"又在于精神层面的修养。一方面，道教讲求"见素抱朴，少思寡欲"。人生来即有各种欲求，它们都是生命的本能。但若顺性而为，就会不断随着欲求的驱动而漂流。因此，道教主张要"去欲"，"不劳精思求财以养身，不以无功劫君取禄以荣身，不食五味以恣"。另一方面，道教重视"养德"。不仅要自身"诸恶莫作，众善奉行"，还要"慈怀济世"、"劝善度人"。

道教文化对人生的观点和态度，衍生出道教"形神合一、性命双修"的理念，要求人在追求体魄健康的同时，注重个人道德修养的提高。以生命在质与量两方面的双重提升作为寻求"超越"的法门。

（五）天道自然

日本学者安田喜宪将道教称为"森林宗教"，认为其文化与森林（自然）之间构成了一种"相互依存、相互促进"的关系。[1]而澳大利亚环境哲学家西尔贝和贝内特也对此有积极的评价，认为道教及其文化具有一种生态学的趋向，"其中蕴含着深层的生态意识，为顺应自然的生活方式提供了实践基础"。[2]

道教从"道生万物"的本体论角度关注人与自然的关系，构建起"天人合一"、"道法自然"的自然生态观。道教认为，人与自然都是由"道"

[1] 蔡林波：《助天生物——道教生态文明观与现代文明》，上海辞书出版社2007年版，第2页。

[2] 毛丽娅："道教的生态伦理思想及其现代价值"，载《中国民族报》2006年6月13日，第6版。

而生，因而彼此间是以类相从、共生共存的关系，自然万物都有其存在的价值和意义。因此，道教文化崇尚自然、尊重规律，主张人与自然应和谐相处，对自然界的开发应遵守某些道德准则，对大自然应抱有深切的伦理关怀。

道教文化对"生"的重视并未止步于对人的关切，而是延及一切生命，从而将人和自然置于同生共存的平等地位，认为人与自然的关系应该是互生互存、和谐共处的。

以上五点，只是道教文化与现代社会思想理念契合的几个方面。"贵人重生"的人本思想核心，"我命在我"的人生自主观，"尊道贵德"的道德伦理性，"修身养德"的全面生命态度，"天道自然"的自然生态理念，对人类生活的不同角度都做出了具有表率意义的阐释，对于当代世界各国在人文理念、生命关照、道德建设、生态环保等多方面都有着积极的指导意义。

三、道教文化的世界传播

在不同的文化中，宗教都承担基本一致的社会功能。在早期人类社会中，宗教包含着人类对自然、社会以及人类自身的认识，对是非曲直的辨别判定，对荣辱苦乐的认知应对。也就是说，宗教承担着解释世界、司法审判、道德判断，以及心理安慰的多重功能。由宗教所形成的信仰体系和社会群体是人类思想文化和社会形态的重要组成部分。以上这些功能，可以归结为"世界观"、"道德观"和"人生观"。

与此相对应，哲学在西方语境中被认为是"宇宙论或世界观"、"知识论或方法论"及"目的论或人生观"这三论的综合，也可以总体概括为"世界观与人生观的学问"。可以说，宗教与哲学之间具有非常紧密的关系。而在人类发展的漫长历程之中，除了作为一定人群（信众教徒）的信仰皈依之外，与哲学一样，宗教同时也兼有世界观、方法论和人生观的意义和作用。并且，在宗教的发展传播中，推动并滋养了哲学、科学、文化、艺术等人类文明因素的发展。

在国际传播的语境下，具有普世价值的宗教思想实际上可以成为一种具有跨文化性质的世界共通语言，其"和谐世界，以道相通"、"和谐发展、天下有道"的理念也有望成为通行世界的"大道"。2013年12月，英国大报《卫报》刊登了一篇由作家戴米恩·沃尔特撰写的专栏文章，将多个《道德经》的英语译文版本放在一起，"来自老子的古老智慧是一道译文工作的神秘难题，但它所蕴含的深意却再明白不过……流传至今已经有两千多年的历史，如今的我们却比任何时候都更需要《道德经》的理念涤荡"。[1] 不论是《道德经》，或者阴阳、八卦，甚至是太极拳，道教思想及其文化符号在世界上都具有越来越高的影响力。

道教发展至今已经有两千多年的历史，其深厚的文化内涵已经悄无声息地融入了中华文明的血液中。道教在其文化发展的过程中，始终对中国文化起着重要的积极影响作用，有力推动了从传统哲学、伦理学到化学、医药学、心理学等学科的发展。在经济迅速发展的今天，伴随着宗教复兴的大潮，道教文化中的很多思想理念再次引起了世人的关注和研究，进而为新时期的社会转型、文化发展提供能量和动力。在此基础上，作为中国传统文化的融汇拮精，对道教文化的当代普世价值进行全新阐释，具有世界性的意义。

---

〔1〕 Damien Walter, "The Tao Te Ching by Laozi: ancient wisdom for modern times", *The Guardian*: Dec. 27, 2013, http://www.theguardian.com/books/2013/dec/27/comfort - reading - tao - te - ching - laozi.

新形势下中国民族文化国际传播环境

李雅洁 *　姜星光 **

摘要：民族文化凝结了该民族的独特气质，向世界传播我们的民族文化有助于让世界更加了解中国。本文旨在从国际和国内两个方面分析在当前形势下中国民族文化国际传播的环境，着眼于全球化对外部传播环境的影响，以及在政策转变和媒介升级影响下的内部环境。

一、民族文化定义及相关概念辨析

查阅众多期刊和学术文献可知，目前学界对于"民族文化"这一概念还没有一个统一明确的定义。对"中国民族文化"进行研究的学术文章主要是从两个层面对其进行解读：一是借鉴研究中国传统文化的路子；二是具体地就某一少数民族的文化进行研究。

无论是千年积淀而成的中国传统文化，抑或 55 种各具特色的少数民族文化，都是中国民族文化中熠熠生辉的一个方面，而不是中国民族文化的同义词。

中国传统文化强调的是对历史的沿袭，对老祖宗五千年智慧的传承；而中国民族文化强调的是与世界其他民族文化相比的独特性，是横向区别的文化。此种横向区别也恰恰是传统文化与民族文化的联结点，中国民族

　＊ 李雅洁，北京外国语大学国际新闻与传播学院 2014 级硕士研究生。
　＊＊ 姜星光，北京外国语大学国际新闻与传播学院 2014 级硕士研究生。

文化之于其他民族文化的独特性正在于其所包含的不可复制的五千年的传统文化。二者的差异则在于民族文化的时代性。民族文化的生命力一是在于独特性，二则在于其持续不断的发展，不与时代脱节。

少数民族文化是中国民族文化的重要组成部分，套用费孝通的理论，后者是"多元一体"的大中华民族文化。中国是多民族国家，"它所包括的五十多个民族单位是多元，中华民族是一体"。[1] 而中国民族文化正是中华民族这个"自觉的民族实体"所创造的文化。

民族文化是各民族在一定时间和空间创造和发展起来的具有本民族特点的文化。它兼具民族性与时代性，在继承历史传统的同时不断吸纳时代的特色，体现不同时间节点上各民族的不同特性。它是民族的，因而有别于大众流行文化；它同时也是时代性的，因而能在传统文化之上动态发展。

二、中国民族文化国际传播的外部环境

20 世纪 80 年代末 90 年代初始的第三次经济全球化浪潮逐步扩展到各个领域，将整个国际社会置于全面全球化的进程当中。尽管全球化常常被人们挂在嘴边，早已不是什么新鲜概念，但就全球化影响的广度、深度及国际社会间利益错综复杂的程度而言，很难对全球化作出一个确切的定义。

翻阅现有资料，有学者突出强调其将国际社会连为一体，有的认为它是对权利优劣势的排序，研究者依据不同的学术背景对全球化的不同侧面进行了诠释。

本文采用的是二律背反下的全球化定义。该定义认为："全球化过程本质上是一个内在的充满矛盾的过程，它是一个矛盾的统一体：它既包含有一体化的趋势，同时又包含分裂化的倾向；既有单一化，又是多样化；既是集中化，又是分散化；既是国际化，又是本土化。"[2]

我们认为，中国民族文化的国际传播在全球化的大背景之下，既面临着被同质化的压力，也面临着多元化带来的机遇和竞争。

---

〔1〕 费孝通："中华民族的多元一体格局"，载《北京大学学报（哲学社会科学版）》1989 年第 4 期。

〔2〕 俞可平："全球化的二律背反"，载《马克思主义与现实》1998 年第 4 期。

全球化本身必然带有对普遍性和一体化趋势的追求，如若没有共同性的存在，又如何能以全概之呢。伴随全球化接踵而至的全球市场、"普世文化"和世界公民等提法，在一定程度上传递着民族国家传统意义被消解的信息。而在此种异质趋同中，强势文化自然而然地向其他文化施加压力，成为同化过程的施力方。不同国家面对全球化所表现出来的文化应对态度，正是他们不同的经济地位角力和作用的结果。

西方发达国家凭借自身的强大经济实力，长期垄断国际文化市场，向其他民族文化群体强势传播自己的价值观。其构建的文化帝国不断地向国际社会输出带有自己意识形态的文化，这种西式文化也成为各国文化市场上的主流大众文化。

西方文化在从外部强势压迫其他民族文化而成为主流之后，弱势文化开始主动向西方文化靠拢，这种转向可以看作是文化上的"现代化"。根据丹尼尔·勒纳在《传统社会的消逝：中东现代化》中的阐释，西方国家打着"现代化等于进步"的旗号改变发展中国家的原有社会生态，向这些新兴国家大力推行西方的政治经济模式。为了"进步"，为了与国际接轨，民族国家自身主动地要求实现现代化。日本在谈到自己的现代化时直言："现在世界各国，即使处于野蛮状态或是还处于半开化地位，如果要使本国文明进步，就必须以欧洲文明为目标，确定他为一切议论的标准。"[1] 这种内部要求又恰好与全球化异质趋同的外部走向相吻合。西方发达国家凭借自身在各个领域里的强势，在全球化过程中领衔制定"普世"规则，从此侧面来看，全球化在很大程度上也是西方化，因而全球化的收益是非均衡性的，西方发达国家是最大的受益者。

此外，在被同化的威胁下，为了不至于在全球化中消失自我，弱势文化反而开始加强对本民族文化的保护和传播。因此，全球化为民族文化的国际传播环境带来了同质化和多样化一体两面的影响。

文化帝国的形成使各个国家开始重视对本民族文化的挖掘，全球化给

---

〔1〕〔日〕福泽谕吉：《文明论概略》，北京编译社译，商务印书馆1982年版。

予多元民族文化一个展示自己的舞台。

2001 年联合国教科文组织发表了《世界文化多样性宣言》；四年后又通过《保护和促进文化表现形式多样性公约》，截至 2014 年底，国际社会 225 个国家和地区中共有 134 个国家和地区成为该公约的缔约方，[1] 我国也于 2006 年成为缔约方。国际社会开始宣扬文化的多元化，越来越多的国家意识到让本民族文化在国际舞台上占有一席之地的重要性。

在文化多元化背景之下，各民族文化的相遇与碰撞既能促进文化融合催生新的文化，也可能会激化国际社会彼此间错综复杂的利益矛盾，引起文化冲突。

文化融合强调的是不同的文化成分相互调和接纳以形成一个有机的文化整体的过程。[2] 而在民族文化的国际传播层面，文化融合主要是指不同的民族文化彼此之间相互学习、借鉴与吸收，以丰富和更新本民族文化的过程。在文化多元化的大环境下，这种文化融合是多向度的，不再单单是西方强势文化对弱势文化的单向渗透，西方文化中的东方元素也逐渐多了起来。好莱坞电影《2012》中随处可见中国民族文化元素，代表少数民族文化建筑的布达拉宫、于危难之中登场的中国解放军、善良热情的西藏人民、制造方舟的中国工人的群体形象表现了中国的集体主义传统。不仅是电影，从 2014 米兰春夏男装周秀场上 PRADA 设计的"解放鞋"，到国际女明星红毯上的旗袍亮相，中国民族元素频频出现在国际时装界。

在现代化转型的过程中以及西方文化的强势渗透下，一些有着共同文化基础的民族国家开始挖掘并整合这些有着相融性内核的文化资源来应对全球化带来的问题。韩国学者罗钟一在其《东北亚共同体的文化视角》一书中，首次提出打造东北亚文化共同体的概念。中日韩三国不仅具有自然地理上的接近性，更重要的是，其同属儒教、汉字文化圈，具有文化的同

---

〔1〕 UNESCO, "Convention on the Protection and Promotion of the Diversity of Cultural Expressions", Paris, 2005, http：//www. unesco. org/eri/la/convention. asp? KO = 31038&language = E, 访问日期：2014 年 12 月 20 日。

〔2〕 郭洁敏："当今国际关系中文化融合的新趋势", 载《现代国际关系》2005 年第 1 期。

根同源性。作者在书中谈到东北亚虽尚未具备欧盟那样成熟的政治力量——经由经济一体化发展成为当下政治一体化的"共同体",但可以以彼此悠久的儒教和汉字文化传统为基础,建构"文化共同体"。尽管东北亚文化共同体在今天还只是一个概念,但其为当下西方文化大行其道的大环境下增强文化多元性、放大中国民族文化的声音提供了一条可行的思路。构建文化共同体,此种文化融合方式的核心是"融突的和合意识"[1],既要准确把握各文化的可相融的共性,又要了解彼此会产生冲突的异质部分。尽管文化共同体中的各文化可溯源至共同的文化历史起点,但在长时间的分流发展、彼此融合了本民族的独特气质后,已经成为独立的不同的民族文化。所谓"和合",即和而不同的融合,和即共同的民族文化传统,不同即彼此特质的民族气质。

即便是文化融合也无法消解各民族文化之间的异质及其带来的文化冲突,同根同源的两种民族文化也会在竞争中产生不和谐因素。2005 年联合国教科文组织正式确定韩国的江陵端午祭为"人类口头和无形文化遗产代表作",一时中韩两国网民展开了激烈的争论。我国网民认为端午节根源中国,韩国此举是"把人家的文化抢走了";而韩国网友指出端午节在传入韩国后经过长期演变已形成江陵祭这一独特的风俗,与端午节完全不同。

多元化一方面为各民族文化提供了向世界展示自己的舞台,另一方面也成了各种势力彼此交锋的场所,"文化绝非什么心平气和、彬彬有礼、息事宁人的所在;毋宁把文化看作战场,里面有多种力量崭露头角,针锋相对。"[2] 民族文化依附于民族国家而生存发展,任何一种文化都不可能脱离本民族利益,正是这种与其他民族国家文化的差异才能彰显自身的独特性,这是民族文化存在的根本。而在全球化的过程中,国际竞争更趋白热化,谋求本国最大利益是各民族在国际间互动的内在动力,这种趋利性带来的竞争映射到民族文化的国际传播中,便会导致各民族文化之间的冲突。

---

〔1〕 谢桂娟:"21 世纪东北亚文化融合的动因探析——以中、日、韩三国文化为视角",载《延边大学学报(社会科学版)》2007 年第 5 期。

〔2〕 〔美〕萨义德:"文化与帝国主义",谢少波译,载《马克思主义与现实》1999 年第 4 期。

三、中国民族文化国际传播的内部环境

就内部环境而言，本文将从政府政策的变化和媒介技术的变化两个维度，分析中国民族文化国际传播的新形势。

（一）政府政策

习近平总书记在 2013 年 12 月 30 日中共中央政治局第十二次集体学习时强调，"对中国人民和中华民族的优秀文化和光荣历史，要加大正面宣传力度"，加强"学校教育、理论研究、历史研究、影视作品、文学作品"等多领域的文化研究和推广。

党的第十八次全国代表大会以来，党中央、国务院高度重视文化建设，对推动民族文化的改革发展作出了一系列的重大决策部署。首先，在体制改革方面，决定启动新一轮深化文化体制改革，建立管人、管事、管资产、管导向相统一的国有文化资产管理体制；进一步简政放权，由"办文化"向"管文化"转变。[1]

制度上的这一系列转变，活跃了民族文化的海外传播活动。在这一背景下，以传播中国语言和文化为己任的孔子学院近年来发展迅速。据国内首部文化建设蓝皮书《中国文化发展报告（2013）》显示：截至 2013 年底，全世界已有 120 个国家和地区建立了 440 所孔子学院和 646 个孔子课堂，孔子学院已成为推广汉语、体现中国"软实力"的文化品牌和重要平台。

另外，在产业政策方面，强调要加快文化立法，加强文化与金融等多领域的融合。国家统计局公布的数字显示，2012 年文化产业增加值约为 2004 年文化产业增加值的 5.05 倍，年均增加值约 1828.87 亿元，年平均增长率为 22.4%。[2]（见图 1、图 2）

---

〔1〕 载新浪财经频道 http://vip.stock.finance.sina.com.cn/q/go.php/vReport_Show/kind/strategy/rptid/2219373/index.phtml.

〔2〕 国家统计局："2012 年我国文化及相关产业法人单位增加值 18071 亿元"，载 www.gov.cn/gzdt/2013-08/26/content_2473852.htm，访问日期：2013 年 8 月 26 日。

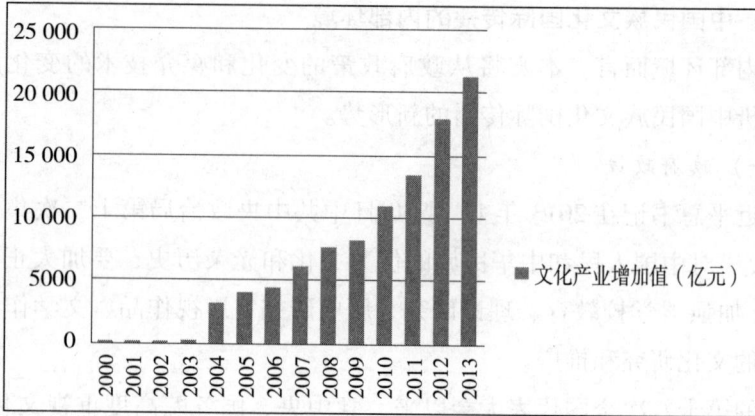

图1　2000～2013年我国文化产业增加值

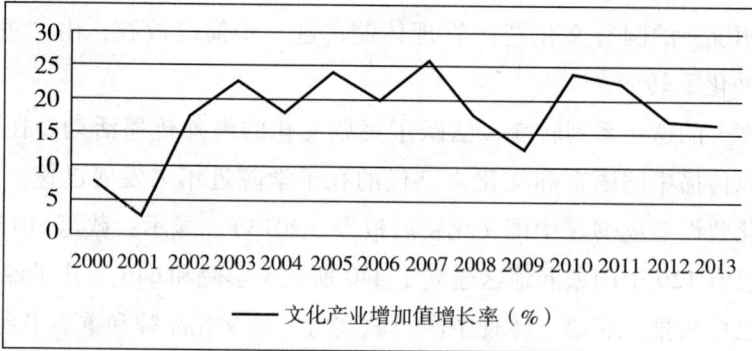

图2　2000～2013年我国文化产业增加值增长率

　　新时期，文化产业制度建设要求我国政府实现发展型政府向服务型政府的转变，从政府办文化向政府管文化、服务文化产业发展过渡（见图3）。服务型政府的打造，直接推动了文化产业发展平台的多元化。传播主体的多元化同灵活的媒介技术一起，为民族文化的传播带来了新的契机。

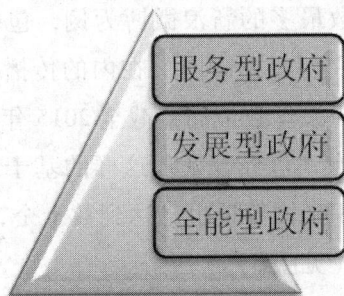

图3 文化产业制度变迁中的政府角色

（二）媒介技术

媒介技术的发展对民族文化的国际传播效果产生了巨大作用。"从纵向历史来讲，媒介技术的演进决定了跨文化传播产生和发展的可能性；在此基础上，媒介技术与社会环境共同作用，构筑了跨文化传播格局。从横向规律来讲，媒介技术改变了文化运行时空，构造着文化交流模式，并影响着人类的文化认同。"[1]

自 2000 年"移动梦网"推出以来，我国移动互联网经过长期的市场酝酿，现在已经进入了高速发展阶段。基于互联网技术发展而来的自媒体，带来了平权化的变革，极大地改变了民族文化国际传播的生态环境。

据中国互联网络信息中心公布的《第 32 次中国互联网络发展状况统计报告》显示，截至 2013 年 6 月底，我国网民规模达 5.91 亿，半年共计新增网民 2656 万人。互联网普及率为 44.1%，较 2012 年底提升了 2.0 个百分点。

腾讯公司于 2011 年推出即时应用通讯服务免费应用程序——微信（Wechat）。截至 2013 年 10 月，腾讯微信的用户数量已超过 6 亿，每日活跃用户 1 亿。[2] 利用微博、微信来进行民族文化国际传播的主体主要包括政府机构、非政府部门及个人。

---

〔1〕 侯微：《论媒介技术对跨文化传播的影响》，吉林大学 2006 年硕士学位论文。
〔2〕 牛禄青："BAT 布局 O2O 的市场启示"，载《新经济导刊》2014 年第 8 期。

以中国目前注册人数最多的新浪微博为例，包括"文化部艺术服务中心中国民族文化艺术研究院官方微博"在内的传播民族文化的官方微博共有数十个，其中该微博的粉丝数最高，截至 2015 年 1 月，粉丝数量已达到 2 万（见图4）。此外，像"世界看见"这样的基于"民族文化保护与发展公益项目"的非官方组织微博数量也已达到数十个，截至 2015 年 1 月，该微博的粉丝数高达 4 万（见图5）。

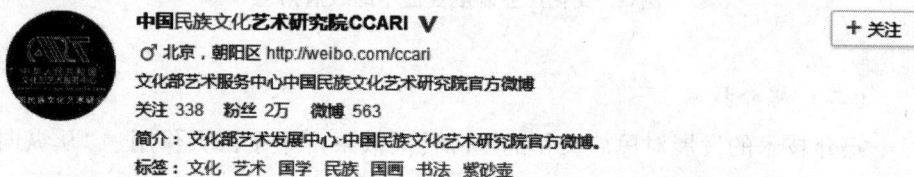

中国民族文化艺术研究院CCARI V
♂ 北京，朝阳区 http://weibo.com/ccari
文化部艺术服务中心中国民族文化艺术研究院官方微博
关注 338 粉丝 2万 微博 563
简介：文化部艺术发展中心·中国民族文化艺术研究院官方微博。
标签：文化 艺术 国学 民族 国画 书法 紫砂壶
＋关注

图4　文化部艺术服务中心中国民族文化艺术研究院官方微博

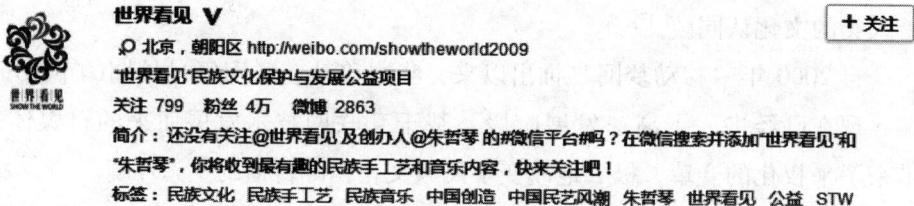

世界看见 V
♀ 北京，朝阳区 http://weibo.com/showtheworld2009
"世界看见"民族文化保护与发展公益项目
关注 799 粉丝 4万 微博 2863
简介：还没有关注@世界看见 及创办人@朱哲琴 的#微信平台#吗？在微信搜索并添加"世界看见"和"朱哲琴"，你将收到最有趣的民族手工艺和音乐内容，快来关注吧！
标签：民族文化 民族手工艺 民族音乐 中国创造 中国民艺风潮 朱哲琴 世界看见 公益 STW
＋关注

图5　"世界看见"民族文化保护与发展公益项目微博

此外，包括北京市民族事务委员会在内的多个政府部门和非政府组织也纷纷创立了微信公众账号，通过移动互联网模式积极探索民族文化新的传播途径（见图6）。

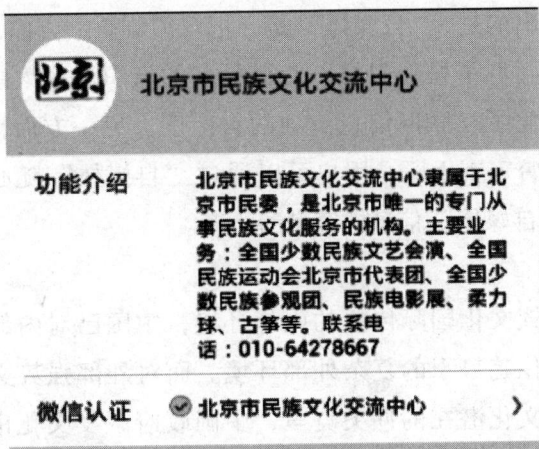

图6　北京市民族文化交流中心微信公号

　　互联网时代，在民族文化传播的过程中，以微博和微信为代表的自媒体用户通过个人之间的评价、推荐，将个人上传的内容拓展为群体分享的内容。互联网平台凭借"第四媒体"的优势，将内容进行大众传播。与此同时，移动互联网媒介同传统互联网媒介之间还存在着良好的互动性。无论是坐在电脑前，还是使用手机、平板电脑这样的移动互联网设备，民族文化内容都可以实现灵活的双向互动传播（见图7）。

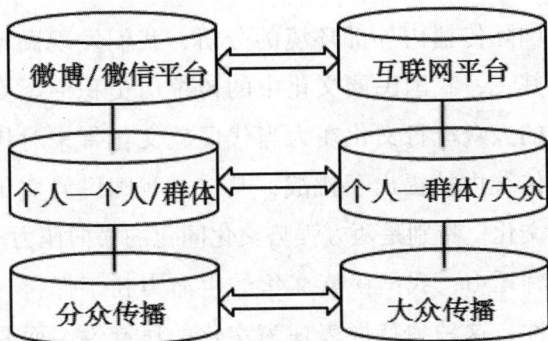

图7　移动互联网与互联网的双向传播

需要特别指出的是，"自媒体"是一把双刃剑。一方面，在民族文化的传播过程中，它降低了操作门槛，使得更多的组织和个人能够便捷、快速地发布信息，强化了互联网信息流动的自由度。另一方面，由于缺乏对发布信息内容的监督审查手段，用户可以通过"自媒体"随心所欲地发布任何信息，导致"自媒体"信息内容良莠不齐。

四、结 论

对比中国民族文化国际传播的内外环境，中国已对内部环境进行相应调整以应对全球化趋势下的复杂外部环境。面对外部强势文化的同化压力以及与其他民族文化潜在的冲突竞争，中国政府激发文化市场活力，鼓励文化产业走出去。作为民族文化的传播者，无论是政府、市场经济体抑或是民间力量，都积极利用新媒体打破地理联通障碍、方便国际传播的优势，更广泛、全面地向国际社会传播中国民族文化。尽管有政府的大力扶持，我国文化产业在国际市场上相较欧美企业仍处于弱势，需要更好的学习和成长来承担对外传播民族文化的重任。我国应当结合上文提到的东北亚文化共同体，对于全球化带来的另一侧面——多元化趋势下的文化融合——进行更多思考。在全球化背景下，各民族文化是相互开放的，在交流碰撞中，有共通之处的文化相互融合是不可避免的。怎样在文化融合中仍保持自己的民族独特性，通过文化融合抱团发展，更好地抵挡西方强势文化的同化，是我们应该思考的问题。

根据以上对国际传播内外部环境的分析，我们发现民族文化的发展面临着双向压力：其一，我国民族文化中的传统历史积淀承受着时代发展的纵向压力，新兴的大众流行文化在为当代民族文化带来时代感的同时也向传承民族文化的传统内核提出了挑战；其二，我国民族文化中的民族特质受到被其他民族文化，特别是西方强势文化同化的横向压力。

面对纵横两种压力，我国民族文化的生命力在于保持自身不同于其他民族文化的独特性，这种独特性表现为文化的民族性，而要使文化民族性不在时代变迁中被湮没、不被其他强势民族文化所同化，最关键的就是把握住民族文化的内核——经由历史积淀的传统精华。如开篇提到的，民族文化是一个动态的概念，会随着时代发展而不断吸收新鲜的事物。各民族文化面对当代大众文化和强势文化的侵压仍始终保持彼此异质特性的根源正在于自古积淀的传统文化和民族基因。我国千年的民族文化内核传承至今未曾断裂，是对我国文化独特民族性和蓬勃生命力的最好肯定。把握住传统内核，民族基因就能通过文化得到传承，当代民族文化所吸收容纳的流行文化和其他民族文化的精华就会具有本民族特有的气质。

把握我国传统文化内核，要做到文化自觉。"这四个字也许正表达了当前思想界对经济全球化的反应，是世界各地多种文化接触中引起人类心态的迫切要求。"[1] 文化自觉，就是要对我们自己的历史文化有深刻的认识，准确地提炼出历史传统中不会为时代所改变的民族文化的内核，就是这种内核赋予中华民族不同于其他民族的独特气质。探索民族内核的过程，也是确立民族主体意识、增强民族文化认同感的过程。民族文化内核的确立也有助于加深对时代现实的理解，吉登斯的"现代性在消解传统的同时又在重建传统"，[2] 正是在阐述传统在现代化过程中的作用。

〔1〕 费孝通："反思·对话·文化自觉"，载《北京大学学报（哲学社会科学版）》1997 年第 3 期。
〔2〕 〔英〕安东尼·吉登斯：《现代性的后果》，译林出版社 2000 年版。

试析 OSMU 模式在文化产品海外传播中的作用

——以"小黄人"在中国市场的营销传播为例

赵文涛 *

摘要：本文将以美国 NBC 环球公司旗下《神偷奶爸》系列电影中小黄人的形象为例，分析大型国际文化产业集团如何运用 OSMU 策略所带来的优势，在海外市场进行文化产品营销。本文将归纳"小黄人"形象在中国市场营销策略的特点，探索 NBC 环球如何结合自身优势推行 OSMU 策略，并在此基础上从市场营销和跨文化传播等角度分析 OSMU 策略在进行海外市场拓展时所具有的优势及原因，最终为我国文化产业在海外市场推广过程中如何合理运用该策略提出建议和对策。

OSMU 是英文"One Source Multi Use"的缩写，意为"一源多用"，是一种文化产业项目管理模式。一源多用是指在商业环境下，对一种文化资源通过知识产权经营，将影视、出版、电影、游戏、漫画、主题公园等都结合起来，体现了文化产业的全产业链价值思维。[1]与单一题材、单一用途的模式相比，OSMU 模式可以在盈利增长、投资回报和宣传推广等多个层面打开更多渠道，从而具有利润增长高、宣传推广协同效应强等优势。因此，

---

* 赵文涛，中国传媒大学传播研究院国际新闻专业 2013 级硕士研究生。

〔1〕 向勇："文化产业融合战略：一源多用与全产业价值链"，载《前线》2014 年第 6 期，第 28 ~ 31 页。

很多国际性文化产业集团通常都会采用此模式打开外国市场，克服不同文化之间的障碍和壁垒。OSMU 模式已经在很多国际传媒集团的大型国际传播实践中显现效力，本文将要探讨的"小黄人"就是近年来以 OSMU 模式展开国际传播的一个成功案例。

一、"小黄人"中国市场推广策略分析

《神偷奶爸》系列电影是由美国知名媒体集团 NBC 环球打造的 3D 喜剧动画片，目前共有两部。第一部于 2010 年上映；第二部于 2013 年上映，并于 2014 年初正式引进中国。不论是在全球还是中国市场，这部电影都取得了票房佳绩。根据美国权威票房统计网站 Box Office Mojo 的数据，该系列两部作品的全球市场票房分别达到 5.43 亿美元和 9.71 亿美元，[1] 第二部更是跻身全球动画电影市场前三甲。[2] 2014 年初，该系列影片的第二部正式进入中国市场。虽然中国市场上映时间比全球公映晚了近半年，同时还遭遇国产贺岁片的抱团冲击，但该片票房依然高达 2 亿元人民币。这样的成功，与其市场营销策略密不可分。在此过程中，NBC 环球采取的营销策略体现了典型的"一源多用"优势特点。《神偷奶爸》系列电影在中国市场上的营销以电影中的"小黄人"形象为核心，同时推进社交网络、电子游戏、周边产品等多个平台上的宣传推广，取得了良好的效果。

（一）"小黄人"形象分析

NBC 环球选取电影中"小黄人"的形象作为营销核心。在这部动画电影中，"小黄人"是通过变异 DNA 加上香蕉泥制成的胶囊形状机器人。这一外在形象的特性在传播和多平台使用方面被赋予了不可比拟的优势，这一资源为之后的"多种用途"打下了良好的基础。从视觉符号的角度来看，"小黄人"在色彩上使用了明快的鲜黄色，轮廓上则呈简单的椭圆胶囊状。这种简洁明快的设计，一方面在传播的过程中能够因其符合认知规律而快

---

〔1〕 BoxOfficeMojo. com：Worldwide Grosses，载 http：//www.boxofficemojo. com/alltime/world/ date of retrieve，访问日期：2015 年 2 月 1 日。

〔2〕 2013 年迪斯尼公司的动画大作《冰雪奇缘》推出之前，《神偷奶爸 2》是全球动画电影市场排行的第三名，位于《玩具总动员 3》和《狮子王》之后。

速吸引受众注意，另一方面也适合符号大规模复制生产的需要。[1]从该形象本身的文化意涵上看，"小黄人"在电影中是勤劳勇敢、任劳任怨，永远保持乐观态度，给观众带来"正能量"的形象。与此同时，这些机器人并非只是机器，在生活中也有不同的个性特征，语言动作都十分可爱。而这种可爱和中国当下流行的"萌"文化相契合，满足了大众的心理需要。并且这种文化意涵也并未因其可爱而显得低幼，反而能够广泛吸引各个年龄段的受众。可以说，OSMU模式中最为核心的就是创意题材，而"小黄人"这一形象作为创意题材，具有很强的传播潜力和可塑性。即使在跨文化的传播语境中，"小黄人"依然能够凭借鲜明的文化符号特色克服文化间的壁垒，为延展的"多种用途"打下良好基础。

（二）推广平台分析

在"小黄人"这一创意题材的基础上，NBC环球在中国市场上进行了结合社交网络、电子游戏、周边产品等多平台的宣传推广，取得了良好的推广营销效果。

1. 社交网络

在微博、微信等社交网络上，NBC环球运用视频、图片等多种方式，充分利用互联网的特性进行人际推广传播。例如，《神偷奶爸2》于2014年初贺岁档上映，时值马年春节，NBC环球特别推出小黄人版的《马年来了》贺岁视频，让在电影中本身就能歌善舞的小黄人用电影中出现过的旋律重新配中文版歌词祝福马年快乐。该视频一经上线就在中国各大视频平台上得到广泛转载。在这个特别视频中，NBC环球还融合了中国特色，将小黄人与中国的风景名胜结合在一起，做出"小黄人在长城"、"小黄人打太极"等图片，风格逗趣可爱，在社交媒体上广为传播。

值得注意的是，NBC环球还与微信展开合作，推出小黄人形象的微信聊天表情，全套表情定价6元。此举不仅使小黄人形象在中国社交媒体上的

---

〔1〕叶松涛："《卑鄙的我》中'小黄人'衍生价值解读"，载《电影评介》2013年第2期，第92~93页。

推广效果得以迅速倍增，更是开启了负成本营销的阶段——既通过微信平台上网民之间的交流保证了营销的良好效果，又借此开拓了新的利益增长点。

2. 电子游戏

在游戏方面，NBC 环球在进入中国市场之前就与手游发行商 Gameloft 合作，将电影改编成手机游戏《神偷奶爸：小黄人快跑》。这款游戏因其成功的设计在全球市场上大受欢迎，获得了包括 2013 年英国电影与电视艺术学院评选的"最受儿童欢迎游戏奖"在内的多个大奖。[1] 同款游戏的 Android 版在中国上市之后，短短一个月内就达到 2000 万用户数量，月收入超过 1000 万元人民币。[2]

3. 周边产品

在周边产品上面，NBC 环球利用小黄人的卡通形象在中国推出了包括玩具公仔、人形玩偶、服装和手机配件在内的衍生周边产品，并在电影公映期间在电影院线进行售卖投放，同样取得了良好的销售业绩。此外，NBC 环球还借小黄人周边产品的热卖，将这一形象的知识产权商业授权给中国的本土企业。

与此同时，NBC 环球还和中国本土企业进行异业合作，实现了周边产品的多元化。例如，蒙牛乳业在与 NBC 环球建立战略合作后，借势《神偷奶爸 2》在国内的热映，推出一款面对年轻消费者的香蕉牛奶产品。不仅如此，蒙牛乳业还借用小黄人的形象为这款产品打造了"小黄人搞怪联萌"的官方微信，在这个微信中利用小黄人的形象与消费者建立联系、展开互动。

4. 线下活动

NBC 环球在中国市场上推介小黄人的一系列活动，一时之间在这个大

---

〔1〕 British Academy of Film and Television Arts: BAFTA Kids' Vote Winners in 2013, released on Nov 25, 2013, http://www.bafta.org/children/awards/bafta-kids-vote-winners-in-2013 date of retrieve，访问日期：2015 年 1 月 29 日。

〔2〕 数据来自"Gameloft 本土化成功之作：小黄人快跑"，参见新浪游戏 http://games.sina.com.cn/y/n/2014-02-26/1052766266.shtml，访问日期：2014 年 12 月 26 日。

国掀起了普通民众之间的"小黄人"热潮，无论在网络上还是在现实中都自发地运用并传递着小黄人的形象。例如，在北京、南京和深圳等地，房地产开发商为了推销楼盘，组织"小黄人彩陶 DIY"、"小黄人狂欢节"以及"小黄人空降"等活动。这场营销行动在中国市场上实现了 NBC 环球主动推广与中国民众积极参与的良好互动，推广效果非常明显，这也是《神偷奶爸 2》推迟半年在中国上映仍能取得市场佳绩的重要原因之一。

二、OSMU 模式优势及其原因分析

"小黄人"在中国市场所进行的 OSMU 模式营销在市场营销和跨文化传播两个层面都取得了良好的效果，下面本文也将从这两个层面出发，分析 OSMU 模式的优势及其原因。

（一）优势分析

1. 市场营销层面

从市场营销的层面来看，一源多用模式可以允许经营者将一个文化创意进行多层次的开发与销售，就正如此次小黄人形象在中国的推广活动，实现了利益增长多元化、负成本营销和大规模人际营销三方面的优势。

所谓利益增长多元化，指此次营销过程中，小黄人形象在多平台上衍生出了丰富多样的周边产品，既包括玩偶、服装、手机壳、玩具等实物，又包括付费聊天表情、手机游戏等虚拟电子产品。这些产品在中国市场上所取得的销售业绩，也成为该电影在中国市场上总盈利收入的重要组成部分。

随着"小黄人"周边产品的热卖，这一形象也得到了推广和宣传，而这种宣传不仅不需要追加营销成本，反而还能获取收益，巧妙地实现了"负成本营销"。NBC 环球在中国社交平台微信上所推广的付费聊天表情便是最佳的例子——这些表情可以用于微信用户之间的日常交流，用户可以用小黄人在电影中的形象动作表达自己的情绪。因此，微信用户在使用表情的时候便在不自觉间扩大了小黄人形象的影响。与此同时，用户如果希望在试用期后继续使用这些表情，则需要支付 6 元进行下载，进而将本应支付成本的营销变成了具有一定盈利所得的活动。

另外，在互联网上，NBC 环球还使用了人际营销的方式，针对互联网的特点投放内容轻松明快的视频和图片进行传播。加之小黄人的形象本身就具有易复制、易改造的特点，网民本身也会对这一形象进行再加工。例如，中国网民自发地通过图画编辑软件制作"小黄人在中国"的图片进行传播，此举既推广了电影品牌，又推动了小黄人形象与本地文化语境的深度融合。

2. 跨文化传播层面

《神偷奶爸》系列电影在全球市场播映，小黄人形象的营销推广也是在跨文化语境下展开的典型国际传播活动。一方面，OSMU 模式发挥多种媒介的不同优势，从多个侧面展现创意资源的文化内涵和吸引力。每一种媒介由于自身特性不同，在内容特质、渠道特点和受众偏向方面也不尽相同，而多平台传播的模式可以利用不同媒介的特点，将故事的不同侧面通过不同方式讲述给受众，让受众有更为立体直观的感受和体验。这种方式持续为受众带来文化体验，让受众长时间接触文化产品和符号，有利于克服跨文化交流过程中产生的隔阂和陌生感。例如，在体验完电影故事的剧情主线之后，观众可以紧接着在手机上尝试手机游戏《小黄人快跑》，并在游戏中继续跟进关于小黄人的全新故事。游戏的情节设置既满足了观众的心理需求，又改变了原本故事的讲述方式，即从电影的单向传播转化为游戏中的双向互动，使观众对电影本身的文化内涵有了另一个角度的全新理解，有助于认知接受。

另一方面，由于 NBC 环球在中国市场上采用 OSMU 模式，积极与本土企业和媒介平台展开合作，进一步推进了"小黄人"形象与当地文化语境的融合，增强了这一形象的跨文化传播能力。小黄人在中国社交平台上传播的过程中，其形象与长城、春节等中国特色的文化符号相结合，拉近了与中国观众之间的文化距离。同时，NBC 环球又让小黄人身着 NBA 球衣、007 西服或者超人服装，通过这样的方式让小黄人的形象与篮球文化、英国007 系列电影和美国超级英雄等亚文化元素相联系，拉近了小黄人与篮球迷、007 影迷和"超人"迷等亚文化群体之间的心理距离。

（二）原因分析

"小黄人"在进军中国市场的过程中，衍生出各种各样的文化产品，在给中国消费者带来不同文化体验的同时，也通过各平台上的成功获得了经济效益。成功的原因可以从符号学和文化产业两个层面进行分析。

1. 符号学层面

OSMU 模式之所以能够在跨文化传播的过程当中大获成功，是因为通过一源多用能够营造一套开放的符号系统。当采用 OSMU 模式时，符号本身不再被某一具体的商品形象或媒介平台所限制，而是可以通过与媒介平台的特点融合，进行不断地再加工和再创造，大大提升了符号的多样性与丰富性。与此同时，由于 OSMU 模式本身强调不同媒介平台的传播都源于同一个文化创意，因而再创造出来的文化符号与文化创意源头本身又具有共性，必然保留了文化创意的本真性，使其在传播的过程中不至于丢失其文化内涵，符号之间也因此能够相互配合关联。

传播学者陈卫星认为，"文本具有互文性，即互为文本，都是相关于、参照于他文本……关于作者的地位、标志、角色越来越模糊，文本界限越来越朦胧，复制模仿越来越普及"。[1]当小黄人这一符号在不同平台呈现不同形态时，其本身就形成了一套具有互文性的符号系统，这一系统不断开放的过程也是不断复制、模仿以至于再创造的过程。而作者与大众的界限在这一过程中逐渐模糊，大众的参与为这一系统带来了新鲜的文化元素，从而自然地消解了跨文化传播的障碍。

2. 文化产业层面

传统的商品销售过程中，价值凝结于商品之中通过销售渠道抵达消费者。文化产业自身的特殊性在于——在文化产品的销售过程中，文化即价值，符号即商品，媒介即渠道，受众即消费者，文化产品销售的过程也正是文化的传播过程。而在 OSMU 模式中，则是着力放大"符号/商品"、"媒介/渠道"这些环节。不论是从文化传播的角度，还是从市场营销的角度，

---

[1] 陈卫星：《传播的观念》，人民出版社 2004 年版，第 142 页。

加强"符号—媒介"和"商品—渠道"的链条都会带来积极作用，这正是
OSMU 模式在文化产业中能够取得巨大优势的原因。

三、OSMU 模式的环境因素分析

OSMU 作为一种文化产业的项目管理模式，采纳该模式的适用环境因素
也是其成功与否的关键，采纳 OSMU 模式的营销主体必须符合一定的客观
条件。本文将从内部优势和外部条件两个方面着手，分析 NBC 环球此次成
功运用 OSMU 模式实现"小黄人"营销推广的环境因素。

从主观角度来看，推行 OSMU 模式需要营销主体具备开发、推广和运
营多个文化产品的能力，而 NBC 环球作为一家国际性的文化产业集团，完
全符合这一要求。NBC 环球下属包括有线电视、地面广播电视、电影娱乐、
主题公园等多个领域的经营产业，业务范围覆盖了文化产品的创意、设计、
生产、推广等产业链的各个环节，在电视、电影、主题公园、周边产品的
开发等各个环节也都积累了雄厚的实力和丰富的经验。因此，在中国市场
推介"小黄人"时所推出的多种文化产品，都能达到质量上乘，并且各个
平台之间的推广能够做到协调统一、步调一致。

从客观上看，互联网特别是移动互联网在中国的飞速发展为 NBC 环球
推动 OSMU 模式提供了良好的客观条件。根据中国互联网络信息中心的统
计数据，截至 2014 年 6 月 30 日，中国网民数量达到 6.32 亿，手机网民数
达到 5.27 亿，61.7% 的网民使用社交网站。[1] 庞大的互联网和社交网络使
用群体为 NBC 环球在中国网络上推销"小黄人"形象提供了广大的平台。
通过互联网的"病毒营销"等方式，NBC 环球在近乎免费的情况下大幅度
地扩大传播范围，并进一步将"小黄人"制作成可供网上传播的虚拟产品
从而产生盈利。OSMU 模式当中，有一大潜在的风险就是多平台投放的成本
问题，但在互联网的便利空间内，营销成本却得以大大降低。

四、OSMU 模式对中国文化产业启示

NBC 环球在中国市场上运用 OSMU 模式所进行的推广活动取得了巨大

---

〔1〕 中国互联网络信息中心："第 34 次中国互联网络发展状况统计报告"，载 http://www.
cnnic.cn/hlwfzyj/hlwxzbg/hlwtjbg/201407/t20140721_ 47437.htm，访问日期：2014 年 11 月 20 日。

的成功，这也给中国在全媒体时代如何有效实现"文化走出去"以鲜明启示——中国的文化产业行为主体在文化产品生产的过程中，应该做好全局规划，既要重视文化形象的源头设计，又要加强多项目配合运作的能力，通俗来说就是重视"一源多用"模式中的"源"和"用"。

在源头设计方面，文化产业行为主体不应简单局限于生产某一种单一平台的文化产品，而应做好文化产品创意题材源头的顶层设计，做出适应全媒体多平台营销的文化形象。在文化产业中，文化创意处于产业链的源头。如何保护和激发文化创意生产者的积极性便成为关键所在。重视文化创意源头设计的知识产权保护和利益分配机制，保护文化创意原创者的利益：一方面要使其免受盗版的侵扰，另一方面要有效划分原创者和后期开发者的收益分配。

在多平台配合方面，国内的文化企业还少有如 NBC 环球这样的大型文化产业集团，所以在开发"多种用途"的过程中可能会陷入各自为战甚至竞争内耗的情况。因而，在进军海外市场的过程中，同一创意题材所开发出的不同产品也不能相互协调，合力打开市场。因此，中国的文化产业应努力建立以市场为导向的合作机制，在这种合作机制的导向下充分发挥各个文化企业自身在各自领域的优势，合力出击、抱团出海。在这一过程中，政府也应有意识地进行产业引导。最终使中国的文化企业在走向海外的过程中，通过政府"看得见的手"和市场"看不见的手"的共同作用，实现产业协同以克服跨文化传播中的障碍，取得良好的文化传播效果和市场效益。

目前，世界已经进入了全媒体时代。全媒体这一概念所包含的不仅是一种媒介形态、传播手段或是运营模式，而且是一种全新的信息生产方式和全新的传播观念。[1] 从本质上来说，NBC 环球推行 OSMU 模式，正是顺应全媒体时代进行的变革。中国文化产业的行为主体也应把握全媒体时代所带来的变革脉动，认识这种信息生产方式和传播观念变化给文化产业带来的影响，并在此基础上利用这种变革顺势而动，应时而行。

---

〔1〕 姚君喜、刘春娟："'全媒体'概念辨析"，载《当代传播》2010 年第 6 期，第 13～16 页。

浅析法国文化产业对非传播

——以法国私营电视台 Canal Plus 为例

刘格非 *

摘要：法国私营电视台 Canal Plus 是法国最具代表性的私营付费电视台，在非洲传播市场中取得了骄人的成绩。本文以该电视台在非洲的传播战略为例，总结法国文化产业在国际传播中体现出的特点。文章通过文献分析、数据分析等方法，探讨 Canal Plus 电视台在非传播的历史渊源和发展现状。通过对法国广电体制沿革的梳理以及法国在非文化影响力的分析，试图解构法国文化产业针对非洲的传播行为。

近年来，我国在国际传播中愈发重视非洲这一新兴市场。其中，电视作为传统媒体的中坚力量，在我国对非传播的起步阶段发挥了关键作用。斯瓦希里语版电视连续剧《媳妇的美好时代》在非洲传播的成功个案已被广泛熟知。而除了个别节目的突围，中央电视台在非洲设立的分台也十分引人注目。目前，央视的非洲频道和法语频道都已面向非洲受众实现整体或部分落地，力图拓展非洲收视市场。目前的实际接收情况只能算是差强人意。因此，如何能更好地了解非洲电视市场，为中国媒体走进非洲制定更好的传播策略，成为中国提升国际传播实力的题中之义。

目前在非洲的国际传媒机构中，法国媒体长期占有优势地位。不论从

---

* 刘格非，中国传媒大学传播研究院国际新闻专业 2013 级硕士研究生。

市场份额还是影响力来看，法国媒体都是非洲国际传播领域的领头羊。私营电视台 Canal Plus 是法国在非传播的主要媒体机构之一，其节目播放量约占非洲电视节目播放总量的40%。因此，本文选取 Canal Plus 作为法国媒体在非传播的范本，通过对其总体传播策略、综合传播动机和实际传播行为的分析，探讨法国传媒机构在非传播的机制和策略。愿它山之石，能够为攻坚中国国际传播难题添砖加瓦。

一、法国私营电视台 Canal Plus

Canal Plus 是法国最大的私营电视台，隶属于世界一流跨国传媒公司维旺迪集团。Canal Plus 在法国国内占有30%的视听市场，在众强林立的法国文化产业中地位举足轻重。[1] 早在20世纪90年代，Canal Plus 公司的业务重心已经逐渐移到海外市场。目前，海外业务已经占到 Canal Plus 公司总营收和订户数的40%以上。[2] 根据 Canal Plus 公司发布的财报显示，2014年 Canal Plus 在全世界的订户数量达到了560万。[3] 在 Canal Plus 的海外传播版图中，又以非洲市场的表现最为突出。

Canal Plus 创办于1984年11月，通过获取体育比赛和电影的独家首播权迅速建立了自己的品牌。1990年，通过 Canal Horizon + 频道[4]的开通，Canal Plus 成功进驻非洲市场。通过 Canal Horizon + 频道，Canal Plus 带来的丰富内容为非洲的电视市场带来了革命性变化。通过逐个击破的方式，Canal Plus 陆续进入突尼斯、塞内加尔等法语国家，随后开始逐渐拓展业务，并在非洲大陆站稳脚跟。20世纪90年代中期，卫星电视技术迅猛发展，其他国际传媒机构也开始涌入非洲市场。但是，占尽先机的法国传媒巨头 Canal Plus 已经在非洲传播市场的国际竞争中拔得头筹。

---

〔1〕 Holly Selden, *Encyclopedia of Major Marketing Strategies*, Gale, 3 (2013), p. 49.

〔2〕 Reuters, *Vivendi's Canal Plus creates new pay – TV channel in Africa*, released on July 9, 2014, http://www.reuters.com/article/2014/07/09/vivendi – canalplus – africa – idUSL6N0PK56A20140709 date of retrieve，访问日期：2015年1月28日.

〔3〕 Groupe Canalplus, *Consolidated revenue at September* 30, 2014：1, 370 *million*, http://actionnaires.canalplus.fr/uploads/news/news_ 2563. pdf date of retrieve，访问日期：2015年1月28日.

〔4〕 Canal Horizon + 频道是 Canal Plus 最早建立的海外付费电视频道，主要目标市场是非洲和中东地区。

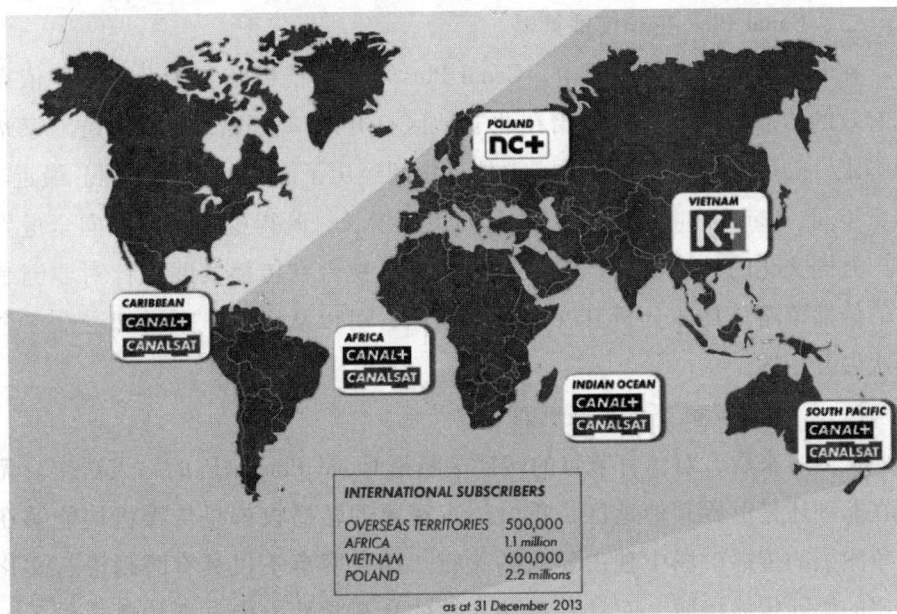

图 1　Canal Plus 国际传播市场分布[1]

　　近年来，Canal Plus 电视台在非洲市场的发展非常迅速，节目播放量可以占到整个非洲电视节目播放总量的 40%。Canal Plus 的法语节目在非洲拥有 110 余万订户，遍布西非、中非等地区的 30 多个国家。2012 年至 2013 年，订户数量增长了一倍，其中还不包括大量通过私接地面接收器等方式"偷看"Canal Plus 节目的观众。在此基础上，Canal Plus 通过收购或与当地电视台合作，进一步扩大市场份额。2014 年 10 月，Canal Plus 开办了专门面向非洲的 Afrique + 频道，将原先分散在各个频道中的相关内容进行整合，以便更好地适应市场，整体推动在非洲的传播。Canal Plus 公司的海外业务主管雅克·皮伊表示，随着新频道的推出，Canal Plus 的非洲订户有望从

---

〔1〕　Groupe Canalplus，http：//www. canalplusgroupe. com/uploads/pressRelease/press_ release_ 1057. pdf date of retrieve，访问日期：2015 年 1 月 28 日。

2014 年中的 130 万迅速实现成倍增长。[1]

二、Canal Plus 在非传播策略

在非洲传播市场的发展中，Canal Plus 电视台能够步步为营，主要依靠其有效的传播策略。从一开始在北非地区打开缺口，逐个击破法语国家站稳脚跟，随后开始南下拓展收视群体，中间经历了漫长的发展历程。最近 3 到 5 年间，Canal Plus 国际订户数量的飞速增长，既得益于法国面向全世界推广法国文化的长期目标，但更要归功于电视台在传播实践中针对非洲制定的传播策略。具体分析其在非传播策略，可以从内容、渠道和受众三个层次展开论述。

（一）内容策略：体育制胜与非洲特色

从内容来看，对体育节目的转播垄断是 Canal Plus 制胜的一大法宝。无论在非洲还是世界其他地区，重大体育赛事的转播权都是传媒机构能够在竞争激烈的传播市场中独占鳌头的关键。体育赛事不仅具有跨越语言文化障碍的国际传播特质，而且其激动人心的高观赏性也为电视传播提供了绝佳的表现平台。在获取体育赛事的独家转播权方面，Canal Plus 一向不惜重金。Canal Plus 近几年间收入囊中的独家转播权主要包括：2014 年巴西世界杯的非洲地区转播权，2012 ~ 2015 年欧洲冠军联赛和欧洲足联欧洲联赛在撒哈拉以南非洲地区的转播权，以及 2014 ~ 2019 年的法国国家级橄榄球比赛等。据公司公布的数据显示，Canal Plus 每年播出的体育赛事实况转播可以达到 5500 小时，包括 60 余项主要体育赛事。根据 Canal Plus 公司的统计，2011 ~ 2013 年间非洲订户数量得以翻番，主要归功于对非洲国家杯比赛的转播。

除此之外，Canal Plus 电视台的节目内容特色鲜明。针对非洲受众市场的特点，Canal Plus 制定的"传播文化、提供娱乐"的自我定位十分精确。在日常播放的节目内容中，绝大多数为电视剧、电影及其他娱乐节目。在

---

［1］ Reuters, *Vivendi's Canal Plus creates new pay – TV channel in Africa*, http://www. reuters. com/article/2014/07/09/vivendi – canalplus – africa – idUSL6N0PK56A20140709 date of retrieve，访问日期：2015 年 1 月 28 日。

题材上，Canal Plus 不仅选取大量侧重于讲述非洲民众及北美黑人生活的节目内容，并且以大量资金投拍非洲主题的影视作品和纪录片。这些节目制作团队，也基本以非洲工作人员为主要班底，充分关照非洲当地观众对节目内容的需求。2014 年 10 月启动的全新 Afrique + 频道更是标榜"100% 非洲"，声称新频道的内容将是"由非洲团队为非洲观众打造"。在非洲频道的节目制作计划中，超过 80% 的节目将在非洲本土制作，其中 40% 将集中在法语地区。另外 20% 则将以世界各地的黑人文化和其他相关引进节目为主要内容。[1]

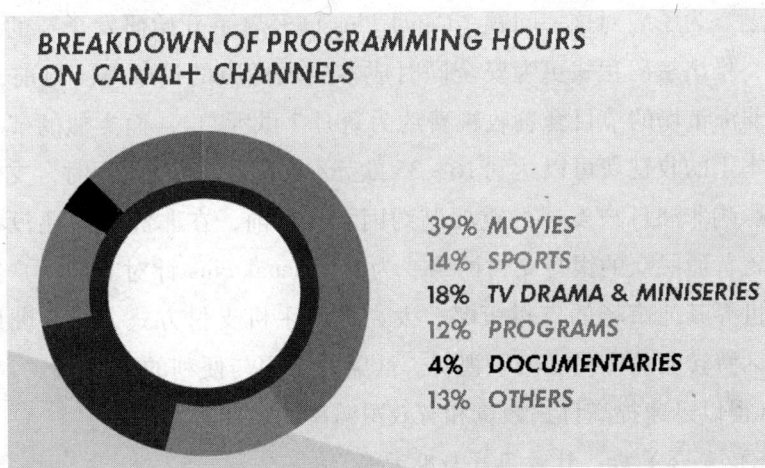

图 2　Canal Plus 播出内容占比（按播出时长）[2]

（二）渠道策略：传播渠道与支付方式

对于非洲广播电视业来说，非常重要的一个特点就是自主生产能力有限，本地的广播电视传媒市场主要由国际传媒机构占据。其中，又尤以撒

---

〔1〕 Groupe Canalplus, *A +*, *La Grande Chaine Africaine*, http：//www. canalplusgroupe. com/uploads/pressRelease/press_ release_ 1225. pdf date of retrieve, 访问日期：2015 年 1 月 28 日。

〔2〕 Groupe Canalplus, http：//www. canalplusgroupe. com/uploads/pressRelease/press_ release_ 1057. pdf date of retrieve, 访问日期：2015 年 1 月 28 日。

哈拉以南地区的情况最为突出。包括 Canal Plus 在内的大批国际传媒机构，主要通过卫星、有线网络以及互联网等传播技术进行节目放送。目前，Canal Plus 在非洲共有 8 个下属子机构，以及一个包括 1200 余个销售网点的庞大发行系统。随着新的非洲频道的上线，Canal Plus 已经着手开始将地面数字电视（DTT）引入非洲大陆。基于其在电视传播技术领域的国际领先水平，Canal Plus 投入力量降低技术成本，并且通过直接投资和培训支持的方式，参与到非洲各国相关基础设施和运营机制的建设中，通过植入来培育新的市场。

就目前的非洲付费电视市场来说，大量存在的非法接收器仍是一个严峻的问题。为了应对这一问题，Canal Plus 已经着手开始研发全新的频道加密技术，推出解码程序更为安全同时成本更加低廉的接收器。目前，Canal Plus 在非洲市场的节目套餐收视费约为每月 7 欧元/户，而类似的节目套餐在法国本土的收视费可以达到 16~35 欧元/户不等。[1]与此同时，支付不便利也是影响非洲订户发展的重要制约因素。目前，在非洲各国还没有可以广泛覆盖普通民众的银行支付网络。为此，Canal Plus 针对非洲用户制定了不同于世界其他市场的支付策略，大力推广手机支付方式，让非洲用户可以通过话费转账的方式缴纳收视费。低廉的费用与便利的支付方式，是 Canal Plus 得以迅速提高订户数量和有效覆盖率的重要方式。

（三）受众策略：针对用户与贴近受众

法国传媒行业以私营公司为主，对于法国电视行业来说，尤其是私营付费电视行业，其收入主要来源是订户缴纳的收视费。以 Canal Plus 来说，公司 2014 年第三季度的财报显示，前 9 个月的收视费收入有 1228 百万欧元，占到同期营收总额的 89.6%。[2]因此，Canal Plus 对受众需求尤其重视。近两年来，Canal Plus 把目标用户瞄准到月收入在 250 欧元以上的非洲中产

〔1〕 Reuters, *Vivendi's Canal Plus creates new pay‑TV channel in Africa*, http：//www. reuters. com/article/2014/07/09/vivendi‑canalplus‑africa‑idUSL6N0PK56A20140709 date of retrieve，访问日期：2015 年 1 月 28 日。

〔2〕 Groupe Canalplus，http：//actionnaires. canalplus. fr/uploads/news/news_ 2563. pdf date of retrieve，访问日期：2015 年 1 月 28 日。

阶级家庭，即每月能支付 12.5～25 欧元用于电视收视的家庭。[1] 在此基础上，通过精准的用户调查和受众分析，Canal Plus 将大多数节目定位为适宜全家观看的文化内容，而娱乐类节目的设置主要针对 15～25 岁的年轻女性。受经济形势所迫，Canal Plus 2013 年在非洲市场曾经尝试过一次价格调节。价格上涨后确实出现了一部分用户流失，但是在提价的基础上，多缴纳的费用尚能基本弥补这部分损失，当年的整体收入反而呈现 5.3% 的上涨。为了切实了解受众动态，Canal Plus 连同法国国际广播电台以及法国 24 台，多家广播电视媒体共同支持索福瑞集团成立了两个非洲受众调查团队，展开常规受众调查，跟踪了解受众的视听行为。[2]

三、Canal Plus 在非传播动机

（一）主观因素

以 Canal Plus 为代表的私营电视台在非传播取得的成绩，首先要归功于法国广播电视行业在非的传播策略。私营电视台在非洲的发展固然是为了追求利益，但是利益诉求并非其开启对非策略的原始动力。在法国政府的指导下，在非传播是法国广播电视媒体肩负的政治任务，私营媒体公司也在其中发挥重要作用。法国的公营广播电视机构主要以新闻播报和高质量的严肃访谈类节目为特色，定位相对高端。例如，2006 年 9 月 6 日开播的法国全球频道（France 24），以 CNN、BBC 等具有全球影响力的媒体作为竞争对手，是法国在寻求国际传播视听策略中的重要一环。[3] 与之相比，私营电视台虽缺少公营频道的独家资源优势，但其以文化娱乐作为定位基准，又在一定程度上为私营媒体机构在法国的国际传播格局中所承担的角色做了补充。

---

〔1〕 Le Devoir, *Quel avenir pour la télévision francophone?* 2014, http://www.ledevoir.com/international/actualites – internationales/425021/quel – avenir – pour – la – television – francophone date of retrieve, 访问日期：2015 年 1 月 28 日。

〔2〕 朱振明："浅析法国广电媒体对非洲的传播"，载《电视研究》2011 年第 10 期，第 71～73 页。

〔3〕 朱振明、陈卫星："法国全球频道对外传播策略分析"，载《电视研究》2010 年第 9 期，第 20～24 页。

长久以来，政府主导倾向一直是法国广播电视体制发展沿革中不可回避的重要因素。从戴高乐时期开始，法国的广播电视便一直充当政府的喉舌，成为总统向民众传递政见、获取支持的工具。在 1981 年密特朗总统上台前，法国政府对于广播电视行业的管制一直十分严格。[1] 直到 1982 年法案打破了广电行业的国家垄断，随后于 1986 年颁布的《视听传播自由法》正式确认了法国视听行业的市场化发展转向。在此之后，私营媒体机构逐渐开始起步发展，开创了"私有为主、公有并存"的局面。但是很长一段时间内，私营公司只能通过"公共服务特许"涉足电视领域，即私营公司通过合同委托的方式参与到属于公共服务的视听媒体行业，并且接受监管机构的监督。[2] Canal Plus 正是在这样的政策背景下创建的，而且在创建之初公营企业 Havas 拥有公司一半的股份。在成立早期，政府甚至可以直接干涉 Canal Plus 的人事变动。

尽管如今的法国广播电视传媒业具有较大的自由，行业发展以市场竞争为主体，但是法国媒体与政府之间的关系依然十分紧密。一方面，政府对于电子传播行业仍保持一定的控制和影响；另一方面，政府对于公营媒体机构的财政支持也在一定程度上影响媒体行业的市场格局。在对外传播策略上，不论公营还是私营媒体机构，更是在政府制定的一系列政策规范引导之下展开。在法国政府"文化保护政策"的总领之下，法国公私媒体机构在播出内容、传播方式、经营模式等各个方面都有相应的规则需要遵循。这些政策规定既是法国政府对媒体机构的限制，同时也是对媒体行业的保护和支持，从而使得 Canal Plus 等私营媒体机构能够主动自愿地参与到法国的国际传播大战略格局中。

（二）客观因素

近年来，非洲各国逐渐进入政治稳定之后的经济腾飞期，为非洲人民

---

〔1〕 孙维佳："从法国私营电视的兴起看密特朗政府的新闻政策"，载《国际新闻界》1986 年第 2 期，第 38 ~ 42 页。

〔2〕 张咏华、何勇、郝进平、曾海芳：《西欧主要国家的传媒政策及转型》，上海人民出版社 2010 年版，第 76 ~ 83 页。

的文化需求增长提供了物质基础。2012 年，非洲经济增速达 5.0%，远超世界平均水平（2.2%）。46 个非洲国家的经济增长率超过世界平均水平，全球经济增长速度最快的 30 个经济体中有 16 个在非洲。福布斯杂志非洲版 2014 年 10 月份发布的报道称，截至 2014 年 10 月，非洲有稳定供电的家庭大约有 1000 万，到 2018 年将达到 1200 万。[1]有了稳定的供电保障和其他生活必需条件，非洲人民也不再只满足于本土电视台的自制节目和来自世界各地的盗版节目。非洲的广播电视行业尚未成熟，而这片前景大好的广阔市场的大门却已经敞开。

国际舆论普遍看好非洲市场的发展前景，包括 Canal Plus 在内的法国媒体也非常清楚非洲市场的巨大潜力。目前，Canal Plus 的海外业务主要分为法国海外省、非洲和以越南为主的其他法语地区，其中尤以非洲市场最具潜力，这也是 Canal Plus 投入资源最多的地区。对非洲市场的开拓，已经成为 Canal Plus 公司眼下的重头戏。过去 20 年间，Canal Plus 在非洲开设了近 150 个广播电视频道。2014 年 10 月，Canal Plus 又对在非传播策略进行大幅调整，新成立的 Afrique + 频道对在非播出的所有频道资源进行了整合，极大地提高了非洲用户观看的便利性和针对性，成为开拓非洲市场的新里程碑。

（三）主客观联动因素

法国和非洲有着很深的历史渊源。早在 17 世纪，法国就开始了对非洲大陆的殖民统治。到法兰西第二殖民帝国时期，法国在非洲的殖民版图包括 24 个国家。法国的殖民遗产，在很大程度上影响着非洲国家如今的社会文化发展。从语言的角度来看，非洲许多前法国殖民地国家保留法语作为通用语言，甚至有不少国家将其定为官方语言。在英语作为世界第一大语言的今天，法国凭借其曾经的殖民帝国遗产，在世界很多地区仍保有强大的影响力。

从文化认同的角度来看，法国对非洲的影响力主要体现在其多年来对

---

〔1〕 Patricia Coignard, *A + veut séduire et divertir*, Forbes Afrique, 10 (2014), pp. 54~57.

非洲各国的文化教育援助。非洲各国的社会精英大多是在法国的文化教育体系下培养起来的，他们对法国文化的认同基本代表了非洲的文化价值取向。[1]在文化政策方面，非洲的法语国家对于文化多样性等问题和法国同样敏感，抵制美国关于取消文化产品补贴的提议也是包括法语国家在内广大非洲国家的共识。

从非洲的新闻传播行业的发展来看，作为典型的前殖民地国家或地区，非洲本土的新闻传播行业发展同样具有外源性的本质特点。1789 年拿破仑军队入侵埃及时，用随军携带的印刷机出版了法文的《埃及信使报》和《埃及旬报》，[2]成为非洲大陆最早的法语媒体。非洲的新闻传播行业起步于欧洲殖民者的外源植入，之后的发展轨迹也延续了欧洲媒体的发展理念和运营模式。因此，从根本上说，法国媒体与非洲的传媒市场有着密切的相通之处。对于非洲的受众来说，法国的传媒机构天生具有一定的亲切性。

四、Canal Plus 在非传播行为

可以看到，Canal Plus 的在非传播基本取得了预期传播效果，同时也获得了可观的经济利润。通过对 Canal Plus 的在非传播行为进行分析，可以将其取得成功的要素归结为立台理念、产业模式以及法国文化产业的大趋势。

（一）受众至上的理念

对于受众的重视成就了 Canal Plus 订户数量的增长，进而成为其在非洲市场独占鳌头、拥有极强影响力的关键因素。对于受众的重视不仅体现在精确把握受众分层和市场特征，也体现在对于受众收视习惯的尊重以及用户消费习惯的深入分析。Canal Plus 对于受众的重视源于付费电视台的运营模式——以广告作为主要收入来源，注重经济效益。因此，Canal Plus 的在非传播策略既不同于公营电视台的价值观推广，也不同于其他免费电视台的商业广告推销。基于精准的用户分析和市场调查，Canal Plus 以优质的细分定制内容吸引目标订户，这既是 Canal Plus 在非传播的内容策略，也是其

---

〔1〕 余南平："法国在南部非洲国家的影响力塑造——以法国对非洲援助为视角"，载《欧洲研究》2012 年第 4 期，第 90～108 页。

〔2〕 刘笑盈：《中外新闻传播史》（第二版），中国传媒大学出版社 2012 年版，第 221 页。

在非洲市场的营收策略。尽管 Canal Plus 在非传播的覆盖率有限，受众数量也要少于法国的公营电视台，但其频道的实际落地能力和深入影响力都要优于公营电视台。

（二）公私并行的模式

Canal Plus 作为法国传媒机构在非传播的一个缩影，集中体现着法国文化产业公私并行的特点。公私并行的体制与法国传媒机构的在非传播之间，呈现出相辅相成的积极互动关系。在法国传媒机构的在非传播中，公营媒体起主导作用，私营媒体也积极参与其中，两者之间不可避免地存在一定市场竞争。但是从整体上来看，公营与私营的法国传媒机构在机制、渠道和内容等各个层面上都形成了有效的互补。如前所述，法国的公营媒体机构在对外传播中主要基于政府的财政支持，因而主要以免费不加密的传输方式进行传播，内容上以文化传播和价值宣传为主，目标受众也以普罗大众为主。与之相比，私营传媒机构基于市场出发的内容定制和精准投放，能够有效弥补公营媒体机构在非传播的覆盖间隙，主要目标受众是包括中产阶级在内的社会精英阶层。

（三）产业转移的趋势

在全球媒体行业极速转型的大趋势下，法国传统媒体同样遭受冲击，法国广播电视行业也面临着转型升级的压力。在法国国内，Canal Plus 的订户数量已经连续多年呈负增长。卫星电视等传统媒体行业正如其他的传统产业一样，开始进入发展的夕阳时期。在此背景下，向更为广阔的发展中国家市场转移，成为众多国际传媒机构的一致选择。在此背景下瞄准非洲传媒市场的，不只是 Canal Plus 一家法国媒体机构。法国大报《费加罗报》也开辟了非洲专栏，并且专门设计了针对非洲用户推送的手机网页版，方便绝大多数使用移动客户端的非洲读者。可以说 Canal Plus 在非传播的成功，既是迫于产业转移大趋势的无奈之举，也是应时顺势的英明决策。

五、小 结

作为全球最具代表性的三大文化产业模式之一，以政府为主导的法国文化产业模式一直受到学界和业界的关注。Canal Plus 付费电视台在法国文化产业大环境下一支独秀，尽管发展过程中曾经屡受法国政府的控制和影响，但仍以其根本的受众理念以及灵活的传播方式成就了今日的成绩。作为法国传媒机构在非传播的代表性媒体，Canal Plus 的在非传播策略集中体现了法国在非传播的特点，对此展开分析探讨能对中国的对非传播提供借鉴性的意见。

中国文化产业走向国际传播的大环境和法国类似——尽管海外传播起步较晚，在技术、资金等方面的硬件优势却不容小觑。如今，已经有不少媒体将中央电视台视为非洲大陆传媒市场上的新起之秀。引 Canal Plus 的既有经验为借鉴，在中国文化产业走出去的大背景下，鼓励市场导向性强的经营性文化单位作为公有性文化单位的补充力量，对文化产业的对外传播发展将起到良好推动作用。不论是公营还是私营媒体机构，在对非传播的过程中都要尊重市场规律，在内容定位、传播方式和运营机制等各个方面全方位接近受众市场的需求。打造坚实的国家文化软实力，不能仅仅依靠政府力量，更需业界引进先进的理念，在环境、政策不断变化的今天，积极展开有益的尝试。

民族文化产业发展与法制建设

站在时代高度理解四中全会的决定

王四新 [*]

王四新 [*]

摘要：《中共中央关于全面推进依法治国若干重大问题的决定》第一次以全会决定的形式，提出全面推进依法治国。这是执政党执政理念的凝练，是执政党对法治问题认识的总结和升华，也是执政党转变执政思路而发出的重要信号。《决定》的全面推进和实施，必将带来中国社会治理结构、治理能力的革命性变化，会对中国社会的运作方式、话语方式等产生深远而全面的影响。

为贯彻落实中国共产党第十八次全国代表大会作出的战略部署，加快社会主义法治国家建设，十八届中央委员会第四次全体会议作出的《中共中央关于全面推进依法治国若干重大问题的决定》（以下简称《决定》），聚集法治问题，高举法治大旗，运用法治思路，对加快法治国家、法治政府、法治社会建设的目标、需要坚持的原则、需要解决和面对的主要问题及相关的制度建设、队伍建设等，都提出了非常具体的要求，并作出了明确的指示。

《决定》是我党治国理念的总结，代表了党的法治理念及全面推进依法治国的重要性、必要性，以及如何全面推进依法治国工作的思路和下一步

---

　*　王四新，中国传媒大学教授，传播学媒体政策法规方向博士生导师，文法学部政治与法律学院副院长。

做好相关工作的系统化思考，也是今后一段时间内党和政府的工作重心，就工作思路如何转变、怎么转变对人民作出的公开承诺。作为理论工作者，应当站在时代的高度来理解《决定》的必要性和时代意义。

全面推进依法治国，正如《决定》里强调的那样，是全面建设小康社会、实现中华民族伟大复兴的中国梦所提出的内在要求，是全面深化改革、完善和发展具有中国特色社会主义制度、提高党的执政能力和执政水平的内在要求，也是中国发展到今天，迫切需要面对和解决的一系列现实问题提出的内在要求。同时，能否能够通过全面推进依法治国，全面提升中国现有立法、司法的整体水平，能否通过全面推进依法治国，彻底转变党员干部思想及工作作风，也关系到党的各项事业的成败，关系到在新一轮的全球制度博弈中，中国能否站稳脚跟并进而显示出更大的制度优势。

2011年的时候，中国宣布中国特色社会主义法律体系已经形成，超过200多部由全国人民代表大会制定的法律、600多部由国务院和各部委制定的行政法规和8000多部地方各级政府制定的地方性法规，已经基本解决了"有法可依"的问题。但是，制定出来的大量的法律、行政法规和地方性法规如何在实践中更好地落实？如何通过既定的程序对矛盾的地方、不合时宜的地方进行调整？如何更加有效地落实法律的实施，提高立法实施的质量？不仅相关的问题没有解决，在实践中，还存在并呈现出相当严重的问题。在这种情况下，通过统一全党的看法、认识，有针对性地解决立法和执法过程中存在的比较突出的问题，就成为当下执政党最需要重视并予以解决的问题。

这也是在党的正式文件当中，第一次使用"良法"这个概念的原因。"良法"的提出，说明我们需要重视法律的质量，在社会主义法律规范体系已经初步形成的情况下，更应当注重法律的实施。在法律实施的过程中，不仅要解决相应的纠纷和矛盾，还要对现有法律规范之间矛盾和冲突、影响法律的效力和整体性及逻辑严密性的问题，及时予以纠正。同时，提升现有法律质量，无论是已有的法律，还是将来新制定的法律；还有一个路径，便是以宪法为标准，以追求公平正义为目标，不断根据社会发展的需要和宪法的基本精神，进行适当地调整。

为此，《决定》反复强调，任何人和任何组织不仅没有超出宪法和法律之上的特权，而且还应当按照宪法的要求，全力进行法治政府和法治社会建设。也可以说，现有法律规范体系建立之后，最需要做的工作，便是认真落实这些法律规范，使这些法规成为解决各类社会纠纷和矛盾的依据。同时，也需要根据社会发展的需要，根据宪法的相关规定和精神，在实践中不断完善法律法规，不断提升立法的质量，不断强化法律的效力。《决定》要求全面推进依法治国，加快法治政府和法治社会建设，既是党对全国人民的庄严承诺，也是全面落实依法治国各项战略目标的动员令。对全面提升中国现有法律体系的质量，对全面提升宪法法律权威，对更好地用法治手段解决各种社会问题，都具有非常重要而深远的意义。

当前，新技术所推动的媒体发展及其对社会带来的变化令人目不暇接。这些媒体技术虽然是中性的，但其日新月异、不断升级的软件和硬件服务，使越来越多的年轻人卷入其中而不能自拔，也使得立法工作越来越跟不上网络技术服务发展的步伐，更加超前地预知到互联网及相关服务对国家领导人的影响等工作，越来越难做。因此，也可以说，将来的互联网向何处发展，怎么发展，会遇到什么问题，都需要在实践中探索，都需要在坚守现有法律相关规定的情况下，及时根据变化了的变量进行相应的调整，否则法治化就是一句空话。

在这种情况下，决定强调宪法权威，强调领导干部决策要讲究程序正义，要求健全依法决策机制，把公众参与、专家论证、风险评估、合法性审查、集体讨论决定确定为重大事项决策的法定程序，就具有非常重要的意义。不仅涉及决策的科学性、合理性问题，更主要地，还可以解决决策过程中存在的过多的人治因素而导致的暗箱操作，确保决策能够得到相关人员，包括群众的理解、支持和拥护。也确保能够在今后不断变化的过程中，及时将相关的情况考虑进来，即及时根据变化了的情况，调整决策过程和决策内容。按照《决定》的要求，所有的重要决策，都要保持过程开放、程序开放、心态开放和信息开放。这是顺时、顺势的做法，也是在社会发展步伐不断加快、各种变量不断增加的情况下，增强决策科学性、合法性和合理性并使重大决策避免过多暗箱操作和获得群众支持和拥护的重要前提和基础。

《决定》对深入推进依法行政、加快建设法治政府着墨较多，除了要求各级政府严格按照宪法和法律的要求全面、认真履行职责外，还要求各级政府要建立终身责任追究制度和责任倒查机制，要深化行政执法体制改革，推进综合执法，同时强化行政机关内部审查监督制度。可以说，这些要求和制度方面的建设，都旨在从整体上提升政府依法行政的能力，意在使政府的态度和执政水平有实质性的提高。

在现今的中国，无论怎样高估这样做的意义都不为过。各级政府是党和国家政策、法律实施的窗口，政府的法律意识、执法水平和执法效率，与人民各种需求的满足和各种社会问题的及时、有效和合法、合规解决，有着面对面的直接的关系，关系着每个人的具体福祉和整个社会的正常运转。

近年来，经济社会快速改革的过程中，由于政府官员手中有太多太大的权力，加之官员法治意识不强，权力不受监督和约束，实践中存在大量的贪污腐败行为，严重损害了人民群众的利益，损害了党和政府的形象，也阻碍了我们制度的优势的发挥。在这种情况下，强调并全力推进法治政府建设，不仅有助于扭转干部思想及工作作风，提升政府形象，还可以使我们的制度优势能够得以更充分地发挥。

随着互联网等新兴媒体技术的发展和其所带来的信息传播，思想、意见分享方式的革命性变革，西方资本主义国家在现代化转型过程中所积累的制度优势，正在逐步减弱。主要表现为，一方面是经济的持续不景气，有的国家和地区，比如希腊甚至暴发严重的经济危机，福利国家的维系越来越困难重重。另一方面，互联网所带来的地球村效应和人们接受、传播信息和思想的平台的同一化和内容的同质化，导致代议制政治和两党政治的吸引力不断下降，民众参与政治的热情也在下降。再加之现代社会科技、经济、文化等方面的发展而带来的生活方式和可选择的个体人生价值目标的多元化，使得政治不再像亚里士多德所讲的那样，是人的必然生活方式。

在这种情况下，我们如果能抓住这个历史机遇，在保持经济持续、稳定增长的前提条件下，通过全面推进依法治国的方式，加快法治社会和法治政府的建设，使政府和政府官员将自己的行为严格约束在宪法和法律的范围内，使政府和官员的治理能力和治理水平有实质性的提升，使政府和政府官员既能认真履行职责，又没有条件腐败堕落，中国的制度就能焕发出更大的生机和活力，就能显示出更大的优势，就有机会尽快实现中华民族伟大复兴的中国梦。

国有传媒机构产权流动势在必行

李怀亮 *

摘要：国有企业产权改革已经取得了重大进展，但国有传媒机构的产权流动仍然是一个禁区。本文认为，国际大型传媒集团无一不是通过一系列产权并购成长起来的，国内民营传媒企业的重组并购正进行得如火如荼，传媒业外企和民企的产权并购无疑会增强其企业竞争力。反观国有传媒机构，产权固态化、板滞化带来的结果是竞争力的不断弱化。文章指出中国国有传媒机构的产权流动是一个急迫的现实问题，并论述了国有传媒机构进行产权流动的必要性和具体实现路径，同时对国有传媒机构产权流动后的整合提出了建议。

产权流动可以有效促进社会各项资源的配置，实现资本集中。对于传媒领域来说，一个成熟的传媒市场可通过产权流动而使其资源得到优化配置，避免国有资产的严重流失。并购有利于直接获得具有完善框架的企业组织，得到专门的人才、技术、商誉、特权、资产、先进机制等重要资源，节省本企业时间、资本方面的投入并规避相关经营风险，继而较快产生效益，快速扩张市场相关领域。

* 李怀亮，中国传媒大学文法学部教授。

一、国内外传媒业产权流动态势

（一）西方传媒集团发展壮大的主要途径：兼并、联合、重组

传媒行业是一个具有较高的资本门槛和规模效应的行业，国外传媒的发展已普遍趋向于大资本、大融合的跨传媒集团模式。他们的市场经济机制使其竞争机制和激励机制趋于完善，政府鼓励业外资本进入传媒业。兼并、联合、重组，走集团化道路，是西方传媒集团发展壮大的主要途径。

早在 20 世纪 60 年代，跨媒介经营、综合性的传媒集团成为传媒产业的主要存在形式。第二次世界大战后，传媒产业发展的重要趋势就是跨国传媒集团的发展，兼并、联合、并购，从而出现一些世界级规模的传媒集团。如意大利米兰富商贝卢斯科尼兼并了意大利所有地方电视台，形成了全国性私营的广播公司——第五频道；法国最大的电视台由一个工业公司经营；德国最大的卫视台由一个电器公司经营；加拿大汤姆森集团以总金额高达 87 亿英镑收购总部在英国的路透社；从 1986 年至 1990 年，美国有 400 个独立电视台和电台在产权市场上被出售，相当于全美 75% 的电视台被交换了一次所有权。1993 年至 1994 年仅一年间，就有 200 个以上的电视台进入产权市场，经历了产权并购和重组。[1]

20 世纪 90 年代，美国进入了第 5 次兼并浪潮，这场持续了十余年的并购浪潮对整个传媒业影响巨大。新闻集团相继购并了福克斯电影公司、泰晤士报业、道琼斯集团等各领域巨头，将其累积的重要资源和完善成熟的运作机制为己所用。目前新闻集团业务覆盖全球的传媒产业，成为当前世界上国际化程度最高的巨型跨国传媒集团。1985 年巴菲特支持大都会广播公司收购 ABC，贷款 21 亿美金。1995 年巴菲特再次支持迪斯尼收购大都会美国广播公司，斥资 100 亿美元。同在 1995 年，美国迪斯尼公司兼并 ABC，将娱乐业、电影制作业与广播电视业融为一个新的集团，收购价格高达 190 亿美元，使该集团成为世界第二大传媒集团。1999 年，美国维亚通讯公司

---

〔1〕 马德永：《国际传媒集团的成长与变革——贝塔斯曼个案研究》，复旦大学 2011 年博士学位论文。

兼并了 CBS，斥资 230 亿美元。1990 年时代公司斥资 140 亿美元收购华纳公司，合并为时代华纳公司，此举使时代华纳成为当时全球最大的娱乐传媒公司。1996 年，时代华纳以 76 亿美元收购特纳传播公司，成为全球传播及娱乐业的行业老大。2001 年，时代华纳公司与全球最大的互联网服务商——美国在线公司 AOL 合并，并购交易总值 1062 亿美元，涉资 3500 亿美元。这种并购重组加速了传媒业资本多元化进程。一个又一个国际传媒集团不断跨行业、跨区域、跨媒体对其他媒体进行并购。[1] 2012 年前三季度，美国传媒业共完成 25 项并购交易活动，并购交易量增长 49%，交易规模达到 490 亿美元，B2B 类媒体占据了最大份额。[2]

由上看出，欧美国家的传媒史其实就是一部传媒业并购的历史，所有大型跨国传媒集团都是通过购并发展起来的，这样的发展需要有资本市场的支持。没有商业化和产权的流动，也就没有资本无限扩张的动力。并购有利于开拓市场、快速掌握核心技术、笼络关键人才、保证企业利润水平。跨媒体、跨行业、跨区域、跨国界并购成为西方传媒集团发展过程中的主要特征，在并购过程中，缺乏创意、竞争力不强的传媒机构被淘汰，而充满活力的企业在注入新的资本后，成为大众传媒行业的优良资本。

（二）国内传媒产业产权并购如火如荼

现今是多屏竞争时代，面对三网融合、台网融合的新挑战，2010 年以来，从传统媒体到新兴媒体，从国有传媒到民间传媒，产业并购呈现推进态势，快速提高规模化、集约化、专业化水平，在并购中彰显资本扩张的力量。2013 年文化传媒已发生 50 多起并购事件，涉及电影、电视剧、出版、广告、游戏等行业，累计交易资金近 400 亿元。

2013 年影视娱乐资本整合案例高密度出现，并购潮风起云涌。如：万达 26 亿美元并购美国 AMC，此次并购后大连万达集团将同时拥有全球排名第二的 AMC 院线和亚洲排名第一的万达院线，成为全球规模最大的电影院

---

〔1〕 郭燕：《国际传媒资本多元化运作及其对中国传媒业的影响》，湖南大学 2008 年硕士学位论文。

〔2〕 晓雪："2012 美国传媒业战略并购加剧"，载《中国图书商报》2013 年 3 月 8 日。

线运营商；华策影视收购上海克顿文化传媒有限公司100%的股权，交易金额为16.52亿元，并进行5.5亿元的配套融资，这是截至目前国内影视行业已宣布的交易中金额最大的并购项目。华策与克顿传媒的结合将试水大数据平台与传统影视业务相结合的新型产业模式，互为补充，形成品牌与规模优势；乐视网15.98亿元同时收购花儿影视和乐视新媒体；光线传媒8.3亿元入股新丽传媒；华谊兄弟6.7亿元并购广州银汉科技（标志着华谊兄弟这家影视业巨头正式将触角伸向移动网游行业）；苏宁联手弘毅资本投资PPTV（PPTV将借助苏宁与弘毅的资金、线上电商和线下零售的渠道资源进一步发展和布局移动、家庭和PC视频终端）；华策影视1.8亿元入股最世文化，等等。

从国际传媒巨头新闻集团、迪斯尼、时代华纳等并购的发展史，到我国传媒企业频繁的并购中可以看出，并购是传媒企业获得融资的有效渠道，有利于传媒企业之间的内容、渠道、平台的融合，促进电影、电视剧、动漫、游戏、文学等各种不同内容形态的交叉渗透，完善产业链布局。由此看出，只有大幅提高行业集中度，中国才能诞生世界级的综合传媒集团，而并购是诞生世界级综合传媒集团的必要手段。

二、我国国有传媒机构进行产权流动的必要性

《文化产业振兴规划》中指出，推动文化产业跨地区、跨行业联合或重组，尽快壮大企业规模。[1]传媒机构产权作为交易对象进入市场领域，是我国进行有效市场经济改革的必要举措，也是使传媒领域资源配置合理、结构调整优化以及资源高效利用的最佳途径。

中国的传媒业隶属于政府，管理系统表现出职能合一、结构单一、统分失度、角色错位的特征，即"一管就死，一放就乱"。宣传系统也是传媒产业的实际管理者之一，这种管理手段导致我国的传媒产业转型始终受到限制，行业自治无法得到具体体现。这与文化产业大发展、传媒产业要繁荣的发展方向相悖，欧美国家传媒产业的成功经验已经证明"相对独立、

---

〔1〕 兰培："传媒产业并购重组态势分析"，载《传媒观察》2013年第2期。

依赖于市场供给发展机遇的管理体制与传媒产业扩张的价值目标还是可以高度匹配的"。[1]

国有传媒机构的产权改革已经势在必行，主要体现在：

第一，推动企业合并的主要是技术、经济的发展和政策的作用。有些国有传媒播出机构的节目产品同质化严重、大量新闻简单重复生产，无法形成规模效益。有些需要大规模的方向调整或者技术改造，这就需要资本的注入。采取产权流动的方式进行整合也是一种融资的方式，通过出售或有效兼并，构成新的传媒实体，既解决资金需求问题，又重新进行了资源分配。

第二，传媒领域正在引发一场数字革命。这个行业是技术驱动的行业，技术的每一次发展都对传媒行业有巨大冲击，数字化、网络化、信息化潮流趋势冲垮了传媒产业的传统界碑，目前已经在相当程度上对原有的议程设置、管理手段甚至舆论导向都产生了失灵效应。随着数字技术的飞速发展，网络对传统媒体的冲击越来越强，通过资产的重新改造及专业化整合，传统媒体可以重新发挥能量，这种情况下进行产权流动是调整国有传媒机构的必然之路。

第三，从全球范围内的五次并购浪潮中，可以看出传媒业逐渐从边缘走向了中心。全球经济就是信息经济，在信息经济中，信息是商品和服务的重要因素，知识资本（知识和信息）是国家财富的新来源。因此，传媒业作为一种信息服务行业，便成为最近的合并浪潮的主角。传媒机构的产权流动作为资本集中的一种方式，通过资产重组和改造，达到了量的扩张和质的优化。国有传媒机构的产权流动不是简单的"要资金"、"当资产"、"甩包袱"，而是要对结构调整、强化意识、资产重组等方面有积极认识。

三、国有传媒机构产权流动的可行性

2013 年，原新闻出版总署、国家广电总局改组为国家新闻出版广播电

---

[1] 张亮宇、朱春阳："当前传媒产业规制体系变革与中国面向的问题反思"，载《新闻大学》2013 年第 3 期。

视总局，两部委的重新整合，标志着我国文化领域内的行业分割将逐渐弱化，预示着国有传媒机构产业链条更加清晰、机构业务更加多元化。

（一）增强国有传媒机构自身竞争力

与前述发达国家相比，我国现有的产权流动大多是由于失去竞争能力或存在条件，为形势所迫作出的情非得已的选择。这种情况下的产权流动不但使交易成本增高、交易难度增大，产权关系也较难理顺。真正的产权流动应该是企业自身的主动性战略选择。

新媒体带来的竞争加剧，使得我国很多中小型国有传媒机构的生存越来越艰难，基本上处于地方或行政分割的状态，执行的是一种简单叠加式的发展，缺乏竞争力和内在的灵活度。在此情况下进行并购整合，建立一个涵盖各种传媒渠道、面对各种层次受众群体、拥有各种服务方式的综合性传媒机构无疑可整合内容、渠道、终端、平台和应用的全方位优势，逐渐完善其"生态系统"，与内部扩张相比，通过并购整合发展要迅速得多，这既是中小型传媒机构寻求自身发展的需要，也是借力规模化效应，扩大市场覆盖率的需要。[1]

（二）加强国有传媒机构资本扩张能力

通过并购、合并、整合获取更大的效益及影响力，这是传媒业获得发展的主要手段，只有并购重组才能使金融资本、信息资本和文化资本进行融合，更好更多地筹集资金，实现规模性经济发展。我国现有传媒机构资本运作介入较少，资本经营积弱并分散，而大集团规模竞争的实质是资本竞争，若要成为跨国跨地域的国际传媒集团，大资本的介入是必要的。尤其新媒体出现使得在线金融交易服务平台成为可能，数据库营销、互动营销及体验式营销，是令人瞩目的巨大商机，却也更需要资本的支持。[2] 借技术寻求资金，以资金助推产业，为国有传媒寻找一个新的突破口，获得

---

〔1〕石莉萍、苏朝勃："国际传媒并购特点及对我国的启示"，载《湖南大众传媒职业技术学院学报》2008 年第 1 期。

〔2〕唐润华："国际传媒业并购热说明了什么"，载新华网 http：//news. xinhuanet. com/newmedia/2007 - 06/18/content_ 6257462. htm，访问日期：2007 年 6 月 19 日。

更大的发展空间。另外，资本具有逐利性，目前国家对文化产业的政策鼓励和文化产业自身的蓬勃发展让行内行外的资本都蠢蠢欲动。未来，整个文化传媒产业的分散风险、多元化布局的混合并购会愈演愈烈，而且渐成常态，这是传媒产业发展壮大的必然结果。

产权流动可使国有传媒机构的产业组织结构更加完整、融资渠道更加顺畅，并可借助协同效应，优化资源配置，有效利用媒体间的优势互补，降低财务风险。同时产权流动也可提高行业的准入门槛，获得整体竞争优势。从技术的开发与创新到产业价值链的完善，从立足本土到走向国际市场，通过并购达到产业的扩张及资本的积累，这一方式在国内外都得到有效验证。

四、国有传媒机构产权流动的实现路径

我国现有的有关产权流动方面的政策有《关于规范国有企业改制工作的意见》、《企业国有产权转让管理暂行办法》等，但是由于所有制的限制、行政干预过多等原因，产权流动既不充分也不规范。国有传媒机构并购引发的资源流动量大、范围广阔，必然将成为关注的焦点。

产业组织理论认为，企业的并购可提高效率和削弱竞争，若前者大于后者，那么并购行为就是可行的。效率型并购是国有传媒机构产权流动的真正目标，要实现该目标并避免产权流动带来的垄断行为需要两个条件，一是良好的监督机制和相应的监督技术；二是责权对称的运作机制。从国际惯例看，国家政权在只有一套机构运行的情况下才能充分发挥高效作用，党政重叠、管理重复、体制臃肿将对国有传媒机构产权流动造成很大障碍。因此将决策权、执行权和监督权分开而独立才是保证。

（一）国有传媒机构产权主体问题

产权流动是产权在不同的主体之间转让或转移（部分转让和全部转让）。实现产权流动首先需要明确资产的权属，即产权的所有者，确定产权主体的责、权、利统一，这样才能知晓产权主体是否具有产权交易合法有效的资格。诺斯的制度变迁理论中提到要从整体利益的角度出发来看待产权的界定，不能忽视资源的无形价值和资源之间的相互影响。[1]

对于非国有资产，国家提出投资人拥有产权的政策；而对于国有资产，国家提出投资人拥有产权、国家所有但分级分工管理两个原则，这种方式会导致因权力垄断而使个人利益侵害集体利益甚至国家利益的事情频繁发生，同时也会浪费很多无形资产。如国有传媒机构因权力垄断而导致"委托—代理"机制不完善，不但导致其他资源受其影响而错误配置，而且传媒资源所带来的无形文化价值也受到低估。因此，对于国有传媒机构的产权界定，首先要在公平、协商的基础之上，尽量确定具体承担人而不是承担机构，即便非机构不可，也要完善相应的监管机制，这一点对于有效利用国有传媒机构的无形资产尤为重要。

我国国有传媒机构有的已经实行公司制改造，这种情况下的产权流动由出资者共同决定，做出决议后由公司董事会具体执行。但是，目前大部分的国有传媒机构并没有进行企业制改造或产权制改革，传媒机构本身不是原始产权主体，没有权力做出产权流动的决定。其主管部门或地方政府，在无明确授权下也无权决定产权流动。代表国有传媒机构职能的国有资产管理部门，由于其对"国有"产权概念的不清晰和模糊性，即使其代表产权主体，也难以实施有效管理。因此，对国有传媒机构的产权流动问题，应由中央或省市级政府正式授权形成临时性机构，明确责任，这样便可在一定程度上防止无序交易中产生的盲目性而导致的资产流失。授权与责任依法成立，一旦发生差错，则严肃追究相关责任。产权流动后的国有传媒机构可由董事会提名总经理，政府委托的出资人机构不可以干预监管部分的工作，也不能行使管理职能。

产权流动的实现需要一定的环境，诸如产权界定机构、资产评估、审计等中介机构、司法监管机构等，这些又需要在产权交易的法律法规体系完善的基础之上予以实现。保证国有传媒机构产权流动的前提是政企分开、

---

[1] 王言炉："产权界定、产权流动与产权维护"，载《技术经济与管理研究》2008 年第 5 期。

法规配套，如此才可制约个人的权力垄断，保证国有传媒机构的产权流动有公平合理的平台。

（二）省级电视播出机构产权流转问题

我国目前对于电视台产权流转阶段的规制非常严格，其主要表现就是目前阶段仍然是"四级办台"体制，即使出现广电体制集团化改革，也仅仅是在省一级行政单位以内，跨省之间的电视传媒业并购并没有发生，省际间电视传媒的产权流传依然没有放开。所以我国当前的电视台管理体制改革的重要问题就是放开省级电视播出机构的产权规制，由此形成电视传媒市场的竞争局面，盘活全国电视传媒市场。在开放省级广播电视机构产权限制时应该注意以下三个问题：

首先，放开省级电视播出机构的产权流转限制，现阶段只对国有资产开放，暂时不引进非国有资本进入电视台产权重组中。这主要是为了应对两个方面的问题：其一，我国仍然是公有制占主体的社会主义国家，因此，在社会主义市场经济体制下，我国的电视台与国外完全商业化的电视台性质不同，我国电视台承担着更多公益性质和政治宣传的任务，保持资本的国有性质是其公益性的根本保证。其二，目前阶段省级电视台产权流转不对非国有资本开放有利于防止无序并购和混乱重组的出现。电视传媒业拥有巨大的利润，如果其产权完全对社会开放将造成社会资本大量涌入的乱象。

其次，放开省级电视播出机构的产权流转限制要处理好各级党委宣传机构与电视台之间的关系。以往我们都有这样的一个疑虑：如果一个地方的电视台被另一个地方并购过去，会给当地的党委宣传机构带来一种话语权被别人夺取的感觉。由于这种观念的存在，当地的领导班子也就成为阻碍电视播出机构跨地区并购的力量。这个问题可以通过以下两个途径来解决：其一，国家出台文件，在放开省际电视台产权流转规制时保证电视台的政治属性的实现，即就算当地电视台被异地所并购，也一定要优先保证当地宣传部门的政治宣传任务得以实现。其二，建立更高级的宣传领导机构，提高管理级别。在国家一级建立统筹管理、统一调度的宣传管理机构和班子，对全国的电视宣传舆论工作进行管理和监督。

最后，放开省级电视播出机构的产权流转限制后的市场发展问题。在放开省级电视播出机构的产权流转限制后，必定会出现一些有实力的电视台或广电集团吞并一些较为弱小的电视台。这是一个资源集中化的过程，这种现象对于市场成长来说是有利的，迅速出现的有实力的强大企业将会成为市场的支柱以支撑我国电视台市场发展。但是，这种资源的集中化过度进行的话，就会形成垄断，对市场的健康运行不利，因此，在早期放开省级电视播出机构产权流转限制时就应该设立好反垄断的法律与措施，依法调解电视传媒市场的行为，为我国电视传媒的长远发展打下基础。

参考文献：

1. 张咏华、郝进平等：《西欧主要国家的传媒政策及转型》，上海人民出版社 2010 年版。

2. 朱春阳编：《现代传媒集团成长理论与策略》，上海人民出版社 2008 年版。

3. 周茂清："产权定义探析：规范发展产权交易推动有序流转"，载《产权导刊》2004 年第 10 期。

4. 刘文通：《公司兼并收购论》，北京大学出版社 1997 年版。

5. 赵秀芝："由国际并购引发的思考"，载《对外经济贸易大学学报》2004 年第 1 期。

6. 喻国明、张小争：《传媒竞争力——产业价值链案例与模式》，华夏出版社 2005 年版。

7. 高冰妍："媒介融合对我国传媒产业经营的影响研究"，载《科技探索》2011 年第 7 期。

8. 唐润华："透视国家传媒并购热"，载《青年记者》2007 年第 7 期。

9. 蒋春柳："传媒并购中的文化整合——另一个角度解读维旺迪的失败"，载《传媒观察》2005 年第 4 期。

10. 李欣："西方传媒集团跨国经营的特征"，载《当代传播》2008 年第 3 期。

11. 傅云舟："新闻集团跨媒体整合和集中化经营战略对中国传媒业的启示——新闻集团 2004～2008 年度报表数据资料分析研究"，载《经济研究导刊》2010 年第 1 期。

12. 魏杰：《现代产权制度辨析》，首都经济贸易大学出版社 2000 年版。

论民族文化产业的知识产权保护

丛立先 *

摘要：近年来，我国民族文化产业发展势头良好，但还存在着产业基础薄弱、市场化程度不高、知名品牌较少、高端创意和管理人才不足等问题。究其原因，因素很多，但其中的核心问题是知识产权问题。从这样的考虑出发，在充分考察知识产权制度、借鉴他国有益经验以及结合我国国情的基础上，笔者以为，应该尝试建立和推行民族文化产业的知识产权保护制度体系，不仅为相关民族产业的发展壮大提供充分的知识产权法制保障，更为中国在世界的全面崛起提供有力的知识产权政策依托。具体说来，我国民族文化产业的知识产权保护，要在深刻理解民族文化产业与知识产权保护之间关系的基础上，找到民族文化产业知识产权保护的路径和方法，真正从根本上透彻理解并实践民族文化产业知识产权保护的本土化和国际化。

一、引 言

当今世界，知识产权保护大行其道。国际社会在知识产权制度的一体化方面取得了很大进展，通过了多个具有普遍约束力的国际条约。世界各

* 丛立先，北京外国语大学法学院教授，北京外国语大学知识产权研究中心主任，首都知识产权国际化战略基地执行主任，教育部人文社科重点研究基地中南财经政法大学知识产权研究中心博士生导师。

国也非常重视知识产权保护：美国一直将知识产权保护作为其维持领先地位的重要竞争手段和制度保障，视知识产权为国家基础性的战略资源，同时，美国在其对外知识产权政策方面一直从维护本国利益出发，进攻性地参与和推动知识产权国际规则的制定和调整；英国更是在其政府发布的知识产权报告中明确指出，竞争的胜负取决于我们能否充分利用自己独特的、有价值的和竞争对手难以模仿的资产，而这些资产就是我们所拥有的知识产权；欧盟是知识产权制度的诞生地，对知识产权保护历来非常重视，其知识产权法律"一体化"进程已经基本完成，其知识产权法律和制度以及配套法规都较为完善；日本明确提出了"知识产权立国"的基本国策，制定了《知识产权基本法》和《知识产权战略大纲》，并设立了"知识产权战略本部"以及"知识产权推进事务局"，同时还成立了"知识产权上诉法院"；韩国非常重视自己的知识产权成果在国外的保护，并依托知识产权战略的实施迅速由发展中国家步入发达国家行列，它非常注重技术领域知识产权成果的维护，其中应当注意的是，韩国借鉴和吸收中医药技术和经验，大力推行"韩药"，并主张其知识产权保护；印度近年来借助知识产权保护促进和发展信息产业，并在软件产业上实现了突破，同时也非常关注传统知识、遗传资源和民间文艺（主要是印度医药、瑜伽及印度民间文学艺术）的知识产权保护。

我国的知识产权保护制度起步较晚，但发展步伐较快，其中迫于世界贸易组织的压力，一定程度上提高了知识产权保护的门槛，不乏有被西方发达国家牵着鼻子走的嫌疑，这也是出现中国知识产权保护水平过高言论的原因之一，一些人甚至基于此种考虑建议弱化我国"已经超高"的知识产权保护。但是，入世后的中国获得了全面发展壮大已经成为不争的事实，中国的入世成果不仅为国际社会所侧目和肯定，更为举国上下的民众所赞许和支持。已经融入国际社会的当代中国，再回到闭关锁国的老路既不可行也无可能，这个时候，除了适应并夺取主动权外别无其他选择，知识产权问题就是其中最为典型的代表。知识产权问题可谓发达国家与我国每会必谈的问题，谈判的风向标似乎总是他方指责和我方辩解的不断重复。如何改变这种不利局面，我们能否找到突破口、掌握主动权，是一个应当引起我们反思的问题。近年来，我国民族文化产业发展势头良好，但还存在着产业基础薄弱、市场化程度不高、知名品牌较少、高端创意和管理人才不足等问题。究其原因，因素很多，但其中的核心问题是知识产权问题。从这样的考虑出发，在充分考察知识产权制度、借鉴他国有益经验以及结合我国国情的基础上，笔者以为，应该尝试建立和推行民族文化产业的知识产权保护制度体系，不仅为相关民族产业的发展壮大提供充分的知识产权法制保障，更为中国在世界的全面崛起提供有力的知识产权政策依托。

二、民族文化产业与知识产权保护之间的关系

这里所说的民族文化产业，是指中华民族（包括汉民族和少数民族）所特有的、具有历史传承性的、具有知识属性和知识价值的、产业化的传统文化和文明成果。中华民族文化是中华民族文化产业的价值所在，是中国传统优势领域知识成果的体现，包括但不限于下列传统文化和文明成果：中医药、中华非物质文化遗产、中华饮食文化、中国民间文学艺术、中华地理标志、传统中华老字号、中国特有的生物多样性（遗传基因资源），等等。由此，民族文化产业的知识产权保护，就是以知识产权制度的理念和方法对上述产业化的传统文化和文明成果予以保护。知识产权制度的核心是保护和鼓励知识成果的创新与发展，而弘扬中华民族的传统文化与文明的最根本要求也是实现其内容的不断创新与发展。应该说，民族文化产业的传统文化和文明成果与知识产权制度之间的关系是天生的、互为补充的、互相促进的关系：民族文化产业的进一步发扬光大需要知识产权制度保驾护航，反过来，民族文化产业的发展又促使知识产权制度不断丰富和完善。

从知识产权保护的角度来看，我们所说的民族文化产业具有以下五个特征：

第一，中国所特有。上述所指的传统文化和文明成果，应是中国所特有的传统文化和文明成果，也可以理解为由中华民族所创造、创新并发扬光大，最终形成的文化成果。中国是一个崇尚传统的国家，所谓传统，不外是历史上流传下来的具有一定特点的某种风俗、制度、思想、道德、艺

术、文化遗产以及其他文明成果等，也可以称其为传统文化和文明成果。中国的传统文化和文明成果对于各行各业都有着极其深刻的影响，经过不断发扬和传承，保存至今的是各种不同的传统文化形态。这些传统文化形态在世界上其他国家并不存在，或不能形成完整的文化概念，这些也是中华民族区别于世界其他民族的根本特征。

第二，传承历史源远流长。中国是世界上历史和文化悠久灿烂、唯一保持了完整文化延续性的文明古国，伴随着璀璨历史长河延续下来的是丰富的传统文化和文明成果。由于几千年文化的积淀，中国各种传统文化和文明成果都有着悠久的历史特性。在漫长的两千多年帝制社会中，中华民族存续并发展了多种形态的传统文化，其中既有精华也有糟粕，但延续至今并能为现代社会所包容甚至崇尚的，毫无疑问是其中的精华，也是中华民族传统文化和文明成果的精髓。

第三，具有知识属性和知识价值。有些中华民族传统文化和文明成果其表现形式是一种思想、观念或者情操，比如谦逊礼让的民族风气、崇尚中庸之道的为人处事观念、乐善好施的高尚情操等。这些也是民族文化，但不是我们这里所指的民族文化产业，我们指的是具有知识属性、知识价值并以一定知识成果形式体现的传统文化和文明成果，如前述列举。

第四，已经市场化并实现一定程度的产业化。文化具有事业和产业的双重属性，事业化的文化和产业化的文化既有共性又有差异性，二者只是属性描述方面侧重点的区别，并非是完全割裂开来的泾渭分明的不同范畴。文化事业在一定条件下可能转化为文化产业，而文化产业也可能成为文化事业的一部分。在市场经济的条件下，我们主要的着眼点在于文化产业，强调它的经济性和价值实现。民族文化产业具有良好的市场经济价值，对产业化了的民族文化加以必要的知识产权保护符合该产业的实际需要。

第五，可以纳入知识产权制度的保护范畴。知识产权制度是一种无形财产法律制度，知识产权制度的保护对象是智力成果或知识成果，知识产权本身已经被公认为是一种重要的无形财富和无形资产。我国民族文化产业中的传统文化和文明成果是中华民族创造并发扬光大的知识成果，显然符合知识产权保护客体的特点，将中华民族文化产业中的传统文化纳入法律保护的轨道是势所必然、理所应当的，以知识产权法律制度作为其主体保护制度具有先天的优势和契合性。

三、民族文化产业知识产权保护的途径和方法

民族文化产业知识产权保护的途径和方法，应该立足于一个高度、两个层面、三个方向：

一个高度是必须把民族文化产业的知识产权保护上升到知识产权战略的高度。国家知识产权战略是以知识产权强国为目标，以优化知识产权资源配置为核心，对我国知识产权的保护、创新、运用、管理与人才战略做出全局性的部署。在国家知识产权战略中，应有民族文化产业的重要地位，将民族文化产业的保护从知识产权战略的制定到实施一以贯之、落到实处：首先是强化意识，做出全局性的战略部署，实现国家知识产权战略中民族文化产业保护策略的科学化和制度化；其次是加强相关理论研究，把民族文化产业知识产权保护作为一项国家知识产权战略的新课题，进行充分论证和审慎分析，形成扎实的基本理论依据；最后是形成科学合理的规划体系，在国家知识产权战略中对民族文化产业进行高屋建瓴的规划部署，为战略实施过程中具体制度的制定和实施提供政策和法律保障。同时，除了国家知识产权战略之外，在地区知识产权战略、行业知识产权战略、企业知识产权战略方面，也应该对民族文化产业知识产权保护加以部署和规划，要使国家的宏观战略与企业的微观战略相结合，行业间的战略与地区间的战略相协调，实现民族文化产业知识产权保护指导方略与具体举措的有机结合。

两个层面是指政策层面和法治层面。无论是中国的市场经济建设还是法治建设，政策自始至终都发挥着非常重要的作用，政策与法律是互为补充、相互协作的关系。知识产权保护制度，特别是知识产权战略问题，并不单单是一个法律制度体系的问题，更是一个国家的公共政策体系问题，与国家的经济政策、文化政策、教育政策、科技政策、相关产业政策等密切相关。民族文化产业的知识产权保护，离不开政策层面的支持，一些方

向性的问题需要宏观政策加以指导和部署，一些具体问题需要发挥政策的灵活性，适时地加以调整。重视政策层面的同时，法治层面更不能忽视。法治具有政策调整所不能比拟的稳定性和严谨性，将民族文化产业知识产权保护纳入法制轨道，不仅符合其本质要求，更能为其提供充分有效的制度保障。同时，将民族文化产业知识产权保护纳入法制轨道，也更能实现其长久发展，促进国际交流与合作。知识产权制度虽然带有浓重的公共政策色彩，但更重要的是其法律属性，这也是世界知识产权保护的共识。民族文化产业的知识产权保护制度，不仅应该成为国内知识产权法律制度的重要组成部分，同样也应该通过法律制度的推广和融合，实现世界性的共通和交流。

三个方向是立法保护方向、司法保护方向和行政保护方向。立法保护就是创制民族文化产业知识产权保护的具体法律制度。目前，中国已经基本建立起以专利法、商标法、著作权法和反不正当竞争法等基本法为主体，以行政法规、部门规章和地方性法规为补充的知识产权法律制度体系。但就民族文化产业的保护而言，则处于蛮荒阶段：绝大多数的民族文化产业没有相应的法律制度给予保护，即使个别法律法规涉及一星半点，也都比较模糊或者不具有可操作性。今后，从立法上解决问题，是开展民族文化产业知识产权保护的基础和前提。司法保护就是通过民事诉讼、行政诉讼或刑事诉讼等司法活动来保护民族文化产业的知识产权传统文化和文明成果。由于我国知识产权保护起步晚，立法技术落后，在民族文化产业知识产权的保护上更是明显存在着空白和疏漏，这就需要司法机关尽量在可能的情况下采取相应的司法救济措施。实现民族文化产业的司法保护，是将立法制度落到实际的法律实践活动，要求司法机关在具体法律规定不完备的情况下，尽可能根据实际情况并依据知识产权法律法规、司法解释的相关规定做出司法救济，当然，在完全没有相关法律依据的情况下，司法机构不应越权做出法律解释或判断，而应积极促进有关立法机构进行补充立法。加强民族文化产业的知识产权保护，充分发挥行政保护手段非常重要。行政保护就是行政机关在遵循法定程序和运用法定行政手段的条件下，依法处理知识产权事务，维护知识产权秩序，实现知识产权保护的一种保护方式。具体包括以下内容：知识产权行政授权、行政确认、行政处理（行政调解、行政裁决、行政复议、行政仲裁等）、行政查处（行政处罚、行政强制等）、行政救济、行政处分、行政法制监督、行政服务等。在中国知识产权行政执法方面，有一个很突出的特点，就是行政机关可以主动出击，对侵犯知识产权违法行为进行调查、查处。在行政执法保护过程中，中国实行治标与治本相结合、日常打击与专项治理相结合的方针，实行跨部门、跨地区的联合执法。目前，中国已有数十万人之众的知识产权行政执法人员，这支庞大的队伍应该在知识产权的保护上实行联合作战，相关知识产权主管部门也应该建立联合工作机制来加大这方面的工作力度。与行政执法相比，中国知识产权行政管理和行政服务水平还有待提高。今后，在民族文化产业的行政管理与行政服务方面，还应加强意识、注重质量、提高水平。

四、民族文化产业知识产权保护的本土化与国际化

强调民族文化产业的知识产权保护，必须注意一个问题，那就是本土化与国际化的冲突与协调。民族文化产业知识产权保护的本土化，应该包括两层含义：一是从维护民族和国家利益的角度，以国家政策或国家法律为核心，由国家机构主导实施，发动全社会共同参与，对民族文化产业知识产权加强保护。民族文化产业的知识产权保护，实际上是维护民族和国家利益的具体体现，在国际知识产权保护制度一体化趋势日渐明显的情况下，重视并实施民族文化产业知识产权保护的本土化策略，不仅不矛盾，同时也为国家参与世界知识产权竞争、迅速提升综合国力提供现实的法律途径。二是从经济、社会、文化实践的现实角度理解民族文化产业知识产权保护，在国内社会主义建设的实践中考察民族文化产业的历史传承、现实情况与未来发展，研究民族文化产业知识产权保护与社会发展之间的关联性和具体的法治模式。对于民族文化产业知识产权保护的本土化，应强调结合"本土"实际，重视其实用性，不能盲目信仰法治建构而空谈法治理想模式，也不能完全照搬照抄他国已有的经验，造成水土不服。民族文

化产业知识产权保护的国际化，是指民族文化产业的知识产权保护制度对世界其他国家或地区产生的影响力和作用力。

近年来，国际知识产权制度呈现出越来越明显的国家政策利益取向，逐渐形成了两种对立的价值观：一是欧美等发达国家推动的以己为标准的知识产权制度一体化；二是发展中国家日益重视本国知识产权利益的保护，积极参与并倡导新的知识产权保护机制的建立。在世界多极化、经济全球化、法律国际化的新形势下，推行民族文化产业知识产权保护的国际化具有现实可行性。世界知识产权制度在一定程度上实现了一体化，使国际知识产权保护的基本原则与标准一定程度上得到了统一，并在全球范围内具有了普适性。同时，在知识产权制度国际化、一体化的潮流中，按照条约必须遵守的原则，中国理所应当履行所参加的国际条约中规定的国际义务。但中国是一个发展中国家，应当考虑本国的经济、社会、文化与科技的发展水平，现阶段知识产权保护水平不必过于攀高，同时应注重自身特色知识成果的知识产权保护，并应最大限度地实现其本土化与国际化之间的协调。

实现本土化与国际化的协调和统一，应从两个方面入手：

一方面是本土化策略的实施，突出表现为国内制度体系设计、完善和实施，包括相关知识产权战略纲要、政策体系、法律体系和规章制度的制定与实施，使之互为支撑、互相配合，实现四者之间的统筹化、体系化、制度化和科学化。其中，尤其要注意相关法律体系的建立和完善，针对各种不同的民族文化产业制定专门的法律、法规、规章和管理制度以及实施规定，这是最为可行的办法。目前，对于民族文化产业的知识产权保护，我国立法上的体现可谓寥若星辰、依稀可见：我国商标法对地理标志的保护作出了规定，但语焉不详，相应的部门规章却又层级较低；最新公布的专利法修订草案对基于遗传资源的发明增设了两个条文，一定程度上为我国丰富的生物多样性保护提供了依据，但缺少专门立法的有效支撑；最近，我国制定了非物质文化遗产保护规定，同时，有关机构正在抓紧制定民间文学艺术的保护办法；但对于中医药、中华饮食文化、中华老字号等问题，有关部门和研究机构虽然十分关注，却缺失保护性的规定。总之，目前这些相关的法律法规并无体系可言，具体的规定也并不完备，今后应加强研究并形成理论成果，最终将所有这些民族文化产业的知识产权保护制度形成一个完整的有效用的法制体系和政策保障体系，为相关产业发展发挥鼓励、促进和保护的多重积极作用。在制定相关法律制度的过程中，要充分考虑我国国情，注意保持稳定性与先进性的统一，同时不能违背国际知识产权保护的一般规律，将保护民族传统文化成果与融合世界知识产权制度相结合，为本土化制度的国际化打好基础。

另一方面是国际化策略的推行，也就是民族文化产业知识产权保护制度的国际推广。首先是民族文化产业知识产权保护制度对其他国家的影响。任何一个国家，在法治化进程中都要或多或少地移植或引入他国法律制度，在国际社会一体化的今天，更是如此。民族文化产业知识产权保护，实际上是国家传统优势领域知识成果的保护，这种制度具有向类似国家推广的可适用性，其他具有相同或类似情况的国家会借鉴、移植或引入这种传统知识保护制度。其次是相关国际法（国际条约）的形成，也就是传统知识的国际条约的达成和生效。呼吁加强传统知识领域的知识产权保护，不是少数国家的动议，已经形成了群体性的倡议，未来形成相关国际条约并非不可能。在此方面，中国具有资源优势和国际影响力，带动并促进相关国际法的形成具有现实基础。最后是民族文化产业知识产权保护制度与相关国际条约的互动。在国内法相关保护制度与国际法并存的情况下，必然相互影响、相互渗透，并随之作出相应的调整，形成互动。在此期间，国际条约和国内法都不断趋于合理，并使得传统知识的保护逐渐成为人类社会的共识，带动更多的国家和群体加入保护，从而实现国际化。具体说来，民族文化产业知识产权保护的国际化，可通过国家间的双边协定、国际区域性协定、国际多边协定、国际统一实体法条约等具体的法律形式予以实现。另外，在国际化战略举措上，应注重发挥具有共同现实情形和利益诉求的国家的作用，形成传统知识领域知识产权保护方面的国家联盟或国家间组织机构，推动相关知识产权保护的国际化。中国、印度、埃及、伊朗、巴西、阿根廷等国都是发展中国家，都具有丰富的传统知识和文明成果，都是具有广泛影响力的大国，在传统知识领域的知识产权保护方面，具有共同的利益诉求，可合作推动民族文化产业相关国际保护秩序的建立，掌握民族文化产业国际知识产权规则制定的主动性。

五、结 语

时至今日，知识产权已经成为重要的财富资源，产权化的知识已经成为不可忽视的生产要素，世界各国综合国力的竞争某种程度上就是知识产权能力的竞争，从这个意义上说，知识产权将成为国家核心竞争力、社会发展能力和水平的集中体现。目前，国家重视并积极推行知识产权举措，希望通过知识产权战略的制订和实施来激发整个社会的创新热情，通过知识产权保护制度的更新和完善来激活民族文化产业的竞争能力，通过知识产权政策法规体系的建立和健全来提高国家的核心竞争力。同时，社会各界知识产权保护意识也大大提高并身体力行，社会各界积极把握契机，制定、完善并且实施自己的知识产权战略。但是，毕竟我国知识产权理论研究和具体实践的历史较短，因此还存在很多问题，突出表现在更多关注宏观而忽视微观、更多注意静态而忽略动态、更多被动应对而缺乏主动。在克服和解决这些问题的过程中，积极主动地倡导我国民族知识产权利益的保护，建立并推广民族文化产业知识产权保护制度体系具有极高的战略意义和实践价值。正如著名知识产权专家吴汉东先生所指出的："中国的知识产权事业进入了一个新的重要的历史发展时期。第一，就知识产权制度建设而言，中国进入了一个战略主动期；第二，从知识产权制度运作来讲，中国进入了一个关键发展期。与此同时，知识产权制度建设、知识产权战略实施，应服务于落实科学发展观、建设创新型国家的总政策目标。在提高自主创新能力、走创新型国家的发展道路上，知识产权起着制度保证、制度支撑作用。"在这样的历史条件下，我们因势利导，积极畅行民族文化产业的知识产权保护制度体系，就不仅仅是在把握机遇，更是在创造机遇并为未来领先世界做好准备。

民族特色文化产业发展与法制保障刍议

张 军[*]

摘要：在国家文化产业宏观政策的大力推动下，特色文化产业呈现出良好的发展势头，同样也面临着机遇与挑战。政策是文化产业的基石，法制是文化产业的保障。在民族文化产业初期及发展阶段，要处理好基本法与部门法、文化创意与知识产权、特色化与同质化、科技与金融、文化遗产与国际视野的关系。加大民族法制宣传与弘扬法治理念，构建民族文化产业基本法，加强文化市场执法监督，有利于西部民族地区文化产业的振兴与发展，民族特色文化产业才能"走出去"。

2014年3月~8月，我国支持文化产业政策频出，从国务院《关于推进文化创意和设计服务与相关产业融合发展的若干意见》，到文化部、财政部《关于推动特色文化产业发展的指导意见》，再到《关于大力支持小微文化企业发展的实施意见》、《关于深入推进文化金融合作的意见》等重要文件，支持政策覆盖面广，力度空前。在我国，对一个产业有如此高的期待、如此重的优待，都是前所未有的。2014年10月，党的十八届四中全会又提出全面推进依法治国的总目标和重大任务。文化产业主要是以版权产业为核心的提供精神产品生产和服务的产业，文化产业发展有很大的地域差异性

---

* 张军，华南师范大学文化产业法制研究中心主任，城市文化学院副教授，硕士生导师。清华大学国家文化产业研究中心访问学者，武汉大学国家文化创新研究中心兼职研究员。

和特殊性，西部地区丰富的民族文化资源为文化产业的发展提供了得天独厚的条件。但是，文化产业的发展离不开法制的保障。提升文化产品知识产权保护的意识，完善相关法规制度，以及加强民族文化产业地方立法等都是为促进文化产业发展保驾护航的重要举措。

一、机遇与挑战：民族特色文化产业发展

近年来，具有地方特色、民族特色的文化产业在一些地区获得长足发展，特色文化产业在一些地区已成为支柱型产业。积极发展我国西南、西北地区等具有鲜明地域和民族特色的文化产业群，给民族特色文化产业带来新的发展机遇。在新的机遇期，特色文化产业将成为促进区域经济转型、缩小中西部发展差距的重要抓手。

第一，特色文化产业具有能耗低、污染少、产品附加值高以及吸收就业能力强的特点，有利于民族经济发展方式转变和经济结构调整。特色文化产业依托各地独特的文化资源，通过创意转化、科技提升和市场运作，提供具有鲜明区域特点和民族特色的文化产品和服务。着力推动特色文化产业发展，从优秀传统文化符号中提取有价值的素材，将优秀传统文化特质融入文化产品中，开发出人民群众喜闻乐见的产品，既丰富了群众的精神文化生活，扩大文化消费；又能增强中华民族的凝聚力，在潜移默化中实现社会主义核心价值观的培育和弘扬。同时，特色文化产业拥有巨大的产值增长空间，对经济贡献潜力巨大。如甘肃省庆阳市大力发展香包等民俗文化产业，目前已建成各类生产销售公司 600 余个，从业人员 15 万人，产品品种 150 多个，年产值 3 亿多元。实践表明，通过发展特色文化产业，在与产业和市场的结合中较好地实现了民族文化的传承和可持续发展，在弘扬民族优秀传统文化、优化文化产业布局、促进地方经济社会发展、扩大城乡就业创业、促进群众增收等方面都发挥了重要作用。

第二，特色文化产业"安民、育民、富民"功能不断提升，对我国民族地区的稳定具有重要作用。文化是人们沟通的桥梁和情感联系的纽带，能够起到社会的"润滑剂"、"减压阀"和"稳定器"作用。在少数民族地区，由于历史和地理原因，民族文化、民俗文化和宗教文化是相互融合、

相互影响的。将生活形态的文化内容拓展为生产方式和经济因素，在一定程度上能够缓解民族地区的各种矛盾和冲突。[1]如藏羌彝文化产业走廊建设项目是以文化产业为切入点，合理开发藏、羌、彝丰富多彩的民族文化资源，形成一条文化产业走廊带。这将有力推动西部少数民族集聚区政治、经济、文化的综合发展，是一项增加国家认同、促进民族和睦、推动产业发展、维护社会稳定的重要工程。特色文化产业以中小企业、个人工作室、家庭作坊居多，在解决就业上比工业更具优势。据预测，到2015年特色文化产业可吸引约4500万人就业、创业，为全国特别是中西部地区提供更多的就业岗位，将有效缓解就业难题，增加城乡居民收入。在边疆少数民族地区，特色文化产业的稳边安民作用就更为突出。比如，热贡文化产业是青海省黄南藏族自治州的重要支柱性产业。热贡文化艺术主要指唐卡、雕塑、堆绣、石雕和木雕等。目前在黄南州热贡文化从业人员近7000人，据不完全统计，2011年黄南州热贡艺术品销售收入达8331.7万元。[2]青海作为西部欠发达地区，生态较为脆弱，部分地区不再考核GDP。依托多彩的民族文化，政府主推的特色文化产业，已成为农牧民群众脱贫致富的"民心工程"。

第三，我国历史文化、民族文化与生态文化资源的相对集聚为民族特色文化产业发展提供了空间与文化资源支撑。中华民族文化源远流长、特色鲜明、独树一帜，我国地缘辽阔、生态环境多样、民族众多，东南西北中各有不同的历史文化、民族文化和生态文化，并且呈现出相对集聚的特征。2013年3月5日，文化部、财政部联合印发《藏羌彝文化产业走廊总体规划》。该文化产业走廊是中国第一个国家层面的区域文化产业发展专项规划，涉及川、黔、滇、藏、陕、甘、青七省区，核心区域内藏、羌、彝等少数民族人口超过760万，覆盖面积超过68万平方公里。青海和西藏以藏族文化为特色，以传统民族工艺、民族歌舞等为主体，形成了黄南藏族

---

〔1〕 熊澄宇："藏羌彝文化产业走廊是一项国家战略"，载《瞭望东方周刊》2014年11月27日。

〔2〕 傅琰："特色文化产业发展空间巨大"，载《中国文化报》2012年5月29日。

自治州热贡县、拉萨、雅江等民族文化集聚区；内蒙古、新疆以草原文化、民族文化为特色，形成了以呼和浩特、赤峰、乌鲁木齐、喀什、库尔勒为中心的民族文化集聚区；西南地区的四川、贵州、云南三省，以巴蜀文化、少数民族文化为特色，形成了川西、甘孜、黔东南、黔西南民族文化资源集聚区。这些民族文化资源的集聚，为发展民族特色文化产业奠定了良好基础。

第四，民族地区政府高度重视文化资源，特色文化产业发展已经初具规模，为民族特色文化产业进一步发展提供了条件。各地依托民族文化和生态文化资源，初步打造了民族民间演艺、民族民间工艺品、地域特色文化体验、地方特色文化产品等特色文化产业群。如青海省通过对民族文化的挖掘，已形成一批独具特色的文化产业品牌，包括民族工艺品业、演艺业、文化旅游业等在内的文化产业体系。云南省依托丰富多彩的民族文化和生态文化，大力扶持休闲娱乐、文化旅游、珠宝玉石、民族民间工艺和茶文化产业。云南已经形成以昆明—大理—丽江为中心，辐射香格里拉和腾冲县的演艺产业集聚带，《丽水金沙》、《印象·丽江》、《蝴蝶之梦》等知名演艺品牌久演不衰，取得了良好的经济效益；西藏规划建设西藏民族文化产业基地、西藏文化传播基地、西藏影视中心及雅江民族文化产业带；此外，内蒙古、福建、广西、贵州、重庆、甘肃等省市区也结合自身的资源优势和相对集聚的民族民间文化，大力推进重点文化产业园区、文化产业带的发展。[1]

第五，民族特色文化产业面临的各种挑战。在特色文化产业发展中同样存在法治意识不强、执法水平不高，国家及地方相关法规缺乏等问题。民族文化产业结构不合理，体制机制滞后，产品附加值低，产品产业特色不突出，产业链条不完善，市场发育迟缓，科技含量低，国际竞争力弱。特别是民族小微文化企业规模小，融资难，创意和设计人才严重缺乏，普

---

〔1〕 吴江波：“民族特色文化产业大有可为”，载中国新闻网 http://www.chinanews.com，访问日期：2014年12月2日。

遍存在市场信息不畅、品牌建设不够、营销渠道匮乏等问题。

二、解释与立法：文化产业法制概况

联合国教科文组织认为，"文化产业是创造、生产、销售内容的产业，它一般具有知识产权的属性，以产品或服务的形态出现"。[1] 从一定意义上说文化产业是文化企业的集合，主要是为社会提供文化产品，包括物态类文化产品、劳务形式文化产品以及为其他商品或行业提供文化附加值的文化产品。文化产业既能促进商品的流通与消费，推动经济与文化的一体化，又能推动整个经济的发展。发展文化产业，可以传播本国的民族文化，改善本国产业结构，从而促进文化强国的建设。"文化立国"早已成为各国的重要战略之一，"文化立法"也成为各国文化产业战略实施的重要路径。政策是文化产业的基石，法律是文化产业发展的保障，但是我国民族文化立法没有被高度重视，更多依赖的是文化规划和政策。

法律是指由国家专门机关制定的，以权利义务为调整机制并通过国家强制力保证实施的调整行为关系的规范，是人类社会的一种主要控制力量。在社会系统中，法律充当着调整社会、分配利益、治理国家的重任。文化产业法律是国家立法机关制定的旨在规范和保障文化产业发展的一系列法律制度的总称。主要包括宪法、全国人大及常委会制定的法律，国务院制定的行政法规。世界上多数国家都有产业政策到立法的实践经历，从一些国家产业政策与法律的实施结果看，有的很成功，也有的不成功。理论界也因此对产业政策与法律的地位问题争论不休。尽管现实中产业政策负面的例子不少见，但不可否认的是，有更多的经验证据证明产业政策对于推动经济发展和进行产业结构调整的积极意义，其局限性是政策法律化。政策法律化就是法定的有权机关将实践中比较成熟、稳定或特别重要的政策上升为法律的过程，即政策及时上升为法律的过程，但绝不是政策的条文化、具体化。文化产业政策法律化的目的在于：解决现实国情下，政策与

---

〔1〕 张鄂："数字内容产业发展的中国路径与北欧启示"，载《文化产业导刊》2014 年第 4期。

法律制度的冲突问题，实现政策与法律的进一步融合，用法律形式把文化产业政策固定下来，进而推动经济发展、维护社会稳定，提高人民生活水平。市场经济一个主要的特征就是法治，要做好文化产业，使之真正促进经济结构调整和产业结构升级，带动经济又好又快发展，就必须加强法制建设。

目前，我国调整文化产业与文化事业的法律主要有：《著作权法》、《文物保护法》、《非物质文化遗产法》和《广告法》。与文化产业有一定关系的法律有《旅游法》、《专利法》、《商标法》、《反不正当竞争法》、《公司法》、《合同法》以及《担保法》。国际公约主要有《巴黎公约》、《伯尔尼公约》、《保护非物质文化遗产公约》、《保护世界文化和自然遗产公约》、《保护和促进文化表现形式多样性公约》、《世界知识产权组织版权条约》和《世界知识产权组织表演和录音制品条约》。在文化行政管理方面，国务院发布了若干行政法规，如《著作权法实施条例》、《著作权集体管理条例》、《出版管理条例》、《印刷业管理条例》、《广播电视管理条例》、《电影管理条例》、《信息网络传播权保护条例》、《互联网上网服务营业场所管理条例》、《互联网信息服务管理办法》、《营业性演出管理条例》、《娱乐场所管理条例》、《音像制品管理条例》等。

三、功能与地位：民族文化产业政策法律

首先，民族文化市场竞争秩序的规范功能。市场环境和竞争秩序对一个产业的健康发展具有重要意义，文化产业法律制度其目标主要是调整政府与产业、符号创作者与企业、企业与市场之间的关系。通过实施《著作权法》、《合同法》、《反垄断法》等，规范文化市场进入和退出，保护版权，既反对产业内的过度竞争和恶性竞争，又要反对阻碍竞争的垄断行为，以保证竞争的公平性，实现有效竞争，维护市场活力。制定和促进民族文化产业发展的基本法已成为当务之急，完善民族文化产业相关行为法和民族特色文化产业的地方配套政策，建立一个统一、开放、竞争、有序的民族文化市场，就成为当前我国民族文化产业法律的重要内容。

其次，民族特色文化产业发展的激励功能。近年来，我国的文化产业

获得了快速发展。除了需求拉动、科技发展、网络普及、文化创意等因素以外，文化产业政策的激励功能和推动作用功不可没。为了加快我国民族特色文化产业的发展，政府出台了一系列"倾斜性"的政策，如加大政府的文化投资，提供优惠的财政、税收、金融政策，采取措施鼓励文化产品和服务的出口。民族地区文化政策的制定也迎来了一个空前的热潮，包括民族文化遗产政策、民族文化艺术政策、民族文化公共政策、民族文化经济政策等。这些政策的实施首先向社会提供了一个明确的信号，表明政府对文化产业发展的重视和支持。

再次，民族文化产业结构调整的引导功能。尽管市场机制对于结构调整有一定的功效，但它在新产业的开发等具有战略意义的结构调整方面存在着先天性的缺陷，而这一点恰恰是产业政策的优势所在。从某种意义上说，产业政策就是"结构政策"。正是由于这个原因，在日本，产业政策被称为产业结构高级化政策。产业政策之所以对产业结构的优化和调整具有重要影响，主要是因为产业政策不仅制定了产业结构调整的方向、目标、规划，而且运用有引导结构调整的各种手段和途径，能够通过法律、行政、经济的手段，使政策客体即政策作用对象的利益发生改变，从而使政策客体对自己的经营方向和经营行为作出必要的调整，使资源配置按预定的目标发展，使生产要素向预定的方向流动。[1]文化产业政策及法律的主要目标应该从侧重速度、产值转移到结构的调整和优化方面，将"结构是否得到了优化"作为衡量产业政策成功与否的主要标准。

最后，民族文化产业弱质行业的保障功能。目前，我国少数民族特色文化产业还处在初期阶段，与发达国家的文化产业相比差距甚远。即使是与我国东部地区和一线城市相比，在文化产业的信息、科技、融资、人才、创新等方面还有很大的距离，国家应该在民族文化产业政策及法规的制定方面有所倾斜。2014 年 8 月 19 日，文化部、工业和信息化部、财政部联合

---

〔1〕 杨吉华："论文化产业政策在文化产业发展中的地位和作用"，载《池州师专学报》2007 年第 2 期。

发布《关于大力支持小微文化企业发展的实施意见》，首次在国家部委层面发文支持小微文化企业发展，明确了支持小微文化企业发展的工作目标、方向和任务，但是对民族文化产业发展尚没有特别的政策规定。

四、法制与发展：民族特色文化产业关系

第一，民族文化产业基本法与部门法的关系。制定《中华人民共和国民族民间传统文化保护法》和《中华人民共和国民族文化产业振兴法》，以法律形式确定我国民族文化产业发展的框架、原则、体制等基本制度，作为民族文化产业发展基本法统领民族文化产业发展的法律法规体系。日本有《振兴民族艺术基本法》，加拿大也有《影像振兴基本法》等[1]这些法律的出台，不仅明确了该国民族文化产业发展的基本方向和策略，更重要的是规定了管理、调控文化产业发展的基本手段和方法，为该国民族文化产业的发展起到了巨大的推动作用。作为文化产业发展的法律基础和依据的基本法是文化产业良好发展的必备条件之一，我国现行法律体系中没有民族文化产业的基本法律制度，只有《非物质文化遗产法》、《文物保护法》、《著作权法》等相关法规。在部门法中，要赋予少数民族非物质文化遗产相对独立的法律地位，有助于实现相关国际人权公约中对少数民族非物质文化遗产保护国家义务的国内法对接。"少数民族非物质文化遗产"作为"非物质文化遗产"的下位概念，有利于实现少数民族在相应实体法和程序法中的私权主体地位。承认了"少数民族非物质文化遗产"的概念，即明确了少数民族对其非物质文化遗产的私权权属，既可以确定该少数民族在相关国内私法领域中应享有的各项民事权利，同时又确立了该少数民族在民事诉讼法中的原告地位及其相关诉讼权利，使少数民族群体对其享有的非物质文化遗产权益得到切实保障。[2]

第二，民族文化创意与知识产权保护的关系。创意的法律保护是近年

---

〔1〕 韩洁等："美国版权战略对我国文化产业发展的启示"，载《重庆工商大学学报（社会科学版）》2009 年第 1 期。

〔2〕 韩小兵、喜饶尼玛："中国少数民族非物质文化遗产保护的法制特色"，载《人权》2012年第 5 期。

来许多国家创意产业发展中面临的一个基础性命题和共同难题。创意应具有新颖性和具体性，创意的创新性以坚持绝对性标准为主，以相对性标准为辅。已经形成作品内在表达的创意才能得到版权的保护，纯精神的构思和尚未形成作品内在表达的创意不能给予版权的保护，创意形成作品内在表达的标准是创新性和具体性。关于创意保护的权利基础，主要有财产权理论、合同理论、不当得利理论和保密关系理论。国务院《关于推进文化创意和设计服务与相关产业融合发展的若干意见》把"创意引领，跨界融合"作为推动特色文化产业发展的基本原则之一，提出要加强创意设计，促进特色文化资源与现代消费需求有效对接，加快特色文化产业与旅游等相关产业融合发展，提升产品品质，丰富产品形态，延伸产业链条，拓展特色文化产业发展空间。在民族文化创意方面，要建立健全传统知识保护制度；同时创新知识产权保护制度，应从四个方面构建创意保护的法律制度：①在性质上，将创意界定为一种独立的知识财产；②在保护范围上，坚持创意判断上的相对新颖性和具体性标准；③在保护模式上，确立以著作权法为主导、以合同法等法律为补充的系统保护机制；④在保护内容上，完善传统民族文化工艺、民间技艺的认定保护机制，形成一批具有较强影响力和市场竞争力的民族特色文化产品品牌，加大民族文化创意知识产权的保护力度和刑法惩罚力度。

第三，民族文化产业特色化与同质化的关系。文化产业的重点是特色文化产业。西部生态脆弱不能重复东部发展的老路，利用自然生态和人文资源，将文化产业当作主导性产业加以培育，促进了民族文化产业经济的产业升级。在我国民族特色文化产业发展上要结合各自资源禀赋，因地制宜、突出特色，推动区域文化产业特色化、差异化发展，避免城市文化产业园发展中的同质化，加强产业集聚区建设是推动产业规模化、集约化发展的有效途径，有利于提高文化创意、创新能力和文化传播。产业集聚给政府提出了一个课题，即如何引导不同区域形成自己的产业优势，"错位"发展，避免同质化竞争。推动特色文化产业示范区、示范乡镇建设，建设一批文化特色鲜明、产业优势突出的特色文化产业示范区，建设有历史记忆、地域特色、民族特点的特色文化城镇和乡村，通过其示范辐射作用，带动全国范围内特色文化产业创新发展。

第四，民族文化产业科技与金融结合的关系。特色文化产业多数是原生态的、手工制作的，所以要与科技金融结合，跟上时代生产力的步伐，才能使产品形态符合现代消费者的需求，才可能产业化。任何一个时代都有其表现形式，或者生产力有一种呈现。在今天生产力体现的是科学技术，科技改变产品形态。就是说，这种特色的文化元素和文化内容要找到和当今生产力的契合点。这种契合点并非都是信息化、数字化，它们是科学技术的一个方面，材料科学、生物科学、信息科学、认知科学都是科技。科技和内容融合，才可能使这个特色产业真正符合当代生产力。在市场经济中，民族特色文化需要创新金融税收支持模式，破解特色文化产业发展中面临的资金瓶颈。特色文化产业存在大量中小型企业，个人工作室以及个体经营者，普遍规模小，获取政府资助和银行信贷难度大，发展中面临资金难题。可考虑通过以下途径解决：中央财政设立民族特色文化产业专项基金，这一基金并不主要针对国有文化企业，而是通过科学合理的方式对民族地区的民营文化企业、个人工作室进行资金补助；对积极发展民族特色文化产业的农村地区、民族地区可比照农业产业发展方式实行小额贷款贴息政策；减免从事民族民间工艺品生产的企业的税负等。

第五，民族民间文化遗产与国际视野的关系。联合国教科文组织的《保护非物质文化遗产公约》（2006 年生效）在强调非物质文化遗产的重要性时认为：非物质文化遗产"是文化多样性的熔炉，又是可持续发展的保证"。民间文化遗产本身是少数民族一种巨大的财富，文化资源就地转化具有国际竞争力的文化特色产品，给我国中西部地区带来持续发展活力，也有利于实现民族文化的自我积累和可持续发展，有利于民族地区和谐稳定。为此必须做到：①文化产业主体在变政府主导为市场主导的基础上，部分非物质文化的产业内容则应由市场和非营利组织、行业公会加以有效配置、监管。非物质文化的传承与现代转型同等重要，传承中必须有所创新和发明，实现"重返民间"、"走向世界"。②贯彻《中华人民共和国非物质文遗产法》实施及监督。③合理开发利用非遗代表性项目的单位，将依法享受国家规定的税收优惠，鼓励支持合理利用非物质文化遗产代表性项目开发文化产品和文化服务等行为。④国家级非物质文化遗产代表性项目的代表性传承人，应当履行法定义务，培养民间文化遗产经纪人。⑤开展以抢救民族民俗文化为目的的大规模文化普查工作，普查结束后，相关部门应建立民族民间文化遗产资料库与文化遗产网，为将来民族文化创意提供翔实的资料与科学依据。⑥深入挖掘民族特色文化存量资源，择优创新文化产品。民族的也是世界的，民族特色文化企业和个人要面向国际市场，需要秉持正确的原则和态度。只有在世界文化的舞台上与其他文化交流互鉴、创新发展，才能真正实现文化自信。

总之，我国民族特色文化产业发展与法制建设是一个相辅相成、相互促进的过程。文化产业的发展是一个整体的过程，在其中需要的是各个方面的协调共进。民族地区应该强化法制宣传与弘扬法治理念，推动文化司法综合改革，加大文化市场执法检查力度，民族文化政策和法律的制定和执行中亟须实现一体性、创新性、延续性和可操作性。

五、结　语

作为第三产业，文化产业是全球公认的潜力无限的朝阳产业，是增强国家和地区综合竞争力的战略制高点和核心要素。挖掘、整理、开发好自己地域的文化资源，它代表了本民族地区的名片。发展特色文化产业要坚持传承文化、科学发展，在产业发展尤其是园区基地、项目建设中要注重保护原始风貌和自然生态，突出传统特点。文化产业政策与法律的制定、实施和绩效评价必须坚持以人为本的价值导向。制定各项文化政策与法律的根本目的，是通过文化政策法规促进文化产业发展，从而满足人民群众日益增长的精神文化需求、公平保障人民群众文化权益的实现。笔者相信，在不远的将来，我国民族特色文化产业一定会有更美好的未来。

中国文化创意产业法律服务市场趋势与模式选择

王守亮 *　陈戈垠 **

摘要：中国文化创意产业法律服务市场预计在未来 5 年将出现大繁荣，而如何将文化创意产业与法律服务相融合，已成为当下一个不可回避的课题。当前的"双 80% 现象"和"七大风险"严重制约中国文化创意产业公司发展。同时，中国还面临着专业律师"缺口大"、"意识差"等问题。针对以上问题，本文通过对北京市安博律师事务所在实践中获取的成功经验进行分析，旨在探究中国文化创意产业法律服务市场趋势及创新型法律服务模式。

文化创意产业如何与法律服务相融合，是当下我们一个不可回避的课题。本文试图以此为突破口对中国文化创意产业法律服务市场趋势及创新型法律服务模式选择做一个探究，并尝试为大家提供一个参照案例。

一、发展前景

在未来 5 年内，中国文化创意产业法律服务市场将出现大繁荣，这是一个不可逆转的趋势。

（一）国家大力发展文化创意产业，彰显中国法律服务新格局

未来两年，文化创意产业将以每年约 30% 的平均增长率快速增长，相

---

* 王守亮，北京市安博律师事务所主任，中国传媒大学特聘教授，中国法学会培训中心特聘教授，中国文化创意产业联盟理事长。

** 陈戈垠，中国文化创意产业联盟副秘书长。

应法律服务市场也随之增长。未来 5 年，这个市场将呈现出大繁荣的趋势，这是不可逆转的。这些为我国文化创意产业法律市场的发展提供了空前的机遇。

2011 年中国律师行业整体的收入大约为 600 亿人民币，我国的 GDP 总额是 40 万亿人民币，比例是 1.5‰。相比之下，这一比率在美国、英国应为百分之一点几。按照全球第二大经济体的比例计算，中国的法律服务市场至少还有十倍的增长空间。文化创意产业的法律服务却是一片很少有人关注的蓝海，这为青年律师或趋于专业化产业化的律师提供了前所未有的机遇。

（二）北京文化创意产业发展位居前例，北京律师有天然优势

文化创意产业的发展已成为北京经济发展新的增长点。文化创意产业的产值在北京市整个 GDP 总值中排名第二，逐渐发展成为北京国民经济的支柱产业之一。国家统计局公布的数据显示：2011 年北京的文化创意产业产值达 1989.9 亿元，将近两千亿，占北京市地区生产总值的 12.2%，同比增长 14.7%。规模以上文化创意企业共有 7300 家，从业人员 140.1 万人。在所有统计的中国省市中，只有北京的这一比例超过了英国（8.2%）。这说明，北京市文化创意产业的发展不仅走在国内前列，也开始向国际前列进军。

2011 年，北京市 2.3 万名律师创造的总收入是 113 亿元人民币。如果这个增长率保持每年增长 30% 的话，北京文化创意法律服务将是一个很诱人的法律服务市场。这对于处于北京的律师而言具有地缘优势。有人说现在没有看到这个法律市场的欣欣向荣，其实这需要商业的敏感性和洞察力。当所有人都看到这个法律服务市场时，这里就是红海了，没有你的机会了。

二、发展制约

"双 80% 现象"和"七大风险"严重制约中国文化创意产业公司发展，同时专业律师缺口大、意识差，这些成为制约中国文化创意产业法律服务市场发展的主要制约因素。

（一）文化创意产业公司数量多，但存在"双 80% 现象"

我国文化创意产业尚处于起步阶段，面临着市场不成熟、需求不稳定、

产业链尚未形成的风险，一定程度上影响创意项目的可行性、经济合理性和投资成功率。文创企业从完成创意制作到市场推广，需要较大资金投入，由于消费者市场需求的不确定性，这中间会有较高的市场风险。高风险的特点使得金融机构无法判断投融资风险是否在其风险承受限度之内，从而抑制了稳健性资金，特别是银行信贷资金流入该产业领域，这对文化创意企业融资来说是一个巨大的难题。北京注册的 14 万家文化创意企业多为小企业，平均注册资本不到 200 万元，缺乏大型文化创意产业集团和品牌。

文化创意产业公司在高速发展的同时，也出现严重的两极分化：国有大型文化创意公司拿走了文化创意产业大部分的收益，处于长尾部分的中小微文化创意公司却收益惨淡。经验、资金、资源的缺位，都延缓了创业者成长的脚步，创业项目功败垂成的案例比比皆是。就此问题，北京市安博律师事务所文化创意法律事务部历时两年，对近 1000 家文化创意公司进行系统分析，尤其是在与中国传媒大学联合开展"文化创意产业企业法律风险防控"课题研究后，得出两个非常惊人的结论：

第一，80% 的文化创意公司成立两年就会出现严重风险：陷于困境或倒闭，严重风险的种类有很多，归纳起来主要有七种。

第二，80% 的文化创意公司如果重视风险管理就可以避免严重风险。

（二）文化创意公司面临的"七大法律风险"

1. 成立退出风险：包括文创企业对办理行政事项的法律、法规、规章依据不明。文创企业对政府部门管理相应服务项目不明，部分文创企业项目市场准入门槛过高；

2. 确权风险：包括产权确认风险，保护范围风险；

3. 产资转化风险；

4. 融资风险：包括政府渠道层面，资本扶持条件苛刻、程序繁琐，文化创意企业自身层面，鉴于文创企业的新兴性和轻资产性导致企业融资难，民间资本对文创企业信心不足；

5. 品牌媒体风险；

6. 维权风险；

7. 管理风险。

上述七个方面的严重风险导致了文化创意公司陷于困境和倒闭。北京市安博律师事务所创造性的发现了"双80%现象",并分析导致这种现象的"七大严重风险",以风险管理为目标,以客户需求为导向,提出文化创意产业新形势下标本兼治的一揽子解决方案,即安博创新型法律服务新模式,从而为文化创意产业搭起一个产业服务链条。企业高管不重视或看不到法律风险,而能看到法律风险的律师意识不到这些法律服务。中国文化创意产业公司面临严重法律风险,但绝大多数律师没有意识到。

(三)从事文化创意产业法律服务的律师缺口大

文化创意产业的特殊性,决定着律师必须具备文化创意产业的产业知识和实际经验,比如说,不同文化创意公司的市场准入条件、文化创意贷款的条件、知识产权确权用权维权等。也就是说,文化创意产业要求律师专业化、产业化和团队化。由于国内缺乏相应的培训和学习机制,从事文化创意的律师往往是从以前从事知识产权业务或者从事文化类公司法律顾问业务转化过来的。这些因素都决定了文化创意产业律师人数规模小,而且数量有限。据北京市律师协会的领导介绍,在北京市从事此业的律师尚不足百人。因此,要从事文化创意产业服务就应该明确律师的专业定位和行业选择。

三、发展走向

面对这样的局势,文化创意产业律师应该如何把握行业趋势、专业定位和领域选择?

(一)方向定位——把握文化创意行业发展趋势

结合北京市文化创意产业促进中心主任梅松在《2012年中国文化产业30人高端峰会》上的讲话,以及2012年12月发布的《北京文化发展报告2011-2012》,可以判断出以下六个发展趋势:

1. 文化与科技的融合日趋强烈

目前,我国的文化资源主要有以下分类:一是以皇城文化、王府文化、胡同文化、饮食文化为代表的传统文化资源;二是以移动多媒体、小剧场、微电影为代表的新兴文化资源;三是以动漫游戏城、文化街等为代表的创意文化资源,还有一些城市具有以外国使领馆、外资企业与机构、外国留学生和游客为代表的外国文化资源。互联网服务,包括动漫、游戏、数字内容、数字出版,是地道的文化和科技融合发展。在这一领域中,北京无疑也是发展最快、支撑最大的中国城市,目前这个领域可以占到北京市整个生产总值的39%。

2. 融资领域引领企业上市风潮

在未来3~5年,企业上市会出现一个风潮。根据政策分析,到"十二五规划"末年,文化创意产业产值可提升至8000万~9000亿元人民币。而按照党的十八大提出的要求,产值再翻一番,所以这个领域有相当的增长潜力。根据统计,2012-2014年,排队上市的文化产业公司众多,如小马奔腾、海润影视、中影集团、万达院线、优扬传媒、星美传媒、慈文影视、北京新影联、上海新文化传媒集团、北京大唐辉煌影业、长城影视等等,不胜枚举。

3. 文化与资本深度融合和发展

众多大国企、大民企、大资本纷纷进入文化领域,引领起文化与资本的深度融合和高速发展。目前,北京万达文化产业集团公司是国内最大文化航母。这个公司已经整合了旗下的七个业务板块,其中万达的电影院线是全球最大的。中国航天集团旗下也创立了中国航天文化公司,诸如此类其他行业深度介入文化产业的投资和发展,这将是一个发展趋势。

4. 以项目带动文化产业发展

2012年,固定资产投资项目共有172个,而其他产业总计有319个,投资总额是3200亿。将这两个项目加在一起,共计有五百多个重点项目。

5. 全国性文化要素市场兴起

包括文化资源、文化资产和文化资本在内的文化要素,是文化产业发展的先决前提。接下来几年中,北京市将会率先建成全国文化要素市场的中心,同时面向全球建设文化保税服务区。目前,在全国范围内,只有两个此类项目获批,一个在上海浦东,另一个在北京。

6. 文化创意产业联盟及民间商会

2014 年 8 月 18 日,由中国传媒大学、北京市安博律师事务所等九家单位发起的中国文化创意产业联盟成立。9 月 16 日,我国文化产业领域首个"国字号"商会——中国民营文化产业商会在京成立,百度创始人李彦宏当选为首任会长。中国民营文化产业商会是国内首个专门服务民营文化产业发展的全国性大型商会组织,汇聚了来自中央和地方政府、民营企业、投资机构等多方力量,致力于打造一个集文化产业规划、资源配置和信息共享于一体的国家级文化产业战略合作平台。

(二) 领域选择——文化创意产业中适合自己的专业领域

《文化部关于支持和促进文化产业发展的若干意见》中,将文化产业界定为和文化事业相对应的概念,大体包括影视业、音像业、文化娱乐业、文化旅游业、网络文化业、图书报刊业、文物和艺术品业、艺术培训业 9 大门类。

《北京市文化创意产业分类标准》将其分为文化艺术,新闻出版,广播、电视、电影,软件、网络及计算机服务,广告会展,艺术品交易,设计服务,旅游、休闲娱乐和其他辅助服务。

但是,并不是每个领域都适合自己。从业律师在作出选择之前,应当重点研究北京市"两会"政府工作报告并关注文化投资、消费、进出口三大领域:文化投资领域、文化消费领域和文化进出口领域。在此基础上,才能够在文化创意产业的广泛领域中找到适合自己的专业领域。

四、创新模式

文化创意产业的发展现实,要求我们必须创新文化创意产业法律服务模式,创造出符合市场需要、贴近客户需求的法律服务方案。

(一) 注重文化创意产业知识学习及行业经验交流

在明确主攻业务领域之后,律师应该加强学习知识产权法律;关注国家及地域文化产业政策、行业指导文件;了解文化创意产业的市场准入条件、行业特征;了解文化创意公司的商业模式;有选择性的参加文化创意产业及法律论坛和沙龙。

（二）关注法律边缘业务，提高为客户服务的能力

所谓法律边缘业务，这是笔者个人提出的定义，指与法律有关但不是纯法律的业务。例如，安博律师事务所提出解决高端法律纠纷的三位一体方案——法律论证、媒体发布、诉讼仲裁，其中的法律论证及媒体发布都是律师的法律边缘业务。安博律所今年已经举办了 3 次法律专家论证会和 4 次媒体发布会，这种法律服务方式收费低、时间短、风险低，而且客户满意度高。律师需要深入研究文化创意产业纠纷案例，以客户需求为中心研发文化创意法律服务方案，通过研习经典案例很快掌握文化创意产业法律服务的特点及解决方案。

（三）应用安博模式解决内外部法律风险

1. 内部风险解决方案：安博创新型法律服务新模式

北京市安博律师事务所在国内率先定位文化创意产业，组建文化创意产业法律事务部，与中国传媒大学联合启动"文化创意产业企业法律风险防控"课题研究，聘请中国传媒大学政法学院副院长王四新等高校教授作为专家顾问。到目前为止，北京市安博律师事务所是国内第一家提出创新性文化创意法律服务方案，为客户提供多元化链式综合服务，开启文化创意法律服务新模式的律师事务所。

安博进行法律服务产品标准化精细化研发，独创企业法律顾问服务"五大流程"及"成长型企业十大法律模块"，主要为了解决文化创意公司管理风险尤其是法律风险的问题。

2. 外部风险解决方案：产业联盟"联合销售、聚合创业"模式

首先，建构联盟——北京市安博律师事务所倡议搭建"中国文化创意产业联盟"。中国文化创意产业联盟，简称"中国文创联盟"，英文名称为"China Culture Industry Alliance"，缩写为"CCIA"，旨在采用聚合创业新模式，在文化创意产业"整合资源、对接项目、缔造品牌和联合销售"，推动中国文化创意产业发展。目前，联盟业已汇集北京文化创意产业政府管理部门、文化创意产业协会、银行、投融资公司、律师事务所、管理咨询公司、500 余家文创企业、100 家媒体，旨在为文化创意公司搭建资源整合与

共享的平台。

其次，聚合创业——在联盟成立后，启动"联合销售项目对接"系列活动及"聚合创业"项目，解决文化创意公司需要的资源、客户、营销、品牌推广等外部问题。聚合创业不是一种新模式，但被我们第一次引入文化创意产业，并将于近期落地第一个"联合办公聚合创业"的项目，采用"股权加消费的股东会员制"运作联盟第一个会所。目前，该项目计划已经募集股东完毕，联盟面向广大市场主体开放。

最后，组建并培训一支文化创意产业律师团队，开展一系列针对文化创意产业公司的活动，包括如下几个方面：

第一，对加入中国文化创意产业联盟的100家会员企业，在提供企业法律顾问服务时采用新的收费模式。这种收费模式可以概括为一句话"预付费用、计时收费、不满意或假装不满意不收费"。律师事务所与客户签订法律顾问合同后，客户预付一定数额的法律顾问费。这笔预付的费用还是客户的，当有法律顾问费用时，按照律师实际服务的时间划款。如果客户不满意或假装不满意，就不实际支付律师费。这是行业内前所未有的一种全新收费模式。

第二，联盟与北京国际版权交易中心合作"智慧保险箱"业务，可以将文创企业的一些创意通过"智慧保险箱"确认并经公证处公证，产生同等功效的产权确认。达到对文化创意企业的知识产权和创意的最全面、高效、经济的保护。

第三，联盟律师帮助企业梳理知识产权及智慧结晶，通过知识产权申请和智慧保护来确定权属。再通过对以上确权的知识产权进行无形资产评估，根据权威机构对无形资产评估结果，企业可获知自身无形资产的现状和价值。

第四，联盟律师帮助加入联盟的文创企业将知识产权及智慧转换为商业资本，实现增加资本和商业利润路径。

在银行版权质押贷款方面，根据无形资产评估报告，安博律所可以帮助企业向银行申请"宽限期还本付息贷"等多种形式的版权质押贷款，帮助文化创意企业解决发展中资金紧缺问题；在银行信誉贷款方面，根据无形资产评估报告，安博律所可以帮助企业向银行申请文化创意企业家个人信誉贷款，企业信用贷款；在产权交易方面，根据无形资产评估结果，安博律所可以帮助企业在律所完整监控下现实将知识产权、智慧根据评估价格产权出售交易；在有偿授权与许可方面，将企业的知识产权和智慧等以专有技术许可等形式，有偿许可和授权给其他企业使用，收取费用和提成；在产权融资方面，文化创意类企业可以在盘点自身知识产权和创意产权后，向投资公司、基金公司、社会资金等多种渠道融资，可以将产权根据无形资产评估价格向外以股权或者债权的形式融资。

安博律所根据文创企业自身特点通过以上等路径，帮助企业将手中的知识产权和智慧盘活，变为商业资本，实现商业利润增加企业收入。真正地将文化创意变为文化创意产业。

第五，联盟律师构建全国的维权体系，为加入联盟的会员提供"公司零成本零人员大收益"保姆式维权。对于知识产权的维权一直是文化创意企业发展到一定程度上的重大难题。首先是侵权现象难以发现，其次是难以取证，接着是维权成本过高，最后是法院处罚力度不强。因此，大多企业不愿意耗费大量人力、财力和时间成本去维权。这正是阻碍我国文化创意产业发展的关键问题。一个好的文化创意如果得不到有效保护，不能阻止侵权复制，这个文化创意就很难转换为产业实现商业利润。

因此，以北京市法学会为依托，以全国法律维权公益网为载体，力图打造全国性的律师维权网络。在这个维权网络上的律师遍布全国的各大省市县，并且定期为网络中的律师举办相应的产权保护知识和技术培训。这样在全国任何一个地方如果出现"保护名册"中的侵权现象，网络中的律师就会及时发现并上报。与被侵权企业联系，可授权网络中的维权律师对侵权案件进行代理。重要的是其中的律师费、公证费、法院诉讼费，一部分由北京二十一世纪公益基金会捐助，一部分由维权平台承担。在胜诉后我们会将获得的赔偿款返还给被侵权企业，真正的实现企业零成本维权，零人员投入获得赔偿。

五、平台建设

创新法律业务开拓方法，创造性的以专业、团队、培训和平台赢取文化创意产业法律服务市场。传统的业务推广对于文化创意法律服务的推广一样有效。关于法律业务的推广曾经有过调查，调查表明：在所有律师的接案途径中，通过熟人介绍的占年接案数中的58%，通过所内直接安排案源的占年接案数中的18%，通过个人推广获取到案源的占年接案数中的24%。因此熟人口碑营销仍然是重点，结合这个强调如下几点：

（一）展示律师个人专业化形象，以专业赢市场

通过微博、微信等新媒体发布文化创意产业有关法律的文章，编写相关书籍，参加文化创意产业的相关论坛沙龙活动，提高新闻曝光率。锻炼良好的沟通能力，不要夸夸其谈，赢得客户的信任。所有销售都是解决相信问题，所有问题都是人的问题。

（二）加入或组建专业的销售和律师团队，以团队赢市场

专业的分工协作是开拓法律服务市场的关键。安博设有文化创意产业法律事务部，由专业律师和6名销售人员组成，销售人员专业做文化创意产业销售。

（三）加入或组建法律培训团队，以培训赢市场

法律培训是一种一对多的销售方式，效果非常好，如常规的人力资源培训及法律顾问培训，但要解决培训内容和培训对象两个问题。

（四）加入协会商会等平台，以平台赢市场

一般情况下，直接推广法律业务很难见效，但通过平台则不一样。平台本身都会有一系列的活动，有其固定的人脉圈，多参加论坛及沙龙活动无形中会认识好多企业客户，有了企业人脉圈当然也就有了法律商机。

站在新的历史高点，我们应牢牢把握文化创意产业发展的强劲势头，正确面对文化创意产业存在的问题，选择适合自己的发展路径，用创新开拓出属于中国文化创意产业服务律师的业务领域蓝海。

新媒体空间法治建设探微

闫文义 *

摘要：以互联网技术为支撑的新媒体日新月异裂变式的发展，给社会发展格局带来了全新的变革。2014 年 2 月，中央把网络安全提升到了国家层面，网络安全工作全面"提速"，但就新媒体空间的生态现状而言，形势依然严峻。净化新媒体空间生态，应当从方法论层面把握四个动态平衡点，使其统一于新媒体空间生态的净化，统一于国家和人民的最高利益。

以互联网技术为支撑的新媒体日新月异裂变式的发展，给舆论生态、思想观念注入了新的活力，给经济生活增添了创新的羽翼，给社会发展格局带来了全新的变革。更重要的是，它在影响人们的思维方式、行为方式，重塑人们的精神观念和物质生活。在感受便捷、自由、神奇、美好的时候，一个发生在我身边的故事，使我深感忧虑。2014 年夏天，我应邀参加了一位亲友女儿的"圆锁"小聚，席间女孩子的姥姥、姥爷（均系学校老师，出身名门）当着宾朋的面很有兴致地问了她一个问题：孩子，从今天你就长大了，你觉得世界上什么最重要？女孩子不假思索且又信誓旦旦地答道：钱最重要！姥姥、姥爷怔了下又继续问：你说说为什么！女孩子脱口而出：没有钱，我将来养活不了爸爸妈妈，没有钱，我照顾不好姥姥姥爷。女孩

---

* 闫文义，山西省大同市人大常委会调研员，国家预防灾害培训体验和法治保障文化基地建设项目矿难专家。

子的话彻底击垮了两位老人，也击碎了他们的希望和梦想，两位老人无言以对，双双抹着眼泪离席，女孩子的父母在吃惊的同时语无伦次地打着圆场。这件事强烈地震撼了我，引起我长久深深的思考。

童言无忌。一个刚满12岁的女孩子，说出这样惊人之语，绝不是一个偶然现象。这里固然有不良社会风气的"污染"，但从孩子年幼"触网"的经历来看，网络新媒体对孩子的影响是重要的原因。透过这个故事，也透过现今虚拟世界的种种怪象，我试图做如下的梳理。

可以肯定地说，改革开放三十多年，我国的法治建设取得了令人瞩目的成就，网络法治建设从无到有，由弱渐强，各级权力机关、行政司法机关、新闻宣传机关及业内人士都做了大量艰苦有效的工作，取得了可喜进步。特别是2014年2月，中央把网络安全提升到了国家层面，网络安全工作全面"提速"。但就新媒体空间的生态现状而言，形势依然严峻。一方面，解决"存量"问题任务十分繁重；另一方面，新媒体的迅猛发展趋势，必然会给我们带来难以估算的"增量"问题。可以说在今后相当长的一段时间内，我们面临着净化新媒体空间生态的双重压力。面对这种"新常态"，应当从方法论层面把握四个动态平衡点：

一、宪法精神至上，廓清空间"边界"

宪法，是国家根本大法。新媒体不是"法外之地"。净化新媒体空间，首先要"依宪治理"，维护宪法的尊严。就像国界线一样，宪法所规定的政党、制度、经济架构、公民权利义务这些基本原则，必须成为新媒体空间的"边界"，它包含了两个层面：一个层面是组织和公民，越界就是违宪违法；另一个层面是国家的任何法律的制定都必须符合宪法的精神和基本原则。这里需要提出的是，宪法规定了公民的"自由权"，但我们一定要搞清楚，这种"自由"，是宪法"总纲"前提下的"自由"，而不是毫无约束、无边无界的自由；公民和组织的权利与义务是相互紧密关联的，既没有脱离权利的义务，更没有背离义务的权利。所以"违宪"问题要提到议事日程，并制定网络维宪的相应法律。此外还需指出的是，新媒体空间是一种特殊资源，在条件成熟时，应当在宪法层面对其性质作特别界定。

二、法律配套完善，规范空间运行"规则"

"没有规矩，不成方圆"。我们现行的专门法律还处于初创阶段，更多的是"规章"在扮演着"规则"的角色；专业法与传统法的衔接、协同、配套还没有跟上。就立法实践而言，在宪法精神和原则的引领下，我们要认真总结 30 年来立法实践的经验和不足，把握好四个层面：

第一，立法实践应把体现核心价值观与立法过程统一起来。价值观不是"空中楼阁"。西方某政要近年明确地提出价值观外交；西方某大国在对外军事行动中，其政要也明确提出：我们是为了价值观而战；近些年，国内一些成功的企业家也纷纷用价值观的力量来凝聚人心。可见，价值观并不是"束之高阁"的"花瓶"。因此，我们近些年倡导的社会主义核心价值观在未来的立法实践中要"落地、生根、开花、结果"。这是宪法精神的应有之义，也是道路自信、制度自信、理论自信的必然。

第二，立法实践应把"开门立法"与彰显民族个性统一起来。纵观过去的立法实践，为什么会出现所谓的"恶法"，为什么普通百姓"打不起官司"，究其原因有三：即"门朝西边开"的现象比较重，甚至"西方神话"盛行；民族个性不鲜明，甚至被淡化；广大群众有序参与不够，群众路线没有很好的贯彻，立法变成了部门法。因此，在今后的立法实践中，应把"开门立法"和彰显民族个性作为重要方法，并使二者有机统一起来。既要借鉴国际上的文明成果，避免照抄照搬，也要借鉴中国历史上的优秀文明成果；既要把握国际上的发展趋势，又要立足于国情和实际；既要充分发挥专家学者的作用，也要充分发挥人大代表、政协委员的作用，更要充分利用新媒体的优势引导广大群众充分参与，实现在"开门立法"中彰显民族个性，在彰显民族个性中提升"开门立法"。

第三，立法实践要把"适时适度"与关联法律的衔接、协同统一起来。媒体最大的特点是发展速度裂变式，发展方式扁平化，传播方式个性即时化。列宁同志曾指出："在文化问题上急躁和冒进都是有害的"。我们在立法实践上要"适时适度"，跟上时代的"节拍"，时机不成熟可先立规，不能等问题突显成堆再"亡羊补牢"，待到"水到渠成"后看准时机再立法，用高质量的法、规、章，规范来净化新媒体空间生态。要特别注意立法过程中专门法同传统法的衔接、协同，堵死法律"空档"和"相悖"的漏洞，既不能"空档"也不能"脱档"，更不能"别档"，使之在宪法的精神上统一起来。

第四，立法实践应照顾好"老人"和"孩子"，把"个别"和"一般"统一起来。老龄人和青少年儿童，是新媒体背景下两个"困难"群体。老龄社会到来的现实以及青少年儿童健康关乎未来发展的重要性，都需要给予"特别关照"。现实生活中电信诈骗的对象往往是老人，青少年则是"精神污染"受灾的群体。从一个角度说，这两类人群遭受"网灾"之苦，会给家庭、社会的稳定和国家的发展带来难以估量的损失；从另一个角度说，给老人和孩子一个更便捷、更健康、更美好的网络环境，让他们自由充分地享受文明和进步的成果，是我们这个时代责无旁贷的使命所系。

三、政府依法监管，统一协调当好"裁判"

政府的依法监管应从三个方面着力：

第一，强化统一协调的领导体制。网络新媒体的监管是一项复杂的系统工程，涉及方方面面，涉及国家长治久安，建立统一协调的领导体制尤为重要。这便于集中协调有效的政府资源、经济资源、人力资源，集中力量办大事，提高监管实效。

第二，转变监管方式。监管是惩恶扬善，在服务中"裁判"，在"裁判"中服务。要学会运用法治思维，处理实际问题，学会运用法治方式化解新媒体空间出现的突出的复杂矛盾。香港"占中"问题顺利有效的化解，给我们带来一些很好的启示。

第三，要加大"投入"。要加大对"监管"技术硬件的投入，使我们的硬件设施始终保持国际先进水平；要加大对"主阵地"的投入，形成过硬的"主阵地"体系，增强"主阵地"的凝聚力、引导力，使之成为改善和净化新媒体空间生态的主导力量。此外，要加大对人才建设的投入，"裁判员"业务过硬是一个不变的法则。新媒体技术日趋智能化、高端化，对专业智能提出了更高的要求。专业人才不仅要懂科技，还要懂管理；不仅要懂经济，还要懂法律；不仅要有群众观念，还要有世界眼光。可以说在新媒体空间生态监管净化的博弈中，打造一支过硬的人才队伍是重中之重。

四、组织自律，提升法治框架内的自净力

组织自律包括两个方面。一方面是"网协"，由专业网站和电信运营商等自愿组成；另一方面，应成立"协网"组织，也就是由网络志愿监督员组成的自治组织，通过"网协"和"协网"在新媒体空间的有效互动，按照各自的章程办事，达到在法治框架内不断提升自净力的功效。需要指出的是，无论是"网协"还是"协网"，应由政府层面为主导，这在国际上也有先例。

以上四点是一个辩证、交融、动态的有机整体，统一于新媒体空间生态的净化，统一于国家和人民的最高利益。

西方有位伟大的哲学家说过，谁取得了文化的领导权，谁就取得了制度的合法性。面对新媒体空间的博弈，可以肯定地说，谁掌握了新媒体空间的主导权，谁就赢得了现在，赢得了未来。我期望本文开头那个心酸的故事不要也不能够再有续集，盼望着中国有更多、更美好的故事讲出来、传下去。最后，我还想以一则故事作为本文的结尾：船对小河说，你把我限制得太死了，只能在河道上航行；小河对船说：那你到陆地上去寻找你的自由吧。

民族文化产业发展与少数民族

丝绸之路的民族复兴与"亚三角"民族地区经济文化的崛起

皇甫晓涛 *

摘要：本文在全球语境的国际传播与太平时代的中国亚太新崛起轴心文明建构背景下，论述了丝绸之路为民族地区文化产业带来的新机遇与文化资本重构的新目标，提出中国丝绸之路带动民族地区经济文化发展的"亚三角"、"五轮驱动"新格局，阐述了丝绸之路"亚三角"文化产业协同创新的跨文化传播体系，以及民族地区政策转型的文化与文化产业发展新对策与新思考，并对少数民族地区旅游文化产业发展安全保障的文化主权与法治安全体系建设做出学术、理论的新思考与建议、对策的新探索。

一、丝绸之路的民族复兴与"亚三角"民族地区经济文化发展构想

文艺复兴现代化以来，从以欧洲为工业文明轴心的地中海时代，到以美国为科技文明轴心的大西洋时代，新世纪又走入了以知识文明为轴心的东西双核互融互动的太平洋时代。亚太与太平洋时代的关键在于世界资本与亚洲文化的融合形成的文化资本与知识文明的双核崛起。改革开放以来，中国从珠三角的经济特区、长三角的金融新区，到环渤海的东北经济新区崛起以及北部湾新区、西部两江新区、西咸文化新区、山东蓝海新区的开

---

* 皇甫晓涛，北京大学文化产业研究院研究员，北京交通大学中国文化产业研究院执行院长，中国商业联合会文化产业专业委员会主任，北京邮电大学兼职教授，管理科学与工程方向博导。

放格局，目前解决开放发展与创新崛起的关键，对内在于民族地区的民族大融合与经济大开放，对外在于重构亚太新格局与亚太新融合的知识文明轴新体系。

千载以来，中国有过 4 次较为成功的文化融合，第一次是魏晋佛教的引进与融合，伴随中古时期的民族大融合与文化大开放，形成"盛唐之音"的汉唐盛世;[1] 第二次是从丝绸之路到郑和下西洋的陆海两路中华文化输出与跨文化传播，伴随汉唐以来的民族大融合形成中国 1000 年生产力领先世界的文化魅力与文化复兴；第三次是五四新文化运动的东西融合与现代民族大融合，形成科学、民主的新文化崛起；第四次是亚洲崛起的儒家文化和资本主义的中国儒家文化世界共识的大融合，迎来亚太、太平洋时代中国的新崛起、新融合与新共识，形成经济与文化、文化与资本的大融合与中国知识文明轴心的主权崛起、文明崛起与知识崛起、安全崛起。

为促进以中国为轴心文明的知识崛起与文化复兴，促进亚太经济与文化融合、文化与资本融合的新崛起与新共识，应在珠三角、长三角对内开放格局国家创新体系发展的基础上，以丝绸之路的亚太、亚欧、欧非轴线民族大融合经济大开放为格局，打开亚三角国家创新体系的国际战略格局，设立丝绸之路交通文化体系与跨文化体系的亚三角经济特区、文化特区、金融新区、文化自贸区，展开其文博、会展、旅游、商贸的创新体系与文化版图，包括新疆中国丝绸之路亚欧经济特区、文化特区、文化自贸区、文化金融新区，甘肃、宁夏、青海中国丝绸之路亚欧经济特区、文化特区、文化自贸区、文化金融新区，洛阳、西安中国丝绸之路亚欧经济特区、文化特区、文化自贸区、文化金融新区，新疆、泉州中国丝绸之路亚非经济特区、文化特区、文化自贸区、文化金融新区的建设，与文博、会展、旅游、商贸跨文化传播体系的发展。

"亚三角"经济文化特区、自贸区等的提出与国际空间的拓展，一是中

---

〔1〕 皇甫晓涛："中国原创文化的复兴与比较文学发展的跨文明阐述"，载《社会科学战线》2004 年第 2 期。

国丝绸之路文化魅力的重构与文化版图的拓展；二是中国太平洋时代文化复兴与文化自信、制度自信的拓展；三是中国联合弱小民族、第三世界乃至第二世界的国家与人民，抗衡博弈美国"亚太再平衡"的"亚太新崛起"对策（丝绸之路是亚太轴心文明的文化复兴，当时美国还未成立）是亚太时代的全球化博弈中，使美国边缘化的战略抉择与轴心文明重构的战略门户与举措。

二、中国丝绸之路交通文化体系文博、会展、商贸、旅游跨文化传播体系研究

以丝绸之路构建"亚三角经济圈"——中国改革开放第五个经济圈（珠三角、长三角、环渤海、东北亚、亚三角）——深度开放格局及其丝绸之路经济圈的亚太、亚欧、亚非经济圈规划理论、战略设计与丝绸之路亚三角经济圈沿线经济特区、文化特区、文化自贸区、文化新区、文化边贸区五轮驱动的规划、研发创新体系，促使新疆、西藏、内蒙古、宁夏等民族自治区深度开放的政策、区域、经济转型。

（1）做出文化生产力与文化软实力双核驱动的文化资本创新体系。

（2）做出文化资本"国家主权"、"知识产权"、"国际法权"的三权要素创新体系。

（3）做出文化资本"可持续发展"与"生活品质建设（高品质服务与消费）"世界共识创新要素、指标、模型。

（4）做出空气、环境、就业、安全、凝聚力等五项文化结果指标。

（5）做出可持续发展与生活品质建设两项文化统一性文化共识要素指标。

（6）做出非物质、轻资产、后赋资源、低碳四项文化杠杆作用的评价指标、发展指数与指标模型。

（7）做出文化自觉与文化精神、文化信仰、文化魅力四项"文化参与度"主体建构指标。

（8）做出文化生产力、文化竞争力、文化输出力、文化软实力、文化影响力五项"文化资产作用"指标与八大指标评价体系。

（9）做出"中国丝绸之路亚三角经济圈"、"五轮双特双贸驱动"文博、会展、商贸、旅游、中华六艺（工艺、手艺、曲艺、园艺、丝艺、书艺）、交通文化传播体系与非遗、宗遗（宗亲、宗祠、族谱、谱蝶、村系）、新型城镇化"双遗"文化复兴规划体系暨跨文化传播体系。

（10）做出中国丝绸之路文博、会展，"中华六艺"博物馆研发、设计与建设规划体系。

（11）做出"无限中国—丝绸之路"文化地球云联网"丝云"新媒体网站研发规划、设计平台。

（12）做出中国丝绸之路亚太交通文化的跨文化传播规划体系。

（13）做出中国丝绸之路的特色文化产业园区规划体系。

（14）做出"东方丝路文化产业管理学院"学科规划体系、教育培训体系、学院平台建设体系。

（15）做出中国丝绸之路"主权崛起"、"文明崛起"、"安全崛起"、"知识崛起"的安康社会中国梦"五轮驱动"文化复兴规划体系，以亚三角经济圈的文化复兴，完成从大西洋美国单极全球化时代，转型为美国与亚三角双核驱动的太平洋融合创新跨文化传播时代的新突破与"亚太新崛起"的新格局。

（16）做出文化创新与文化金融体系规划。建设丝绸之路亚三角经济圈的十大经济特区、十大文化特区、十大文化自贸区、十大文化新区、十大生态旅游区、十大亚太国际合作区、十大亚欧国际合作区、十大亚非国际合作区及100个"丝路小镇"与100个丝绸之路中华六艺的文博宫、博物馆与文博园的创意供应链、文化价值链、知识服务链，规模以上有效旅游、文化、生态、文博、会展、信息、商贸的资产体系，并发起华元与文化彩票、人文银行的文化金融创新体系，筹建"华联储"，抗衡华尔街的美元（7000万亿美元总资产）的殖民文化、经济、金融体系，促使中国文化资源大国、文化产能大国向文化资本强国、文化产权强国的转型与突破，并完成非物权法等配套政策的规划。

三、关于民族问题的思考与建议

自21世纪初以来，民族问题不断升级，最后演变为反恐事件。鉴往思今，我们认为是民族政策与民族文化的建设出了问题。

自古之华夏，经汉唐而至近古满汉之中华，既有边塞与中原、胡汉民族的大融合，又有儒释道人文与宗教的大融合，从而形成中华性与中华民族大家庭。

新中国成立 30 年，党和政府以民族统战政策，安抚四方；以对内化解西藏叛乱，对外消除印美边患，威服九洲，遂有 30 年之稳定和平大局。

改革开放 30 年，自治边区与中原发展的反差，资源后方与资本前沿的反差，城乡与民族的反差，一定程序上积累了民族矛盾。而文化、人文建设的思路，文史、史志的忽略，中华文明传承渊源的忽略，重物质轻文化的偏误，导致了民族自治边区的矛盾日增，而全球化国际地缘政治的复杂性，更易成为民族矛盾爆发的导火索。

中国自古讲中庸、中和政治以及中华民族、中华文明的融合与完善的功能及作用。民族政策，既不能一味怀柔，或只以资金来补救，或以生育政策怀柔，或以高考政策怀柔；亦不能反恐暴力简单解决。一是不以反恐立论或以暴力解决。二是加强文化、教育的融合。三是取消民族自治区，改建民族特区，给予经济、教育、人才政策支持，大力发展经济与文化。四是取消生育政策，与汉族一视同仁。五是加强教育，放宽教育政策，吸引其精英更多来中心、中原或发达地区接受国学、现代教育；要多办教育，实施民族特区的全民科学文化教育政策，注重文化教育的提升与再教育作用。六是开放民族通婚政策，汉族与少数民族通婚者可放开计划生育，优化教育政策。七是设立民族特区的生态保护区和资源保护区，包括水、能源、生态等。

四、关于民族文化资本与民族地区文化产业发展的几点思考

民族文化资本的发展，包括中华民族资本与少数民族地区文化资本的发展的双重含义。自古以来，有秦汉以来的民族大融合与文化大一统，有魏晋以来的民族大融合与盛唐之音的文化复兴，有近古以来的民族大融合与中华文化跨文明融合的大发展。这是民族文化与中华文化资本的发展。文化里面有国家主权、知识产权与国际法权，少数民族地区文化产业的发展与文化资本的发展，更应注重这一文化资本的主权本质与多重含义。

丝绸之路的文化复兴就是如此，由于从上古到中古、近古汉化传播体系的发展，丝绸之路成为民族融合与文化传播的器物、技术、制度、风俗的载体，同时又成为中华文化融合少数民族地区文化，并带动其走向世界的渠道与载体。我们应注重丝绸之路的文化复兴对于少数民族地区文化产业发展的双重跨文化传播意义与文化产业的战略机遇，带动本土特色文化产业融入主流文化，融合世界文化从而走向世界。这又是一次民族大融合与文化大开放，民族地区生产力的大解放与文化的大繁荣。

民族地区旅游文化产业的发展，文博、会展、旅游、商贸的发展，必须要有一个稳定、安全、和谐的社会环境与文化环境。首先要能够引进人才、科技、资本，其次是要能够吸引游客与保障旅游安全。这就需要在民族地区进行更好的法制建设，而法制建设的根本在于人文的民族文化与文化意识形态体系主权建构，民智与知识文明财富主权建构，民族地区的国家文化主权建构，能源、金融、粮食、产业、信息、生态、食品安全的民生主权建构。

鲁迅曾说，越是民族的，就越是世界的。民族地区特色文化与文化产业的国际传播，是中国文化走出去的一大瓶颈问题。其一是重构新丝绸之路的文博、会展、旅游、商贸体系的发展与跨文化传播之路；其二是做好丝绸之路沿线新型城镇化、生态化、知识化、信息化、服务化、贸易化的文化复兴与文化再造；其三是做好丝绸之路沿线民族经济特区、文化特区、文化自贸区、文化新区及旅游文化产业园区创新体系的发展。而关键则在于变文化资源为文化资本、变文化产能为文化产权、变文化科技为文化贸易的大变局与跨文化传播的大发展。

丝路文化传播视域下新疆演艺业与
旅游业的融合互动发展

解庆锋 *

摘要：笔者从演艺业与旅游业的融合切入，以新疆旅游演艺产品《吐鲁番盛典》、《喀纳斯盛典》为例，探讨了文本意义在推动演艺业与旅游业两类文化产业业态融合方面的内在联系。笔者认为对文化产品来说，从传播的角度来看，文化产品的符号意义是联系消费者、生产者与市场行为的有机结点。象征性意义在观众精神中的生产消费，推动了演艺业与旅游业市场的衔接与深化。对新疆演艺业与旅游业来说，丝绸之路历史文化、民族文化与自然地理文化为两大产业的产品开发与融合提供了丰富的文化资源，独特的地域文化使新疆旅游演艺产品对文化消费者具有想象性的吸引力。

国家提出丝绸之路经济带建设的战略，以推动对外开放与国际交往。"丝绸之路"主题文化产业是丝绸之路经济带建设的重要组成部分，"丝绸之路"名称自身就蕴涵着丰厚的历史文化。新疆是丝绸之路的核心区，丝绸之路在新疆分为南北两路，南路围绕塔克拉玛干沙漠又分为南北两线，

---

* 解庆锋，山东菏泽人，中国传媒大学传播研究院 2014 级传播学博士研究生。

两线最终在喀什汇合。丝绸之路给新疆留下了丰厚的历史文化资源，加上新疆是多民族聚集的地方，民族文化多样，具有鲜明的民族特色。丰厚的丝路历史文化资源与多样鲜明的民族文化资源是新疆文化资源的两大主要组成部分。新疆地理形态多样，承载历史文化资源的地理载体具有鲜明的特色。多样而特色鲜明的地理形态使得新疆有众多闻名于世的旅游地，丝路历史文化与民族文化在旅游地汇合，也借助旅游地提供的时空场景不断创新，衍生出多种多样的文化产品。新疆演艺业也开始走进旅游地的环境之中，以旅游地蕴含的文化资源为依托，以创意为根本，不断推出以丝路文化、民族文化、地理文化为题材的演艺作品。《吐鲁番盛典》、《喀纳斯盛典》便是两部优秀的新疆旅游演艺文化作品。

一、丝路文化传播视域下新疆演艺业与旅游业融合的典范：《吐鲁番盛典》与《喀纳斯盛典》

吐鲁番是丝绸之路上的历史文化名城，柏孜克里克千佛洞、交河故城、高昌古城、吐峪沟、吐鲁番郡王府都蕴含着丰富的丝绸之路历史文化，与这些历史文化遗迹相关的历史人物、历史故事非常之多。吐鲁番见证了古丝绸之路上东西方文化的融合、中原政权对西域的管辖以及地方政权更替的社会变化，吐鲁番是丝路文化厚重的旅游地。吐鲁番博物馆陈列的大量的各种奇异文字的文献也让人透视到古丝绸之路上多元文化的融合，可见吐鲁番拥有丰富的丝绸之路历史文化遗产。吐鲁番也拥有独特的地理文化，火焰山、葡萄沟、艾丁湖等旅游地地理形态很有特色，葡萄沟更是蜚声海内外，每年的葡萄节成为新闻报道的焦点。居住在吐鲁番的各民族民众创造了具有地域特色的民族文化，吐鲁番普通维吾尔族村民院落大门的绘画文化特色鲜明、闻名于世，与长城、京杭大运河并称中国古代三大工程的坎儿井凝聚着维吾尔民族的智慧。吐鲁番的文化以历史文化、民族文化为主要特色，同时拥有特色鲜明的地理文化。《吐鲁番盛典》的创作者充分挖掘了吐鲁番旅游地蕴含的丝路文化、居民的民族文化，兼顾吐鲁番的地理地貌资源，创作了由"远古回声"、"丝路记忆"、"葡萄熟了"、"欢乐盛典"四大部分内容组成的《吐鲁番盛典》。从《吐鲁番盛典》四大部分内容的名称上就可以看出《吐鲁番盛典》将旅游名城吐鲁番的历史文化、丝路文化、自然风光、现代生活有机地融合在一起，通过歌舞表演的形式向旅游者展现了吐鲁番旅游景观中蕴含的多元文化、民族交往、历史记忆、现代生活等方面的丰富文化内涵。《吐鲁番盛典》的演出帮助来吐鲁番旅游的游客更具历史感更具现代感地对吐鲁番文化有一个立体的、多维的认识，也使得吐鲁番的旅游景点具有了动态的生命力与过程性的历史发展感，使得吐鲁番的旅游景点具有纵深感与立体感。

与吐鲁番不同的是，喀纳斯主要是以优美的自然风光、特色的地理地貌吸引游客，闻名于世。喀纳斯墨绿的松柏、翠绿的湖水、造型独特的月亮湾让游客感到大自然自身的优美与神奇，来到喀纳斯的游客无不被喀纳斯山水画般的自然地理风光所震撼。除了自然风光，喀纳斯旅游地也拥有较为丰富的历史文化资源、民族文化资源。喀纳斯是草原丝绸之路上的明珠，历史上各个游牧民族从这里经过，也在此居住，在现在的喀纳斯旅游地周边生活着哈萨克族、图瓦族、俄罗斯族、汉族等各民族的居民，游牧民族文化鲜明，喀纳斯景区的建筑风格采纳的就是当地图瓦人居民家用建筑风格，图瓦人的建筑文化在喀纳斯景区里非常突出，景区内也有鲜明俄罗斯族文化的建筑物，民族历史文化特色鲜明。《喀纳斯盛典》由"春、夏、秋、冬"四个篇章组成，各章节又分成天鹅传说、丝路回声、英雄嗯哨、红帐送亲等 15 个小节，在内容上融合了草原文化、丝路文化、民族文化，在舞台造型、图像呈现上更多借用了喀纳斯旅游地自然地理风光的复合形象，使文化与风景、历史与现代有机地融合在一起。《喀纳斯盛典》挖掘了与喀纳斯自然风光旅游地相关的各民族的生产生活、历史故事，在喀纳斯自然风光的演出背景中呈现了各民族交往的历史、草原丝路文化演变的历史以及各民族现代生活的场景，向游客观众传播了新疆各民族的团结、友爱与社会交往。《喀纳斯盛典》使得喀纳斯的自然地理风光具有了文化内涵，具有了故事性，使单面的自然地理风光涵化进人类的历史行为、历史进程与历史记忆，使得自然地理符号具有了传播文化、传播历史、传播人类生产生活的透视感，自然风光也具有了纵深的文化活性、历史活性，丰富了自然风光旅游地的文化内涵、历史内涵，使得自然风光旅游地不再单面、不再单调。

《吐鲁番盛典》是新疆旅游地中文化资源丰富性占主导基础之上与自然地理资源融合的典型代表，而《喀纳斯盛典》是新疆旅游地中自然风光资源丰富性占主导基础之上与文化资源融合的典型代表。在新疆的旅游地中喀纳斯、天山、娜拉提、巴音布鲁克、赛里木湖、博湖等景点以自然风光为主导，但可以借助演艺业为自然风光旅游地注入丰富的文化内涵。在新疆的旅游地中吐鲁番、库车、喀什、和田等地以文化景点为主，但可以借助演艺业将文化遗址、文化物体放置于当地有特色的自然地理时空情境之中。作为丝绸之路核心区的新疆，新疆旅游演艺业能够向海内外游客观众传播丝绸之路上丰富的历史文化、地理文化、民族文化、现代文化，能够帮助海内外游客观众历史地、立体地了解丝路文化、了解新疆。

二、丝路文化传播视域下新疆演艺业与旅游业融合的路径

演艺业与旅游业作为两大文化产业形态，要想实现有效的融合必然要寻找两者之间存在的关联结点，通过两大产业之间的关联结点才能实现两大产业的交叉渗透，从而实现有机融合。推动新疆演艺业与旅游业的融合就是寻找能够实现两者有效嫁接的路径，这也是新疆演艺业与旅游业融合的路径。作为丝绸之路的核心区，丝绸之路文化渗透于新疆各旅游景点，也是新疆演艺业开发新剧目、新产品的重要素材，丝绸之路的文化因子融入新疆的旅游地理空间之中，也融入新疆传统的演艺作品之中。文化产品的消费，往往是一种意义的消费，所谓意义是人对事物精神价值、属性美的体现的认知。消费意义是指消费者从使用的文化产品中获取一种精神意义的感知、审美的感受，以净化心灵，提升自身的精神素养、审美水平与心性修养。任何意义必然要借助符号进行传播，"符号是被认为携带意义的感知：意义必须用符号才能表达，符号的用途就是表达意义。"[1]演艺产品的消费就是借助符号进行的意义消费。演艺产品本身就是各种符号的组合，

---

〔1〕 赵毅衡：《符号学》，南京大学出版社2012年版，第1页。

有声音、图片、图像、服装、光影等各种符号，演艺的信息内容通过各种各样形态的符号生成有机性的意义，以表达某种观念或呈现某种事物的面貌。演艺产品中各种各样的符号组合在一起，便形成了传播意义的文本。"符号很少会单独出现，一般总是与其他符号形成组合，如果这样的符号组合一个'合一的表意单元'，就可以称为'文本'。"[1] 作为多种类型符号组合成的演艺作品自身就是一个大文本，传播着丰富的意义。以整个演艺作品为形式的文本可以由数个小文本有机组合而成，每个小文本也表达一个主题较为鲜明的意义，意义的有机联合会形成更宏大的意义。无论是《喀纳斯盛典》还是《吐鲁番盛典》均是由数个章节组成，每个章节均表达具有相对独立意义的主题，这些相对独立的意义按照某一主线有机联结在一起时便生成更宏大更具历史感的意义。文本"比较宽的定义，是指任何符号表意组合，不管是印刷的、写作的，编辑出来的文化产品，从手稿到档案，到唱片、绘画、乐谱、电影、化学公式，等等"[2] 文本是多样化的符合形态构成的具有独立性、结构性、完整性的意义。演艺作品就是一个文本，汇集了多种多样的符号形态，传播着结构性的文化意义。《吐鲁番盛典》向游客观众传播了吐鲁番地域多民族融合的历史文化意义与体现现代文化的当下的生活意义，《喀纳斯盛典》向观众传播了草原丝路历史的意义与民族团结的时代意义。演艺作品自身就是意义的表达与传播，观众在观看演艺作品的符号接收与意义解读的过程中，形成了与符号载体精神认知层面的关系，表意的符号借助接收者的意义解读而跨越时空阻隔形成具体的过程，这一过程在文化市场中被贴上"消费"的标签。正是由于文本的意义性，物质性的符号与文化表达、文化传播建立起了有机的联系。物质性的各种形态的符号组合成具有意义的文本，文本的意义性体现着特定文化的表达，文本成为表达文化、传播文化的载体。演艺作品单个的符号并非不表达意义，但这种意义可能是碎片化的，多种形态符号组合成的文本

---

[1] 赵毅衡：《符号学》，南京大学出版社 2012 年版，第 41 页。

[2] 赵毅衡：《符号学》，南京大学出版社 2012 年版，第 42 页。

能够将碎片化的意义材料构筑成具有宏大价值诉求、宏大文化诉求、具有历史感立体感的意义大厦，使每个碎片化的意义在形成整体意义中产生出新的意义。

演艺作品是意义的大厦，需要多种类型、多种形态的符号材料来构筑，而符号材料的选取要依据演艺作品所要传播的主题意义，主题意义与符号材料成为生产演艺作品必不可少的两大主体内容。所不同的是主题意义是虚的精神感知，而符号材料是具体的物质存在，但虚的精神感知是在具体的物质符号组合之中产生的。新疆的旅游地往往包含有丰富的主题意义，如文化融合、民族团结、特定生产生活形态的文化，这些主题意义成为演艺作品与旅游地联结融合的第一个方面，也是新疆演艺业与旅游业融合的第一条路径。新疆旅游地的自然风光、建筑、文献、文物等则为新疆的演艺作品提供了符号素材，碎片化的符号素材各自蕴含着特定的意义，为演艺作品的创作者提供了构筑意义大厦的物质材料，这些符号材料成为演艺作品与旅游地联结融合的第二个方面，这也是新疆演艺业与旅游业融合的第二条路径。新疆演艺业与旅游业融合的两条路径并非各自独立进行，而是融汇在一起的，在第一条路径融合的目的下进行第二条路径的融合，第二条路径的融合是实现第一条路径融合的手段。这两条路径体现的是新疆演艺业融入旅游业，而非是旅游业融入演艺业。

（一）新疆演艺业融入旅游业的第一条路径：主题意义的表达与传播

文化需要靠意义来呈现，需要借助意义来向外界表达。丝绸之路文化内涵丰富，新疆民族文化、地理文化具有鲜明的地域特色。新疆昭苏解忧公主的雕塑与故事传播着丝路上民族的融合、文化的交流；塔里木盆地北缘的库车拥有龟兹文化众多的文物遗迹，代表着丝路上东西多元文化的碰撞与交融；塔什库尔干的石头城呈现了丝路之上独特的建筑文化与人居理念。文化交流成为丝路文化的重要主题。丝绸之路还象征着东西方经济的交往、商品的贸易，是连接中国与沿丝路国家的经济贸易大通道。造纸、印刷等科学技术通过丝绸之路而传向西亚、传向欧洲，象征着东西方文明的交融。以历史文化为主要资源形态的新疆部分旅游地深度地向游客展现了丝绸之路悠久的文化。新疆的演艺业应当开掘新疆旅游地的文化主题意义，创作基于有关文化素材的演艺作品，向游客观众更历史地、更立体地传播旅游地的文化意义、历史感知。相当数量的新疆历史文化旅游地经过时间的沧桑已经在形貌上发生了很大的变化，现存的旅游地的风物仅仅是文化的一个横截切面，即便是出土于旅游地的文物，若不能借助意义的开掘而富有现实活性，也会对游客失去吸引力。新疆演艺业可以通过作品的创作，将旅游地的文化主题意义注入演艺剧目、演艺作品之中，通过有形的演艺作品的呈现来向游客观众传播旅游地的文化主题意义，使得游客观众通过演艺活动的时间过程来感受文化主题意义的历史性，帮助游客观众突破单独观看旅游地风物容易形成的历史横切感、平面感，帮助游客通过演艺产品更历史地、更立体地了解旅游地的文化主题意义。

（二）新疆演艺业融入旅游业的第二条路径：汇聚旅游地的符号素材

新疆旅游地拥有丰富的文化符号材料与自然符号材料。在自然符号上，巍峨的天山、高耸的塔士慕格峰、辽阔的草原、广袤的沙漠、弯转的河流、皑皑的雪山均能够给人以视觉审美的自然冲击，新疆演艺业可以借助声、光、电等现代科技手段将上述美丽的自然景观呈现在演艺舞台上，给游客观众带来宏大的场面视觉审美，让游客观众通过演艺舞台上的传播自然景观的符号材料来感知新疆旅游地绚美的自然风光，如《喀纳斯盛典》将旅游地喀纳斯的湖水、雪松、白雪、群山等自然风光作为演出背景，给游客观众以视觉冲击与视觉审美。新疆旅游地除了自然风光符号外，还有丰富的文化物质符号，如在吐鲁番出土的各个历史时期中人们的生产生活器具、服饰、艺术品与各种样式的古文字均是文化物质符号。在新疆旅游地及周边生产生活的居民中仍然保留着大量的传统的民族文化物质符号，这些物质化的符号材料可以成为演艺舞台的艺术造型或布置的场景。演艺作品本身就包含着大量的物质化的符号道具，而旅游地存在的鲜活的现时的物质符号材料往往成为演艺活动舞台道具的主要来源。碎片化的物质符号材料也具有一定的文化意义，游客观众对演艺活动中呈现的物质符号也会产生一定的意义再构，从而强化了旅游地的文化传播。新疆旅游地丰富多样的物质符号材料让演艺行为自身具有艺术感、视觉审美感，让游客观众在视觉审美中通过物质符号材料的组合生产出特定的文化意义。

（三）新疆旅游业融入新疆演艺业的路径

除了新疆的演艺业融入新疆的旅游业外，新疆传统的演艺业的兴盛也会催生旅游景点的产生或为已有的旅游景点增添演艺产品中的文化符号景观。楼兰是享誉世界的新疆文化品牌，新疆演艺业围绕楼兰推出了一系列的演艺作品，向观众呈现了立体的历史的楼兰兴衰变迁。这些围绕楼兰的演艺作品的广泛传播使观众在精神想象中构造了具体的楼兰，而演艺作品是观众构造认知想象中的楼兰的物质符号基础。楼兰曾经是丝绸之路上的经济文化重镇，在历史的长河中由于神秘的原因而突然消失于世人的视野中，虽然人们的视野中看不到现实物质形态存在的楼兰，但关于楼兰的历史文献以及楼兰地域中出土的大量文物让文化符号中的楼兰在世人的认知中逐渐清晰起来。以楼兰为主题的演艺作品更为具体地在观众的头脑中构筑了可感可触的意象楼兰。新疆巴州地区借助演艺作品构筑的楼兰形象准备建造楼兰文化主题园，在现实中物化楼兰。这一楼兰文化主题景点的再造是新疆演艺业衍生旅游业的典型代表，演艺业的兴盛可以创造物质的旅游地，在一定程度上精神文化产品能够助推物质文化产品的生产。演艺歌曲《达坂城的姑娘》的热唱与传播，使得听众对达坂城充满了文化想象，达坂城景区在开发过程中也参照歌曲《达坂城的姑娘》传播的文化意象在景区中设置了相关物化的旅游景点。新疆的旅游业可以通过演艺业塑造的文化情景而物化该文化情景，从而融入演艺作品的文化情景传播之中，吸引对演艺作品中相关文化场景感兴趣的观众前来旅游景点参观物化的文化情景。新疆演艺业有相当数量的闻名于世的演艺作品，如《大美新疆》、《梦幻楼兰》、《东归印象》等，新疆旅游业应当借助这些闻名于世的演艺作品塑造的新疆地域文化情景而融入演艺业，通过物化的文化情景强化演艺作品的传播。

三、丝路文化传播视域下新疆演艺业与旅游业的互推共荣

演艺业与旅游业融合的目的是推动双方共同发展，彼此借力来促进对方产生新的内在发展动力。演艺业与旅游业作为两种形态的产业，需要在对外开放过程中吸引周围环境中有益的影响因子进入产业内部系统之中，促使产业内部重组创新，产生新的发展活力。演艺业与旅游业能够成为彼此周围环境的有机组成部分，为彼此的系统注入新的发展因素，使两大产业发生有机耦合，相互促进对方的创新发展。新疆演艺业与旅游业融合互推的模式有两种类型：第一种融合互推是演艺活动在旅游地进行，演艺活动在旅游地的时空环境中存在，观看演艺成为旅游地的旅游项目之一；第二种融合互推是演艺活动的主题内容与旅游地的文化题材、自然风物相关，但演艺活动并不在旅游地的空间内进行，而是在另外的地点进行，如在乌鲁木齐剧场中向来疆游客推出的一系列的以楼兰文化、刀郎文化、龟兹文化等新疆地域特色文化为主题的演艺活动。新疆演艺业与旅游业融合互推的第二种演艺活动与旅游地虽然相分离，但来疆游客观众观看演艺作品时，往往被新疆旅游地的文化情景与自然风光情景所吸引，从而产生想亲赴旅游地实地游览的想法。符号能够产生想象的意境，好奇心与验证心理会让人努力在物质世界寻找精神意境的物质化存在。因此，演艺作品的符号能够推动游客观众亲赴与演艺内容相关的旅游地观览的现实行为。在符号世界与物质世界的辉映中，演艺业与旅游业实现互推共荣。

在丝路文化的传播中，情境能够让观众再生产个人化的文化意义。情境本身就是表达意义的一种符号集合。情境是观众所处的听觉、视觉、触觉、知觉的时空氛围。情境自身能够形成意义表达，向观众传播某种意义，使观众形成某种判断。演艺活动是一种高情境性的行为，演艺活动自身就是一个动态的情境，透过该情境能够感触意义片段，并在此基础上生产出新的意义，使观众对对象物产生新的认知。以旅游地的自然符号与文化符号为基础构成的演艺作品的符号呈现能够让观众在观看演艺作品的情境中形成对旅游地的意义认知，形成对旅游地的心理向往。向往是通过符号的传播来建构的，也是在传播情境中生成的。向往是一种心理欲望，心理欲望要通过符号消费、象征性消费来满足。旅游地物化的文化景观与自然存在的风光能够满足游客观众在观看演艺作品中产生的心理向往，旅游地的自然风光与文化景观成为游客观众心理满足与文化消费的对象。另一方面，旅游地的景观能够让游客观众在认知上形成对旅游地文化意义感知的基本框架，对旅游地的丝路文化产生兴趣、产生好感，而随后所观看的演艺作品能够让旅游地的文化意义更为清晰和较为逻辑性地呈现在游客观众面前，让游客观众更透视地感知旅游地的文化意义、历史过程。新疆演艺作品往往是对新疆旅游地文化、生活、历史透视性地展现与立体式地传播，能够通过创作者的符号意义的组合生成较为深刻而具有逻辑性的宏大意义、历史意义与主题意义。旅游地物化的符号形态能够催生游客对旅游地文化进一步了解的兴趣与需求，而演艺作品则能满足游客观众的这种需求。游客在旅游地初步感知的物化符号形态能够帮助其在观看演艺作品时更好地理解演艺作品的文本意义，使演艺作品的意义在游客观众心里有一定的认知基础。

旅游地的自然风光与文化景观符号形成了一个可视的文本，这个文本更静态，过程性比较弱；而演艺作品的主题内容与舞台造型形成了另一个可视的文本，这个文本更动态，过程性比较强。这两个文本的互文性非常的强，游客可以在旅游文本中看到演艺文本的符号影子与意义影子，也可以在演艺文本中看到旅游文本的符号影子与意义影子。这两个文本相互交融，彼此进入，由此也相互推介，相互传播。文本的互文性是指文本的生产并不是百分百的独立的原创，总是基于其他文本的基础上而生产出来的，总是或多或少地包含有其他文本的内容。文本的互文性能够提高文本的可读性。人对文本的意义解读总是基于已有的文本意义认知之上。文本的意义解读能力是在学习各种文本、掌握各种文本的过程中培养的。文本的互文有利于观众更好地解读文本意义。因此，游客观众对新疆旅游文本与新疆演艺文本两者之中的任一文本的接触与解读均有助于游客观众解读另一形态文本的意义。从文本的互文性上也能看出新疆演艺业与旅游业的融合是两大产业互推共荣的生存状态，能够促进两者的共同发展。

新疆旅游业与演艺业的互推共荣还体现在彼此向对方推送消费者。旅游业的游客由于喜欢景区的自然风光或文化景观，可能更进一步借助演艺作品来丰富、深化自己对景区文化意义的了解，感受现代光电技术生产的自然情景。观看演艺作品的观众可能在观看相关作品的过程中产生更强烈的去实地景区游览的愿望，以验证自身通过演艺作品形成的对旅游地文化的想象。可见旅游业可以把游客推送给演艺业，扩大演艺观众的数量，增加演艺业的收入；演艺业也可以把观众推送给旅游业，提高景区游客的人数，增加景区的收入。当演艺活动固定在景区之内时，演艺活动也延伸了旅游地的旅游项目内容链，优化了旅游地游览项目的结构，丰富了游客的游览内容。

四、结　语

笔者从符号文本与心理认知方面论述了演艺业与旅游业融合的内生动力与互推共赢的内在机理。在文化产业消费方面，意义的消费是核心内容，意义成为文化产品生产者与消费者相关联的关键联结点。新疆演艺业消费观众对演艺作品的意义体验会影响到观众对旅游地风光的想象，推动演艺观众进一步游览旅游地的景观。演艺作品的文化意义能够使旅游地景观的文化意义具有透视感与历史感。由于文化意义消费的关联性与外溢性，演艺业与旅游业的融合成为两者双赢战略的选择，在旅游演艺业中，符号意义仍是产品生产与消费所关注的核心内容。

黑龙江拟构建"东部丝绸之路"的民族历史文化支点

李秀莲 *

摘要：黑龙江拟构建东部陆海丝绸之路经济带的计划已经纳入国家规划。作为横贯东中西、连接南北方对外经济走廊的重要组成部分，黑龙江既有现实的诸多优势，又有深厚的历史文化底蕴。黑龙江省连接"丝绸之路"，构建东部丝绸之路经济带有本有源，有古代丝绸之路的民族文化为支点，期待"东部丝绸之路"经济带的构建使黑龙江成为东北亚经济文化交流、创新的中心。

一、"丝绸之路"东向黑龙江

"丝绸之路"作为横跨亚欧大陆的古老商道，就一般常识而言，始于长安。实际上，活跃在丝绸之路上的部落、族群也有东迁者，秦汉时期，奇迹般地出现在黑龙江流域。鲜卑大联盟中的素和部就是出自中亚粟特人的一支，隋唐时期称作粟末部。粟末人善贾积财，《旧唐书》记载：粟末部首领李瑾行[1]"其部落家僮数千人，以财力雄边，为夷人所惮"。

与粟特人一同东来的还有很多族群、部落，困于历史记载有限，能够明确族源关系的也很有限。汉魏时期活动于大兴安岭东侧、嫩江流域的乌

---

* 李秀莲，历史学博士，哈尔滨师范大学金源历史文化研究中心教授。
〔1〕 由唐朝皇帝赐姓李。

落侯人，其族源关系已有一些线索。文献记载乌落侯人"乐有箜篌，木槽革面而施九弦"。"箜篌"是乌落侯人的民族音乐，也就是说乌落侯人是从有箜篌乐的地方迁来了。据今新疆考古发现，且末扎滚鲁克墓地出土多件箜篌，经复原，是木槽革面，施七弦。乌落侯人的九弦箜篌源于新疆出土的七弦箜篌，是竖箜篌的一种。据研究，"竖箜篌经波斯并通过西域古老民族之一的塞人传入中国的时间也很早。它在公元前4至前3世纪已传入到新疆，汉代传入了中原"。乌落侯人与新疆扎滚鲁克墓地的主人应该有近缘关系。

粟特人、乌落侯人[1]迁徙到黑龙江，虽然没有延续丝绸之路的商贸文化，但传播了西域开放的文明、文化。秦汉以降，不断有来自古代西域的民族，族群部落，诸如突厥、回纥等驻足黑龙江流域，从黑龙江流域的民族向南有入主中原者，先后出现拓跋鲜卑建立北魏，契丹建立大辽，女真建立金国，蒙古建立大元，满洲建立大清，这些政权的建立者或多或少受到西域文明的影响。同时，黑龙江流域的民族对东朝鲜半岛和日本岛的文化也产生过深远影响。历史上，黑龙江流域的历史文化与丝绸之路的历史文化息息相通，可谓大漠东西遥，空谷马蹄急。

二、黑龙江流域遗留西域民族的文化痕迹

文献记下了西域民族（部落族群）东迁黑龙江流域的蛛丝马迹，同时，黑龙江流域也留下东迁部落活动的痕迹。据《光明日报》2014年9月23日报道《大兴安岭一天然洞穴发现 新石器时期人类文化遗存》，《北京日报》2014年11月17日报道《大兴安岭文化打开"无字史书"》，报道透露遗址出土上千件石器、骨器、玉器、陶器、铁器、古玻璃、玛瑙料珠等文物，文化遗址与文物等一些信息已表明其与西域文化的密切联系。

古玻璃凝聚了文化遗址的断代和文化来源信息，是非常有价值的文物。据学者研究："自公元初至公元8世纪，玻璃制造逐渐成为埃及、西亚和印度的主要产业之一，其制作技术日臻成熟，达到了极高的水准，并通过丝

---

[1] 在西域可能有其他称谓。

绸之路大量向东方输入。"[1] 显然，大兴安岭洞穴中的古玻璃是通过草原丝绸之路带过来的。在新疆考古发掘中，与玻璃珠相伴出土的常有玛瑙珠，甚至有玻璃珠与玛瑙珠混合珠串。

洞穴中有石椅和石凳，这些坐具可以说是"胡床"的变种，也与西域胡人有关。特别是三角形的椅背更透露出西域文化的特征。三角形、菱形等几何图形较早、较多地出现在西域文化中，已是不争的事实。

洞穴遗址发现于大兴安岭伊勒呼里山北麓，伊勒呼里是省音，完整的读音为"伊勒呼阿里"，阿里，汉译为"山"。"伊勒呼"即是前文提到的乌落侯的变音异写。乌落侯曾与鲜卑人同居大鲜卑山（大兴安岭），乌落侯人到北魏朝贡，告诉拓跋魏，他们祖先居住的石室尚有神灵护佑，于是，拓跋魏派人到大兴安岭嘎仙洞祭祖刻石。鲜卑人南迁后，乌落侯人才进入大兴安岭东南，近于嫩江流域。

由于历史研究深度的局限，黑龙江流域存在的西域民族文化的痕迹多被忽略、否定，或安在东胡人身上，或安在肃慎人身上，历史研究的败笔使西域民族文化对黑龙江流域文明的影响隐而不彰，使"东部丝绸之路"的构建缺少历史文化的平台。

三、历史支点对黑龙江构建"东部丝绸之路"的价值

历史文化平台把历史的创造与创造历史的文化背景联系起来，有助于制定方针政策。1944年，美国政府邀请文化人类学家鲁思·本尼迪克特研究日本民族精神、文化和日本人性格。《菊花与刀》就是鲁思·本尼迪克特研究日本民族文化的结晶，为美国战后对日本的决策提供帮助和科学依据。

在历史上，黑龙江流域的古代民族、部落、族群已经凿空大漠东西，向南一而再地牧马中原，向北守望贝加尔湖。某种意义上讲，黑龙江构建东部丝绸之路，既是对现实政治经济的回应，也是对历史文化的"复兴"，是复兴"丝绸之路"经济文化交流的精神。正如《光明日报》刊载丝绸之路主题文化交流会上与会者所言："建设当代丝绸之路，不是简单地开放，

[1] 李青：《古楼兰鄯善艺术综论》，中华书局2005年版，第523页。

必须赋予传统丝绸之路新的内涵。可以通过全社会的通力合作，将当代丝绸之路经济带打造成循环经济发展、多元文化交流以及促进地区和平崛起的隆起带，使之成为推动人类社会文明进步的桥梁和纽带。"

　　黑龙江流域的历史揭示出民族（族群部落）来源的多元性，民族文化的多元性，也就决定了历史的创造也是开放的。诚如陶晋生先生所言："现代的人类学和考古学的研究，提供了一点和以上这种说法[1]不同的知识：东北自古以来不但是几个民族会合的地区，而且是几种文化交融的中心。"[2] 黑龙江流域的民族文化、历史文化很特殊，开放性突出，与周边国家、地区、民族的联系是天然的，历史上早已形成的。所以说，黑龙江流域的民族文化走向世界的路径很特殊，与较封闭地区的民族文化走向世界的路径是不同的。黑龙江流域的历史文化、民族文化本身就来自大世界，只要把历史之源、历史之根与现实联系起来，真正还原历史文化的来源，打通历史与现实的经络，黑龙江流域民族文化的世界性就自然"复活"。黑龙江别称萨哈连（萨哈木连），清初，有萨哈连部居住今黑龙江边，今天俄罗斯境内的萨哈共和国与清初黑龙江边上的萨哈部应该是族源相同，他们的文化也应该有相同性，历史文化的认同是经贸发展的重要前提。

　　当然，黑龙江流域的历史文化、民族文化走向世界不是问题。哈尔滨的冰雪文化享誉大江南北，其历史本身就是世界冰雪文化的一部分。冰雪文化中的滑雪板，在突厥人文化中称"木马"，历史上就有"木马突厥"之称。突厥人的历史凿空亚欧大陆，世界影响自不待言，黑龙江冰雪文化的时空影响不是问题，问题是立足于世界的创新问题。黑龙江流域的历史文化为"东部丝绸之路"的构建提供了历史的支点，期待"东部丝绸之路"经济带的构建使黑龙江成为东北亚经济文化交流、创新的中心。

---

〔1〕　指东北民族同源于肃慎、挹娄之说。
〔2〕　陶晋生：《女真史论》，台湾食货出版社1981年版，第8页。

自主扬弃与浴火重生

——略论我国区域少数民族文化全媒体时代文化自觉

蔡 军* 陈玉荣**

摘要：全媒体时代的到来，将彻底影响并改变当今世界文化种群的格局。而我国区域少数民族文化则由于信息生产占有能力及传播介质掌控能力的不对称性，很难适应这场传媒领域里的新技术革命。在现实中就往往表现出文化主体地位的严重缺失，或被主流文化同化，或被强势文化异化，或被市场经济商化——这是当前我国区域少数民族文化发展进程中面临的一个十分严重的现实问题。面对全媒体时代新技术革命的机遇与挑战，"文化自觉"是检验我国区域少数民族文化发展是否完成理性蜕变的唯一标准，也是我国区域少数民族文化走进全媒体时代的唯一选择。

全媒体时代的到来，为我们提供了一种全新的信息生产方式和传播观念。它以现代科技手段将传统媒介与现代媒介高度融合，创造出一种全新的媒介实践形态，以其数字化、分众化、多元化、融合化的鲜明特征，使现代人类的媒介接触习惯和使用方式发生革命性的变化，全媒体的传播内容涵盖了文、图、声、光、电立体展示等多维度信息。全媒体的信息传播介质包括了传统媒体、新媒体以及基于互联网和移动互联网而产生的一系

---

* 蔡军，中国民主同盟黑龙江省齐齐哈尔市委员会、文化艺术专业委员会主任、研究员。

** 陈玉荣，黑龙江省齐齐哈尔市社会科学界联合会、《理论观察》编辑部主任编辑。

列数字媒体在内的一切传播手段。它不仅空前地影响着时代传播环境，也将彻底影响并改变当今世界文化种群的格局。

我国是一个有着56个民族的多民族国家，每个民族都有自己悠久的历史文化传统与灿烂的文化成果。由于汉族以外的其他55个民族相对汉族人口较少，所以习惯上称为"少数民族"。由于这些少数民族多生存于边陲地域，少数民族文化也就往往表现出区别于中原主流文化的地域色彩。我们都清楚，文化是民族凝聚力、创造力的重要源泉，也是综合国力竞争的重要因素和经济社会发展的重要支撑。在全媒体时代，中国的民族文化要想走向世界，要想占据世界文化发展的制高点，如果缺少了区域少数民族的介入与共进，那么我们的文化发展就肯定会处于一种失衡的、不完整的状态。然而，面对现代传播技术的迅疾浪潮，我国的区域少数民族文化传播准备好了吗？我国的区域少数民族文化传播能够顺畅地融入全媒体时代的媒介生态环境吗？

一、自知——绽放的选择或凋零的绝唱

在我国漫长的历史进程中，由于政治、经济、军事、宗教等社会变迁，我国的边陲地域渐渐成为少数民族聚居的栖息地。在这些远离中原腹地而又相对封闭落后的边陲地域，少数民族文化反而拥有了属于自己的自然生长环境，少数民族所独有的文化心理、文化行为、文化现象、文化意识——能够得以随着岁月的流逝不断滋生繁衍，表现出鲜明的多元性、多样性的地域生态文化特色，反倒比中原主流文化少了几分改良与修正，多了几分原生与本真。所以，边陲地域文化是我国少数民族文化的源头，边陲地域是少数民族文化资源的沉积地、衍生地、传承地。区域少数民族文化是中华民族大文化的重要组成部分，是世界文化宝库中不可或缺的稀有财富，中国的少数民族文化为世界文化种群的多样性与丰富性提供了鲜活的标本。

然而，当前我国区域少数民族文化的这种自然生长局面却正在被打破。全球性经济大开发几乎拓垦了这个星球上的每一寸荒原，全媒体时代的传播几乎覆盖了这个世界的每一时空。留给当代世界各种文化种群的生存空

间，已不再是封闭独立的原始领地，而是要接受全媒体无孔不入的多渠道、多落点、交互性的海量信息覆盖，任何民族的文化发展都要在这样的传播环境下寻找自我生存空间。这显然是人类文化发展史上又一场空前未有的大洪水，无论任何文化种群的沉积地、衍生地、传承地都无一例外地要接受这一洗礼。在这场大洪水中，一切旧的文化秩序、文化格局都将被打破，原有的文化组合将会面临着重新洗牌，也可能会有新生态的异军突起，当然也会有不合时宜的沦落与消亡。中国的民族文化在这场大洪水中的唯一选择就是顺应潮流趁势而上，以主动自觉的精神占据当代世界文化发展的制高点，将民族文化的保护与传承再度提升与发扬。区域少数民族文化在这场关乎存亡的命运抉择中的现实地位非常重要，诚如全国政协副主席张梅颖所说："每个民族优秀的传统文化，犹如每一块国土不可分割一样，都是中华民族文化不可或缺的一部分。"全媒体时代如果缺少了我国区域少数民族文化元素的介入，中国民族文化就不可能真正走上世界舞台，这一点应该是当前开展民族文化发展研究时必须具有的"文化自知"。中国的区域少数民族文化在全媒体时代浪潮中根本没有退路，要么顺应潮流，在发展进步中绽放属于自我的美丽，要么消极被动为潮流所吞没，在沦落消退中成为凋零的绝唱。

二、自主——主动的扬弃或被动的异化

我国的少数民族传统文化是以中华文化为源头的，是全民族共同创造的、共同发展所积淀的文化遗产，是整个中华民族在长期的历史发展中所共有的历史文明成果，代表了中华民族所共有的人文精神。但由于各种历史的原因，我国区域少数民族文化在现实社会中总是表现出信息生产占有能力及传播介质掌控能力的积贫积弱。

2012年4月，全国政协副主席、民盟中央第一副主席张梅颖率全国政协民宗委和民盟中央联合调研组前往云南，就"保护少数民族优秀传统文化，促进少数民族文化产业发展"进行了实地调研。此次调研发现，"我国许多少数民族的文化，尚不具备产业开发利用的条件，而且受到外来强势文化的冲击，少数民族文化消亡流失的现象已经十分严重。由于承受着贫

困等种种压力，即使是文化的创造者和拥有者，也缺乏文化保护的必要动力和自觉性——文化的创造者和拥有者处在边缘地位，资源和权益得不到有效保障，文化变成商业文化，最终不可避免导致文化多样化根基的破坏"。张梅颖副主席说得很对，我国的区域少数民族文化发展现状的确是这样的。首先，我国区域少数民族文化传播硬件的缺乏与传播手段的落后还是很普遍的现象，甚至有的地方连广播电视的覆盖还成问题。在这些"春风不度玉门关"的传播环境恶劣的地区，部族民众又怎么能真实地反映并表达属于他们自己的文化心理与文化诉求呢？所以，根据目前情况分析，区域少数民族的文化表达与文化接收还是有着严重障碍。另外，经济全球化带来的经济文化化和文化经济化，也使得区域少数民族文化受到前所未有的冲击。在新媒体的宣传浪潮中，区域民族文化常常被边缘化——或被主流文化所"同化"，或被强势文化所"异化"，或被市场经济所"商化"。更多的时候，我们见到的是区域少数民族文化躯壳得以部分地"被复制"、"被传播"，晾晒的往往是少数民族生活的表象，而其本质性文化精髓却被稀释，其文化主体地位也被替代。主角成为附庸、特色变为噱头，致使少数民族文化精神内涵逐渐弱化，陷入文化消费的尴尬境地。

究其根源，还是由于"自主精神"的缺失，至少目前生活在特定地域环境、特定文化圈子的这些人（主要是少数民族）尚缺乏跟上时代步伐的"文化自觉"，还不具备适应文化转型的自主能力，尚未取得决定适应新环境、新时代文化选择的自主地位。尽管我们清楚这一历史责任不在少数民族，但这种局面的扭转没有了少数民族的"自我觉醒"却是根本无法实现的。这是因为，中国民族文化是个共同体，局部的缺失就意味着整体的不完善。所以，当前最迫切的任务是——建树少数民族文化的自主地位，重视少数民族在文化发展决策层面的参与和诉求，让少数民族在国家文化发展中有充分的话语权，让这些文化的创造者和拥有者不再处于边缘地位，保护与挖掘少数民族自有、独有的特色文化资源，有效遏制少数民族文化被同化、被异化、被商化的颓势。国家应予以政策性的帮助并扶持，帮助少数民族尽快接受并掌握新媒体技术，放手少数民族文化在自主扬弃中寻求产业发展。

三、自觉——浴火的重生或无言的淡出

由于区域少数民族文化所独有的、自在的资源特色，而且又往往缺乏主流社会的弘扬与推广，其文化的创造者和拥有者总是处于社会边缘地位，其文化产品在现实绽放中又总是表现得绝美而脆弱甚至短暂而不可再生。而当前全媒体的时代冲击又时不我待，区域少数民族文化以往那种相对稳固的传承空间正在被逐步打破，传统文化领地也正在被颠覆，区域少数民族文化已经面临着十分残酷的生死抉择——是浴火重生，还是无言淡出。在我国民族文化发展进程中，区域少数民族文化的传承与保护始终是制约发展的瓶颈。我们都清楚，没有"保护"就不可能完成"传承"，如果保护与传承都没做到，那么中华民族文化走出国门、走向世界也就无从谈起。所以，如何解决好区域少数民族文化发展权利的保护，这一问题是关乎我们民族文化发展成败的关键。分析认为：解决这个问题的根本途径就是构建一个多层次、多部门、全方位、高效能的针对民族文化保护的法律体系，在法治保障下培植民族文化产业，运用现代科技手段实现区域少数民族文化的传承与保护。

这个"保护"是个非常艰难的过程。长期以来，党和政府对于保护、传承和弘扬少数民族文化一直采取积极的态度，也制定出相关法律法规保护少数民族的传统文化。在已颁布的《中华人民共和国宪法》、《中华人民共和国文物保护法》、《中华人民共和国民族区域自治法》、《中华人民共和国非物质文化遗产法》中都明确指出，国家扶持民族地区、边远地区、贫困地区的非物质文化遗产保护、保存工作。无疑，这对保护、传承、弘扬少数民族文化都是至关重要的，但更艰巨的任务还是针对民族文化的实体保护。我们了解到，目前许多边远地区都还没有建设起少数民族的文化馆、图书馆、博物馆等文化基础设施，许多民族对于本民族的历史文化整理还没有完成，许多地区的少数民族尚无能力实现对本民族文化生态资源的自我维护与保存，还缺乏传承和弘扬本民族文化的人才队伍，还没有建立相对健全的机构以从组织上保证少数民族文化的传承和弘扬。那么，区域少

数民族文化该如何摆脱当前这种基础条件落后的困境，该如何才能走出"被边缘化"的尴尬境地，该如何迅速补上全媒体这一时代大课，跟上世界性全媒体时代步伐呢？首选答案只有一个，构建法治化支持性环境。这一点正如中国法学会秘书长陈忧所言："少数民族文化的传承与保护必须通过产业开发与法治保障来完成，当前正处于文化产业发展的重要战略机遇期，这不仅是时间上的巧合，更是一种历史的必然。民族文化元素的独特魅力，也将必然成为中国文化产业发展与众不同的本源，未来中国民族文化良性健康发展的核心也必将来源于历久弥新的民族文化元素。"构建一个针对少数民族文化传承与保护的法制保障体系，是我们全民族、全社会的一项系统工程。要在法治保障下加大国家对少数民族地区的文化基础设施建设投入，要以法治管理保护好区域少数民族文化赖以生长发育的"文化生境"，要采取科学有效的保护技术与方法，保护与尊重区域少数民族文化种群的多样性、丰富性特色。在这场伟大斗争中，区域少数民族文化打破的将是封闭的羁绊、摆脱的将是落后的窘境。经此之后，区域少数民族文化一定会浴火重生，以全新的姿态走进世界民族文化之林，绽放出属于自己的光荣。对此，我们有这样清醒的"文化自知"，也能够为此建树属于我们自己的"文化自信"。当我们有了这样一种强烈的"文化自觉"，就一定能够实现我们所一贯坚守的"文化自主"。珍惜我们已经握拥的璀璨民族文化元素，用宽阔的文化胸怀接受全媒体时代浪潮的洗礼，用我们的"文化自觉"实现我国区域少数民族文化发展的理性蜕变。

发展特色旅游引导赫哲文化走向世界

赵坤宇 *

摘要：世界各国、各民族的文化习俗都具有独特性，正是这种文化习俗的独特性构成了世界文化和文明的多样性、丰富性。赫哲族是我国极少民族之一，目前全国仅有人口 5354 人。赫哲族的历史极为久远，其文化习俗独具特色。保护和发展赫哲族民族传统文化，是传承和发扬中华优秀传统文化的重要内容之一。本文从赫哲族民族传统文化保护的现状入手，就发展赫哲族特色旅游、引导赫哲族文化走出国门，提出意见和建议。

历史上，赫哲族曾经长期以渔猎为生，过着自给自足的生活，与其他民族也进行一些贸易上的往来，主要是用渔猎产品去换取一些生活必需品。20 世纪 80 年代以后，在党和政府有关民族政策的扶持引导下，赫哲族的生产生活方式发生了巨大的转变，逐渐从传统的以家庭为单位的渔猎经济转向以农耕、畜牧养殖等第一产业为主。同时，发展加工制造、旅游开发等二、三产业为辅的多元经济。如今，赫哲族聚居区的经济社会事业都有了长足的发展，其民族文化的传承与保护也得到了前所未有的重视与发展。赫哲族伊玛堪被列入人类非物质文化遗产名录，鱼皮制作工艺、赫哲民间文艺等都有了国家和省级资金支持的传承人。这为赫哲族保持自己的个性与特征，向世界展现赫哲民族文化的魅力，从而为中华传统文化在世界文

* 赵坤宇，黑龙江省佳木斯市环境科学研究院副院长。

化激荡中站稳脚跟提供了更多元和坚实的基础。借此契机，应大力发展赫哲族特色旅游，向外界推介和宣传赫哲民族风情，促进我国和各国间文化交流。

一、赫哲族民族传统文化保护现状

由于传统民族文化的保护与弘扬一般难与地方经济发展、增加群众收入相联系，有的甚至还需要大量的资金投入，所以很难调动政府和群众参与的积极性。目前，赫哲族民族传统文化受到外来文化冲击，民族语言日渐消亡，民族传统节庆观念淡化，婚丧嫁娶等民间活动形式与其他民族趋同等问题日渐突出。现在采取的一些常规性保护工作，基本上还停留在由政府部门出面来做一些文字音像资料录制等补救性的工作，难以从根本上扭转民族传统文化日渐消亡的趋势。

为保护和发展民族传统文化，各赫哲族聚居地都做了多种努力。例如，同江市筹资 500 多万元建设了占地 10 000 平方米，建筑面积 1470 平方米的中国赫哲族博物馆，现有馆藏文物、展品近千件，并于 2006 年被国家民委批准为"全国民族团结进步教育基地"。八岔赫哲族乡建成 500 平方米的文化活动中心，组建了同江市赫哲族研究会，开设了赫哲族网站，并拨专款为其购置了办公设备和工作器材。2007 年，赫哲族研究会申报非物质文化遗产保护项目。其中，"鱼皮制作技艺"、"伊玛堪"已被列入为国家级保护项目名录。同时，两个赫哲族乡中心校开设了赫哲族语言课，并开办了民族传统舞蹈班。2013 年，同江市成功举办了赫哲族第九届乌日贡大会和北京赫哲文化宣传周活动，为传承民族文化、振奋民族精神、促进民族团结产生积极影响。

民族文化保护和传承的主体在少数民族群众，只有将民族传统与提高收入结合起来，成为群众生产生活需求的情况下，才会发挥群众的主动性和创造性，使民族文化得以传承和发展。上述这些，通过大力发展民族特色旅游文化是可以实现的。

二、赫哲族特色旅游服务业发展现状

目前赫哲族的特色旅游服务业主要围绕以下几方面展开：

（一）节庆活动

赫哲族的节日除与汉族相同的春节、正月十五、二月二及七月十五之外，还有"跳鹿神"和"乌日贡节"。其中，"乌日贡"集民族民间文化体育项目为一体，已正式定为赫哲族人民的节日盛会。每逢盛会，都会吸引大批游客前来参与，推动了当地旅游服务业的发展。

"乌日贡"在赫哲语中是"喜庆吉日"之意。在遥远的年代里，赫哲族先民为祈求出猎吉祥、狩猎丰收，一般在每年的"三月三"、"九月九"举行隆重的萨满鹿神舞，赫哲语称作"温吉尼"，用这种原始宗教仪式为山民消灾祈福，传统的民族民间文化色彩十分浓厚。1986 年 6 月 28 日召开了"赫哲族首届文体大会"，1988 年 6 月将这种文体活动正式定为"乌日贡"大会。1997 年 6 月 20 日，在同江市第五届"乌日贡"大会上决定每 4 年举办一次，时间定于农历的 5 月 15 日，节期 2 ~ 3 日，地点在同江市、饶河县以及佳木斯敖其等赫哲族聚居区轮流举办，全国各地的赫哲族人纷纷组队参加，俄罗斯的那乃人也派代表前来参加。

节日的白天主要是体育竞技，有游泳、划船、撒网、拔河、叉草球、射箭等。这几项比赛都与赫哲人的渔猎生活有关。其中，叉草球最富民族特色，是叉鱼技术在陆上的演练和再现。节日之夜，在江边举行群众性篝火文艺晚会和聚餐宴饮。人们跳起天鹅舞、萨满舞、鱼鹰舞、神鼓舞。热情奔放的舞姿伴以曲调悠扬的歌声。赫哲族民歌有 10 多种，内容涉及生活的各个方面，有喜歌、悲歌、古歌、渔歌、猎歌、礼俗歌、情歌、摇篮歌、叙事歌、新民歌等。妇女爱唱"嫁令阔"（类似于民间小调）；老头爱唱"伊玛堪"。皓月当空，篝火通明，赫哲族村屯充满了欢乐气氛。

（二）赫哲族风情园

赫哲族主要聚居在黑龙江省佳木斯同江市街津口赫哲族乡、八岔赫哲族乡和双鸭山饶河县四排赫哲族乡，其乡政府所在地有同名赫哲族聚居村，另外还有佳木斯市郊区敖其镇所辖的敖其赫哲族聚居村，抚远县抓吉镇所辖的抓吉赫哲族聚居村（另有南岗村、红光村为地方认定）。为开发民俗风情旅游项目，各赫哲族聚居地结合赫哲新村建设，陆续建成规模不等的赫哲族风情园。如佳木斯郊区敖其湾赫哲族旅游区、同江赫哲民族文化村、饶河县四排赫哲族风情园等。

佳木斯郊区敖其湾赫哲族旅游区，距佳木斯市区22公里，占地面积83公顷。旅游区依托丰富的赫哲族历史文化，分别建设了赫哲族文博馆、水上舞台、萨满神屋、神树广场、赫哲新村等标志性建筑，形成具有浓郁赫哲族文史气息的旅游景区。周边同时建有赫哲渔会馆、铭轩山庄、赫哲族风情度假村、新村家庭旅馆、哲艺堂鱼皮画廊等餐饮住宿购物场所，游客来此可以"吃赫哲鱼宴，住赫哲人家，品赫哲风俗、购赫哲鱼皮画"。2013年，佳木斯市投资6000万元进行了龙源赫哲水寨建设，完成了人工造浪池、儿童戏水池、大喇叭滑梯、宾馆及接待中心等主体工程。2013年8月15日龙源赫哲水寨正式开园，平均每天接待游客近1300人次，填补了佳木斯市水上娱乐项目的空白。敖其湾赫哲族旅游区也晋升为国家3A级景区。敖其赫哲新村被农业部、国家旅游局评定为《全国休闲农业与乡村旅游示范点》。

同江赫哲民族文化村位于同江市东北部街津口赫哲民族乡，与街津山国家森林公园为邻。这里山清水秀，风光秀丽，有奇特的自然、人文、历史景观，是黑龙江的旅游名胜之一，也是最早建成的赫哲族民俗风情园。它始建于1999年9月，于2001年8月8日"中国同江第一届赫哲族旅游节"那天正式向游人开放。赫哲民族文化村总面积17万平方米，它将自然环境与民族文化融为一体，通过赫哲族村落建筑、大型雕塑群、民族宗教、历史文化、民族歌舞、服饰、手工艺品及丰富多彩的文体娱乐等内容全面地展示赫哲族的民俗文化，重新复活赫哲族历史。目前，赫哲文化村已建成了广场区、展示区、雕塑区、宗教区、民居餐饮区、狩猎区、游乐区、码头区等功能区。在这里，游客可更直接、更形象地了解赫哲族生产生活。

四排乡赫哲族风情园位于饶河县城北17.5公里处的四排赫哲族乡，于2001年7月4日正式对外开放。占地一万多平方米，总投资500余万元。园内主要建设有赫哲族发展史馆、民族工艺作坊、传统民居建筑等集旅游、民风民俗、历史文化、生产生活为一体的赫哲民族的风情建筑，外观全部采用赫哲族民间传统的木刻楞式建筑风格，具有浓郁的赫哲民间风情。

（二）赫哲民俗博物馆

曾经春节联欢晚会上郭颂的一首"乌苏里船歌"，使全国人民都知道了赫哲这个人口极少的民族。近些年，随着国家民族政策的扶持，以及地方政府的重视，有着"鱼皮部落"之称的赫哲族民俗风情得到最大程度的开发和保护，各个赫哲族聚居地在建设民俗风情园的同时，纷纷建立了赫哲族民俗博物馆或展览馆，一些国家级和省市级的民族博物馆也陆续收入赫哲族民俗馆藏。

佳木斯市郊区赫哲族博物馆位于敖其湾赫哲族旅游区内，占地面积953平方米，建筑面积1260平方米，距市区仅6公里。该馆始建于2009年8月，总投资800余万元，展品分为历史沿革、生活习俗、民间礼俗、精神信仰、游艺竞技、文化艺术、经济生产、手工技艺、商货发展、民族精英10个单元区，收集展品369件。2010年9月免费开放，接待游客。该博物馆是集文物陈列、文化培训等功能为一体的公益性文化场所，对发掘、保护、传承赫哲文化起到了重要作用。

同江市赫哲展览馆位于同江赫哲民族文化村内，占地面积为300平方米，收集展品300余件，分别以图片、标本、模型、实物等形式展示了赫哲族源流历史以及渔猎生产、文化艺术、生活习俗、宗教信仰和民族文艺、民族歌舞。钓鱼翁、山魂、猎熊、猎归组成的大型组合雕塑以一个连续的渔猎过程，从不同侧面展现了赫哲族悠久的渔猎文化。神偶广场陈列着木雕天神和各种神偶，是游人与神灵们心灵交融的地方，散发出赫哲族传统宗教文化的神秘。同时文化村内原汁原味的木刻楞、马架子、地窖子等赫哲族民居建筑，向游人展示了赫哲族源远流长的生活历史，是黑龙江省最具特色的民俗景点之一。

四排赫哲族乡博物馆位于四排赫哲族风情园内。风情园展馆内陈列着赫哲族鱼皮衣、渔具、桦树皮制品及木雕工艺等几十件，从不同侧面反映了赫哲族的文化兴衰和时代变迁。同时展馆内还有大量的图片向人们展出了四排赫哲族乡改革开放以来社会经济的发展变化。

（四）赫哲餐饮文化

赫哲族饮食文化与其自身的民族发展一样，历史悠久，源远流长。在延续千年的社会变革中，赫哲饮食文化同样既有传承又有发展，体现出社会嬗变中的不断进步。

首先是生鱼类。在赫哲人心目中，"刹生鱼"（赫哲语"塔拉哈"）是最负盛名的一道菜。将刚刚从水中捕捞上来的新鲜鳇鱼、鲤鱼、草根等鱼杀生放血，漂洗干净，然后将两侧整片鱼从鱼身上剔下，再皮朝下把肉横切斜刀成片，再掉过来切成丝从鱼皮上登下来，最后拌上佐料即可食用。"生鱼片"也是赫哲族饮食文化中一大特色。夏天，忙完活计的赫哲人将鲜活鱼肉剔下，切成薄片，放些许山辣椒油，然后蘸佐料食用；冬天，将冷冻的狗鱼等剥下鱼皮，用锋利的刀将鱼肉切成薄片，蘸醋等佐料食用。

其次是煎炒炸烤类。主要有烤鱼肉片、炒鱼毛、炸鱼块等。烤鱼肉片是将鲜鱼肉片下来，切成肉片，再用削尖的木棍串起来，放在火上烤熟。炒鱼毛一般选用鲤鱼、草根、怀头等肥鱼，剖腹洗净，切成大块鱼肉放入锅中煮熟，再去掉骨刺，待凉后二次下锅爆炒，直到鱼毛"焦黄不粘锅、酥肥而喷香"时取出，放入置备好的贮藏箱中，用鱼油浸泡，而后密封起来埋入地下，现吃现取，味道鲜美如初。炸鱼块同样选择鳇鱼等肥的部位，分别切出寸许的小方块，用鱼油炸酥，然后装入密封箱中，放些鱼油浸泡，一年四季均可食用。

此外还有蒸煮类，如蒸鱼干、清炖鱼；晒肉类，如晒肉干、晒肉条等。通过这些独特的加工方法，赫哲人可以将剩余的鱼、兽肉保存起来，以备食物匮乏时食用。发展至今，则形成了赫哲族独特的饮食文化。

三、发展赫哲族特色旅游文化的几点建议

在继续加强旅游基础设施建设，宣传推介赫哲民俗文化，保护和传承民族传统文化的基础上，还要对特色旅游文化进行挖掘，对旅游内容及形式进行创新。

首先，应给传统文化继承人建立宣传推介和表演的舞台，创新表演内容和形式，把民间文学伊玛堪、说胡力、特伦固，民间歌曲嫁令阔，民族乐器口弦琴，和民族舞蹈天鹅舞、萨满舞等，用通俗易懂的形式推介和表演，使其成为旅游者了解本民族文化的传播者。例如，在民俗风情园内设立赫哲剧场，根据伊玛堪等各种民间传说中的内容，并结合人民群众日常生活进行艺术创作，讴歌奋斗人生，刻画最美人物，编排曲目，设置场景，将各类民族歌舞、乐器和说唱表演融入其中，形成独特的文艺表现形式，由具有较高技艺的民族文化传承人进行表演和介绍，从而宣传赫哲文化，培养民族艺人，坚定人们对美好生活的憧憬和信心，吸引旅游者。

其次，应创新民族手工艺品的制作技艺，保持纯手工制作，提高制作规格和质量，并通过各种渠道向国内外旅游者推介，把赫哲鱼皮文化发展成像中国剪纸艺术一样，成为本民族乃至中国的传统文化特色品牌。例如，在节庆活动中，将鱼皮制品做成各种纪念品，小到钥匙扣，大到工艺较复杂的鱼皮衣和立体鱼皮画等，并可针对游客需求进行现场制作加工，从而通过游客带回的旅游纪念品进一步宣传赫哲族的民间技艺。

再次，应把赫哲新村和赫哲民居作为旅游者住宿、参观及体验民族生活的据点，吸引外地游客实际参与赫哲渔猎文化，体验赫哲饮食特点。例如，建设家庭旅馆，让游客亲身体验木刻楞、马架子、地窖子等赫哲族民居特点；邀请游客一起撒网打鱼，体验赫哲渔猎生活，并亲自参与鲜鱼制品的生产加工，体验赫哲饮食文化。

黑河民族文化发展情况调研报告

张兆波 [*]

　　摘要：少数民族文化是中华文明不可或缺的重要组成部分，其存在和发展既丰富了中华文化的内涵，更有利于中华文明的长远发展，在构建和谐中华大家庭中具有举足轻重的地位。我国的民族文化，特别是少数民族文化，面临着如何传承下去的问题。本文将结合黑龙江省黑河市少数民族文化发展现状，就如何弘扬优秀少数民族文化、构建和谐中华大家庭，提出看法。

一、黑河少数民族文化发展现状

（一）基本情况

　　黑河市位于黑龙江省东北部，辖 2 市 3 县 2 区，总面积 68 726 平方公里，人口 174 万。全市共有 7 个民族乡，爱辉区为四嘉子满族乡、坤河达斡尔族满族乡、新生鄂伦春族乡，逊克县为新鄂鄂伦春族乡、新兴鄂伦春族乡，北安市为主星朝鲜族乡，孙吴县为沿江满族达斡尔族族乡，共有 69 个民族村。全市 7 个民族乡均建有文化站，总面积达 2600 平方米，经费以财政拨款为主。全市共 3 个鄂伦春族博物馆，总面积 1174 平方米，馆藏文物近 1700 件。

---

　　* 张兆波，民盟黑河市委驻会副主委。

（二）黑河民族文化发展过程中的一些主要做法

中共黑河市委、市政府十分重视少数民族文化发展。认真贯彻落实党的民族政策，坚持把发展民族经济、推动社会进步、促进民族团结，作为全市民族工作的重中之重，纳入全市国民经济发展总体规划，特别是在开展"兴边富民行动"和加快人口较少民族发展工作上，市委、市政府通过积极向上争取，进一步加大扶持力度，为民族文化的传承和保护打下了良好的基础。

一是建立和完善保护传承民族文化政策措施。为了加强对少数民族文化的保护和传承的扶持力度，市委下发了《中共黑河市委黑河市人民政府关于进一步加强民族工作加快少数民族和民族地区经济社会发展的实施意见》，为发展少数民族经济、文化等方面，推进民族文化事业建设和发展制定和完善了一系列政策措施。市、县两级政府在地方财政十分紧张的前提下，多方筹措资金，先后建立了市鄂伦春族博物馆、成功举办了鄂伦春族下乡定居六十周年庆祝活动以及古伦木沓节，并将古伦木沓节、摩苏昆列入国家级非物质文化遗产名录。将鄂伦春族狩猎文化、鄂伦春族兽皮技艺、鄂伦春族桦皮镶嵌画列入黑龙江省首批非物质文化遗产名录。通过对民族文化遗产的挖掘、抢救、整理、保护以及确定传承人等工作，使鄂伦春族桦树皮文化、狩猎文化、说唱文化得到有效传承。

二是加大投入，提高民族文化场馆基础设施建设水平。通过向上争取和地方匹配资金，投入300多万元，建设了黑河市鄂伦春族博物馆。为3个鄂伦春族乡建设了具有一定规模的文化活动场所，建筑面积达1500平方米。通过争取，中国民族博物馆逊克鄂伦春族分馆在逊克落成。中国民族博物馆逊克鄂伦春族分馆是由原逊克县鄂伦春族博物馆改建的，是黑龙江省唯一一家鄂伦春族博物馆。展厅共展出民族文物307件、地方历史文物423件，是集收藏、展示、研究、服务、教育、对外交流等多功能为一体的民族博物馆，现已被确定为黑龙江省青少年爱国主义教育基地。爱辉区新生鄂伦春族乡投入200万元建设了建筑面积970平方米的科技文化培训中心，建设了展览面积200多平方米的岭上人鄂伦春族博物馆，陈列反映鄂伦春族生产、生活、教育、文化等方面实物、照片等 500 多件。2012 年，"岭上人展览馆"改称"岭上人博物馆"。此外，北安主星朝鲜族乡、孙吴沿江满族达斡尔族乡以及其他五个民族乡也先后完成了乡文化站的改、扩和新建工作。

三是丰富载体，不断活跃少数民族群众的文化活动。各民族乡依托乡里的文化大院和村里的文化活动大院，经常组织开展少数民族群众喜闻乐见的文体活动。特别是在古伦木沓节、敖包会、民族乡乡庆等活动期间，各级政府和广大少数民族群众认真组织筹备，将少数民族文化活动推向高潮，对传承少数民族文化发挥了突出作用。节庆日的民族文化表演活动不仅丰富了群众的业余文化生活，更有力地保证了民族团结和社会稳定。逊克县新鄂乡、新兴乡，爱辉区新生乡每年定期举办诸如"古伦木沓节"、"民族体育竞技会"等鄂伦春族群众喜闻乐见的民族文体活动。

四是加强培养，建立民族文化专业人才队伍。市委、市政府积极协调省有关部门，努力为黑河市培养专业的鄂伦春民族文艺人才。通过专项培训，一批优秀的鄂伦春文艺工作者走上了工作岗位成为振兴鄂伦春文艺工作的新鲜血液。为了振兴达斡尔族文化，2010 年，在市民宗局的大力支持下黑河市达斡尔族协会成立。2012 年协会分别在坤河达斡尔族满族乡、沿江满族达斡尔族乡举办了达斡尔族民俗文化培训班。通过下发编撰的达斡尔族日常用语学习手册，聘请梅里斯达斡尔族民俗专职研究员对达斡尔族群众传授和辅导民族语言、舞蹈、民族礼仪、民间体育等内容。丰富了达斡尔族群众的精神文化生活，增强了民族自信心。同时，市委、市政府在加强对民族文化遗产的挖掘、申报非物质文化遗产传承项目过程中，注重传承人的培养选拔工作。确定了鄂伦春族狩猎文化传承人吴福兴、杜贵良，鄂伦春族兽皮技艺传承人葛长云，鄂伦春族桦皮镶嵌画传承人莫鸿苇，摩苏昆传承人莫宝凤、孟淑珍等一批民族文化精英为非物质文化遗产传承人，在市委、市政府的大力扶持下，黑河市涌现出一批优秀的少数民族文化传承艺人：鄂伦春桦树皮民间艺人莫鸿苇、鄂伦春族摄影家吴海柱、鄂伦春族民间文学家孟淑珍以及蒙古族作家何峰、满族作家莫凝等。

五是积极参加民族文化活动和开展对外民族文化交流，为发展少数民族文化搭建平台。几年来，市委、市政府先后组织多次民族文化交流活动，使全市少数民族文化呈现出欣欣向荣的景象。2009年，黑河市举办了全省首届少数民族少儿声乐舞蹈器乐比赛和全省第四届少数民族文艺会演活动。同年年底，在由黑龙江省、吉林省、辽宁省、内蒙古自治区民族事务委员会、文化厅组织的第二届中国北方少数民族歌舞服饰展演上，黑河市选手分别荣获声乐和舞蹈类五个奖项和团体二等奖。2009年以来，黑河市先后多次同俄罗斯进行民族文化交流活动。通过几次交流活动，增进了两国间鄂伦春族的友谊，沟通了情感，拓展了视野，借鉴了经验。

二、黑河少数民族文化发展中存在的问题

黑河经济发展相对落后，经济基础薄弱的实际情况必然制约着民族文化事业的发展，黑河市在民族文化保护传承工作方面做了一些工作，但还存在一些问题，主要在于：

一是民族民间文化的保护意识有待进一步提高。多年来黑河市民族文化遗产工作得到市、县、乡的高度重视，给予了大力支持，较好地促进了黑河市民族文化遗产保护工作的全面深入开展。但由于引导不深，广大群众参与保护民间文化的热情不高，未能积极主动地加入到保护行动中来。民间自发和政府自觉保护没有很好地融为一体。

二是部分民族民间文化遗产正在不断消失。由于社会加速转型和激烈变革，民间文化的传承条件发生变化，现存的一些极具历史、文化价值的珍贵实物与资料未能得到很好的保护。尤其是满族文化，满族是黑河市的世居民族，到目前为止能够使用满族语言的满族居民已经基本消失。

三是民族文化文化保护弘扬机制尚需完善。民族文化遗产保护是社会公益事业，政府投入的民族经费大多用于基础设施建设，对民族文化研究、继承与发扬投入相对较少。文化站面积小，房屋设备陈旧老化现状有待解决。

四是民族民间文化后继乏人，人才开发投入严重不足。在少数民族文化艺术人才培养方面，没有固定的培训少数民族艺术人才的基地，没有优惠政策，新毕业生难以安排工作，留不住人才。

三、黑河少数民族文化发展建议

民族文化是经过长期发展形成的历史积淀，保护民族文化是经济、社会、文化协调发展的一个重要内容。面对民族文化生存的脆弱环境，我们应抢时间、抢进度，着重做好以下工作：

一是提高认识，加强对民族文化保护的领导。对民族文化的保护，不仅在思想要重视，方法上还要得当，按照科学发展的内涵，以人为本，落实专门机构、编制，保证必要的经费，研究和制定民族文化的保护政策，使民族文化保护呈现协调的、可持续的良性循环。为保护民族文化，各县（市）区文化、民族工作部门在资金上对民族乡村给予特殊扶持，用于购置民族服装、乐器等基本需求。

二是要加大智力投入。加强民族文化进校园的实施，重视本土文化的传承教育，培育一批民族文化的爱好者、传承者，让他们引领民族文化的传承与发展，使民族文化在现代化的热潮中保持着优秀文化的本色。

三是要重视民族文化传人保护。由于民族文化传人大多年龄偏大、生活困难，随着他们的去世，很多珍贵的民族文化也就随之消失。所以要关心他们生活，发放固定的津贴补助，还要抓紧对他们掌握的民族文化进行记录保存，使民族文化保护工作少留遗憾。

四是加大少数民族文艺人才培养力度。设立少数民族人才培训专项基金，有计划地分期分批选送年轻优秀的少数民族人才到发达地区学习、培训。研究制定更加优惠的人才政策，落实人员编制留住本地优秀少数民族艺术人才，吸引其他民族地区优秀少数民族人才来我市发展创业，为边境地区民族文化发展、繁荣献策出力。

文化传播中的少数民族因素

张　屹 *

摘要：民族问题是当今世界普遍存在的重大社会问题之一。对于中国这样一个多民族国家，正确处理民族问题、维护各民族团结，不但关系到国家主权和领土完整，而且关系到经济发展和社会稳定。新中国成立以来，中央政府一直坚持"各民族平等、团结和共同繁荣"的基本原则，实行民族区域自治的基本政策，使民族地区的经济社会发展取得了令人瞩目的成就。然而，近些年，特别是西藏"3·14事件"和新疆"7·5事件"以来，民族问题和民族政策再次受到了社会各界的高度关注，也引起了学术界的探讨和争议。本文的研究，并非从民族政策研究的专业维度出发，而是结合大众传播语境与政治宣传的模式，尝试从传播学角度作出学理阐释。

一、民族政策的传播对象

在大众传播与政治宣传的影响下，人们往往认为，民族政策面对的自然是少数民族群体和少数民族地区。但是，笔者坚持认为，民族政策的制定和实施要着眼于整个国家的大局，甚至要着眼于全球经济和社会发展背景，而不仅仅是少数民族群体，也不仅仅是少数民族地区。这是由我国民族政策的根本目的所决定的。《中华人民共和国宪法》规定："中华人民共和国各民族一律平等。国家保障各少数民族的合法权利和利益，维护和发

---

* 张屹，外交学院外交学系研究员。

展各民族的平等、团结、互助关系。禁止对任何民族的歧视和压迫。"通过民族合作、民族互助，实现民族共同发展、共同繁荣，这个目标要始终不渝地坚持，一切背离这一目标的民族政策注定是不得人心的。

民族互助就是经济发展先行的民族帮助经济欠发达的民族共同发展，而要使这种互助出于自愿而不是上级安排，出于个人内心而不是组织规定，出于主动积极而不是被动消极，那么从民族政策的制定到宣传、实施，都必须面向各个民族。着眼于全国而不仅仅是少数民族地区，也是由中国的民族分布所决定的。除了少数民族聚居区外，还有大量少数民族同胞因历史或其他原因散居于全国各个省市。在经济全球化的今天，往返于全国各地，或短时间停留或长时间居留于他乡的少数民族群众越来越多，他们的经济活动和社会交往对象也不仅仅局限于本民族同胞。因此，着眼于全国而不仅仅是少数民族地区制定、传播和实施我们的民族政策，有利于经济全球化背景下各民族的团结互助和融合。

二、民族政策的制定、调整和实施离不开准确及时的传播

从某种意义上说，民族政策也属于公共政策，而公共政策的制定需要公众的参与、公众的智慧，公共政策的实施需要公众的理解支持。因此，从民族政策的制定、调整到实施的全过程，都离不开准确而及时的大众传播。

美国学者罗纳德·赖斯和查尔斯·阿特金认为，公共传播的内涵主要包括以下七种情况——第一，目的性行为；第二，出于告知、劝服或促动行为改变的目的；第三，针对大量目标明确的受众；第四，通常为了个人或社会的非商业性利益；第五，一般发生在特定时段内；第六，运用大众媒介等有组织的传播活动来进行；第七，多以人际传播为辅（adapted and expanded from Rogers & Storey，1987）。国内学者也有两位提出了独特的看法，石长顺和石永军认为，公共传播是指以社会公共利益为目的的公共信息发布。

公共传播无疑是党和政府进行社会变革的重要工具和手段。遗憾的是，信息化发展到全媒体阶段，中国在政府主导的公共传播中无论是在实践层面还是理论和方法研究上，都显得滞后。长期以来，政府公共政策的发布与传播始终带有计划经济时代的烙印，面临着传播渠道单一、过分依赖组织传播；反馈机制缺乏，不注重对社会公众的研究；宣传色彩浓厚，单面政策解读等一系列问题，传播效果不理想。由于受众存在逆反心理，有时不但没有解决问题，甚至激化矛盾，引发政府公共危机。

与时俱进，适时适度调整民族政策。任何事物都不是一成不变的。时代在变，国内外形势在变，民族政策也需要适时适度地加以调整，但调整的原则应是更好地服务于民族大团结、各民族共同发展的目标。从学术争议和网民评论，都可以看到关于民族政策调整的两种极端看法：一种看法是，我国的民族政策是党和政府根据马克思主义民族理论，结合我国多民族的基本国情和民族问题长期存在的客观实际制定的。而且，几十年来的实践证明，中国的民族政策是成功的，少数民族地区的经济社会发展是有目共睹的。因此，民族政策不容置疑、不宜调整。另一种看法是，新中国成立以后的民族识别、民族区域自治和民族优惠政策等完全效仿苏联的模式，体现了政治化的政策导向，可能不恰当地强化民族意识甚至带来民族分裂。笔者认为，我们对现有的民族政策既不能全盘否定、推倒重来，也不能僵化地坚持。在坚持民族政策总体目标的前提下，宜对当前民族政策的优势和缺陷进行反思，对政策本身和政策的执行既要理性分析也要感性分析，既要宏观分析也要微观分析，并在此基础上作出及时、适度且慎重的调整。所有具体的民族政策都是服务于民族团结互助这一大目标的手段，两者不能倒置。

中华人民共和国成立前，农牧业是中国少数民族地区的主要产业。一些地区仍停留在"刀耕火种"的原始农业生产方式，经济和社会发展相对落后。为了促进各民族的共同发展与进步，国家根据民族地区的实际情况，制定和采取了一系列特殊的政策和措施，帮助、扶持民族地区发展经济、教育和文化事业，并动员和组织汉族发达地区支援民族地区。但是在这些政策的具体实施中也确实出现了各种各样的问题，有的问题是政策本身存在缺陷，更多的问题是政策传播和执行中的缺陷，如近年来媒体时有披露的更改民族身份获取高考加分的事件。不少汉族群众对中国政府针对少数民族实行的各种优惠政策，包括高考加分、生育优惠和免费医疗照顾等政策存在异议，特别是对司法上实行"两少一宽"，即对少数民族罪犯少捕少杀、在处理上一般要从宽，表示不能接受，政策不能凌驾于法律之上。而部分民族群众也对这些支持民族地区发展的政策心存疑虑甚至不满，政策解读和实施中的"居高临下"让其产生低人一等的"弱势感"。由此可见，作为公共政策的组成部分，民族政策的制定、调整和实施都离不开准确而及时的传播，离不开各族人民的全力配合，也离不开国际社会的理解支持，这在媒体多样化发展的信息社会尤为重要。

三、民族政策要从"心"传播

（一）正视偏见的形成机制，增进民族间的日常交流

政策传播不到位，加上各民族间缺乏实际交流，极易产生刻板印象甚至偏见。笔者在新疆期间，一些汉族司机在跟我们介绍当地的风土人情、文化习俗时常常掺杂一些关于少数民族群众生活的笑话。这些玩笑话尽管没有恶意，但确实体现出一定的偏见和"低看"。我想少数民族群众在介绍当地汉人的风土人情、文化习俗时，也可能掺杂一些类似的"笑话"。

我们到达喀什香妃墓参观时已近下班时间，因第二天要赶飞机去乌鲁木齐，便询问导游今天能否参观"老城"。这位维吾尔族姑娘告诉我们，老城的工作人员也是同一个时间下班，她马上联系一下看看能否请她们晚一点下班。过了几分钟，她说联系好了，那边的工作人员会等我们。我们又"得寸进尺"地问她下班后能否陪我们去老城，她竟然爽快地答应。在参观结束后又陪我们去清真寺看看，并找了一家颇具民族风味的餐馆吃饭，让我们很感动。我一直在思考，为什么有的人对其他民族充满敌意，而有的人则充满善意？我的结论是：民族间交流越多，刻板印象和偏见就越少，善意和互助就越多。

在社会传播与社会互动过程中，对刻板印象有着很多的研究。一般认为，人的刻板印象的形成主要有两种途径：一是亲身经历；二是社会学习。我们对自己不熟悉的一个地区、一个民族、一种职业的刻板印象，都是经

过上述途径如此形成。如第一次去某个城市便遇到小偷，就有可能产生该地治安不良的印象；连续听到周围的朋友说某个民族的人好斗，或观看某部具有民族偏见的影视剧或阅读相关的文学作品，就可能产生对该民族民众的刻板印象。由此可见，刻板印象的产生往往来源于自己偶然的亲身体验或少数他人的评价，这正说明了各民族间增进交流以消除偏见的重要性。

与刻板印象有关的另一种偏见是"先入之见"。社会传播的过程中，对先入之见也有很多研究。Hastorf 和 Cantrill（1954 年）曾做过一项著名研究，该研究的"标本"是 1951 年达特茅斯大学和普林斯顿大学的一场橄榄球赛。研究者把这场比赛的录像分别放给两校的学生看，要求他们注意比赛的所有犯规行为，并把它们按照"严重"犯规和"轻度"犯规统计下来。结果表明，尽管研究者告诫学生观看时应完全客观，但是两校学生看到的犯规情形却大相径庭。看球赛如此，接收其他信息也是如此。可见，先入之见制约着人们对信息的理解、解释和记忆。人们根据预先的期望或理论去寻求、挑选和抽取资料的心理倾向，就是所谓的"证实偏差"（confirmation bias）。如，当人们去寻求信息以检验自己的理论或观点时，他们表现出明显的想要证明自己正确无误的倾向。一个对其他民族有偏见的人，会不自觉地去寻找能够证实这种偏见的事实来源。与此同时，他会回避那些可能动摇这一先入之见的事实，而且这种"寻找"或"回避"往往是在下意识中进行的。

（二）换位思考少数族群的"弱势心理"，淡化民族区分意识

前面已提到，考虑到少数民族地区经济文化相对落后，政府制定了一系列优惠政策以更好地促进这些地区的经济社会发展。从网友的评论看，人们对这些政策大多持肯定的态度；但也有一些网友提出，尽管这些政策在某个特定历史阶段有其进步性、合理性，但随着时代的发展，需要逐步加以调整。特别是高考加分、计划生育和司法上的"两少一宽"政策，否则会助长少数民族的优越感，甚至引发民族矛盾。有些人建议，西部地区汉族人口并不多，可否实行与少数民族相同的生育政策？

另一种观点则认为，对少数民族过多的照顾本身就是一种歧视。因为

政策越倾斜，他们就可能越觉得与众不同，越觉得不是一家人。少数民族群体由于人口数少以及经济发展水平相对落后等原因，容易产生"弱势感"。其实，从一个群体来看，民工、城市贫民或者其他的一些城市社会弱势群体，经历过一些有意或者无意的歧视，极易把自己列入被排挤的、甚至被迫害的群体。国家层面也是这样，一些贫穷或者被边缘化的国家始终认为国际社会抛弃了自己，强国和富国一再压迫和遏制自己，于是对于外界的评价和看法特别敏感。由此可见，国家的优惠政策可能被他们当作一种"优势群体"的恩赐，因而也就难以换来他们的认同感和归属感。这一观点尽管偏颇，但在少数民族地区经济普遍取得快速发展的今天，我们在进一步重视民族政策传播的同时，应该更多地淡化民族性，强化公民性。只有人人平等才能实现民族大融合，这种平等除了法律层面的，更重要的是心理层面的平等。美国政界和学术界强调把少数族群看作是"亚文化群体"，日本强调阿依努人和冲绳人具有文化习俗的差异，但尽可能不把他们作为界限分明的"民族"来对待。这种在政治上淡化种族或民族身份、在文化上则对其予以充分尊重的思路，值得我们借鉴。

总之，在媒体日益发达的今天，无论是民族政策的制定、调整还是具体实施，都需要做及时而准确的传播。而且，这一传播应从"心"开始，以取得各族人民发自内心的支持。随着经济、科技和市场的"全球化"，随着国家社会和经济的不断发展，随着各地民族交流和人口迁移的不断增加，民族之间的合作互助必将进一步加强，民族融合也将进入新的阶段。在这样一种前提下，大谈中华民族的共同文化才真正有意义，真正具有感召力。

参考文献：

1. 王希恩："也谈在我国民族问题上的'反思'和'实事求是'——与马戎教授的几点商榷"，载《西南民族大学学报（人文社科版）》2009年第1期。

2. ［美］简宁斯·布莱恩特、道尔夫·兹尔曼：《媒介效果与理论研究前沿》（第二版），石义彬、彭彪译，华夏出版社2009年版。

3. 石长顺、石永军："论新兴媒体时代的公共传播"，载《现代传播（中国传媒大学报)》2007 年第 4 版。

4. A. H. Hastorf, H. Cantril, *They saw a game*: *A case study*, Journal of Abnormal and Social Psychology, 1954（49）: pp. 129 – 134.

5. 马戎:"关于民族研究的几个问题",载《北京大学学报（哲学社会科学版)》2000 年第 4 期。

全球化时代媒体对民族文化的交流与传播

于 林 *

摘要：当今我们正处在一个全球化时代，地球村的概念和互联网的神奇早已拉平了世界。各类文化积极自觉地沟通和交融，传播冲破了地域和国界限制，对世界经济、文化、社会、生活各个领域发生巨大的影响。此背景下，谁的传播手段先进、传播能力强大，谁的文化理念和价值观就能获得更广泛的流传，就更有能力影响世界。文化传播能力就是国家的软实力，文化多样性和传播多样性相辅相成。在众多传播手段中，作为传统媒体的电视在网络时代下扮演什么样的角色、起到什么作用？互联网衍生了自媒体，它的飞速发展对电视是冲击还是互补？针对这些问题，笔者将以"情动俄罗斯"——中国人唱俄语歌大型选拔活动为例进行阐述。

一、先进传播手段和强大传播能力决定国家文化影响力

当今我们正处在一个全球化时代，地球村的概念和互联网的神奇早已拉平了世界。各类文化积极自觉的沟通和交融，传播冲破了地域和国界限制，纷纷走出去以获得全球范围的认同。这些都广泛体现在经济、文化、社会、生活等各领域，世界因而被紧紧抱在了一起。可以说，全球化时代文化传播拼的是传播手段和传播能力。谁占据了这两大优势，谁的文化理

---

* 于林，江西卫视导演，曾执导《中国红歌会》、《中国山水情歌会》、《"情动俄罗斯"中国人唱俄语歌大型选拔活动》等。

念和价值观就能获得更广泛的流传，就更有能力影响世界。这种传播气质下产生的巨大文化效应，使得文化的交流与传播作为一种渗透手段越来越受到世界各国的重视，文化的传播能力成为国家文化软实力的象征。

说到传播，一定要提"多样性"，互联网时代世界文明的一个重要特征就是多样性。而文化的多样性和传播的多样性始终相得益彰、相辅相成。在众多的传播手段中，传统媒体在全球化文化传播中扮演什么样的角色，分量如何？将起到什么样的作用和效果？新媒体的飞速发展，对传统媒体是冲击还是互补？二者之间是此消彼长还是此长彼也长？这些现实几乎每天都在冲击着人们的选择。笔者将以一次具有外交意义的多媒体联动大型活动为例展开探讨。

二、"情动俄罗斯"大型歌曲选拔活动回顾

"情动俄罗斯"是在中俄建交 60 周年之际，由国家广播电影电视总局牵头主办，中国国际广播电台、中央人民广播电台与北京电视台联合承办的中国人唱俄语歌曲大型选拔活动。这一活动是在中俄"语言年"的大背景下，以"唤起记忆，传承友谊"为宗旨，以歌曲为情感凝聚的载体，共同回顾走过的难忘岁月，唤起老一辈人难以割舍的俄罗斯情结，同时加深年轻一代对俄罗斯文化的了解，架起中俄两国人民友谊的桥梁，促进两国民间文化交流的开展。作为一项国家级文化项目，规格很高，立足也高，意义深远。既是一次很好的纪念活动，更是一次外交握手。组委会充分发挥国家级媒体的外宣功能，脉搏紧贴国家时政，抓住传统媒体的强大传播力，力图在实施过程中体现活动的群众性、参与性、艺术性和普及性。通过活动的展开，在中国掀起"学唱、传唱俄语歌"的热潮。笔者当时作为唱区的导演，全程参与了活动始终，深切体会到了文化在交流中传播，传播力决定国家文化影响力的魅力所在。

2009 年 9 月 21 日晚，北京电视台 1000 平方米演播大厅内弥漫着歌声与温情。人们不约而同和着节拍，唱响了记忆中的旋律……经由全国八大分唱区选送，层层选拔产生的全国十强选手依次登台亮相，为台下的嘉宾和观众奉献了一台高水平的演出。这些选手大都有着深厚的俄罗斯情结，有在俄罗斯学成归国的留学生，还有年逾七旬的老人。在三个多月的选拔过程中，选手们带着他们深情的歌声从全国各地唱到了北京。全国十五强选手还集体奔赴莫斯科，与俄罗斯这个国家和人民实现了近距离接触。他们收获的不仅是最终的荣誉，更多的是贯穿始终的感动。至此，"情动俄罗斯——中国人唱俄语歌"活动的电视呈现部分全部结束。

作为中国"俄语年"非常具有亮点的国家级文化活动之一，此次活动得到来自俄罗斯外交部、教育部、大众传媒署和塔斯社、俄新社、俄罗斯国家电视台等俄方媒体的高度评价。俄罗斯驻华大使拉佐夫先生评价本次活动"是献给俄中建交60周年和中国'俄语年'的最好礼物。"一个月后，在人民大会堂举办的中俄语言年闭幕式晚会上，我们看到了温家宝总理和普京总理一同为"情动俄罗斯"大赛冠、亚、季军获得者颁奖，看到了冠军获得者万寿宁送给普京总理一件特别的礼物——由中国国际广播电台印发的"情动俄罗斯——中国人唱俄语歌"精美歌谱，上面印有100首经典俄罗斯歌曲。一切都那么自然美好，活动深层次的历史意义已然显现，充分体现了媒体在国家文化传播中的能力和穿透力。应该说到这时，这场以情感为依托、以歌曲为纽带的大型媒体活动才真正画上了最圆满的句号，同时也奏响了中俄两国人民之间的友谊新篇章。

"情动俄罗斯"的成功是多媒体联动合作的一次完美体现，为中俄文化的交流做了推手。中国国际广播电台是中国大陆唯一从事对外广播的国家级电台，"中国内容，国际表达"是它的特色，其国际传播能力无可替代，从本次活动的海外宣传效果便可知。中央人民广播电台作为中国最重要、最具影响力的传媒之一，更是与老百姓朝夕相伴。相比北京电视台以及各分唱区的电视台，大多正处在传播力上升期，尚没有到达顶峰，中央人民广播电台的强大传播力作为传统媒体的龙头老大当之无愧。中国发行量最大的报纸《参考消息》，作为此次活动的官方网站指定平面媒体，在活动期间提供了不少于半整版的《参考消息》（全国版）版面，对活动进行宣传、推广；还积极配合活动进程，选编并转载境外媒体关于"情动俄罗斯"活动的新闻报道，让我们在整个活动进展中保持了一种高端视角。互联网具有较高的信息开放度和资源共享度，已然悄悄地改变着年轻人的媒体消费方式。他们对于资讯越来越倚重互联网等新兴媒体，习惯于从互联网上获取新闻信息。合作媒体中，三大门户网站搜狐、新浪、网易以及优酷视频的加盟，给活动的传播注入了全新的力量。组委会选择了"广播＋电视＋报纸＋互联网"的多媒体联合呈现手法，在短短3个月里就吸引了12 000多人报名参加，达到了热火朝天唱俄语歌的预期。

传统媒体中要特别提一下电视媒体，与其他媒体相比，电视最大的优势在于它既闻其声又见其人的"声画并茂"叙事功能。在比赛过程中，唱区特色故事也是本次活动的亮点之一，电视呈现带来了一个个感人的故事，给观众留下了深刻的印象——北京作为政治文化的中心，活动开展很顺利，既有怀着俄罗斯情怀的老年选手，更有年轻朝气的留学生们。选手层面丰富，选择性强，很符合首都特色；东北唱区因其靠近俄罗斯的地理位置和历史原因，选手及选手故事是活动的意外收获，增添了活动的"情"趣，很完美地诠释了"动情"与"情动"；相比之下华东唱区没有以上优势，在特色上显得有些苍白，尽管唱区承办方江西卫视的宣传以每日滚动播出的高频率出现，报名时间过半参加的选手却仍不多，远远达不到预期。与组委会沟通后及时调整了传播力度，增加了本土传播手段，除在原有卫视宣传的基础上，开通了江西民生广播、江西交通广播通道，并及时联动上海音乐广播扩大宣传面，同时依托省教育厅高校网加大了网络宣传力度，以及在高校、社区、公园举办唱俄语歌主题音乐会等活动，线上线下联动宣传，效果显著，最终华东唱区逆袭，取得了三强的好成绩。这一次从上至下的多媒体联动宣传将传统媒体的优势发挥到了极致，也形成了一种传播趋势。

网络的飞速发展日新月异，不知不觉中传统媒体逐渐面临了来自网络新媒体的挑战，其自身优势随着新媒体传播方式的普及逐渐消解，在文化传播中与互联网融合渗透成为了传统媒体发展的潮流。传统媒体如何借鉴新兴媒体强大的聚合力、散发力，既保持原有真实性、权威性、专业性特点，又能够在庞大的信息场中进一步彰显主流价值呢？这需要不断摸索，即使反复受挫，也是前行的力量，而且为其寻求持续发展提供了机遇。

三、互联网时代下的新传媒

新媒体是以数字信息技术为基础、以互动传播为特点，具有创新形态的媒体。相对于报刊、户外、广播、电视四大传统意义上的媒体，新媒体被形象地称为"第五媒体"。不可否认，近年来网络新媒体以其传播速度快、覆盖面广、互动性强的特点呼啸而来。各种电子传媒的建立，诸如门户网站、网络视频、微博、微信等一浪接一浪风生水起，表面上看确实给传统媒体带来了巨大的冲击。80后、90后新生代们的阅读习惯发生了颠覆性的改变，他们习惯埋首于手机、平板电脑。在公共汽车上、在步行中，一台电脑一部手机，随时随地连接世界。移动互联网和智能手机带来的最大变化就是移动性和伴随性。这种变化也开始侵占每个人的碎片化时间，也带来欲罢不能的信息过载和浅阅读。快速的传播和自由的空间给新媒体带来的高速发展，这些都直接导致了传统媒体的逐渐衰退。以美国为例，2012年美国互联网产业报告显示，美国新媒体市值已达到传统媒体的3倍。国内的各类新媒体凭借免费、互动性强、草根化等优势不断蚕食着传统媒体的市场，似乎一夜之间就进入了"人人都是记者"的自媒体时代。自媒记录者的网络直播胜过了任何传统媒体的跟踪报道，因为它更直接、更快、更便捷，也更有震撼力。相比之下，传统媒体受制于历史原因和现实的羁绊，加上过去几十年建构的庞大的体制结构，一定程度上成了拖累。那种依靠记者的眼睛去观察世界、见证历史，信息碎片拼凑起来的完整事实，已经满足不了人们的需求。广播、电视、报纸三家独大的辉煌确实一去不复返，传统媒体显得步履维艰，但这并不能说明移动互联网时代意味着传统媒体的谢幕。笔者认为，首先要正视格局变化。任何一种文化传播都不是单一存在的。一方面是互联网技术的裂变式发展，媒体格局出现的变革，互联网逐渐成为舆论传播的主战场。"新媒体"以其特有的兼容性和包容性，使大众获得信息的方式和方法被重新定义；另一方面，传统媒体抱团取暖，找准定位发挥所长。通过融入渗透到新媒体中，嫁接各种媒介的长处，形成多媒体叠加。在冲击下寻找契机，尚能以顽强的生命力彰显出朝气蓬勃的活力，以"传统媒体＋视频＋网站"的全媒体模式求得转型，力求在新媒体的冲击下杀出一条血路并保持其传统媒体的地位。二者并存是目前这个阶段的传播特点。

这一时期的文化交流和传播，传统媒体可通过转型积极融入新媒体。首先传统媒体在渠道拓展上不存在任何问题，报纸可做电子版，电视做网络电视、数字电视，广播也可以上网做可视广播。拓宽了形式，做好渠道，传统媒体一样可以成为复合媒体。再融入新媒体与全媒体的集合品牌优势，增强媒体品牌影响力和公信力，争取做成综合性全媒体运营的大型权威媒体，那将会是各得其所又紧密相连的大媒体时代。可以说，融合发展已成为传统媒体的共识。以电视为首的传统媒体必须转换思路，重新调整上路，以积极的心态，拥抱新媒体和融合发展的挑战，只有如此才是转机。以中央电视台为例，新媒体的发展不仅使其固有的优势节目资源找到了新的传播平台，而且还可以根据这一新平台的传播特性，创造更加符合用户需要的节目内容，形成自己独有的核心竞争能力。新媒体的出现和发展，不仅不会削弱它的传统优势，还会进一步加强和发挥这种优势，进一步提升其核心竞争力。

或许未来，报纸会和图书一样成为奢侈品，服务于小众人群，但这也是生机；广播也会随着汽车的普及日益升温，加之可视广播的网络化，其前景也会充满阳光。纵观当下的全球传统媒体，从誉满全球的《泰晤士报》到世界领先的《华尔街日报》，从电视台重大节目连同网络电视台和几大门户网站的并联直播中，都显示出了传统媒体积极嫁接各种媒介与网络技术融合的新模式。

论微信使用在藏区文化传播中的作用
——以拉萨和周边农村地区为例

张 聪[*]　于祝新[**]　仓 啦[***]

摘要：研究认为，微信已经成为西藏城市地区信息环境的重要组成部分，大大加强了文化传播的力度和广度。而在广大农村地区，微信使用虽然不如电视媒介普遍，但是随着经济文化程度的进一步提高，也将成为未来农村地区信息传播的主要媒介工具。微信使用对于藏区民族文化的对外传播、西藏民族文化传承都产生了积极作用。同时，如何利用微信更好地为民族文化传播服务，避免产生负面影响，也是本文重点研究的问题。

随着移动互联网的快速发展，微信作为一个信息传播工具在国内外迅速普及。最新数据显示，2014年底微信的用户已经达到6亿。在西藏地区，微信也逐渐成为城市和农村居民的信息沟通工具，对藏区居民的生活方式产生了一定的影响。本文以西藏自治区拉萨市和林周县强嘎乡强嘎村为调查对象，对拉萨城区和强嘎村的微信使用状况进行了调查分析，探讨城市与农村对于新媒体的接受程度，对社会经济文化发展的影响程度，以及未来的发展方向等问题。

* 张聪，北京印刷学院新闻出版学院新闻系教师。
** 于祝新，北京印刷学院新闻出版学院硕士研究生。
*** 仓啦，藏族，北京印刷学院新闻出版学院新闻系本科生。

一、微信使用基本情况

(一) 城市地区的基本情况

拉萨作为西藏自治区首府，是一座具有 1300 年历史的古城，长期以来一直是西藏地区的政治、经济、文化、宗教中心。拉萨市现辖七县一区，全市总人口近 55 万，其中市区人口近 27 万。近年来，拉萨经济发展速度较快，基础设施条件发展较好，拉萨市区的移动设备普及率较高。以西藏大学为例，在此次接受调查的 100 多个藏族大学生中，普遍拥有智能手机，基本都装有微信，而其他的社交媒体应用软件也一应俱全。微信已经成为年轻人交流的必要工具，已经成为他们生活中的一部分。与此同时，年轻人使用微博等其他新媒体的比例也非常高。受语言环境的局限，中老年人使用微信等新媒体工具的相对较少。他们更多的是利用电话沟通信息，而电视是中老年人获取信息的主要途径。

(二) 农村地区的基本情况

强嘎村位于西藏自治区拉萨市林周县强嘎乡，县驻地距拉萨市 65 公里，平均海拔 3860 米左右。地势平坦，土地开阔，气候温和。该村共有 205 户居民，总人口 1116 人。研究小组在当地调查了 60 户人家，大多数都是传统农民住户，其中部分家庭有受过中高等教育的年轻人，但大多都在外地打工。当地人主要靠农业为生，主要收入来源是干农活和外出打工。同时，还有一些家庭会以国家的资助扶持以及农闲时做些卖牛奶、开小饭馆之类的小生意来补贴家用。近年来，村民们的生活方式也发生了改变。过去村民以糌粑为主食，现在则以大米、面粉、蔬菜等为主。自 2006 年国家推行农牧民安居工程以来，村民开始接受银行无息贷款，大多用于建房和供小孩上大学的学费，越来越多的孩子可以进入校园学习。总体来说，村民的生活正在步入现代化。

从媒介使用状况来看，农村地区的藏民很少阅读报纸。乡政府给村民们订了报纸，汉文版的有《西藏日报》、《人民日报》、《拉萨晚报》、《新西藏》、《求是》、《光明日报》、《经济日报》等，藏文版的有《新西藏》、《西藏日报》和《拉萨晚报》等。但是，由于报纸送达的实效性差，加上很多藏民都没上过学，没有多少文化，所以对于纸质媒介的使用较少，信息传播效果不佳。随着广播电视综合覆盖率的持续升高，广播电视成为农村地区获取信息的主要媒介。村民们普遍观看新闻联播和藏文频道家庭题材的电视剧，收看时间多为八点到十点。

调查发现，在农村地区，手机的使用刚刚起步，多数人还没有使用过智能手机，拥有手机的人主要是收发短信和接打电话。少数大学生和受过一定教育的年轻人会使用微信，但是还没有成为主流，与城市相比差别较大。

二、微信使用对西藏地区的影响

传播是人类生存的基本方式，是人与人之间关系赖以成立和发展的机制和基础。在西藏拉萨和农村地区，微信使用对当地的政治、经济、文化、社会等各个方面都产生了一定的影响。在众多关于西藏的微信公众号中，以西藏旅游为主题的公众号是最多的，其次是以西藏的政治和文化为主题的公众号。这些公众号在一定程度上改变了西藏人民的生活。

（一）政治方面

西藏自治区政府和主流媒体已经开始在多个层面利用微信，通过新媒体平台向民众传播信息和知识。微信的广泛使用方便了西藏拉萨市民了解当地政治经济发展和国际新闻时事。例如，"西藏日报"和"平安拉萨"这两个微信公众号，是传播报道西藏新闻、最新政策讯息的主要微信公众服务平台。此外，还有一些介绍拉萨政务、社会安全方面的微信平台。普通民众不仅可以从中了解到关于国家政务方面的信息，还可以了解到西藏在社会文化对外交流等方面的讯息。西藏游客和西藏文化爱好者也可以通过这些政府机构和主流媒体创办的微信平台了解西藏在政治、经济方面取得的成就。通过微信的窗口，展示改革开放以来的社会进步、民族团结、和谐稳定，展示西藏人民安居乐业的新风貌，有利于西藏地区的社会稳定和文化发展。

"西藏日报"于2014年7月16日完成微信认证。平均每天推送4条消息，每天的第一条消息都是西藏自治县区的当日新闻或者是有关于党中央的重要新闻，最后一条是与生活息息相关的日常生活小常识。这样的设置使得"西藏日报"的粉丝既能够及时准确地了解当日有关于西藏的重大新闻，又增加了一些生活气息，更加接地气。"平安拉萨"于 2014 年 8 月 11 日完成认证，同样也是每天发布 4 条消息，都是与公民安全切实相关的内容。对于微信公众号的营销有这样一条重要原则，即重视粉丝质量甚于数量，推送的内容虽然数量少但质量能够得到切实的保证。每天信息推送时间灵活，增强新闻的时效性。采用图片和文字相结合的方式，增加了用户的体验性与阅读信息的自主性。

从这两个公众号的推广可以看到，微信公众号的传播在各个层面都呈现出全新的特点：

首先，转变了传播的价值观念：由传统的宣传引导转向服务受众。在西藏民众对于外界及时事要闻的关注原本仅仅是依靠广播电视，微信公众号传播信息的形式可以使藏族民众在短时间内就能够及时准确的关注到核心信息，便利了他们的生活。

其次，转变了传播角色：由单纯的新闻信息发布向维护用户黏性转变。社交媒体时代，用户的需求模式发生了很大的变化，人们更喜欢运用网络获取免费的高质量信息，用户需要掌握更多的主动权。比如说，运用微信公众账号，用户可以轻松的添加某些微信公众号，也可以随时随地对其取消关注。这就要求信息发布者必须提高用户的体验质量从而留住用户。在西藏地区交通通信设施还比较落后的情况下，运用微信公众号能够使人们足不出户便可轻松了解外界的事物，在一定程度上就赋予了一定的用户黏性。

最后，转变了传播方式：由全新闻发布向细分的精准推送信息转变。以往，传统纸媒的信息发布方式是一种全新闻发布模式，新闻量比较大，但是需要用户自己从众多的新闻中筛选感兴趣的新闻阅读，耗时耗力。尤其对于藏民来说，他们没有很多时间从纷繁复杂的信息中逐步筛选自己想要的、感兴趣的信息。相对来说，微信公众平台能够利用大数据的方式，准确把握用户的兴趣，做到细分的精准推送。

（二）经济方面

微信大大方便了商业贸易中的沟通交流，也有很多公司和机构通过微信进行营销推广。"拉萨麦田微生活"是一个在线媒体服务提供平台，致力于为拉萨民众免费提供更好更快捷的生活服务。此外，还有像"拉萨圣地阳光"、"西藏金哈达羊绒"、"奇圣石特产有限公司"等等，主要介绍西藏的青稞酒、牛肉干、酸奶、冬虫夏草、糌粑、哈达、藏香、藏红花、唐卡等民族特色产品，致力于为西藏带来更多的经济效益。"拉萨旅游"、"拉萨旅游在线"、"微拉萨旅游"、"拉萨雪域阳光旅行社"等微信公众号，主要介绍西藏风俗美景、地域、节日活动、婚姻习俗、特产小吃等旅游方面的内容，促进了西藏旅游业的发展，为想去西藏的旅游者们，增加了解西藏的信息渠道，同时也扩大了藏区民众的经济来源。

研究者了解到，关于西藏的公众微信号中有许多是关于西藏旅游以及介绍西藏特色产品的，换句话说这些公众微信号是为来西藏旅游的用户提供服务的，用户通过这些微信公众号相当于采用 O2O（即 online to office）的方式直接与藏民进行信息互动和分享，能够直接有效地获得自己所需要的信息，为藏民提供更多的经济效益。

（三）社会文化方面

在西藏地区有不少媒体、机构或个人在创办各种各样的微信公众号，把西藏的优秀文化介绍到世界各地，让更多的人了解西藏这个神秘的地方。比如，展示西藏民俗、艺术、非物质文化遗产项目的"西藏文化网"，展示西藏旅游资源和美景图片的"拉萨旅游"，展示西藏独特的自然景观和优秀传统文化的"中国西藏旅游文化国际博览会"，介绍藏式珠宝、古玩、贵重药材以及藏香的"小西藏"等等，都是西藏地区比较知名的公众号。有一些是藏人自发创办的自媒体，有一些则是由公司运营的商业平台，比如"中国西藏旅游文化国际博览会"就是由西藏天萨文化传媒有限公司运营的官方订阅号。这些微信公众号通过微信强大的传播功能把西藏的文化传播到世界各地，对用户了解西藏起到了一定的促进作用。西藏在外界的眼中是一个圣洁美丽的地方，很多人向往并喜欢藏族文化。通过这些微信公众号，能够及时有效地把西藏的美丽通过图片视频等方式传递给感兴趣的用户，即使未能亲自去到那里也能感受到藏族文化的深厚魅力。

还有一些学习类的公众号在年轻人中使用非常广泛，如"圣地美句"，它每日分享一个有用的英语句子，并用藏语和汉语做解释，在藏族学生中使用较多，是藏族学生学习英语的一个公众平台。

三、微信使用在西藏的发展趋势

（一）信息化普及程度尚有待提升

近年来，西藏通过"信息高速公路"建设，加快实施宽带通信工程、移动网覆盖工程，推动西藏乡镇、重要道路和景区（点）3G 网络覆盖，缩小西藏和内地的"数字鸿沟"。但是在调查过程中，研究者发现在西藏农村地区的微信使用率其实非常低，很多地方还没有移动信号和互联网，西藏农村地区，生活方式和信息获取方式仍然比较传统。在农村地区想要提升信息化使用程度，还需要相当长的一段时间。而在城市地区，也只有受过教育的年轻人会较多使用微信，但也仅仅是把微信当做一个信息沟通工具。真正能够主动关注微信公众号，并且利用微信进行文化传播的人还不多。所以，微信在西藏城市和农村地区的普及还需要一段时间。

（二）要谨防虚假和负面信息的传播

2014 年底，网易推出了一款名叫《危机 2015》的游戏，这款射击网游甫一推出就遭到了藏族同胞的强烈反对。游戏中使用的佛像侵犯了藏民的宗教信仰，是对藏民不尊重、破坏民族团结的表现。随后，网易公司及时作出了诚恳道歉。但是，此事一出就已经在藏族民众的微信朋友圈中被广泛传播和转发。2014 年 12 月 22 日，网易公司发布公告对游戏进行大幅度维护。2015 年 1 月 7 日，网易公司宣布游戏内容进行重新制作。一款互联网游戏产品，如果不是在现在这样的移动新媒体普及的情况下，不太可能导致一个著名网络公司斥巨资制作的游戏被迫下线重新制作。在这一事件的发展过程中，微信、微博等新媒体传播都起到了重要作用。在信息的传播过程中，也不乏大量的负面、虚假信息，特别是在涉及民族宗教信仰方面时，信息传播的真实性就显得格外重要。这个事件提醒我们，在微信的信息传播中，不管是传播者还是受众，一定要时刻保持冷静，避免不实信息和负面信息造成的负面影响。特别是在微信还没有那么普及的西藏地区，不当的信息传播极易引发宗教民族矛盾。

（三）文化传播的力度和广度需要进一步提升

在西藏地区社会经济迅速发展的今天，特别是在西藏信息化程度不断提高的形势下，西藏文化作为一种具有地域特色的"文化资本"，其在传播速度、广度、深度上急需加强。虽然现在有像"藏族诗歌"、"藏区防艾小组"、"藏文信息技术网"等公众账号在一定程度上缩小了西藏与世界的"数字鸿沟"，但是西藏文化是充满发展活力的文化。不仅在旅游等方面，还应在语言文字传承、文学艺术展示、历史典籍整理、寺庙古迹保护、传统医学发扬、工艺商品生产、饮食特色展示等诸多方面进行拓展。西藏经济社会日益发展的今天，把西藏文化作为一种资源加以开发利用，正是弘扬西藏文化的重要举措。数据显示，仅新浪微博"西藏在线"的粉丝就超过了 75 万。现在全球化已经成为不可逆转的趋势，西藏文化具有开放性，借助微信等新兴媒体，合理开发利用，以制度化的方式将其文化理念与经济发展相结合，可以充分展示西藏文化隽永、持久的魅力。

四、结 语

吉登斯把全球化定义为："世界范围内各种社会关系的强化，这些社会关系以这样一种方式将相距遥远的地区联系在一起：本地发生的事情往往要以千里之外出现的事情来衡量，反之亦然。"哈维则进一步阐明了这样一种全球与地方的联系："有助于创造介于本地共同在场的各种情景跨距离互动之间的各种复杂关系，在这些关系的延展过程中，在不同的地区和语境之间存在着诸多联系的模式"，[1] 而微信的出现使西藏和其他地方的距离缩小了。微信在藏区已经不仅仅是一个简单的交流工具，人们会利用微信了解新闻，也会在朋友圈里分享资讯和知识。微信扩大了西藏人民对外交流的视野，增多了对外交流的机会，也拉进了西藏人民和外部世界的联系。

---

〔1〕 张玉荣："传播技术视角下西藏信息传播方式的演进"，载《新闻记者》2012 年第 7 期。

随着信息传播渠道的日渐多元化，西藏也不再神秘，西藏社会特别是城市的信息化程度已经非常高，传统的信息鸿沟正在不断缩小。

不能否认的是，就整个西藏地区来说，目前的信息化水平仍然不高，微信的使用远远不及内地普遍。现在，在西藏农村地区，信息化程度虽然不如城市，但是随着年轻一代的成长和基础设施进一步完善，以及经济水平的提高，这样的信息鸿沟会越来越小，微信使用的逐渐普及会使信息传播越来越迅速。值得注意的是，虽然微信使用带来了诸多的好处，也要防范它的弊端，在网络传播中，如何利用微信培养西藏民众对社会生活和现实世界的独立理解；如何进行信息降噪，减小一些网络谣言的负面影响，扩展正面效应——这些都是政府宣传部门需要注意的问题。

对于西藏年轻一代来说，如何利用微信，通过更有效的传播手段展示西藏的优秀文化，如何缩小西藏与其他地方的差距，让西藏走向现代化，也是需要不断去探索的问题。同时，利用微信促进西藏经济发展，通过传播把西藏优秀旅游资源和特产资源介绍到世界各地，扩大经济收入来源，也是需要藏区民众在微信使用中不断学习、探索。

参考文献

1. 常凌翀："媒介融合视野下西藏文化产业的创意发展路径"，载《西藏大学学报（社会科学版）》2012 年第 2 期。

2. 张玉荣："传播技术视角下西藏信息传播方式的演进"，载《新闻记者》2012 年第 7 期。

3. 李娜、杨静雅："新媒体视域下西藏民族文化传播策略"，载《中国传媒科技》2014 年第 4 期。

4. 次旺卓、罗布："西藏地区乡村社会媒介使用状况研究——以山南地区扎囊县沙布夏村为例"，载《西藏大学学报（社会科学版）》2014 年第 3 期。

浅谈电影节对少数民族电影产业的助推作用

——以北京国际电影节民族电影展为例

韩 岳[*]

摘要：本文针对当前激烈的电影市场竞争下，少数民族电影叫好不叫座，缺乏"自生能力"的现实，从电影节的产业功能入手，探讨并分析了北京国际电影节民族电影展的主要活动对中国少数民族电影产业的助推作用，并从选片邀片标准、电影要素市场、支持新人新作三方面，对进一步提升电影节的助推作用提出了建议。

少数民族电影以其独特的艺术品位和文化价值，一直以来都是中国电影产业的重要组成部分。2004 年以来，随着民营资本进入制片业，少数民族电影创作获得了新的契机，不但产量上出现过一次小井喷，一些高质量的作品也在国内和国际影展纷纷获奖。与此同时，在全球化、市场化的大背景下，少数民族电影面对好莱坞大片和国产商业大片的激烈竞争，依然处于被市场边缘化的地位，面临叫好不叫座的现实，"往往是投资少，获奖多，影响力小……许多发行公司和院线对少数民族题材电影票房有顾虑，不愿过多介入此类影片的发行工作"[1]。

面对当前电影市场的激烈竞争，大多数少数民族电影尚不具备"自生

---

* 韩岳，中国传媒大学 2014 级博士研究生。

〔1〕 饶曙光："少数民族电影发展战略思考"，载《艺术评论》2007 年第 12 期。

能力"，即无法在没有政府资助的情况下，单独依靠市场配置资源，实现融资、制作、营销、发行、衍生品开发等一系列产业化运作。因此，如何调整少数民族电影的发展策略，完善自身产业链，提升市场竞争力，是少数民族电影追求可持续发展过程中急需解决的问题。

第四届北京国际电影节民族电影展为笔者的思考带来一个切入点。按照电影理论家大卫·鲍德威尔的说法，当代电影现存有两个重要的发行体系，一个是以好莱坞为主导的发行派系，另一个就是通过各大电影节进行影片发行的派系。[1] 电影节除了联系交易的功能外，其产业价值更大程度体现在对本国电影产业链的完善和提升上。通过电影节的电影市场和配套活动，可以吸引国外和民间资本，促进国际交流合作，刺激电影市场供需调节，带动相关产业联动。因此，对少数民族电影而言，电影节具有巨大的助推潜力。

一、北京国际电影节民族电影展概述

北京民族电影展始创于 2010 年，是北京国际电影节中的独立单元，在助推少数民族电影产业发展方面具有一定的示范效应。北京民族电影展定位于"扶持中国少数民族电影，展示中华多彩文化魅力"，四年来展映了近 200 部民族电影，先后推出了"中国民族电影回顾展"、"中国少数民族母语电影展"、"当代中国新文化电影"等主题展映，举办了民族电影高端论坛、少数民族电影电视剧剧本评选、民族电影进校园等活动。

在 2014 年第四届北京国际电影节民族电影展期间，活动主要包括五大版块：一是优秀民族题材电影新片展；二是电影市场；三是民族电影嘉年华；四是"多彩中华"微电影创作大赛颁奖；五是"中国电影中的非物质文化遗产"、"人类叙事艺术的源头"两大主题论坛。其中，优秀民族题材电影新片展和电影市场，是最具特色和发展潜力的两大版块。

第四届优秀民族题材电影新片展上共有 13 部电影参展（见表1），汇集

---

〔1〕 刘成杰：《创新与发展——上海国际电影节模式研究》，上海师范大学 2008 年硕士学位论文。

了蒙古族、藏族、彝族、维吾尔族、侗族等多民族文化题材，代表着近年来少数民族电影创作的最高水准。如此大量的优秀少数民族电影得以集中展映，这样的机会并不多见，对扩大少数民族电影的影响力，进一步培养观众群体具有十分重要的作用。此外，本届参展的影片对少数民族电影"走出去"也进行了积极的探索。例如，中国少数民族电影工程 2014 年作品《夜莺》就开创了少数民族电影中外合拍的多项"第一"，即"第一部由法国编剧撰写中国故事，展示侗族民族元素的合拍片；第一部官方在戛纳电影节、法国中国电影节上签约的合拍片项目；第一部确定在法国巴黎的欧洲最大院线 UGC 放映的中国影片"。

表1　2014 年第四届北京国际电影节民族电影展展映影片

片名	民族	日期	放映时间	影院
德吉德	蒙古族	4 月 17 日	14：00	百老汇新东安影院六号厅
伊犁河	多民族	4 月 18 日	14：00	
甘南曼巴	藏族	4 月 19 日	14：00	
云中的郎木寺	藏族	4 月 20 日	14：00	
浮云	藏族	4 月 21 日	14：00	
诺日吉玛	蒙古族	4 月 22 日	14：00	
支格阿鲁	彝族	4 月 23 日	14：00	
你是太阳我是月亮	维吾尔族	4 月 24 日	14：00	
夜莺	侗族	4 月 18 日	18：30	百老汇新东安影院三号厅
门巴将军	藏族	4 月 19 日	16：30	
爱未央	彝族	4 月 20 日	16：30	
华锐嘎布	藏族	4 月 22 日	18：30	
德吉的诉讼	藏族	4 月 23 日	18：30	

北京国际电影节民族电影展上少数民族电影的集中展映，一扫观众对少数民族电影"晦涩说教"的陈腐印象。这一方面有利于促进民族文化认同，保护文化多样性与文化安全；另一方面有利于少数民族电影"走出去"，展现中国文化的软实力。

电影市场是北京国际电影节的另一大亮点。据电影节官方提供资料，第四届北京国际电影节总共吸引了全球24个国家和地区的724个电影企业和机构，248家展商参展。电影市场活动实现签约项目32个，签约总额105.21亿元人民币，比上届增长20%，创中国电影影展交易之最。本届电影市场首次推出"电影要素交易平台"和"项目创投交易平台"两大平台，通过招商展会、行业对话、市场放映、特约活动、签约仪式等活动进行集中的推广宣传，签约项目涵盖了电影产业链的各个环节，其中投资制作38.03亿元人民币，比上届增长22%；影视院线、影视基地、文化地产建设项目34亿，比上届增长13%；影视素材库等项目10.17亿元人民币；新增电影基金项目累计签约额23亿元人民币。

中国电影产业的快速发展与首都的文化优势为北京国际电影节电影市场的繁荣奠定了基础，同时，电影市场的突出成绩也吸引了国内外众多影人和企业的积极参与，电影市场已经成为支持少数民族电影产业发展的重要平台。北京民族电影展通过与电影市场的紧密结合，孵化"中国民族电影先锋力量"，逐渐形成了集展映、研究、创作、制作、发行于一体的产业系统，在2013年北京国际电影节电影市场中签约高达13亿元人民币。北京国际电影节民族电影展为少数民族电影产业发展带来了新契机，也为如何进一步发挥电影节的助推作用带来了新的启示。

二、电影节提升助推效果的策略

（一）将选片邀片作为少数民族电影创作的风向标

电影节在很大程度上近似一个信息场，在信息社会中，信息本身就蕴含着商机。在电影节期间，影片的买家与卖家会通过竞赛单元中的角逐、展播期间的播映、交易市场上的营销等过程发现市场所需要的题材、片种、手法，进而调整自己的策略。因此，电影节可以通过其选片、邀片的标准制定、传递市场信息，从而成为引导少数民族电影创作的风向标。

在全球化、市场化的大背景下，笔者认为电影节在少数民族电影的选片方面，可以本着以下三个标准：文化的独特性、情感的普世性、技术的先进性。

1. 文化的独特性

美国学者保尔·克拉伯在考察中国电影时有这样一个发现："促使电影具备'中国风格'最行之有效的办法就是深入到本民族最为'异质'的文化区域当中去。""少数民族电影之所以能够成为众多电影中的一个亮点，也正是因为少数民族的民族历史、风土人情、生活方式以及民族性格等与主流文化相比具备了'他者'的性质。用镜头表现这些民族习俗、自然风光和风土人情，让电影更多地表现了'新鲜感'和'陌生化'的民族特色。"[1] 因此，文化的独特性是少数民族电影的魅力所在，自然也是电影节选片邀片的重要标准。

文化的独特性标准就是要求影片在内容上坚守少数民族的文化立场和文化视角，在多元整体的中华民族文化格局中，在文化平等对话交流的过程中，深刻表现和揭示某种民族的文化内涵、文化底蕴，包括民族风情、历史人物、社会生产和思想感情。[2] 在这里要特别指出，坚持文化的独特性标准必须从少数民族的真实情况出发，防止两种倾向：一是要防止单纯的"猎奇"给少数民族文化带来的消解与偏见；二是要防止个别地方政府为了自身政绩而带来的主题先行、不接地气。

2. 情感的普世性

目前，少数民族电影往往是作为一种"小众化"的电影而存在，要想立足国内市场，走向国际市场，就要探索少数民族电影的"大众化"表达。虽然在多元共生的国际语境下，民族文化差异给沟通与传播带来了一定困难，但在全球化、城镇化的进程当中，不同民族、不同地区的人们面临的

---

〔1〕 饶曙光："少数民族题材电影：概念·策略·战略"，载《当代文坛》2011 年第 2 期。
〔2〕 饶曙光："少数民族题材电影：概念·策略·战略"，载《当代文坛》2011 年第 2 期。

生存困境依然具有相似之处。因此，少数民族电影的"大众化"表达要求创作者关注人类的生存状态，探讨人性的精神实质，表达具有普世性的情感。

从北京国际电影节民族电影展的参展作品中不难看到，一部成功的影片虽然取材于中国少数民族，带有鲜明的民族元素，但其表达的情感主题都具有普世性。例如电影《夜莺》讲述了祖孙两人在中国西南山区的一次心灵之旅，故事中表达的祖孙之间的亲情羁绊，以及社会变革下人与自然的关系，都是具有普世性的话题。

3. 技术的先进性

世界范围内能将"故事"讲好的导演有很多，但归根结底却是掌握了世界范围内最先进电影"技术"的好莱坞，牢牢掌控了世界电影的发展轨迹。在一定程度上，谁掌握了世界上最先进的电影技术，谁就掌握了未来电影的发展趋势。[1] 据《2013年中国电影产业备忘》的统计，2013年国内上映的3D格式电影共49部，IMAX格式电影25部，3D-IMAX电影15部，共产出票房近30亿。在全年上映的24部国产3D电影中，有8部票房过亿。[2] 由此可见，采用具有国际先进水准的电影技术已成为国内票房吸金的重要决定因素，以数字技术为代表的新技术已成为中国电影经济新的增长点。因此，电影节在选片上应该首先考虑那些将电影制作的先进技术与少数民族的文化内容相结合的作品。

（二）通过电影要素交易活化少数民族电影资源

由于少数民族影片的市场竞争力还很弱，缺少吸引国内国际买家的能力，在一定程度上影响了少数民族影片的版权交易和发行。同时，少数民族地区丰富的自然环境、民俗民风、服饰建筑、历史传说等蕴藏着巨大的电影资源，是少数民族电影产业化构建的重要文化基础。面对这样的情况，通过电影要素交易，化整为零，是活化少数民族电影资源，促进市场化运

---

〔1〕 齐峥峥："世界电影重心的转移对新世纪以来大陆电影技术观的影响"，载《中国传媒科技》2014年第6期。

〔2〕 尹鸿、尹一伊："2013年中国电影产业备忘"，载《电影艺术》2014年第2期。

作的明智之举。

北京国际电影节电影市场推出"电影要素交易平台",旨在囊括电影的全产业链生产要素,已经取得了较好的效果。针对少数民族电影的实际,笔者认为接下来可以在两个方面再做突破:

1. 从剧本入手促进少数民族电影类型化发展

众所周知,剧本是电影产业链源头最重要的一环,剧本的好坏往往可以决定影片的成败。因此,在电影节上发展剧本交易平台,从产业链源头发力,通过剧本交易带动人才交流,为少数民族电影编剧提供展示才华的平台,帮助提高中国少数民族电影的剧本创作水平。

此外,少数民族电影要增强自身的市场竞争力,需要在策划项目时就考虑电影的类型化创作。"以天山电影制片厂为例,从 20 世纪 80 年代到现在,在全国市场取得了较好收益的少数民族题材电影恰恰都是类型定位比较明确的电影"。[1] 为了帮助少数民族电影的类型化发展,电影节的剧本交易平台可以考虑建立民族类型电影剧本库,按照剧情片、惊悚片、动作片、爱情片、科幻片、灾难片、历史片等方式进行分类,并加大市场稀缺类型影片剧本的推荐力度,通过推动少数民族题材剧本的类型化交易,达到帮助少数民族电影类型化创作的目的。

2. 从电影外景地入手带动少数民族电影产业集聚发展

丰富多样的自然人文环境是少数民族地区的一大优势,也是少数民族电影产业发展的重要突破口。例如云南省就有着"民族大观园、天然摄影棚"的美誉。《云南省 2005 - 2006 年深化文化体制改革和推进文化产业发展实施意见》指出,要充分利用"天然摄影棚"的优势,依托曲靖翠山影视文化城、大理天龙八部影视城、玉龙湾东南亚影视城及丽江束河茶马古道影视城,大力开发一批适宜影视拍摄的景区,并加强相关设施建设,特别是注意建设好影视后期制作设施,把云南省真正建设成为世界一流的影

---

〔1〕 过华:"谈少数民族电影的类型化创作",载牛颂、饶曙光:《全球化与民族电影——中国民族题材电影的历史、现状和未来》,中国广播电视出版社 2012 年版。

视拍摄基地。[1]

电影外景地同样是北京国际电影节"电影要素交易平台"的热门交易行业，可见作为重要的产业发展资源，电影外景地已经引起了业内的充分重视。电影节通过对少数民族地区电影外景地的推荐与交易，可以带动当地相关设施的建设，吸引行业资源，完善产业链其他环节，以外景地为基础形成影视拍摄基地，从而帮助少数民族电影产业实现集聚发展。

（三）加大对少数民族电影新人新作的资金支持

推荐新人作品、挖掘新人导演一直以来是国际电影节的重要作用之一，很多知名国际电影节都设立了针对新人新作的奖项或单元，如戛纳国际电影节的"一种关注"、釜山国际电影节的"新浪潮"、东京国际电影节的"亚洲未来"、上海国际电影节的"亚洲新人奖"、北京国际电影节的"注目未来"等。

电影节为新人新作提供了一个展示平台，但毕竟给予的帮助有限。对于少数民族电影创作者而言，当前最大的困难在于资金的缺乏。"绝大多数少数民族题材电影创作只能走向'艺术电影'，或者想走'商业路线'但最终由于资金原因而'艺术化'，完全是出于无奈"。[2]除了创作资金的缺乏外，少数民族影片在发行阶段也因为资金问题而选择减少宣传推广的费用，这都会影响影片最终的市场表现。因此，除了给予新人新作一定的展映机会外，更重要的是加大资金和营销推广方面的支持。例如在项目创投阶段，考虑重点扶持少数民族新人导演项目，帮助其筹措资金和联系发行渠道；在展位选择、展映时间上考虑给少数民族电影更多的优惠空间，增加其与国内外买家对接和洽谈的机会，使少数民族电影新人得到更加实际有效的鼓励。

总之，电影产业作为文化产业的一个分支，其发展应该遵循艺术与商业的"双轮驱动"模式。由于少数民族电影在历史、宗教、民俗、社会学

---

〔1〕 魏国彬："云南民族电影的产业化之路"，载《中国电影市场》2008 年第 1 期。

〔2〕 饶曙光："少数民族题材电影的创新与困境"，载《大众电影》2006 年第 8 期。

和人类学领域存在的重要价值，长期以来，无论是政府审查机构还是电影创作主体都更加偏重于少数民族电影的艺术品位和文化功能，但是其商业功能同样不能偏废，只有两个"车轮"共同转动才能使少数民族电影获得长足发展。

中国的少数民族电影对各大电影节并不陌生，有的还在国际知名电影节上获奖。可从以往的经验来看，获奖并不一定能转化为市场的竞争力，一部电影载誉而归后被束之高阁，是对资源的极大浪费。电影作为一种传播媒介，如果不能通过交易与发行形成票房、形成社会影响力，那么其价值还是无法充分实现。因此，对电影节的主办方而言，还是要在坚持电影艺术标准的同时，立足于少数民族电影产业的发展实际，积极调整策略，行之有效地帮助少数民族电影的制片方按照市场规律优化配置资源、组织创作与生产，以尽快培养少数民族电影的"自生能力"，实现市场化生存。

利用少数民族文化发展城市营销之模式研究

——以四川省凉山彝族自治州西昌市为例[*]

李成章[**]   张　鹏[***]

摘要：本文以四川省凉山彝族自治州西昌市的城市营销模式为研究对象，从民族地区特色文化资源着手，从经济效益和社会效益两个角度出发，通过对民族地区自然资源、民族文化等方面的研究，探索西昌市特色城市营销的主要特点和发展方向，力求总结出将民族文化与地区自然资源相结合，既获得经济效益又获得社会效益的特色城市营销模式，在促进民族地区经济发展的同时，维护民族地区的社会稳定。为了能使这种特色城市营销模式得到可持续性发展，本文最后提出了相应的对策和可行性建议。

少数民族地区的城市营销与一般地区不同，这一方面体现在少数民族独有的民族文化是民族实现社会经济可持续发展的精神依托；另一方面则体现在其独特性和不可替代性成为一种特殊的地域性资源。从这种特性来看，少数民族地区基于少数民族文化发展城市营销，具有独特的经济效益和社会效益。

彝族传统民俗文化作为一个特殊的文化载体，在四川省凉山彝族自治

---

*　本文为联合写作，无第一作者与第二作者之区别，作者名字按照首字母排序。
**　李成章，清华大学新闻与传播学院媒介经营管理专业 2014 级硕士研究生。
***　张鹏，中国传媒大学电视学院广播电视专业媒体策划与运营方向 2014 级硕士研究生。

州西昌市政府的主导下被成功打造成了一个以文化、节庆、旅游、娱乐、经济为一体的文化市场产业链，从而实现了经济效益和社会效益的双赢。西昌市将彝族文化作为独立的资源和资本，以此为主导再配以西昌市独特的地理和气候等自然资源优势，组合和带动了西昌市各产业经济的发展，取得了巨大的经济效益和社会效益。这种特色城市营销模式带有鲜明的民族文化色彩。

一、西昌市利用彝族文化发展城市营销的战略模式

（一）西昌市发展城市营销的运作理念

城市营销运作理念首先来源于市场营销的理论。城市营销是通过挖掘城市这个"产品"的特色，通过对其进行包装和宣传来打造特有的城市品牌，吸引投资、旅游、外来居民等目标群体。西昌市在进行城市营销的过程中强调的是需求导向的营销模式，围绕实际与潜在消费者及目标群体的需求，在此基础上确立西昌市的文化产业发展路径，设计和创造符合目标群体需求的产品，并通过有效的途径对城市产品进行包装和宣传，达到最大限度吸引目标群体的目的。

西昌市进行城市营销的最终目的是为实现城市资源配置的最优化和效益的最大化，在带动经济利益的基础上，提升城市的竞争力和知名度，促进城市的文化发展，实现经济效益和社会效益的共赢。

（二）西昌市发展城市营销的运作流程

西昌市在发展城市营销运作过程中，遵循五个步骤：城市资源优势分析、城市营销目标定位、城市营销战略规划、城市营销实施、城市营销效果反馈。

首先，由城市营销的执行主体对西昌市的区域环境进行分析，发现西昌市具有的地理优势、气候优势、生态宜居优势以及独特的彝族民俗文化等资源禀赋和优势条件。其次，对西昌市的城市品牌形象和城市营销的目标市场进行定位，打造以彝族民俗文化为主题的城市品牌形象。然后，由执行主体制定出一套城市营销的发展战略，围绕西昌市的城市品牌形象，提炼城市宣传语、开发彝族文化旅游产品和城市文化、修建民族元素大型场馆，通过举办大量的节庆和展会活动、利用传统媒体和新媒体的平台对西昌市进行城市品牌包装和宣传。最后，再由执行主体对城市营销的绩效进行检测、评估和反馈等。

（三）西昌市利用彝族文化发展城市营销的核心

1. 政府的政策支持是发展城市营销的保障

近十年来，西昌市政府主动适应目标市场需求，每年都出台有利于当地发展的相关优惠新政策，加强地区基础设施完善，大量投资新建旅游景点，帮助西昌市旅游产业取得突飞猛进的发展。

2002 年，西昌市政府修编《西昌市城市总体规划》，定义西昌市城市性质为：中国航天城，中国优秀旅游城市，四川省历史文化名城，凉山彝族自治州政治、经济、文化中心；2005 年，"一办三创"、名胜景区规划启动；2006 年，投资 27 亿打造 6 条精品旅游线路，并举办第一届国际彝族火把节；2007 年，启动"项目建设年"；2010 年，启动"五创联动"、"七个一工程"；2011 年，启动"5 + 1"城市组团项目；2012 年，启动"交通大会战"；2013 年，启动"十创联动"、"7 + 1 工程"等。[1]

2. 城市品牌的差异化是城市营销的核心竞争力

经过综合考察西昌市的历史沿革、地理区位、人文环境、民俗传统、人口结构与规模、产业结构以及其他相关的各个方面，可以得出西昌市拥有气候和地理上的自然资源优势，同时西昌市还拥有彝族民俗文化资源优势。这三大资源禀赋特色鲜明，内涵丰富，属人无我有的资源，是打造城市品牌的独特优势。

在政府的各类优惠政策的支持之下，经过 10 年的发展西昌市已经获得了国家森林城市、中国最生态城市、国家生态旅游示范区、国家生态文明教育基地、"邛海—泸山"国家 5A 景区、中国最值得去的十座小城市之一、中国优秀旅游城市、中国最具活力城市、中国最美十大古城等十几项殊荣。在政府政策的主导和支持之下，西昌市通过差异化的城市品牌定位，如今已经

---

〔1〕 西昌市地方志办公室："西昌市城市规划"。

成功打造了"中国最有彝族风情的阳光魅力之城"这一响亮的城市名片。

3. 民族特色地标是城市营销的主要载体

具有浓郁民族风情和特色的标志性建筑群,是城市营销的主要载体。目前,西昌市已经建成了五大彝族风情民族文化场地:民族风情园、彝族奴隶社会博物馆、民族体育场、民族文化公园、西部美食文化城。其中,民族文化公园又包括:火把广场和民族文化艺术中心两大部分。而西部村寨美食文化城则有:彝族特色餐、西部村寨特色餐、西昌特色无烟烧烤、大型民族演艺酒吧、休闲茶园等多种多样的服务内容。

这些兼具演艺、学术交流、展览、休闲、娱乐等功能的民族特色地标建筑群,是西昌展示彝族风俗、弘扬彝族文化的重要平台,也是西昌市吸引游客参观和参与活动最多的区域。

4. 城市品牌推广是城市营销的主要渠道

在对城市品牌进行差异化定位之后,还需要进行城市品牌的设计,然后再通过各种渠道进行城市品牌的宣传和推广。

西昌市的城市品牌推广主要依托于节庆活动、展会活动、体育赛事和文艺演出这四个文化交流与文化贸易相结合的形式,通过与媒体合作的方式,经过媒体的包装和宣传,成功地将西昌市的城市形象呈现在全国各地的观众面前,把城市的整体形象推广"营销"出去。

"中国凉山西昌彝族国际火把节"、"中国凉山彝历年人文假日之旅"、"五月到西昌来看月亮"、"白庙古彝文化节"、"西昌安哈民俗文化艺术节"、"西昌礼州镇古镇文化节"等一系列节庆活动,不仅传播和继承了彝族传统文化,更重要的是吸引了众多的国内外游客。《不能忘却的阿布洛哈》、《烟雨月城》、《火图腾》、"彝风森林音乐会"等一系列的文艺演出真正体现了凉山彝族文化与当代艺术的完美结合,已成为了游客口碑好、艺术性强,同时又受市场欢迎的彝族文化旅游精品项目。"西昌环邛海湖自行车大赛"、"西昌邛海轮滑比赛"、"西昌环邛海徒步赛"、"西昌邛海国际帆船比赛"、"西昌邛海湿地国际马拉松赛"等一系列以邛海湿地为主题的大型体育赛事,不仅展示西昌优美的邛泸景区,给广大体育爱好者提供一个挑战自我、增进交流的平台，同时还有助于让西昌通过体育赛事走向世界。

二、西昌市利用彝族文化发展城市营销的双重效益

凉山彝族文化是一种特殊的文化生态，呈现着文化的创造、传承、享用和发展的共存状态。西昌市政府利用少数民族文化发展城市营销的同时，带动了当地经济的发展，也保护了本民族的文化，凝聚了民族精神，促进了民族地区的稳定，还将本民族的文化推向全国乃至世界。因此，发展民族文化产业作为城市营销的一个载体，不仅发展了民族经济，获得了经济效益，同时对振兴民族文化、提升城市形象、扩大民族地区知名度等社会效益作用显著。

（一）利用彝族文化发展城市营销带来的社会效益

由于当地政府积极申报彝族非物质文化遗产，目前凉山彝族一共拥有国家级非物质文化遗产 10 项，省级非物质文化遗产 64 项，国家级和省级非遗项目数量位居全省第一。凉山州还拥有 1 项国家级档案文献遗产名录，1 个省级生产性保护示范基地。将非物质文化遗产与城市营销相结合，不仅使得彝族非物质文化遗产得到保护和传承，还极大地推动了西昌市城市品牌的提升和城市旅游业的发展。[1]

另外，西昌市举办的各类彝族节庆和会展活动、彝族民俗体育赛事，推出的彝族民俗大型歌舞，借助与媒体合作宣传等形式，都是利用彝族文化大力推广彝族文化体验旅游，吸引中外游客到西昌旅游消费，同时向外界推广了彝族文化，对内又更好地保护和传承彝族自己的本民族意识形态。

（二）利用彝族文化发展城市营销带来的经济利益

西昌市政府通过组织以彝族文化为主题的经济或文化类大型活动，在媒体的包装和推广之下，大力推广彝族文化体验旅游，不仅很好地展示彝族文化的深厚底蕴，还达到了向外宣传彝族文化、吸引国内外游客的目的。西昌市通过发展彝族特色旅游，不仅使民族地区现有的民族工艺、民族装饰、民族饮食、民族服饰、民族节日、民族歌舞、民族绘画、民族音乐等

---

〔1〕 "多彩非遗美丽凉山"，检索自凉山日报社数字报刊平台。

原生态民族文化资源得到有效利用，而且使之转化为旅游周边产品，通过旅游消费者的消费，从而实现民族地区原生态民族文化旅游资源的经济价值。

表 1　西昌市旅游数据统计表

年份	2006 年	2009 年	2011 年	2012 年	2013 年
旅游收入（亿元）	16.18	40.23	60.80	80.61	105.20
接待游客总数（万人）	285.00	802.22	1233	1533.04	1819.50
宾馆数量（个）	306	388	457	582	765
旅行社数量（个）	18	29	33	37	42

（数据来自政府文件）

西昌市第三产业在西昌市地区生产总值中所占的比例一直呈快速增长的趋势，详见下表。另外，2012 年西昌市第三产业实现增加值 130.49 亿元，2013 年西昌市第三产业实现增加值 138.4 亿元。

表 2　西昌市第三产业历年数据表

（万元）	2007 年	2008 年	2009 年	2010 年	2011 年	2012 年
	绝对值	绝对值	绝对值	绝对值	绝对值	绝对值
地区生产值（GDP）	1 274 692	1 583 436	1 817 158	2 283 279	2 967 921	3 340 455
第三产业	629 661	748 768	856 430	971 876	1 144 190	1 304 921

（数据来自政府文件）

在西昌市第三产业中，营利性服务业增长相对较快，近四年的年均增长为 13.7%，并呈继续上升的趋势。由于旅游业的不断发展，政府对基础设施建设的投入不断加大，因此交通运输业占第三产业比重呈快速上升趋势。2012 年达 33.58%，比 2007 年的 10.91% 提高 22.67 个百分点。随着西昌市旅游服务贸易的不断发展，在营利性服务业中交通运输、仓储和邮政业随着道路等基础设施的完善和延伸会进入一个较快发展期。同时，批发和零售业、住宿和餐饮服务业，随着西昌旅游服务贸易的拉动也会有一个持续增长的发展期。

旅游服务贸易的发展，也带动了西昌市整个消费市场的持续旺盛。2011年，全年实现社会消费品零售总额 126.3 亿元。2012 年，全年实现社会消费品零售总额 148.9 亿元，同比增长 17.95%。2013 年，全年实现社会消费品零售总额 172.1 亿元，同比增长 15.6%。2013 年，西昌市全年共接待游客 1819.5 万人次，实现旅游收入 105.2 亿元。[1]

三、推进西昌市特色城市营销发展的对策建议

(一) 建设彝族原生态大型民俗村寨

西昌市在未来的民族文化产业开发过程中，可以就地取材充分发掘当地的民俗，新建一个彝族原生态民俗村寨，并开发体验性、参与性的非物质文化遗产旅游项目。例如：游客亲自参与有彝族代表性的漆器、银饰手工艺的制作，加入到彝族歌舞和绘画的艺术审美活动中去；进入彝族家庭体验原汁原味的彝族家庭吃住行日常生活。所以，打造一个原汁原味的原生态彝族民俗村寨，不仅可以使民族文化资源最大限度地转变为资本，同时也最大限度保留了彝族民俗文化的原生态形式。

(二) 利用新媒体进行城市品牌推广

以互联网和手机为主的新媒体平台，为西昌市的城市营销提供了一个比电视和报刊等传统媒体更加方便和快捷的城市品牌推广渠道。开通以宣传介绍西昌市彝族风俗和特色旅游为主体的官方微博、微信公共账号，实时更新和推送关于西昌市饮食娱乐的攻略介绍，积极与受众互动并以奖励方式鼓励受众参与互动等一系列举措，在如今这个网络时代都是非常必要的手段。在此基础上，还可以开发一款以西昌市特色旅游攻略为主题的手机 APP 应用程序。以上这些手段，都是在尽力吸引更多游客的同时，尽最大努力为游客提供最便捷的服务。

---

〔1〕 "西昌市政府工作报告"，检索自中国西昌门户网站。

（三）增加旅游淡季政府补贴

西昌市旅游存在明显的 3 个旺季：一是国家法定节假日；二是每年的彝历新年期间；三是夏季的彝族国际火把节期间。而其余时段，都是西昌市的旅游淡季。由于每年的旅游旺季时间较短，因此出现了很多哄抬市价的情况。相反，在旅游淡季期间，西昌市的旅游主题活动报价又会出现低于实际成本的情况。这样很容易造成旅游秩序的混乱。

因此，西昌市政府应该对旅游服务贸易中涉及的景区、餐饮、住宿等相关行业进行价差补贴。同时，西昌市还应该推出本地居民的旅游补贴，例如：本地居民享受景区门票半价或免费等优惠政策。

（四）减少工业污染

随着西昌市各园区工业化进程的加快，西昌市工业污染的问题日益凸显，以攀钢钒钛产业园区为代表的一批工业项目，目前已经严重危害到了西昌市绿色生态自然环境。因此，当前的首要任务就是加强地方领导对西昌市城市功能的准确定位。西昌市是一个依托自然生态资源发展旅游业的城市，所以保护西昌市的生态资源，使其可持续发展才是最重要的。其次，西昌市应该尽快进行城市工业区的规划，合理布局工业生产园区，同时要求工业生产部门改变燃料结构，改革生产工艺，并严格控制工业生产废气的排放时间和废气排放量。

四、结 论

西昌市利用彝族文化发展城市营销，是西昌市利用自身独特的区位优势，打造了差异化、民族化的城市品牌形象。通过对市场的调查，迎合目标市场的需求，再结合西昌市的自然、人文环境、人口结构、民俗历史等特征，西昌市政府对西昌市城区进行了重新规划和建设。通过政府对旅游、餐饮、酒店等服务行业的规范管理，使得西昌市的城市环境和旅游服务贸易得到了很大的完善。与此同时，西昌市借助媒体等平台，推广彝族民俗歌舞服饰，大力宣传彝族民俗节庆、会展、传统体育比赛等活动，大大提升了城市美誉度和知名度，吸引了大批旅游消费者和外来投资者，成功获得了经济效益。

西昌市利用彝族文化发展城市营销，不仅有效地带动了当地经济的发展，同时也保护了本民族的文化，凝聚了民族精神，促进了民族地区的稳定，还将本民族的文化推向全国乃至世界，对于扩大民族地区知名度，提升城市形象等社会效益作用显著。

西昌市利用彝族文化产业发展城市营销的成功案例极具代表性，对于中国其他少数民族地区的经济发展、社会稳定，以及在应对文化产业发展和社会转型中，所面临的生存和发展挑战方面上具有示范作用和典型意义。

参考文献

1. 西昌市政府："转型中的西昌和西昌的转型升级"，检索自中国西昌市门户网站，访问日期：2013 年 12 月 27 日。

2. 西昌市地方志办公室："西昌市城市规划"，2009 年。

3. "多彩非遗美丽凉山"，检索自凉山日报社数字报刊平台，访问日期：2013 年 7 月 17 日。

4. 西昌市政府："政府工作报告（第九届人民代表大会第二次会议）"，检索自中国西昌门户网站，访问日期：2013 年 4 月 25 日。

5. 踪家峰："城市营销与城市发展初探——以天津市南开区为例"，载《科学·经济·社会》2005 年第 1 期。

6. 叶友琛："城市营销：以现代激活传统——论闽教文化及其传播"，载《福建论坛》2009 年第 4 期。

7. 肖雪："试析凉山彝族民俗旅游开发中的困惑与解决对策"，载《西南民族大学学报（人文社科版）》2009 年第 8 期。

8. 陈心婷："城市品牌形象营销"，载《新闻传播》2013 年第 4 期。

9. 杨颖："凉山少数民族文化资源及其在旅游开发中的利用"，载《贵州民族研究》2012 年第 3 期。

10. 四川省统计局："消费：占据西部高点"，载《四川省情》2013 年第 1 期。

11. 西昌市人民政府：《西昌市年鉴》2010 年、2011 年、2012 年、2013 年。

12. Reisinger, Yvette, "Tourist—Host Contact As Part Of Cultural Tourism", *World Leisure & Recreation*, 1994 (36).

13. Yuko, Aoyama, "The role of consumption and globalization in a cultural industry", *The case of flamenco*, 2007 (38).

民族文化产业发展的相关研究

媒介融合变局中的"国家队"

刘　静[*]　陈菁菁^{**}

摘要：当前的媒介融合变局，既是"新型主流媒体"——新媒传播"国家队"出现的背景，也是其首先需要应对的难题。本文首先从对国际、国内经验的分析中，提出新媒传播"国家队"建设需要作为一项具体可资操作的任务提上日程。进而，通过对传统媒介面临困境、文化资本市场的分析，就当前传媒产业发展的深层结构性变化特征进行分析。最后，对于新媒传播"国家队"的建设提出具体建议。

2014 年 8 月 18 日，习近平总书记在北京主持召开了中央全面深化改革领导小组第四次会议，通过了《关于推动传统媒体和新兴媒体融合发展的指导意见》，要求"要着力打造一批形态多样、手段先进、具有竞争力的新型主流媒体，建成几家拥有强大实力和传播力、公信力、影响力的新型媒体集团"。消息一出就引起了各方纷议，围绕"意见"产生的背景、目的以及践行方式等诸多层面展开了广泛的讨论。其中，"媒介融合"与"国家队"无疑是众多关键词中格外醒目的两个。当前的媒介融合变局，既是"新型主流媒体"——新媒"国家队"出现的背景，也是其需要首先拆解应对的难题。

一、全球竞争与舆论博弈

国际传播领域，从来就是一个话语权的角力场。占据主导地位的一方，

　＊ 刘静，北京师范大学艺术与传媒学院博士后。
＊＊ 陈菁菁，北京大学艺术学院 2014 级硕士研究生。

掌握评判国际事务的话语权，能够通过既有立场设置而左右相关议题报道，以此影响世界舆论。国际舆论话语权一直为以美国为主的西方所把持是不争的事实。临渊羡鱼，不如退而结网，分析支持其话语权逐力的机制，应该是我们可资参考的着力点。

（一）俄罗斯与美国传媒战备

1. 俄罗斯——英语媒介传播

2005 年底，在俄罗斯政府的全额资助下，"今日俄罗斯"国际电视台（RT）开播。RT 建立的初衷，就是向世界展现一个"没有偏见的俄罗斯国家形象"，用俄罗斯的观点报道全球新闻。RT 还将 BBC、CNN 等西方主流电视台作为竞争对手，试图打破其垄断地位。直至今日，据俄罗斯军事观察网介绍，RT 拥有 6.3 亿观众，分布在世界上 100 多个国家。在英国，RT 有 200 万观众，是除半岛电视台之外最受欢迎的外国英语频道；在美国，RT 是仅次于 BBC 的第二个最受欢迎的外国电视台，其中收视率最高的是它的新闻节目。此外，RT 还在视频网站 YouTube 上开办了自己的频道，观众数量排名第六。这些数据足以表明，RT 已经跻身国际大媒体的行列，成为具有全球影响力的多语种电视新闻网。

2013 年底，为了进一步延伸"今日俄罗斯"的品牌效应，俄总统普京签署总统令，解散俄新社和"俄罗斯之声"广播电台，在这两家国有媒体的基础上组建全新的"今日俄罗斯"国际新闻通讯社。按照总统办公厅主任谢尔盖·伊万诺夫的解释，这样做的目的是"提高国有媒体的效率，以便更有效地向世界传递克里姆林宫的政治信息"。

俄罗斯政府进行媒体整合，如俄总统普京所言，是为了"打破美国人对英语媒介的垄断"。[1]

2. 美国——战略传播

2001 年"9·11"恐怖袭击事件发生后，美国的国家传播战略经历了一个反复调整的过程。为了整合政府多个部门分别开展的传播活动，美国军

方开始推出企业界广泛使用的"战略传播"概念，力求将与传播有关的各种要素进行统合调配。2004 年，美国国防部委托下属的国防科学委员会就"战略传播"议题进行专项研究，并提供了咨询报告。报告指出，应当将国家政策统合起来，使战略传播重新散发活力，并且在机构、政府与私营部门间展开二战以来最为广泛的合作，运用国家力量中的所有元素打赢当前的思想战争。在国防科学委员会的报告中，首次描绘出"美国国家战略传播系统"。

2010 年 3 月，在美国军方的积极推动下，奥巴马总统向参众两院提交了《国家战略传播构架》报告（2012 年又作了一次调整）。在国防科学委员会咨询报告的基础上，这份报告进一步将"国家战略传播系统"描述为由总统通过国家安全委员会领导的，由美国内政、外交、对外广播、网络媒体以及军事情报部门构成的联动机制，从中可见美国国家战略传播资源渐趋集中以至高度整合。

美国官方正在进行的传播资源整合，则是为了"增进美国的信誉与合法性"，维护它的全球领导地位。[1]

透过以上两个案例，不难看出：

第一，无论俄美，其立足于满足国家传播需要的新媒传播"国家队"建设，都是高度的国家行为。国际局势的变化以及互联网发展所带来的信息安全问题，客观上要求各个国家进一步完善顶层设计，制定攻防有效的传播战略，加强信息资源的统筹管理，这已经成为一种必然趋势。[2]

第二，新媒传播"国家队"目标定位明确，即执行国家战略。在俄罗斯，如俄总统普京所言，是为了"打破美国人对英语媒介的垄断"。在美国，是为了"增进美国的信誉与合法性"，维护它的全球领导地位。

第三，新媒传播"国家队"的卓有成效源自有效的机制建设，一方面需要与各自国情相匹配；另一方面，新媒传播"国家队"的建设始终是一

---

〔1〕 程曼丽："从国际传播角度看媒体融合"，载《光明日报》2014 年 10 月 4 日。
〔2〕 程曼丽："从国际传播角度看媒体融合"，载《光明日报》2014 年 10 月 4 日。

个充满不断的变革与调整的过程。

（二）反观中国：现实压力

我国 2014 年出台的《关于推动传统媒体和新兴媒体融合发展的指导意见》，是从国家层面提出媒体融合发展战略性部署，力度之强、影响之大可谓"罕见"，究其原因有现实需求与压力，可从国内外两方面来看：

从国内看，传统主流媒体反应的滞后性。随着网络和数字传播技术的迅速发展，各类新兴传播媒介层出不穷，从媒体发展格局看，传统媒体的受众规模不断缩小，市场份额逐渐下降，越来越多的人通过新兴媒体获取信息。从舆论生态变化看，新兴媒体话题设置、影响舆论的能力日渐增强，大量社会热点在网上迅速生成、发酵、扩散，传统媒体话语权受到新兴媒体巨大冲击。自媒体时代呈现出多中心的，甚至是高度分散的话语权分布。对于政府而言，肩负引导正确舆论观念的主流媒体由于反应的滞后性在很多时候承担起了"辟谣"的角色。主流媒体的新闻从业人员不得不把自己的新闻内容在第一时间选定为从科学角度从事实出发，向民众还原真相，以正视听。[1]

从国际看，对于国际话语权机制无制控能力。在国家形象的国际传播方面，中国主导的价值观，屡屡被西方价值观压制，中国形象也屡遭西方主流媒体的误读。而在国际舆论中，由于中国媒体的弱势，也屡屡在国际问题上使国家陷入被动局面，极大地削弱了中国的话语权。在国际文化交流中，全球性的社交网络平台正在发挥日益显著的作用。在加强文化产品输出、提升文化软实力方面，中国目前所依靠的主要渠道也相对传统滞后，受制于既有官方组织机构的职权分割与思维定式，强调创新却难得创新。

因此，从内外经验与现实看，新媒传播"国家队"都需要作为一项具体可资操作的任务提上日程。机制改革势在必行外，而改革的目标何在？其制度安排的前期备案，需要严谨缜密的研究工作，对当前媒介融合变局的分析与拆解可视作一个起点。

---

〔1〕 原琳："自媒体对主流媒体新闻传播影响的研究"，载《科技传播》2014 年第 14 期。

二、媒介融合的变局之象

（一）传统媒介面临困境

在一个新媒体技术日新月异的时代，传统媒介遭遇困境似乎是一个简单的逻辑顺延。然而，新媒体的内容提供远远滞后于技术发展，新媒体技术创造性地建构了巨大的新的信息分享空间，却无论如何也不可能脱离传统媒介来满足这些新的空间对于内容的需求。即使"自媒体"在蓬勃发酵成长，旧有格局中的专业的内容提供方——传统媒介，也仍然以专业素养与既有机制的组织能力、品牌效应等拥有自身的竞争优势。传统媒体与新媒体之间，远较替代性发展关系复杂。因此，对于传统媒介的困境，也需要做更加细分的拆解与分析。

以中国广告协会报刊分会、央视市场研究（CTR）媒介智讯联合发布2014年上半年《中国报纸广告市场分析报告》[1]（以下简称《报告》）中的数据为例（见图1），观察分析当前传统媒介困局，不难得出以下两方面特征：

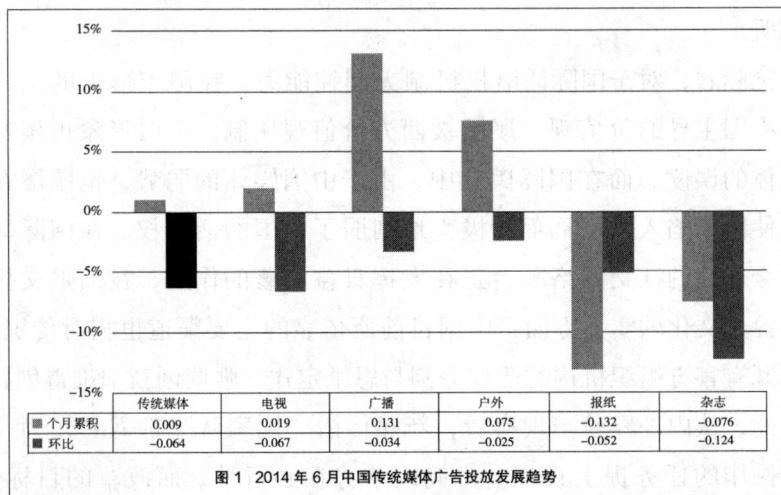

	传统媒体	电视	广播	户外	报纸	杂志
个月累积	0.009	0.019	0.131	0.075	-0.132	-0.076
环比	-0.064	-0.067	-0.034	-0.025	-0.052	-0.124

图 1 2014 年 6 月中国传统媒体广告投放发展趋势

〔1〕 "中国报纸广告市场分析报告"，检索自百度文库 http：//wenku. baidu. com/link？url = hVSSXjsGvr6MmhqXKTVElELcExhX0BcTzoAXpJIE4Z31DB5T5CDncTQrd － ErQzYS7bQq4sVqpLM1v4qXO hy4CjPxcirXJbOU99ckF9XfDOS.

第一，上半年传统媒体广告市场始终徘徊在低速增长的状态之中，经济发展总态势与新媒体冲击，是传统媒体当前困境的主要原因。传统媒体广告市场在 2014 年上半年出现了低增长，1~6 月累计，传统媒体广告仅增长 0.9%，比前 5 个月有所回落。受主要经济下行的影响，1~6 月累计，全面下降的趋势没有改观，主要行业几乎都在下降。而持续增长了两年的房地产跌落到下降行列后，降幅进一步扩大达 8.0%。1~6 月，商业零售业下降 17.6%，汽车大降 30.9%，娱乐及休闲下降 9.0%，药品降幅达 23.0%，家用电器也大降 32.2%。增长的行业只有邮电通讯 1.1%，家居用品 6.6%，服务性行业 2.3%。多年来，传统媒体一直在经历着转型阵痛，市场份额下调是大势所趋，而今年上半年数据所表现出的明显下滑，则是整体宏观经济转入"新常态"发展阶段的变相表征。

第二，从传统媒介各具体类型表现看，媒介消费方式是否被新媒介取代或改变，消费者因而被分流，是判断其受冲击大小的关键点。根据 CTR 媒介智讯提供的数据，电视增长 1.9%，广播增长 13.1%，户外增长 7.5%，报纸下降 13.2%，杂志下降 7.6%。其中，6 月中国传统媒体广告环比下降 6.4%，各类媒体全面下降，电视下降 6.7%，广播下降 3.4%，户外下降 2.5%，报纸下降 5.2%，杂志下降 12.4%。6 月报纸广告按刊例价格统计环比下降了 5.2%，同比降幅也达 11.6%。1~6 月，累计报纸广告降幅则达到 13.2%，降幅比一季度有所收窄。6 月报纸广告资源量（面积）环比减少 3.1%，同比减少了 11.9%。1~6 月，广告资源累计减少了 17.6%。总体来说，广播、户外表现尚可，电视的低增长令人担忧，平面媒体的下滑趋势不断加剧。新媒体冲击，主要是指视频网站、智能移动终端等以新的传播与消费方式分流了原本属于传统媒介电视或平面媒体的受众；而广播和户外媒介的传播与消费方式本身固有的现场与分众属性，规避了这一轮的新媒介冲击，因此，媒介消费方式是否被新媒介取代或改变，是判断其受冲击大小的关键点。

（二）"热钱"涌动

与传统媒介遭遇困境形成对比，2014 年文化资本市场活跃，文化产业是资本市场的热词。统计数据显示，2014 前三个季度，A 股已经披露涉及文化传媒行业的并购数量 130 余起，涉及金额逾 1000 亿元，同期证监会审核过会的 122 家上市公司并购重组中，并购标的为文化产业的达 31 家，占比超过 25%。在涉及并购中，既有文化行业的内部整合，也有产业链上下游与不同行业间的跨界并购。第四季度，虽然资本体量有所放缓，但整体趋势未变（见图 2）。[1]

―――――――――

〔1〕 于小薇："2014 年文化产业第一弹 1 月份并购事件盘点"，检索自中国经济网 http：//www. ce. cn/culture/gd/201402/09/t20140209_ 2262140. shtml，访问日期：2014 年 12 月 30 日。

于小薇："文化产业并购高潮迭起 BAT 大手笔投资游戏影视——2014 年一季度文化产业并购盘点"，检索自中国经济网 http：//www. ce. cn/culture/gd/201404/01/t20140401_ 2581154. shtml，访问日期：2014 年 12 月 30 日。

于小薇： "四月份文产并购超 200 亿大事件迭代打通产业链"，检索自中国经济网 http：//www. ce. cn/culture/gd/201405/01/t20140501_ 2747304. shtml，访问日期：2014 年 12 月 30 日。

于小薇： "五月文产并购超百亿 央企混合所有制改革开启"，检索自中国经济网 http：//www. ce. cn/culture/gd/201406/06/t20140606_ 2934066. shtml，访问日期：2014 年 12 月 30 日。

于小薇： "六月文产并购再掀 20 亿高潮 阿里的葫芦里还藏着啥"，检索自中国经济网 http：//www. ce. cn/culture/gd/201407/01/t20140701_ 3070940. shtml，访问日期：2014 年 12 月 30 日。

于小薇： "七月文产并购降温 经营为王逐渐取代资本狂欢"，检索自中国经济网 http：//www. ce. cn/culture/gd/201408/12/t20140812_ 3340543. shtml，访问日期：2014 年 12 月 30 日。

于小薇： "八月文产并购飙升 '现象级'并购频 现金额超 300 亿"，检索自中国经济网 ht-tp：//www. ce. cn/culture/gd/201409/03/t20140903_ 3473787. shtml，访问日期：2014 年 12 月 30 日。

于小薇： "九月文产并购火爆依旧 总金额约 200 亿"，检索自中国经济网 http：//www. ce. cn/culture/tk/gdn/201410/14/t20141014_ 3699564. shtml，访问日期：2014 年 12 月 30 日。

于小薇： "十月文产并购创年度新低 企业三季报暗藏隐忧"，检索自中国经济网 http：//www. ce. cn/culture/gd/201411/04/t20141104_ 3843753. shtml，访问日期：2014 年 12 月 30 日。

于小薇： "十一月并购：互联网扎堆入场传统媒体发力全产业链"，检索自中国经济网 http：//www. ce. cn/culture/gd/201412/04/t20141204_ 4041422. shtml，访问日期：2014 年 12 月 30 日。

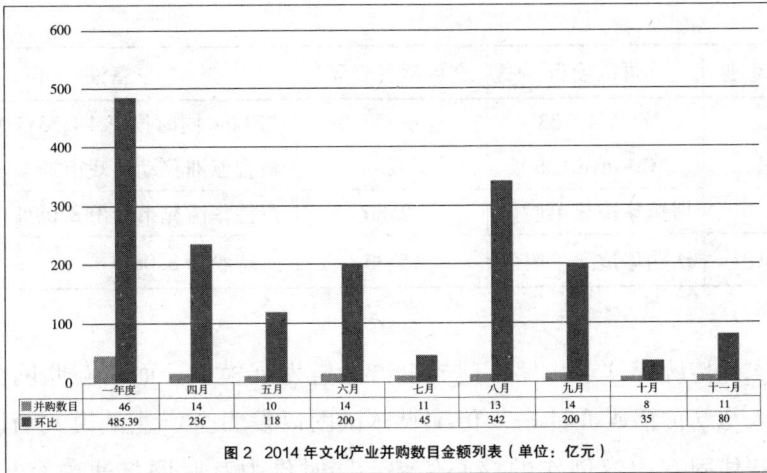

图 2　2014 年文化产业并购数目金额列表（单位：亿元）

	一年度	四月	五月	六月	七月	八月	九月	十月	十一月
并购数目	46	14	10	14	11	13	14	8	11
环比	485.39	236	118	200	45	342	200	35	80

就众多文创领域资本运作个案归类分析，资本走向可分三大趋势（仅呈现 11 月文化资本市场并购案例为具体说明）：

第一，互联网企业整体性探足文化产业，以图拓展新疆域。继暑期动作频频后，11 月互联网企业又掀起文创类并购小高潮，小米、腾讯、阿里，都有不同斩获。

表 1　2014 年 11 月互联网企业进驻项目[1]

互联网企业	进驻项目	交易额（亿元）	备注
小米	投资优酷土豆		试弥补内容短板
	投资爱奇艺	18.00	联合顺为资本注资，与百度爱奇艺达成内容、技术产品创新、移动互联网领域深度合作
	投资世纪互联	约 3.09	与金山软件共投 2.2 亿美元，约持股 3.4%

〔1〕　于小薇："十一月并购：互联网扎堆入场传统媒体发力全产业链"，检索自中国经济网 http://www.ce.cn/culture/gd/201412/04/t20141204_4041422.shtml，访问日期：2014 年 12 月 30 日。

续表

互联网企业	进驻项目	交易额（亿元）	备注
腾讯	投资 4∶33 Creative Lab		与 Line 同时投资 4∶33 工作室整合亚洲移动游戏市场
	增持华谊兄弟股份	12.80	所持华谊兄弟股份 8.08%
阿里巴巴	认购华谊兄弟股份	15.33	所持股份 8.08%

第二，传统媒体求出路，建构全产业链发展模式。面对互联网公司的强势进入与新传播媒介冲击，传统媒体试图以发力全产业链模式为因应之策，即守住固有内容创作的核心优势，同时借力互联网打通内容与平台。资本市场，以 11 月为例，大小文广的合并、华策影视参股天映传媒、皖新传媒投资蓝狮子、中文传媒收购智明星，都是传统媒介向平台、渠道经营类拓展产业链的策略举措。

表2　2014 年 11 月传统媒体并购项目表[1]

传统媒体	合购项目	交易额（亿元）	备注
华策影视	参股天映传媒	0.4	占股 40%，完善产业布局，强固综艺节目业务板块
上海文广	整合重组百视通与东方明珠		以非公开发行股份方式购买尚世影业 100%、五岸传播 100%、文广互动 68.0672%、东方希杰 45.2118%、同时以部分配套募集资金购买东方希杰 38.9442% 股份

〔1〕 于小薇：“十一月并购：互联网扎堆入场传统媒体发力全产业链”，检索自中国经济网 http://www.ce.cn/culture/gd/201412/04/t20141204_4041422.shtml，访问日期：2014 年 12 月 30 日。

传统媒体	合购项目	交易额（亿元）	备注
皖新传媒	控股蓝狮子	1.57	控股45%，转型新媒体
中文传媒	收购智明星		建立新媒体业务平台
知音传媒	上市募资动漫产业	4.4	开辟以网路与物流为发行平台的东盟产业链

第三，传统企业不断涉足文化创意产业领域，借以探索企业升级转型的路径。2014年中国经济整体下行压力显著，传统制造业与服务业企业无可回避的需要面对经济转型的现实阵痛，寻找产业升级的现实路径是企业进入"新常态"发展阶段的首要课题，文化创意产业因而成为备受关注与期待的新战略空间（见表3）。

表3 2014年11月非文化企业投资文创领域[1]

企业	项目	交易额（亿元）	备注
皇氏乳业	增购御嘉影视股权	2.05 发行3553.04万股	购买御家影视100%股权
恒大地产	作价欲购新传媒集团股权	7.85	欲购74.99%股权，将业务版图扩展至体育、文化、快消及新能源等多领域
浦发银行	进入电影众筹市场		继阿里、百度之后第三家
微财富与星理财	携手首创音乐节金融产品		年化收益率达9.88%

---

〔1〕于小薇："十一月并购：互联网扎堆入场传统媒体发力全产业链"，检索自中国经济网 http://www.ce.cn/culture/gd/201412/04/t20141204_4041422.shtml，访问日期：2014年12月30日。

三、"困局"与"热钱"现象背后的结构性动因

传统媒介面临困境、文化资本市场异常躁动，是我们今天思考建构"新型主流媒体"——新媒传播"国家队"的基本背景，为我们探讨当前传媒产业发展的深层结构性变化提供了线索，就其主要特征归纳如下：

第一，文化市场经历了十余年的培育期，当前正处于爆发性高速成长期，扩容迅猛但又不成熟，潜力与风险并存。近年来，文化产业蓬勃兴盛，文化消费市场迅速发展，尤其体现在二三线城市消费需求的崛起。数据显示，2013 年全国实际文化消费规模已超过 1 万亿元，不仅如此，这一数字背后还酝酿着巨大的提升空间和发展潜力。国内市场文化消费正经历爆发性成长周期，部分冲抵了经济下行带来的压力，因此，文创行业在资本市场颇受瞩目；然而，新兴文创类产业整体并不成熟，规则边界需要磨合确立、受众对新形式的尝试性体验胜过习惯性消费等，都使得这一成长性板块充满变数与风险。

第二，智能移动终端更新升级带来了消费方式迁移，并创造性开拓了新的消费需求与市场空间。中国互联网络信息中心（CNNIC）2014 年 7 月发布的数据显示，2014 年上半年手机网民规模首次超越传统 PC 网民规模，中国智能手机对功能手机的替代已经基本完成。美国媒介研究报告对美国消费者媒介消费时间的研究，也显示移动终端方式是唯一增加的媒体消费时间（见图 3）。[1] 移动智能终端，改变着也创建着消费者的消费方式与习惯，在冲击原有市场份额带来受众迁移的同时，也创造性地开拓着新的消费需求与市场空间，并且这个过程还在不断地变化与推进。

从上文的分析可以看到，当前传统媒介的困境主要是由传播渠道变革而引发的，新的媒介接受方式会带给消费者新的刺激，分流传统媒介的既

---

〔1〕 亨利·布洛格特：《移动互联网的未来》，Business Insider，转引自《IT 时代周刊》："重磅消息！美国发布移动互联网未来报告"，检索自《IT 时代周刊》www.wtoutiao.com/a/337593.html，访问日期：2014 年 7 月 13 日。

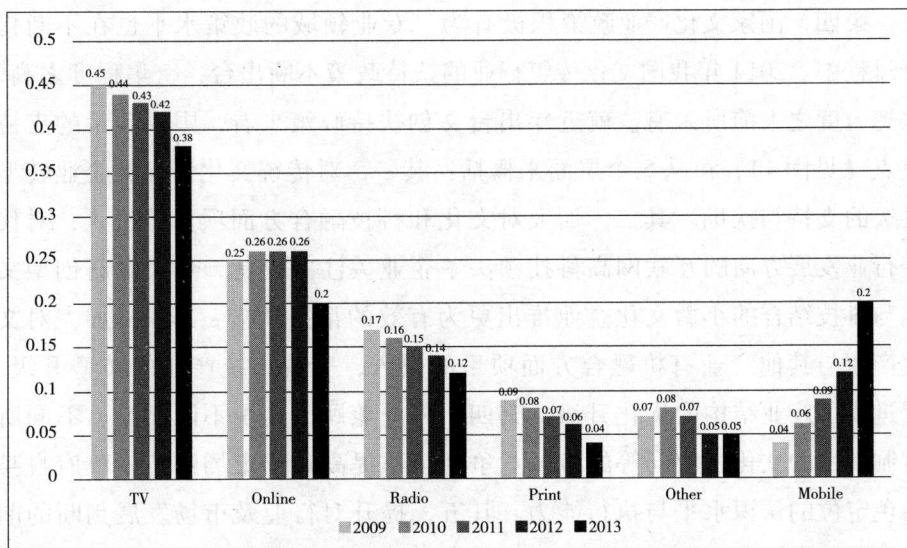

图3　美国消费者媒介消费时间份额

有受众。就此而言，当前传统媒介所受冲击完全可以从正向上来拆解分析。首先，就媒介传播的高品质内容生产而言，传统媒介依旧占据优势。其次，新媒介的传播方式同样是对传统媒介开发的，无论是传统平面媒体还是电视台，其向互联网延伸、向移动终端延伸，并在此过程中针对内容创编的新要求下的新传播方式不断调整既有模式，这早已是既定事实。而传统媒体固有模式惯性的存在，使其应变成本在新媒介技术变革仍然在不断推陈出新的激烈竞争环境中，变得现实而沉重。

第三，中国互联网企业崛起，完成基础业务板块积累，开始向外扩张；传统基础产业面临转型升级压力，也在不断寻找、尝试新的业务板块，因此，市场正在经历着新一轮大规模的洗牌。无论是互联网企业，还是面临转型压力的传统产业的企业，首先作为市场主体，都在既有的业务领域积累了丰富的市场经验，同时也拥有或多或少的资本储备。其进入文创领域，无疑对民营多小微企业、国企多受体制束缚的中国文化创意产业带来了难得的发展机遇。

第四，国家文化产业政策积极有为，专业领域的政策水平也在不断提升过程中。2014 年我国文化传媒行业的扶持政策不断出台，密集程度之高、扶持力度之大前所未有。就近年出台文创扶持政策来看，国家政策的支持重点（见图 4），可从 5 个层面来概括：其一，对传统文化传媒类企业转型升级的支持与扶助。其二，加大对文化和科技融合方面项目的投入，对代表行业发展方向的互联网高科技领头羊企业关注并支持，对大量新创型文化与科技结合的小微文化企业推出更为有效的帮扶举措。其三，加大对文化产业与其他产业有机融合方面项目的投入，实现传统产业的转型升级，促进我国产业结构的优化升级。其四，内外兼顾，给予不同类型、不同所有制属性的文化企业同等的市场竞争环境，提高对于市场经济中政府自身角色定位的认识水平与执行能力。其五，提升对行业及市场发展判断的前瞻性，重点扶持市场前景广、潜力巨大的项目。

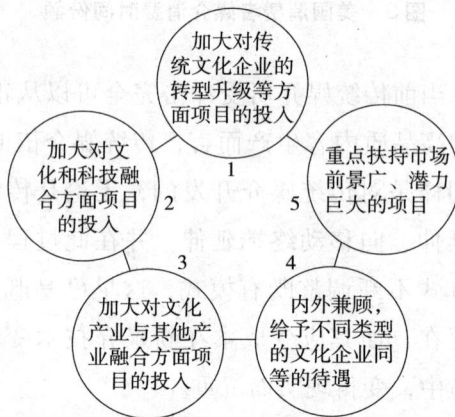

图 4　国家文化创意产业支持政策侧重

四、"国家队"本身就是目的

综合如上背景分析，对于新媒传播"国家队"的建设，建议如下：

第一，成立高级别的统合机制，统领新媒介融合变局过程中的国家主流媒体宏观战略布局及具有针对性的内、外文化宣传队伍建设，以服务国家为前提、专业高效为标准。我国的国际新闻与信息管理普遍采取科层制组织结构，各职能部门界限分明，难以兼容，这大大增加了协调、沟通成本；同时，随着国际传播能力建设步伐的加快和媒体规模的日益扩大，外宣媒体之间功能交叉、多头并进、重复建设的问题也日益凸显。近年来，政府部门及媒体开始进行扁平化的管理探索，比如在宣传管理部门和媒体内部建立具有一体化功能的国际传播办公室，进行统一的沟通协调。但是由于缺乏制度和机制上的保障，这些部门的作用远未得到应有的发挥。[1]

第二，新媒传播"国家队"的构建，首先要以既有的优秀传统媒体团队为主力依托，同时需要特别注重新媒介传播方式的高效与应变性。今天的新媒传播"国家队"，其核心战斗力是高品质的内容创编与高效灵活的传播方式，因此，既有的传统媒体编撰团队应该是组建这支"国家队"的主力依托。同时还应在新媒介传播方式环节整合融入新力量。

第三，以体制内、外一盘棋的眼光，积极扶植并有效利用体制外传媒企业。首先，非公有传媒企业的存在，对体制内形成良性竞争压力，保持整体产业的活性与多元性。其次，以股份制、专项采购、外包服务等形式，吸纳体制外企业为新媒传播"国家队"提供专项服务，以发挥其对市场与科技变化敏锐应变的优势，同时也将通过灵活组构与拆离的方式分散高速发展变化市场中的风险。

第四，积极利用国内市场容量与潜力，以重点文化项目和文化产品为载体，为国际市场提供文化消费品，从而争夺全球话语空间与话语权。今天的话语权的争夺不仅仅限于就事论事开宗明义的社论文章，在互联网深度创构虚拟世界的全球关联性与娱乐消费如火如荼的时代，能够为全球受众提供文化消费产品、甚至引领建构新风尚，才有可能博得关注与认同，获得自我表述的机会。今天的全球话语空间与话语权竞争，更加考验文化纵深力与创新能力。

第五，重视专业基础与对策应用性研究。一切战略与机制实践最终落实在人，应重视基础研究培养专业人才队伍，进一步切实提升当前对策应用性研究的水平。

---

〔1〕 程曼丽："从国际传播角度看媒体融合"，载《光明日报》2014年10月4日。

新媒体技术主导下的产业文化变迁 *

王 永 **

摘要：以互联网（包括 PC 互联网与移动互联网）技术为核心的新媒体技术作为一种科技手段，其本质及衍生产品的物质属性可以概括为信息化、数字化和娱乐化。新媒体技术企业在开发、生产、管理、营销等环节都形成了新的制度体系，消费群体的搜索、沟通、购买、休闲等行为方式也随之变化。而在精神文化层面，集成化、虚拟化、社区化、全球化等属性也体现出新媒体环境下的人文景观。

所谓新媒体，是指在新技术支撑体系下出现的媒体形态，比如桌面视窗、触摸屏幕、智能手机以及数字化的报纸、杂志、广播、电视、电影等。美国杜克大学的马克·汉森在"新媒体"词条的导读中认为："进化可以用一长串'新媒体'革命来定义：我们的物质史所揭示的乃是这样一点，即人类的进化与进步紧密关联；那长长一串曾经是新的新媒体就是这一共同演化的明证。"[1]这是一个强大的新兴生产力，其所带来的物质文明和精神文明的巨变是难以估量的。切近地来说，新媒体将是产业文化巨变的引领者。本文拟按照文化研究的惯常框架，从广义文化定义的繁分法，即物质

---

* 本文为中央文史研究馆"弘扬中华优秀传统文化与文化强国建设"子课题"中华优秀文化传播的内容和路径研究"课题成果。

** 王永，文学博士，中国传媒大学文法学部副教授。

〔1〕 孙绍谊、郑涵编：《新媒体与文化转型》，上海三联书店 2013 年版，第 2 页。

文化、制度文化、行为文化、精神文化四个方面来将这场技术革命与中国文化转型的关联进行梳理。

一、物质文化：产品研究

从产业经济的视角来看，信息技术的变革载体主要是各种新媒体产品，这些传播工具本身是具有物质文化属性的。这是旧有文化体系松动和发展的破坏力，也是新的产业文化发展的内驱力。美国加州大学圣地亚哥分校视觉艺术教授列夫·曼诺维奇总结了新媒体的五大原则：数值化呈现（numerical representation）、模块化（modularity）、自动化（automation）、变异性（variability）和跨码性（transcoding）。[1] 尽管新媒体产品的物质属性很难被现有的物质文化体系言说清楚，但我们还是尝试用一些概念的对比进行一些区分和描述。

（一）信息化：广度取代深度

人类信息的传播，经历的物质载体有金石、简牍、毛皮、布帛、纸张等阶段，人类对自身活动的书写目的，往往是打破时间对生命的限制，从存在的历史印迹上力争向永恒追求。新媒体带来了信息物质载体功能的进一步释放。信息存储的成本迅速低到几乎被忽略，而信息的容量却激增到接近无限。这一方面带来了信息的琐细和贬值，由此加剧了人们声名保有的困难，并引发了强烈的历史虚无感和人生荒漠感。另一方面也带来了空间维度信息搜索需求的增长和信息供给的便利。人们不再习惯面对着有限的文本和环境苦思深想，而更加向往视野和听觉探索到前人未至的境地。

（二）数字化：高清取代唯美

广播、电视、电影等传统媒体在信息的选择和处理上，还是延续了媒体传统的唯美观念。然而，经历了互联网的迅猛发展和强力催动后，媒体的美学原则已经从审"美"、"善"，发展到"真"。实际上，新媒体的这一文化属性的变化，也是数字化技术不断发展的必然要求。数字化技术的发展伴随着对终端展板的视觉分辨率和听觉区分度的不断提高。这在军事、

---

〔1〕 Manovich Lev,*The Language of New Madia.* Massachusetts：MIT Press，2001，pp. 27～48.

政治、生物等领域是一种必然，但商业利益的拉动还是不断驱使着高清技术在日常生活的渗透——尽管在某些角度而言，高清并不具备多少真正的意义。甚至于，这种由互联网传播引发的新媒体美学革命也加剧了偶像和信仰崇拜的解构。

（三）娱乐化：刺激取代愉悦

就媒介与文化生活的结合层面看，媒介往往代表着一种精英阶层的高级文化特权。但是，这种基于媒介的高级特权不是刺激的，而是愉悦的。它或者是一种高级的礼仪，或者是一种精神的休闲，是一种能够带入自豪感的文化中介物。人们的感官刺激娱乐，更多是在实体展演空间中实现的。但是以智能手机为代表的数字化产品将传统媒体的办公和生活书写与交流功能完全弱化，而代之以娱乐功能的强化。不同于传统媒介的是，这种智能娱乐不会令娱乐者本身产生真正的愉悦感，而只是以刺激感的不断强化和延伸为其商业目的实现的关键。所以，新媒体的娱乐功能是捆绑式的强烈刺激性放松，这对于消除沉重的脑力和体力劳动负荷来说，是与后工业时代生存节奏合拍的。

要完整地描述新媒体产品的物质属性以及它所带来的人们对物质手段本身的观念变化，可能不止上面提到的几点，也不是目前能够准确、完整地给定其内涵的。毕竟，新媒体技术的发展还没有到自身的总结期甚至是间歇期。

二、制度文化：企业研究

新媒体产品往往是开发者个人奋斗的最终成果，企业也大多围绕着产品而形成和运行。所以，不同于其他企业的深厚积淀，新媒体产业的企业家大都是在实践中不断摸索和完善着管理制度，这使得公司的制度文化带有很强的创新性。

（一）高成本开发

与遥远的小农经济甚至是商品经济成本观念的一般理念相比，新媒体企业的成本观念恰恰是悖反的。在其生产和销售的整个环节中，成本是受到重视最多、投入最多的一环。作为高科技产品，人力资源的争夺是成败的关键所在。怎样为高科技人才提供更好的设计、开发及测试平台，关系到寻找整个产业发展前沿能够提供的最佳配置组合，并不断更新。产品之间的竞争，首先是成本的竞争，而成本本身就是核心资本和营销广告。

（二）分散式生产

新媒体产品本身的体积小、传输运输便利，允许企业采取一种分散式生产的方式，在全球范围内寻找最节约的原材料和劳动力集散地。但是这样一来，产品的知识产权保护、产地中转之间的物流衔接，不同零件厂商之家的合作模式等，都是分散式生产体系下提出的企业生产模式创新要求。随着电子商务推动下的物流业的迅猛发展，新媒体所引领的分散式生产模式也会不断影响到其他产业，从而形成一种愈发明晰的生产方式。

（三）松散化管理

就人力资源的使用而言，新媒体产业的开发靠的是创意，生产上链条开阔，营销和服务上空间发散，这已经打破了传统工业企业那种整齐划一式管理的可能。新媒体产品本身的物质属性就带有自由松散的因素，如何将这种质素贯彻到管理体系中，在保证产品质量和企业运作效率的前提下，给员工更大的时间自由支配度，正是新媒体企业在管理上的焦点问题，也是向整个产业界贡献的最大亮点。

（四）自循环营销

新媒体对产品的生命观念不同以往，并不在耐久度上着意，而更多地着眼在更新速度，所以，它会以尽可能快的速度自我贬值，上市换代产品，并且配合软件产品的同步调整。这是在知识产权保护难度极大、市场竞争不断加剧的背景下，为了巩固固定的消费客户，稳定自身品牌地位和市场份额的必要手段，也是新媒体产业经济的一个鲜明特色。但是这种经济模式所带来的无谓成本和产权侵犯却日益严重，这是新媒体产业自身悖论之一，也是最终决定其命运的产业内耗之源。

总之，新媒体产业在企业制度文化创生的过程中，形成了全新的特色，也带来了无数的难题，决定整个产业的兴衰成败。新媒体对整个产业经济乃至社会文化会带来怎样的影响，也取决于这些问题的解决情况。

三、行为文化：消费者研究

不知不觉间，电脑、网络、手机及相关新媒体产品的出现已经在不断冲击和改变着我们原有的行为模式，这里既包括学习和工作模式，也包括休闲娱乐模式，因此，在这个模式转换的敏感期和关键期，适时地加以比照，会留下重要的文化转变记忆。

（一）知识元搜索

随着百度百科、新浪共享资料、网易公开课、人人网客户端等依托新媒体创生的知识传播新平台的构建，人们越来越容易在一个数字化的虚拟空间中获取知识。由于这个空间本身具有的存储功能，人们不再需要在大脑中建立一个难以被自己信任的信息仓库，但各种能够满足搜索引擎运行的移动终端却不可或缺。麦克卢汉等学者所说的"媒介是人体的延伸"观点应用在这里，恐怕可以总结为"人类大脑外置"现象。人类的知识是一个立体的层次，信息处在最底层，之上是事实、观念等，但新媒体所带来的信息泛滥使得我们日益被新信息获知的任务所控制，整个社会交往中也时刻以新信息传播为沟通内容，由此形成的一个社会行为文化板块必然造成事实的消逝和思维的远去，我们在知识的广度上被要求不断扩张，但在知识的深度上却无力顾及甚至彻底失去了求知习惯和了解意愿。

（二）微平台沟通

在办公功能的角度看，网络给我们提供了电子邮件服务；而在娱乐休闲的角度，网络最初给我们提供了一个聊天功能，文字、语音、图片、视频等形式不断发展着电邮和聊天等沟通方式。博客的出现，已经将人们的文字发表欲望充分地激起和实现。随着兼容于电脑与手机的微博形式的崛起，人们越来越借助于手机和平板电脑来书写自己的生活、关注他人的个人世界，甚至包括实现办公和商务的认知和交流目的。微信的出现宣布了微博进入"传统媒体"时代，这种新形式的微平台沟通带来了更复杂的沟通心理。一方面，它使得文字的功能进一步退化，而强化了图片、视频和语音的沟通效果。另一方面，它强化了人们对交际空间立体化扩展的渴求，而电子商务也借此获得了进一步推进的机遇。政治、军事、宗教等传统的势力划定，在微平台沟通的无限的文化疆域追求中不断受到冲击，这是科技和人文的激烈角力，其平衡关系的变化十分微妙。

（三）电子商务购物

中国的电子商务正步入其黄金时期，然而在美国，电子商务购物的历史已有近20年，早已形成完善的体系。虽然在中国，电话购物、电视购物等也有20余年的历史，但质量、价格诚信问题和安全支付平台的开发问题严重阻碍了新的购物模式的成长，直接导致了电话、电视购物的败亡。伴随着银行信用体系和中转支付模式的成熟和完善，在各种新媒体客户端的帮助下，电子商务在个人学习生活用品消费中的需求如井喷般爆发，构成了现在的繁荣景象。通过微博、微信客户端，人们可以在空间和时间上更加自由地支配和延伸自己的购物行为。

（四）移动视听休闲

传统媒体时代，人们的休闲空间除了户外及一些公共场所外，客厅中的视听休闲，卧室中的阅读休闲是主要的业余时间放松身心的方式。所以，新闻联播、黄金档播出的电视剧成为每晚必备的节目，综艺节目和电影成为节日或周末的可选项目。但是新媒体产生后，人们的休闲习惯被极大地改变了。孩子们热衷于网游和桌游，上班族必看手机新闻，等车和交通时间内，几乎每人都在听音乐、看视频、阅读手机小说等。休闲娱乐的行为越来越便捷，但人们的生活节奏却也越来越难以把握和控制。在新媒体和人的生理属性之间的磨合，恐怕也需要一段漫长的相互适应和调整的时间，当然，在这组对比中，新媒体恐怕必须屈服于人的生理习惯和能量极限。

新媒体作为新兴事物，的确有很多魅人的景观，但毕竟它还是从属于产业经济的一员，最终，消费者的行为习惯将引领新媒体技术革命的路线。"科技以人为本"的立场还是无法动摇的。

四、精神文化：社会研究

狭义的文化分类，就只分为物质文化和精神文化，但即便繁分法使精神文化析分出制度文化和行为文化，精神文化还是和物质文化距离最远的文化形态。宗教、哲学、政治、文学等作为精神文化的核心要目，在不同时代分别给我们留下了不同的信仰主题，但在今天，任何一个传统的文化框架都难以容纳新媒体在上述一系列文化层面可能给精神文化带来的影响。我们需要极端警惕由此导致的对物质文化的极端崇拜，前提是尽最大努力将新媒体的精神文化指向梳理出来，让它最大程度地与原有的文化概念甚至文化体系相对接，以延续传统文化的维系力量，直到新的精神文化的形成。

（一）集成化：轻松

新媒体最终表现在各种形式的屏幕终端，以及操作屏幕终端的按键，其集成化的表现，植根于人类希望从繁重的体力劳动中解放出来的心态。体能解放的追求，到新媒体可以说是达到了一个濒近极致的境界。到最终，只需要一根手指轻轻一动，所有的要求就全部得到满足了。如果还有些什么没有做到的空间，正是新媒体发展的创意余地。但是事实上，对劳动的轻松感的追求带有一定的原始心态色彩，只是一旦这个目标形成，人类的生理将面对"负劳动"的考验，行为戒律的空间保障将几乎隐没，如何控制生理的过度消费和满足生理的适度活动，将是一个新的问题，只有解决了它，新媒体所带来的"轻松"才真的有意义。

（二）虚拟化：浪漫

美国学者大卫·辛普森说："文学可能失去了其作为特殊研究对象的中心性，但文学模式已经获得胜利；在人文学术和人文社会科学中，所有的一切都是文学性的。"[1] 实际上，表现在新媒体产业文化领域，我们看到新媒体使用者通过它所描述的生活景观，恰恰也是带有极强人文色彩的。各种屏幕终端上展现的个人状态、商品愿景，其实都是在物质生存得到满足以后的人文情怀。人的精神追求的目标中，文学化的浪漫想象还是重要的方面。新媒体的虚拟化图景正是浪漫交换的媒介场。可是，由此导致的浪漫与现实的差距问题，支撑其浪漫表述的文学本体萎缩的现象，却值得我

---

〔1〕 大卫·辛普森：《学术后现代与文学统治》，转引自乔纳森·卡勒："理论的文学性成分"，载余虹等编译：《问题》第一辑，中央编译出版社2003年版，第128页。

们关注和研究。

（三）社区化：关怀

新媒体也会通过一些网站、应用和客户端实现一些消费社区的划分，在这些社区中，人们所面对的问题能够得到更加及时、专业的解答，无论是其他的消费者，还是专业人士或是商家，都会给予实体社区般的关怀——尽管这种关怀还需要实体的机构或产品来解决。在这方面，中西方文化传统中所共有的民生观念得到了体现，医疗、育儿、健身、养生，乃至旅行或者高科技产品使用等问题，都会得到讨论与解答。当然，这也使得人们越来越处于一种对网络的依赖和对真实的人际关系的疏离的状态中，及时性是新媒体虚拟社区的特长，但责任感却永远无法比拟真实的亲缘环境。

（四）全球化：自由

"自由"是全世界各种文化都在关注的主题，每种文化思想或文化体系对自由的理解大同小异，所要解决的途径也不相同。庄子曾经在"逍遥游"篇中描述了一个摆脱了物质世界、精神获得极大自由的大鹏形象和浩瀚无边的翱翔空间。实际上，新媒体产品给我们提供的正是与物质世界共存的精神空间。在有限的实际活动范围内，通过新媒体工具手段，感官可以瞬间到达世界任何一个角落，这不正是一种精神自由的实现吗？

总之，中国历史上从来不缺乏精神文化的引领，只是近世以来科技领域的落后，才使得我们在世界格局中沦落到与综合潜力不相称的地位上。在商品经济时代，尽管中国的复兴梦是一个人文理念，却首先对整个产业提出了文化上进行深刻调整与改革的要求。我们必须抓住信息产业向更高目标迈进的契机，尽快发展新媒体产业文化，使积极的文化精神引领产业经济，从而从文化和经济的双重维度带动国家的发展，尽快把中国文化参与世界文化新布局的愿望变为现实。

全媒体时代辽宁文化产业的发展战略

曹　萌 * 　李国云 **

摘要：为使辽宁丰富多样的文化资源更好地进行产业化发展，将辽宁省的文化资源更好地发展与传承下去，也为了使辽宁的文化资源真正能够具有自己的生命力，更好地融入到我们的日常生活中来，更好地被传承，结合国家相关指示精神和发展号召，辽宁文化产业的发展应实施如下战略：一是借助产业化使文化资源"走出去"，包括文化资源评估与系统性整合、借助现代传媒技术推动文化产业、注重产业品牌效应与资源多元开发；二是发掘文化资源内涵、创新文化产品，包括文化产业化发展中深度开掘文化资源精神内涵，通过创新手段注入到新的产品中；三是注重持续发展、以开发促进保护，包括文化产业人才的培养和处理好文化资源的开发与保护。

我国丰富的地域文化资源和民族文化资源，无疑为发展文化产业提供了必要的条件。如今，在经济高速发展、全球化及全媒体的时代背景下，地域文化资源和民族文化资源也面临着被同化的危机，抑或被遗忘、被冷落、被封闭、被掩盖、出不去，以致最终容易被遗落和遗失的可能。因此，

---

　　* 曹萌，沈阳师范大学教授，《沈阳师范大学学报》主编，中国北方少数民族文化研究中心主任，兼任东北师范大学博士生导师。
　　** 李国云，辽宁现代服务职业技术学院教师。

在这样一个时代，为挽救、保存、传承和发展文化传统与资源，使之能够"活"起来，挖掘文化资源潜力、发展文化产业势在必行。文化产业的发展需要丰富的文化资源作为前提和基础，而辽宁省无论从历史底蕴、人文构造、旅游资源，还是从丰富多彩的民族民间文化资源来看，文化产业的前提和基础是厚重的。丰富而厚重的文化资源是辽宁发展文化产业的坚实依托。鉴于这样的背景和文化自身的发展与传承需求，本文试图提出和讨论构建辽宁文化产业发展的宏观性战略。

一、借助产业化使文化资源"走出去"

虽然当前学界对辽宁省的文化资源研究倾注了极大的热情，但既有的成果多侧重于通过一定的测评方法来保护文化资源，而对于从文化产业化角度进行的文化资源测评却很少。殊不知，文化资源得以很好地保护方式之一就是将文化资源产业化，一个文化体系若一味闭关、自守，不走出去亦不注重自身生命力的加强，终必将导致衰落；只有很好地实现对文化资源的有效开发和利用，实现文化资源产业化，并在产业化的开发利用中加以保护、升华、创新，从而激活文化资源的精神，使其更具文化特色、文化张力和文化自信，真正打开自己的文化市场，在最广大的人们群众中得以流传、得以传播，才能更好地增强文化资源的生命力。我们对文化资源的保护，尤其是对辽宁省特色文化资源的保护，不应单是为抢救而抢救，为保护而保护，当然也不应是为产业化而产业化，而是为了更好地弘扬我们独具区域特色的民族优秀文化，为了使优势的文化资源在广大的人民群众中产生敏锐的感受力、活性以及强大的汲取能力，从而增强文化资源内在的自我生长能力和承受外界冲击的能力，为人们提供更好的文化消费产品，为我们宝贵的文化资源注入新血液，让我们悠久的文化资源得以更好地传承与发展，在传播与消费中真正"活"起来。

文化产业作为新兴朝阳产业，目前在国民经济发展中的地位与日俱增，是辽宁经济发展的重要载体和新的增长点。在当前国际金融危机严峻的新形势下，更好地将文化资源产业化、加快文化产业的发展，对于满足人民群众多样化、多层次、多方面精神文化需求，增强我国民族文化的危机抵抗力和自身生命力，使文化深深融入经济之中，作为经济发展的深厚底蕴和持久动力，从而推动经济结构调整，使一些有着深厚文化底蕴的特色文化资源产业及其相关文化产品的辐射力在一定程度上带动地方经济的迅速发展，对构建和谐、繁荣的社会具有重要意义。

那么，如何详切统计、测评文化资源，如何高层次、高效率地发展好辽宁省的文化产业，真正使辽宁省的文化资源在产业化的过程中得以有效地开发和保护，真正使辽宁省的文化资源走入我们日常的生活之中，真正使辽宁省文化资源深层次的文化意蕴和内涵得以传播，真正使辽宁省的文化走出去？

（一）进行文化资源评估与系统性整合

文化资源产业化是将文化资源转化为文化产品，进而形成文化产业的过程，自然要符合市场需求和价值规律等市场性的要求。在这个过程中，需要以市场为导向，进行高层次优化配置。文化资源作为文化产业中资源配置的主体要素，无疑需要对其进行很好的研究与整合，从而研发出符合市场需求、适合人们文化消费的适销对路的好产品，真正意义上实现文化资源的产业化，更何况文化是文化产品的本质属性。从这个意义上讲，文化产品的生产和销售过程本身就是一种文化活动。不同区域的文化特点赋予地域文化产品以文化交流的属性，使文化产品体现出地方特色的文化内涵。

文化产业过程是一个对文化资源内部整合的过程，有助于强化文化资源本身的力量。我们中华民族从遥远的时空风风雨雨一路走来，用她的广博容纳了悠悠五千年的人文历史、沧桑巨变。然而，时至今日，穿越漫漫的时空，那些曾经光鲜的人文历史、文化胜迹、地理风貌等，随着岁月的流逝，一如记忆的碎片不再完整，变得散落，变得斑驳，变得寂寥；那些曾经的恢宏与灿烂变得支离，变得破碎，甚至了无人迹。如何将那些支离的、分散的抑或被掩埋、被遗忘的文化资源进行传承，如何借助这些遗迹、遗址抑或流传民间的风俗、仪礼等历史的痕迹与碎片更好地演绎历史风貌，如何进行文化资源的整合，就显得尤为重要。

辽宁不仅历史悠久，文化积淀深厚，而且历史遗存、宗教祭祀、古迹集群、神话传说、民间艺术、民间工艺、竞技游艺、民俗风情、节庆活动、历史人物、民居艺术、祠堂庙宇等人文景观众多，文化板块特征鲜明，承载了博大的、多层次、多主题、丰富的文化矿藏，孕育了突出的地域文化、民族文化、工业文明、宗教文化、旅游文化等，体现了一个文化大省所具有的强劲的文化发展潜力。无论悠悠几千年人类祖先留给后人的丰富多彩的具有历史价值、考古价值及艺术欣赏价值的古遗迹、遗址、文物，抑或那些经过沧海桑田、历史变迁留痕于地质上的天然之作等物质文化遗产，以及流传于民间的民俗、音乐、舞蹈、艺术等非物质文化遗产，都有待于我们去进一步发现与整合研究。易言之，辽宁省很多地方的物质文化遗产都有待于我们更好地发现、发掘、传承、研究与整合，只有形成一种多层次、多主题、全面的文化体系，我们才能更好地去研究何种文化资源适合产业化，何种层次的文化资源应该采取何种形式、何种方法进行产业化，以及何种文化资源不适合进行产业化并且需要我们去挽救、加大力度保护与发展。只有对这些文化资源概况进行调研与统计，我们才能避免一些偏远地区因地理位置上不具优势，其所蕴含的大量有价值的文化资源至今仍然"沉睡"以致错过最好的发展与传承时机的问题。

（二）借助现代传媒技术推动文化产业

在当下信息技术高速发展的快节奏的市场经济时代里，我们不得不承认人们比较注重的是"触觉"上的吸引、单位时间的高效、思维的发散和与时俱进。鉴于此，要想使文化资源更好地走出去，就需要借助于现代传媒技术来扩大文化的影响力，通过传媒技术的产业化方式使那些承载了沧海桑田、历史变迁的文化资源真正意义上"活"起来。将丰富的文化资源和文化成果形诸、转化为有自己特色的可视、可读、可体会、可感知和可消费的文化产品，使那些正在渐趋遗失的、尘封许久的、有些许寥落的、虽已开发却未真正意义上"活"起来的文化资源具有自己的造血功能与生存力，真正走入人们的日常生活中，真正活在人民大众中，这样文化资源的保护与开发才能成为人们自觉的行动，才能在人民大众的享用中，更好地得以保留与流传、传承与创新。

因此，要积极促成文化产业与高新技术产业、信息产业的结合，创新文化资源产业化开发的新途径和新模式。借助这些快速高效的现代传媒技术，借助文化产品的形式，文化资源得以在广大范围内快速传播，通过给人们以视觉、触觉、听觉等方面的刺激，引起更多人的关注与重视，从而为文化资源的保护与创造、继承与传播营造更为良好的社会氛围与条件。借助文化传媒技术，不仅促进了文化产品的销售，进而带动了经济、社会的高速健康发展，而且也使某种文化观念和价值理念在"润物细无声"的文化消费中，得到更为广泛、更为有效的传播与传承。

（三）注重产业品牌效应与资源多元开发

为了使辽宁丰富的文化资源更好地走向全国和世界，我们在文化资源产业化过程中，应建立锻造文化精品、建设国家级和世界级文化品牌的意识。这要求在推进文化发展方面，不仅要注意区域内的文化资源的关联性和互补性，而且要将这一系统性认识扩展至省内、国内甚至国外的文化资源，实现更大时空上的文化资源优化配置，不仅是区域内文化生产要素的流动和互补，而且也要与区域外的文化资源进行交流与整合，从而形成更大的竞争优势和辽宁省文化资源自身强大的生命力。当前辽宁省已经把创建省级文化品牌、彰显本土文化特色、打造文化软实力作为推动文化工作发展繁荣的重要举措，并已努力从发展战略的角度作了精心规划、集中实施，并见诸成效。如东北"二人转"表演艺术，抑或在全国多座城市设立的、做成"连锁店"模式的"刘老根大舞台"，已经以其独特的、独具魅力的区域文化锻造出了精品，打造出了自己的特色品牌；还有以清风满韵歌舞、饮食为代表的满族文化与清文化品牌；社会文化方面的百馆千场主题系列讲座，文化市场方面的十大品牌歌厅、文物和博物馆方面的世界文化遗产、精品书画、辽河文明研究、辽宁文化符号酝酿，以及文化产业方面的文化产业街区、创意产业园区建设等。然而，这些只是辽宁省丰富文化资源的一部分，更多的文化资源还处在游离状态，不知何去何从，未能很好地进行文化资源内部整合与开发，更谈不上形成文化品牌，如阜新市的东藏文化、朝阳的佛塔文化、鞍山的玉文化、铁岭的说唱文化，都没能得到很好地发展。因此，在文化产业的发展过程中，要着力加强文化精品的锻造与开发，只有对特定区域的文化资源进行深度的、价值性的整合，树立起具有知名度的文化品牌，通过深入的文化市场运作，提高文化品牌的市场认知度，形成注意力经济，才会为文化繁荣和文化产业兴盛注入活力，起到推动文化发展的作用。只有这样，才能使我们丰富的文化资源成为贴近人们日常生活的文化，才能产生更多的经济效益，才能将其社会效益最大化。

此外，为了更好地打造文化产业品牌，市场投资主体的多元化也起着不可或缺的作用，是打造文化品牌的重要保障。文化品牌的打造除了国家的扶持以外，还要大力拓宽投资渠道，形成完善的融资体制，实现投资主体多元化。我们可以利用名作（名人）效应，进行借名开发；巧借古典文献记载，进行专项开发；挖掘文化价值，进行全方位开发；利用丰富内涵、创新思维，进行创意开发。旅游路线的设计，可以把各类文化资源整合连缀成一个整体，包装成符合休闲、自驾、短途旅游为特点的旅游产品加以开发，在全面展现辽宁文化底蕴的同时，最大程度地实现辽宁文化资源的产业化。不仅历史文化资源可通过此渠道实现，人文艺术资源、民俗文化资源实现产业化的方式也可借鉴于此。只有把辽宁省本地的人文艺术、民俗文化融入旅游业中，才能直接、有效地实现文化的保护与传承，实现效益，实现产业化。主打历史文化旅游、民俗（民族）旅游、民族人文艺术旅游相结合的路线，将历史文化资源、民俗文化资源、人文艺术资源和当地旅游景点联系在一起，在人们观赏古迹名胜的同时，亦可领略到当地特色禀赋的民间艺术与独特的风俗习惯，使文化资源的功效发挥到极致，使旅游变得更加有滋有味、充实丰富、独具人文情怀，最终实现文化资源的产业化。

二、发掘文化资源内涵，创新文化产品

要使文化资源通过产业化的形式真正走出去，还要注重辽宁文化资源的素养、内涵、思想性的构建与挖掘。如若没有对厚重文化资源思想内涵

等真正意义上的解读与理解、体悟与感知，就无法深刻把握历史的灵魂，就无法深刻地体会文化资源的人文意义与时代关怀，自然也就没有对后世源于内心的责任，无法保护、建设文化的根基。因此，一种文化能够很好地得以传承、传播，得以被广大的人民群众所认可，文化产品的深厚内涵所散发出的无穷魅力、思想性及创新性无疑起着至关重要的作用。

（一）产业化中注重文化资源的内涵开掘

文化产业并非简单地将文化资源转化为资本，其责任还在于经营与传承文化、思想和人文关怀等精神层面的意蕴。文化产业一定程度上应以发掘区域文化资源的民族个性文化、民族内涵文化为目标，这样，文化资源的产业化无疑就需为人们提供一些具有区域特色或民族风情的文化产品，因而文化产业还担负着通过文化产品、文化形象、文化遗迹、文化意象、文化符号等，使文化消费者更好地领略到当地特色文化资源的独特韵味、内涵思想、人文情怀、精神意义等，从而激发文化消费者对当地文化资源产生极大兴趣，并通过他们使当地的文化和文化产品得以传播和传承，使辽宁的地域文化与其他地域文化之间进行更多的相互传播与交流；因有感于当地文化的思想性、深层意蕴，在自觉不自觉地与他人、他域的文化交流活动中，激发出人们的民族自豪感，慰藉人们热爱家乡、热爱故土、热爱祖国的情怀；通过文化产品中文化艺术和人文精神所折射出的优秀传统观念、意蕴来促进人们的思想道德建设、人格完善，提高人们的文化素质、增进和谐社会的构建。

辽宁的文化资源记载了太多的古今时空中的物华丰茂与人物风情，它们既是时间积淀的成果，也是地域文化的精髓，见证了这些地域社会经济生活发展的历史过程，反映了这些地域世代传承的集体记忆，较完整地保留了某一时代或几个时期的历史风貌，有着极高的文化、历史、地理、美学、建筑、艺术、旅游等价值，哪怕是在我们看来最简单的一种乡村人文景观，也极可能有着特殊的景观形态和丰厚的文化内涵。因而，我们要尊重这种蕴含在文化遗产里的文化基因、文化内涵、文化禀赋，不仅仅只是简单"拿来"，还要加以正确合理的创新，在发挥其本质的同时，可以古典，亦可以现代，古典中不乏时代的特征与蕴藉，现代中不乏古典的文化与精魂；也可以东西方结合，吸纳西方文化好的部分，拿来为我所用，以更好地增强我们文化资源自身的生命力、竞争力，从而更好地走向世界、叩开世界的文化大门，使文化遗产、文化资源因和现代人形成互动而获得意义，这种意义不仅是人与场所的功能有效发生关系，而且满足了人们情感释放、交流和认同的需要。

（二）以产业化实现文化传统继承与创新

文化资源是人类智慧和梦想的结晶，是迷人的、魅力无穷的。优秀的文化资源转化为成功的文化产品，对人生、对社会的影响是无尽的、恒久的，它使我们得以诗意地栖居于这片大地，去构建和谐的人生精神家园。因而，随着时代的发展，在文化资源产业化的过程中，一方面我们要传承中华民族优秀的文化资源，与此同时也要注重文化资源对于当今社会所具有的人文关怀与文化意义。文化产业健康、高效地发展，需要将传统文化资源、历史文化资源与当下的现实相结合，并赋予其新的时代内涵。

鉴于文化资源优势不能天然地转化为产业发展优势，因而只有创新文化资源的开发利用模式，培育新的文化产业形态，提高文化产品的科技含量与创意水平，在继承传统的同时，创造性地提炼与当下相结合的时代元素，才能实现文化资源向文化产业的有效转换。虎美玲认为："要真正由内而外地打通古今，以现代审美情趣展示古老剧种的魅力，需要的是精神气质上的相融。"虽然她只是就戏剧而言，但具体到其他文化资源的产业化亦是如此。想要发展传统文化，必须倚重市场手段。文化资源要在现代观众中打开市场，就必须在文化资源原有神韵、精魂的基础上，创造性地找到与现代相契合的创意闪光点，在保持传统的基础上，进行创新、推陈出新，促进文化产业与高新技术产业、信息产业的结合，创新文化资源产业化开发的新途径和新模式。在文化资源产业化开发中，要将传统文化资源与现代文化资源相结合，大力发展新兴文化产业。对于重思想的艺术，在传承的基础上要进行创新和创意思维，鼓励文艺家钻研、吸收、融化和发展古今中外艺术技巧中一切好的东西，并保全自己的风格、坚守自己的主见，从而更好地使古代文化资源与当下实际、现代文化相契合，发掘、开发出一些新的、含有古文化资源精髓又不乏创意的文化产品，从而实现新时代的文化传统继承。

三、以资源开发促进文化保护，以人才保证产业可持续发展

一个地区的文化资源能否很好地实现产业化，文化产业是否能够高效、健康、稳定地发展下去，关系到该地区各民族甚至国家的文化空间和文化生存走向，关系到能否增强民族文化在国际市场中的竞争力。此外，实施文化产业也是文化本身发展的需要。如若一种文化不具容纳性、不具开放性，很难想象这种文化该以何种方式来发展，前景又会怎样。如果传统文化因传播渠道不通畅而没有被大家所接受，没有在真正意义上存活下来，那该种文化面临的就是遗失与销声匿迹。所以，我们提出了开发与保护并行的问题。

（一）文化资源的开发与优良文化传统的保护

随着市场经济和外来文化的渗透与冲击，文化资源保护问题越来越显得重要和迫切。文化产业的发展要注重对文化资源的保护，在保护的基础上进行适度、高效地产业化经营。将文化资源进行产业化，因其实现了对文化资源的有效开发与利用，并在一定程度上使文化资源得以很好的传播，无疑对文化资源的传承、保护等起到了很大的作用。尽管如此，在市场经济中也存在一些为了短期的经济利益而破坏文化资源、不遵循文化资源自身规律而进行毁灭性开发的现象。因而在发展文化产业时，我们要加强对当地文化资源的保护工作，对一些濒临绝迹的生产、生活、艺术文化资源进行保护和合理的创造再现，更好地增强其生命力。通过对具有地方特色的民间民族文化节目、风俗、仪礼等的挖掘，体悟其折射出的历史文化的深刻意蕴，通过对独具地方特色的文化产品的开发，使当地的文化资源得以传播与传承。在保护之下的合理开发与适度产业化的传播中，使我们的文化资源得以升华，以更好地弘扬独具特色的传统文化，同时更好地满足人们日益增长的精神文化的需求。

首先，在引进市场机制时，要避免忽略文化资源内部规律和生命力的

要求，将文化资源肆意、绝对商业化的问题。文化产业过程中对文化资源的保护，除了可以通过普查、建立数据库、复制等传统手段外，还可以制定一些相关的法律政策来进行强制性保护。

其次，文化产业的发展要坚持"适度原则"，正确处理好保护与开发的关系，做到在保护中开发，在开发中保护，二者相互促进、相互制约，保护与开发并举。在文化资源开发过程中奉行"谁开发、谁受益、谁保护"的原则，积极构建"以开发促保护"和"以保护促开发"的良性互动模式。

再次，要具体问题具体分析。在文化产业发展过程中要因地制宜，考虑是否能将文化资源高效转化为文化产品，并视情况制定相应的措施。鉴于不同的文化资源所处的区域方位、地理环境、民族氛围、社会背景、经济发展状况以及文化传统因素等诸多方面的差异，文化资源的类型和特点也会有所不同。因此，我们不能生搬硬套其他地区的成功发展经验，避免对文化资源造成大量的破坏和浪费，甚至严重影响文化资源的再利用。要具体问题具体分析，对文化资源进行分类评估、测评、开发、研究，提倡依据不同文化资源所处的具体实际情况，探索最适合该种文化资源类型和特点的产业化开发利用方法和模式，坚决避免一味模仿和套用固定统一的开发模式。

此外，文化资源保护还有一个重要命题，就是通过保护文化资源的历史真实性，依靠历史文化的深沉意蕴，让人们去体验中华民族丰富、灿烂、真实的文化内涵，在真实的文化情境与意蕴中走近历史、了解历史、品悟历史，从而得出该种文化资源于当下蕴含着何种人文关怀。要做到这一点，首要的就是保护文化资源的完整性与真实性，防止文化产业过程中对古迹、文物肆意地改头换面、华丽包装，侵蚀原有古迹文物的历史风貌、文化积淀；防止为扩大短期商业利益、迎合大众文化消费，而忽略了文化资源十年、二十年甚至更长时期内的长远可持续发展，对文化资源进行粗放、简单、低水平、缺乏科学依据的开发。殊不知，一些优秀、稀缺的民间舞蹈、仪式、民间工艺、风俗习惯等会因为被庸俗化、简单化而失去了原有的神韵与精魂，甚至因为从一开始文化资源被开发时就未很好地将其本真神韵传承，造成真正文化资源的遗失与失真，湮灭了文化资源原有的古朴浓郁的文化神韵、文化积淀，这样就容易在文化产业化的名号下对文化资源进行没有保护的掠夺式开发，最终给文化资源带来毁灭性的破坏。

（二）以文化产业人才保证产业的可持续

我国在发展文化产业时，人才储备亦为影响区域文化资源产业化开发的综合因素之一。发展文化产业和其他产业一样，人才是关键。根据创新理论，文化创新是文化资源产业化开发成功的最为关键的因素。没有创新，文化既不能发挥良好的社会效益，也不能创造可观的经济效益。创新的形式包括产品创新，也包括技术创新，还包括组织创新和各种可以提高资源配置效率的新活动。由于创新归根结底要依靠人在市场机制的作用下来实现，因此要注重文化艺术人才的培养。辽宁省在文化资源产业化开发中要实现由低层次的重复到质的飞跃，必须要建设一批高素质的文化人才队伍。在文化资源的产业化开发中要注重吸引、培养文化产业专业和管理人才。要采取各种形式，加强文化专业和经营管理人才队伍建设，广泛吸引高水平的文化艺术人才，积极引进和培育复合型高端文化产业人才，建设高素质的文化人才队伍。

此外，还要注重本土民间艺术人才的培养。如今，有些民间文化不具备改造的条件，如古乐，应保持其原味、原貌。所以，对不具备改造条件的民间文化，政府有责任加大投入进行保护，培养传承人。"民间文化不能直接成为商品或文化产品，但其中的某些部分可以'创造性转化'，民间文化可以借助这些转化继续存在下去。"民间文化作为一种资源，不是一代人所创造的，也不应为一代人所享有，因而我们更要注意充分发挥辽宁省本土民间艺术人才的作用，这既是对民间传统文化的保护和发扬，也是对自己文化特色的凸显，应该将它尽量完整、完全地传给下一代，作为维系中华民族精神的一个纽带，为传统文化的发展做出自己的贡献。

（三）立足当前规划长远

在文化产业的发展过程中，我们要坚决避免盲目性、目光短浅，为产业化而产业化、为开发而开发，为了一时、短期利益抑或政绩，粗放、低效、低水平地对文化资源进行盲目地开发，从而造成文化资源的浪费、淹没甚至于毁灭性破坏。我们需要以长远性、科学性等标准来制定文化资源开发方案和文化发展的实施战略，要对未来10年或20年甚至更长的文化消费市场做出科学的预测与评价，对未来的文化消费群体、未来的文化走向、未来的文化接受群体、未来的文化审美趣味做出科学的评估和发展定位，而不单是为了迎合当下人们的文化消费内容、文化消费倾向、文化消费品位、文化接受群体和文化审美追求，没等到最好的开发时机就迫不及待、短期、粗放式地、没有开发方案地盲目开发与利用，摧毁了原本可以长远发展的文化资源。要科学地制定文化发展规划、高效地进行文化资源开发，注重文化发展规划的视野、层次、标准、高度与科学性，要有高瞻远瞩的忧患意识与超前意识。

如若不顾当地现有经济环境和经济条件，不顾经营性文化资源和非经营性文化资源的区别，对那些不能产业化或还没有条件进行产业化的文化资源也不加选择地提出走产业化发展的道路，不尊重传统文化的表达及背景、不尊重传承人的理解，只会造成竭泽而渔的后果。此外，要加强文化资源的整合意识和观念，在进行文化产业发展和旅游发展规划时，要用全局性眼光与高度看问题，立足全省、全国甚至全世界来把握、配置、培育、利用本地的文化资源，要将文化资源放置在更大范围、更高层次的平台上去认识、安排和系统管理。

四、结 语

一个民族、一个国家、一个省、一座城的繁荣，最主要的标志就是文化的繁荣。辽宁是文化大省，积淀着深厚的文化资源，蕴藏着丰富的文化内涵和乡土文化、古朴浓郁的民俗风情、神奇独特的民间艺术。这样的古朴凝重让人沉醉，让人有兴趣去探求别样的异质文化。然而，穿过风云变幻的历史，走过时光漫漫的旧岁月，踏入了这个无比快节奏、充满创新与挑战的全媒体时代，为了不让那些原汁原味、沁人心脾的古文化遗落，亦为了增强文化资源自身的生命力与造血功能，发展文化产业势在必行。我们要在保护中适度开发，在传承中进行创新，在文化锻造中注重精品，在精品中打造品牌。从而使我们优秀的文化遗产、文化资源真正"活"起来，真正在人们的日常生活中得以传播，真正走向世界。

参考文献：

1. 严荔："我国区域文化资源产业化开发策略——以四川省为例"，载《社会科学家》2010 年第 5 期。

2. 程恩富："文化生产力与文化资源的开发"，载《生产力研究》1994 年第 5 期。

3. 严荔：《四川文化产业发展报告》，社会科学文献出版社 2014 年版。

4. 蔡尚伟、温洪全：《文化产业导论》，复旦大学出版社 2006 年版。

北京会馆功能解构与当下重构

白 杰 *

摘要：北京会馆，是北京这个古老城市重要的建筑群落，也是文化遗存和社会符号。自明朝永乐年间至今 500 多年，先后有 900 多家会馆存续，直至今天，还有会馆建筑遗存 200 多处。根据文化人类学功能学派的看法，任何社会文化现象都有其存在的功能。本文认为，从功能的角度看，与历史发展环境的变化相伴随，北京会馆在漫长的历史中经历了 3 次社会功能的转换。其传统功能主要表现在社会组织方面，是异乡人在京城的居住、聚会场所，具有联谊互助、教化管理、行业协商和自我发展等意义，体现了不同地域文化的城市建构。新中国成立后，会馆组织功能消亡，会馆建筑演变为居住或机构办公的场所。随着改革开放的深入与城市文化的发展，北京会馆正在经历着又一次的功能转化，作为多元城市文化的组成部分，其蕴含的文化功能的开发将使其重新获得存在价值。

以英国学者马利诺夫斯基等人为代表的"功能学派"认为，任何一种文化现象，不论是抽象的社会现象，如社会制度、思想意识、风俗习惯等，还是具体的物质现象，如工具、器皿等，都有满足人类实际生活需要的作用，都有一定的功能。它们中的每一个与其他现象都互相关联、互相作用，

* 白杰，历史学硕士、社会学博士、高级政工师，北京学研究基地特邀研究员，现任北京市人民政府新闻办公室副主任。

都是整体中不可分的一部分。会馆具有鲜明的"地点"功能指向。这里的"地点"包括两层含义：一是会馆组织在城市中建构赋予"地点"以特殊身份的馆舍，将其命名为某某会馆；一是这一组织都有其源发的"地点"，即该组织成员共同来自的某一地域。城市中会馆的建筑群落成为了其在城市空间分布中的外在标识，而会馆的内在核心则是那些嵌入于城市社会之中的一个个地方性民间组织。这一既抽象又具体的现象具有其特定功能，本文研究的重点是这一功能的转化历程。

北京会馆始自明代永乐年间，至20世纪50年代其组织功能终结。据笔者对北京地方文献的研究，500余年间北京先后存续的省、府、县会馆和商业行业会馆组织共计908个，至2014年12月，现有会馆建筑遗存222处。会馆日益引起当下的关注，一方面源于会馆组织功能的消亡与会馆建筑功能的转化；一方面源于会馆文化的存续与作为会馆文化载体的会馆建筑遗存在当下城市变迁中的消亡速度。那么，北京会馆的传统功能是什么？在快速城市化的今天，传统会馆存在的潜在价值是什么？如何开发这些价值而使之焕发新的生命呢？

一、北京会馆的出现及其传统功能

会馆与封建城市、城镇相伴生，是封建社会晚期、资本主义萌芽后封建城市、城镇中的独特景观。北京是明清帝都，北京会馆在中国城市、城镇会馆中最具代表性。

从当前史料看，北京最早的会馆是出现在明永乐年间，有据可查的会馆有4座。其中县馆3座：安徽芜湖会馆、江西浮梁会馆和江西南昌会馆；省馆一座：粤东老馆。由于年代久远，史料对其建馆过程、创建人信息等多语焉不详。从后续资料和田野调查看，3座县馆存续状态良好，从永乐建馆到民国末年，会馆组织一直存在并相承，会馆建筑遗存尚在。粤东老馆存续约200年后改为义园，但改义园前就已早荒。这4座会馆是北京最早的一批会馆。此外，在明前期建馆的还有江西余干会馆，其与南昌会馆都位于前门地区的长巷四条胡同。这些既指明了北京最早会馆的相对集中地——前门地区，也指出了最早来京建馆的省份——江西、安徽和广东，且江西占其三。

应该看到，会馆的诞生源于城市社会的内在需要，是封建城市中对无以编户的非本籍人口的一种组织建构，是封建城市的地方行政和治安管理机构通过会馆的组织权力对非本籍人口实施管控的重要路径。这一点，对于明清时代的首都北京更为突出，各地来京人员无论官绅须有"事由"和"投靠之所"，缺一不可，否则"尽行驱逐回籍"。这样才能使"凡入出都门者，籍有稽，游有业，困有归也，不至作奸"，并在管控的同时通过会馆组织对"乡籍"之人实施教化，成为封建乡土社会管理模式在城市社会中的再造。会馆组织的负责人正是既为封建政权认可又为籍属流人所尊崇的本籍"士绅"。足见，会馆是在京地方贤达才俊倡导组建的具有城市社会控制功能的民间社会组织。地方行政和治安管理机构对这一组织的最初创建者，是否有某种程度和某种方式的支持不得而知，至少是这些智慧的城市管理者调用了、支持了、促成了那些首倡者的义举，使他们的道义良知和道德的、乡土的社会责任感与当时统治者的城市管理预期完美结合。这样也让我们更易理解"会馆"一词的本义：基于乡土之情而相聚相会于异乡城市，居无定所者可以于此落脚，组织大家一道娱乐，感受乡情及社会的温暖。所以，会馆在封建城市中，虽为民间运作，却在现实中符合社会管理需要，具有合法性。这是会馆在明清时代的封建城市、城镇中迅速发展的根本原因。

会馆从自身组织定位上有四大功能：联谊互助、教化管理、行业协商和自身发展。联谊互助是组织的功能架构和价值取向；教化管理是组织自身承担社会功能的体现，是将社会功能内化为组织功能，这一点更凸显了会馆组织的社会价值所在；行业协商及商人赞助是会馆存在的经济基础；自身发展是组织存续、发展的基础和保障。

会馆从组织成员和成员诉求来看，集中于三大群体：一是官员群体，即异地为官者，他们的核心诉求在于乡情亲谊和联盟助力；二是应试求学群体（也可视为潜在的官员群体），即离乡赴考者，他们的核心诉求在于乡情亲谊和解决实困；三是商人群体，即离乡谋利者，他们的核心诉求在于乡情亲谊和经营支撑。从这三大群体的核心诉求看，乡情亲谊是会馆组织的内在原生动力，也给会馆组织印上了不同于其他组织的鲜明特征。这一鲜明特征在当下的存续就是海外华人在居住地和驻在国建立的中华会馆或以某地域名称冠名的会馆。这也成为了会馆在国境内消亡后的一种组织生命的延续。

二、会馆组织功能的衰落与建筑居住功能的凸显

北京会馆作为城市的建筑群落，本身就具有居住功能。会馆组织与会馆建筑在其发展历程中不断经历着兴衰存废。读《京师坊巷志稿》，常有这样的语句："某某胡同，旧有某某会馆，今废。"这些废了的会馆，意味着组织功能已亡，而其建筑功能必然随之转化。

明万历三十六年（1608 年），在京的江西乐平县人士买下了位于今东城区前门街道长巷四条 12 号的本省余干会馆，于是这里改换门庭为江西乐平会馆，是个拥有 24 间房、具有一定规模的县馆。会馆建筑功能虽未改变，会馆的组织权属和服务的组织群体发生变更。当下这里作为会馆建筑遗存的功能为北京民居院。

清乾隆六十年（1795 年），广西邕州（今南宁）、思恩、太平三府在京人士在同乡京官张鹏展的召集下，购得今西城区广安门内街道校场三条 2 号地方，建为广西南馆（广西三府馆）。几乎在同时代，河北人士在西城区陶然亭街道贾家胡同 43 号建起由两进院 48 间房组成的省级会馆——直隶会馆。光绪四年（1878 年）的一场火灾，让广西南馆毁为焦土，广西人无力筹款修复，如此放置了 31 年。宣统二年（1910 年），直隶京官计划拓建与广西南馆相邻的杨继盛祠，经与广西南馆协商签约，交换贾家胡同和校场三条两处房地。于是，贾家胡同 43 号直接更改门额为广西南馆新馆，校场三条 2 号被清理废墟，由河北人集资与达智桥 12 号连片改扩建，形成我们今天看到的同乡会馆（杨继盛祠）。在废墟上建起的谏草亭等会馆建筑群落，现仍较为完好地存在于校场三条 2 号院内，只不过这一院落的功能现为民居。而贾家胡同的广西南馆新馆则已在几年前的城市变迁中消亡。

清乾隆三年（1738 年），在京为官的江西新建县人曹秀先主持本籍人士

筹款，在位于今西城区宣武门外大街 28 号的地方建起一座规模不大的县级会馆——江西新建会馆。一个半世纪后的光绪九年（1883 年），在京江西人士共议，以新建会馆为基址扩建省级会馆——江西会馆，这也成了江西省会馆在经历了明代的京城独大和清代的黯然低调后的再度辉煌。这座江西省馆占地近 8 亩，有房 150 余间。建筑十分考究，磨砖雕花门楼上方镶有张勋所书"江西会馆"匾额。临街为一排半西洋式楼房，外有铁栏围墙。院内有两座举子楼，一座值年执事楼；戏楼坐西朝东，三面为双层看楼，包括池座在内，配有大戏台和大罩棚，可容纳两千多人集会或观赏演出。民国时代的许多政治事件（如蔡锷追悼大会、"政学会"成立大会、全国公民代表大会、陈师曾追悼大会暨画展、刘和珍烈士悼念大会）和重要演出都在江西会馆举办。会馆组织终结后，馆址功能先后被重构为北京市服装防护用品厂、北京市第三服装厂、北京长城风雨衣公司等，至 20 世纪 80 年代，会馆建筑及其格局依旧；但在建长城风雨衣公司办公大楼时，所有遗迹全被夷平，后大楼功能又经多次调整，现为综合写字楼。

以上三个故事似可粗略勾勒出会馆功能变迁的轮廓。20 世纪五六十年代，随着各地会馆馆产交予北京地方政府，会馆组织正式终结；会馆建筑或由区房管部门转为北京民居，或由各类单位使用，会馆建筑功能全面重构。改革开放以后，特别是 21 世纪以来，随着北京城市建设的迅速发展，大量会馆建筑在城市整体变迁中被拆除，包括那些保有重要历史文化信息和重大历史事件发生地的会馆，也在这一无以抗拒的大潮中消失殆尽。这一过程现在也已成为历史，尽管离我们很近，但已无法挽回。人们对此或有遗憾，但这总体上是会馆功能、会馆文化融于新城市功能的历程，是时代转换中的历史插曲，遗憾已无意义。

这一历程当下有所放缓但还在继续，这使得会馆建筑的抢救成为当务之急。据笔者的调查，截至当前，北京尚有会馆建筑遗存 222 处，按会馆籍属统计，分别为合署会馆（湖广）1 处，北京 4 处，河北 9 处，山西 11 处，内蒙古 2 处，吉林 1 处，上海 3 处，江苏 12 处，安徽 19 处，浙江 20 处，福建 16 处，江西 20 处，山东 5 处，河南 8 处，湖北 24 处，湖南 10 处，广东 19 处，广西 2 处，重庆 1 处，四川 5 处，贵州 4 处，云南 6 处，陕西 18 处，甘肃 1 处，台湾 1 处。按北京现行区划分布统计，分别为东城 51 处，西城 167 处，朝阳 1 处，丰台 1 处，门头沟 1 处，通州 1 处。按街道区域统计，最为集中的是东城区前门街道、西城区大栅栏街道和广安门内街道，分别为 47 处、48 处和 42 处。在快速城市化的今天，如何找到这些会馆新的存在价值，在会馆的功能转换中，实现会馆的保护和开发，是我们必须解决的新课题。

三、北京会馆文化的保护开发与会馆功能重建

以怀特等人为代表的"新进化学派"认为，文化的发展不是静止和凝固的，而是连续的、不断进化的，文化进化的标志就是人类获取能量的增长，而且文化与环境之间存在着互相适应的关系。城市的发展目标永远是满足城市功能和城市中人的需要，这正如 500 年前会馆的诞生以及 500 多年的会馆史所体现的那样。

如果我们把会馆看作是一种文化现象，则文化存在着三重结构或者三个层次。物质的：文化的外在体现形式；制度和风俗的：文化的社会结构体现；精神的：文化的价值观建构。就像我国著名学者钱穆所说：物质的，面对的是物世界；社会的，面对的是人世界；精神的，面对的是心世界。北京会馆实际上也是一种文化现象，也存在着居住、聚会场所，社会组织制度及风俗体现，地方文化、乡土社会价值延续等不同的功能。其文化功能也是随着会馆的兴衰而时断时续，时强时弱。

当下北京会馆保护的关键，是文化功能的开发，是如何在新城市建筑层出不穷的时代实现从建筑居住功能向文化功能的转换。北京会馆的存在意义，不仅在于其建筑外观的历史及区域文化特点的物质层面，也包含风俗制度、人际关系和传统价值观的体现。北京作为一个具有深厚历史和多元文化存在的国际大都市，不能没有会馆的存在。其存在的价值，是在实现保护的前提下向文化传承功能转换，用于历史教育、文化旅游、创意产品开发、商业文化开发、城市形象呈现等等。只有功能重建，才有保护开发的动力，只有会馆文化价值的日益凸显，才更有利于北京会馆的保护和

续存。

理论要和实践相结合。根据笔者对现存222处会馆建筑遗存的分类梳理，认为至少可以有以下四个重构路径：

第一，222处中有一半左右的会馆，它们要么在500年的历史进程中，文化价值的代表性偏弱；要么在50多年的新近变迁中早已面目全非，建筑价值的代表性偏弱。这些会馆建筑遗存完全可以如业已消亡的686处会馆一样，在融入当下北京城市功能的历程中悄然逝去，它们将存在于历史文献的描述中，可以让对此感兴趣的人尽其想象。我们现在要做的是把它们的现状抢拍下来，存储其当下时点的现状，记录下其准确的地理坐标，为其建档，成为以后的历史资料和文化创作的源泉。

第二，222处中的另一半，它们要么至今保有着会馆建筑的相对完整性，要么承载着历史上一些重要的政治文化因子。我们不仅要把其现状拍下来、记下来，还要请建筑专业人士对其进行测验，存储其历史建筑数据，记载其建筑格局特征，成为研究会馆功能变迁的个案标本。当它们必须为当下城市功能做出牺牲时，我们则已保有其完整信息，并可将这些信息以一种特定的形式复制或标识于其原有位置。

第三，对那些经过测绘并完整保有会馆信息范畴中，最具代表性（政治、文化、建筑）的会馆遗存，进行单体修缮保护，在保存原有建筑风貌的前提下，进化当下功能或实施功能重构。对于这部分会馆，近年来的实践至少已找寻出几个成功的路径，分别为：

首先，原址腾退并予保护修缮，变更或部分变更当下功能。如腾退修缮并开发新商业功能的湖广会馆；腾退修缮、保持传统会馆功能并赋予新内涵的台湾会馆；腾退修缮以使濒于破坏的历史建筑得以延续生存、但处于闲置未能完成当下重构功能的安徽会馆戏楼、山西颜料会馆等。

其次，通过保护性修缮维护，兼顾功能的适应性调整和保持其会馆文化的标本意义。如曾经作为单位使用、位于西城区广安门内街道上斜街91号的陕西关中西会馆，现正在进行建筑修缮，将调整用途为公办幼儿园新址；如诸多一直用于民居的会馆院落的建筑修缮和内部功能改造。当下特别应该引起关注并给予保护的，如位于东城区前门街道草厂五条 27 号的湖南宝庆会馆，它的规模、规制、建筑特色等给予笔者的冲击力，特别是当地住户对会馆文化的认同与自豪，让笔者走进其当下时，就已被它的会馆建筑魅力和散发出来的会馆文化要素所折服。此类会馆尤应整体保护修缮，成为会馆文化的标本和延续载体，当然更需对其内部改造以使适合于这些会馆文化传承者的现代生活需要。

最后，兼顾当下城市发展与保护北京会馆文化的一种妥协变通式做法——易地保护、就近复建。这在西城区有潮州会馆的复建并成为当下现代化小区的重要景观和小区配套设施的成功案例，有东城区在前门地区整体改造升级中对大江胡同等重要空间节点各会馆的原地腾退复建保护（但复建后的功能重构尚未全部实现，多数处于闲置状态）。这种做法使会馆及所代表的城市文化得以延续和发展，仍是一种积极的方式。只不过需要实施者在对其进行当下功能重构时，进行综合考量，不应首先将保护的行为目标定位于经济效益。会馆本身就是社会公益的代名词，当年的会馆功能在满足城市社会需求的同时，对城市经济发展的贡献也是不言而喻的。所以应该从广义层面评价会馆修复工程的经济效益，在会馆文化传承和会馆建筑保护上更多地应该是政府主导和政府行为。我们已经在经济爬坡阶段失去了许多宝贵的会馆文化建筑和会馆文化传承资源，在当下经济处于新常态的历史阶段，更应在经济与文化传承兼顾的同时倾斜于文化传承效益。所以笔者建议对经过腾退保护并经修缮的会馆建筑，应尽快加以利用，否则修缮的收益就会大打折扣，甚至多年后又要投入修缮；而使用的主体应首选机构、组织办公和社区公益文化事业，这既有利于会馆建筑保护，也有利于会馆功能重构与城市功能需要的统一。

第四，对会馆建筑遗存相对集中的街区做区域化保护规划和整体开发利用（如前门、大栅栏、广安门内区域），以使会馆文化在当下得到整体性保护传承，而在针对区域内的每个会馆建筑遗存个案时，则可根据其特点分别采取以上三种具体方法区别对待。会馆文化是北京文化的重要组成，这些区域也正是会馆文化发展历程中的重要城市空间，是北京最具会馆文化代表性的特色街区，整体性保护与开发，既有利于会馆建筑功能在当下的规模化重构，更有利于会馆文化适应当下的城市环境，在进化中汲取能量，为北京文化发展做出新贡献。

当下，保护北京会馆文化处于重要的历史拐点，需要政府和社会的高度重视。笔者认为，实现功能转化是会馆建筑重获生命的重要路径，而解构会馆功能、客观分析会馆功能变迁，有利于对现存会馆建筑进行保护开发规划，有利于科学地获得会馆建筑功能进化与会馆文化保护的双赢，为北京文化的保护传承积累经验，为北京文化产业的发展奠定基础。

现代建筑设计中的民族文化呈现

谭启钰 *

摘要：全球化背景下，现代建筑设计与工业化整合，以功能性为最高宗旨，造成越来越多千篇一律的城市，冷漠、单调、缺乏亲和力。怎样解决全球化与地域性的矛盾，创造有生命力的建筑作品，是当代建筑师亟需解决的问题。建筑师保持对新材料、新技术应用的热情，同时不割裂本国民族文化的传统，而是植根于丰厚的民族文化土壤，设计出符合大众审美认知的作品，应是全球化侵袭下现代建筑设计的发展方向。

一、建筑与民族文化的关系

"建筑是凝固的音乐，音乐是流动的建筑"。建筑是民族文化呈现给世界的方式和途径，是民族文化展示给世界的物理表达方式。当我们来到一个城市，这个城市的建筑会给我们留下最深刻的第一印象，也是我们接触、了解这个城市的第一印象。

建筑作为人类文明的瑰丽结晶，随着时代的变迁，在不同的地域呈现不同的风貌，反映着不同的民族文化。提到欧洲，我们可能会想到华丽的巴洛克风格建筑。而如果你跟一个外国人提起中国，也许第一时间浮现在他脑海里的，是北京的天安门广场和西安的古城墙，分别代表着中国的现

---

* 谭启钰，DAO 陆道股份副董事长，复旦大学 MBA，主持专题研究并设计了成都市锦江区世界生态田园城市示范区的专题研究及概念规划。

在和过去。如果把场景换到东南亚，映入眼帘的则是遍地不分室内室外的茅草屋了。这些场景，就是建筑反映不同民族文化的最简单、最直观的感受。

二、全球化与地域性的矛盾

随着全球化的迅猛推进，上述的场景可能有所变化。从某种意义上来说，地球正在变得越来越小，世界文化也有着趋同的趋势。从身边的例子我们就可以很明显地感受到，美国人和中国人听着同一个音乐榜单推荐的歌，好莱坞推出的大片在中国卖出好几个亿的票房，英国王妃的穿衣打扮成为中国女人跟风模仿的对象。这在过去，几乎是不可想象的。然而在世界范围内，全球化带来的赞美和争议是并存的。中国，作为一个在上世纪初被迫打开国门，被迫席卷进全球化浪潮的国家，也面临着全球化与保持民族性的矛盾。人们忧虑中国传统文化、民族文化，在全球化的裹挟之下，在来势凶猛的西方文化冲击之下，产生粗暴的断层和缺失。

体现在建筑领域，则表现为发端于西方，植根于技术进步，追求实用性的现代建筑的风靡。一个世纪以来，外来的建筑文化成为引导中国建筑发展的主流，原有传统气息的建筑受到排斥，本国的传统文化受到破坏和隔断。以至于人们发出感叹，全世界的大城市正在变得越来越雷同，到处可见同样的摩天大楼，同样的钢筋铁骨。当你置身在现代城市的街头，恍惚间已经分辨不出，这是在上海、芝加哥，抑或东京？这个问题引起了人们的忧虑。现代建筑发展至今，固然有其经济上、功能上的优越性，然而在许多有着优秀文化传统的国家和地区，已不满足于现代建筑的单一文化模式，而纷纷提出对本国文化、本地区文化的重视，提出必须重视建筑的文化特性，尊重当地建筑文化传统的观点。

三、中国现代建筑不应割裂文化传统

清华大学建筑学院教授、中国工程院院士关肇邺认为，中国传统建筑历来讲究建筑与建筑群之间的和谐，建筑与自然界的和谐。[1]"廊腰缦回，

---

〔1〕 关肇邺："浅析建筑与地域文化"，载《华中建筑》2004年第3期。

檐牙高啄；各抱地势，钩心斗角"，就是对中国传统建筑和谐一体的生动描绘。相比之下，西方现代建筑非常重视个性化。

举例来说，造型夸张的中央电视台总部大楼（如图1）可以说是西方现代建筑文化影响下的产物。喜爱它的人称赞其时代精神，憎恶它的人批评其古怪造型，是一件备受争议的建筑设计作品。但是，这并不是个例，西方建筑设计师正在中国各大城市留下这样的作品。

图1　中央电视台总部大楼

当然，这并不是说，西方建筑师设计的作品就是纯粹的舶来品，从而与当地的民族文化割裂开来、毫无关系。有些西方建筑师，在作出设计方案的时候，也会试图汲取当地的民族文化，或者通过与本土建筑师的合作，达成文化上的理解和共识。如果说，外来的、对中国文化并不是非常了解和熟悉的西方建筑师尚且可以做出这种努力，对于大量从业的本土建筑师来说，难道不是更得天独厚，也更应当从我们的传统民族文化中汲取营养，设计适合中国文化、中国人喜欢的建筑作品吗？

四、日本建筑设计发展之路的经验借鉴

日本是一个与中国有着深厚文化渊源的国家，也是亚洲实现现代化最早的国家。在接受全球化洗礼和保持本民族文化特性的道路上，日本有大量的经验可供借鉴。东京大学教授铃木成文曾经指出，日本"从 19 世纪进入近代，转向学习欧美，但此后重视建筑的地方特点、历史文脉的渊源，这些问题在建筑教育中也受到重视。"[1] 1986 年是日本建筑学会成立 100 周年，日本建筑界邀请亚洲建筑界人士共同谈谈关于亚洲建筑的发展前景问题。会上学者们认为，一味效仿西洋模式的建筑现代化是没有出路的，而一致同意把"文化"、"传统文化"、"文脉"提到建筑发展不可忽视的高度。

当代日本建筑大师丹下健三 1964 年设计的东京代代木奥林匹克国立综合体育馆（如图2），曾被誉为日本现代建筑的顶峰。这幢建筑具有非常先进的结构和全新的建筑造型，但屋顶却闪耀着日本古代寺庙建筑的气质，传达出一种潇洒飘逸的风格。其在现代建筑中努力融入日本文化的举措，获得了业界内外的巨大认同，被世界公认为日本现代建筑中最具民族特色的建筑。

图2　东京代代木奥林匹克国立综合体育馆

日本另一位建筑师黑川纪章认为，技术应与地域文化融合起来，这样可以创造出新的地域文化。黑川把一个民族的精神、生活方式、空间品格、场所气氛等视为地域的"看不见的传统"，并在创作中非常重视这些因

---

〔1〕 郭黛姮："建筑文化对现代建筑的价值——试论日本建筑创作道路"，载《建筑学报》1996 年第 6 期。

素,[1]从而创造出了许多杰出的作品。

可见,建筑师保持对新材料、新技术应用的热情,同时不割裂本国民族文化的传统,而是植根于丰厚的民族文化土壤,设计出符合大众审美认知的作品,应是全球化侵袭下现代建筑设计的发展方向。沿着这个发展方向,建筑师们创造了许多优秀的设计作品。

五、现代建筑设计融入民族文化案例

(一)金茂大厦

金茂大厦(如图3)竣工于1999年,楼高420.5米,位于上海浦东新区黄浦江畔的陆家嘴金融贸易区。金茂大厦毗邻上海地标性建筑物东方明珠、上海环球金融中心和上海中心大厦,与浦西的外滩隔岸相对,是上海最著名的景点以及地标之一。塔是中国传统建筑形式,最初由古印度传入我国,随着佛教的发展逐渐与我国的建筑风格相融合,演变出多种多样的塔式风格建筑。金茂大厦为了融合中国传统文化,特意设计成塔楼式,成为现代建筑设计融入民族文化的优秀案例。

图3 金茂大厦

(二)苏州博物馆

苏州博物馆(如图4)是中国地方历史艺术性博物馆,位于江苏省苏州

---

〔1〕 何磊:《地域主义与建筑设计》,天津大学2004年硕士学位论文。

市东北街。1960 年建立，新馆于 2006 年 10 月建成，设计者为著名的建筑设计大师贝聿铭。贝聿铭为新馆确定了"中而新，苏而新"的设计理念，以及被称为"不高不大不突出"的设计原则。苏州博物馆的馆址为太平天国忠王李秀成王府遗址，面积 8000 多平方米。全馆分为东、西、中三路，中路立体建筑为殿堂形式，梁坊满饰苏式彩绘，入口处侧门有文徵明手植紫藤。苏州博物馆中随处可见的洞月门、漏窗，光影交错下那清晰的轮廓和剪影效果，都传达了浓浓的中国传统园林风格。[1]

图 4　苏州博物馆

（三）中国金融信息中心

中国金融信息中心（如图 5）坐落于中国上海黄浦江畔，毗邻东方明珠。建筑面积 7 万平方米，2014 年 1 月 1 日建成投入使用。中国金融信息中心的业主是新华社，这里将成为中国经济和金融信息采集与发布的重要阵地，成为全球金融资讯的中心港，向全世界发出"中国声音"。建筑形象构思为一颗坐落在宝石盒上的蓝宝石。在中国传统文化中，蓝宝石华贵、高雅，象征财富和智慧，"宝石盒"的横线条则指代信息和财富的传播，建筑整体形象贴切诠释这一金融贸易项目的功能属性——金融信息平台特质。同时，其形象立意与相邻的上海市地标建筑"东方明珠"珠联璧合，晶莹

---

〔1〕　张琪、钟晖："'新'和'旧'的诠释——解读苏州博物馆的美学内涵"，载《华中建筑》2011 年第 3 期。

剔透的蓝宝石会同溢彩流光的东方明珠与黄浦江交相辉映，构成一幅别具一格的"东方明珠宝石交辉映、浦江碧波秋水流溢彩"的如梦画卷。

图5　中国金融信息中心

（四）海南世茂月亮湾酒店

对于中国人来说，月亮不仅仅是天文意义上的，从书画、诗词到音乐，再到对浪漫爱情的追求，月亮对中国文化都有着深远影响。酒店的设计灵感来源于两处：一则是当地月亮湾之地名，二则是诗人张九龄所写的《望月怀远》中"海上生明月，天涯共此时"的浪漫情景。塔楼部分为一个自南向北向上倾斜的月牙形，从基地南面的铜鼓岭可以看到完整的月亮形象。设计师选择"月光下的浪漫"作为占领市场的主题，以海滩、热带风情、休闲、度假和月亮等元素全面烘托，设计师针对各个不同的节日庆典对酒店灯光进行特殊设计。以月亮为主题，在月亮湾打造具有地标性的酒店，有得天独厚的优势。酒店以月亮湾美景吸引游客，而月亮湾也将以世上独一无二的月亮酒店出名。

图6　海南世茂月亮湾酒店

（五）河南陈家沟太极文化生态园

中国文士阶层有"以文会友"的优秀传统，"或十日一会，或月一寻盟"的雅集现象是中国文化艺术史上独特景观，最早就诞生于河洛地区。河南陈家沟太极文化生态园（如图7）整体分为河洛小镇和太极养生小镇两大部分。河洛小镇位于项目西北角，顺势承接项目北部陈家沟古村落，设计回归传统，创造中国传统生活的范本。太极养生小镇按照分散发展的布局原则，布置了七大雅集社区，每个雅集社区以便捷的路网及景观水系相联系，但又互不影响。设计师旨在中国传统文化之源——太极文化的基础上，重塑一种逐渐迷失的中国式生活形态，重现一缕生活的文脉，重拾一种生活的从容。

图7　河南陈家沟太极文化生态园

六、建筑设计中呈现民族文化的意义

建筑是集文化与艺术、技术与材料于一体的综合体。建筑的意义不仅仅是建筑的物理形式本身，更多的是在于它创造的空间和环境，所担负的功能和所承载的文化。它和人们的日常生活密切相关，人们在其中工作和生活。建筑设计中呈现民族文化，具有多方面的重要意义。

（一）独特的风格

不同地域的文化具有不同的风格及特点，植根于当地文化的建筑设计，其构思和最后呈现出来的形象必定是独特的，是当地独有的。诞生于当地的文化背景之中，具有特定态度和情怀的特色建筑，而不是流水线上千篇一律的产品、全球化侵袭下千城一面的复制。而只有风格独特的作品，才具有美学上的欣赏价值，才能获得大众的认可，成为一个成功的建筑作品。

（二）文化价值体现

建筑是文化的载体，而且是最为直接、最为普遍和必需的载体之一。从时间上来说，中国传统文化体系博大精深、源远流长；从地域上来说，中国地大物博，民族文化多姿多彩。在建筑设计中呈现民族文化，是当地文化价值的体现和传承。这种文化价值，深深融于中国人的血脉之中，通过建筑这一物理形式，得以表达和呈现，并且流传下去。

（三）区域文化环境强化

只有融入了民族文化的设计，才能真正得到中国人的心理认同，符合中国人的文化价值观，形成良好的大众认知度，形成人和建筑之间的亲和力，才能成为真正优秀、经得起时间考验的建筑作品。反过来说，一个呈现优秀民族文化的作品，在日常的观摩和使用中，在各种媒体反复传播的过程中，也代表了区域的形象，加深了对区域文化的认知和传播。这是一种双向的、不断深化的互动过程。

（四）商业价值开发

一个有文化的建筑，是有生命力和有风格特色的建筑。而有特色的产品才能形成利于传播的品牌，产生更好的商业价值。这种开发和设计的思路，是对急功近利、涸泽而渔开发模式的摒弃，是植根于当地民族文化、风土人情，追求与自然和谐的、与环境和谐的、与人居生活和谐的建筑设计和商业开发，以文化主导、带动经济，让商业从文化中生长，这也是当代开发商和建筑师的使命。

开平碉楼里的华侨文化

张焕萍 *

摘要：开平碉楼作为一种侨乡特有的建筑形式，承载着一个特定时期的华侨文化信息，也是一个时代的侨乡历史文化的缩影。作为国际移民文化的遗产，开平碉楼反映了一种跨国迁移所带来的文化交流与文化融合；作为一种侨乡文化，开平碉楼体现出当时华侨文化对中华文化的反哺；作为中华文化主动接受外来文化的历史见证，开平碉楼展现了中华文化的自信、开放和包容。

广东开平是著名的华侨之乡。在开平方圆 1659 平方公里的土地上，碉楼星罗棋布，现存碉楼就有 1833 座，据称最多时达 3000 多座。开平碉楼多兴建于 20 世纪二三十年代，是集防卫、居住和中西建筑艺术于一体的乡土建筑群体。它们由分布于世界各地的华侨吸取各自侨居国的建筑风格，结合中国建筑传统设计建造。其建筑艺术和装饰风格在世界上可谓独树一帜：古希腊的柱廊、古罗马的柱式、伊斯兰的铁雕、巴洛克建筑的山花、新文艺运动的装饰手法以及工业派的建筑艺术表现形式都融入其中，反映了侨乡文化的超前性和创新性，或者说华侨文化的包容性和开拓性。无论是碉楼的建筑风格，还是其中所陈设的器物，或体现的文字，所反映的是跨国迁移所带来的文化交流与文化融合。

---

* 张焕萍，中国华侨华人历史研究所助理研究员。

一、移民文化·华侨文化·碉楼

简单而言,移民文化是移民社会产生的观念形态文化,或者说是移民社会中人们的精神活动及其产品,包括宗教、哲学、伦理道德、艺术、政治法律思想等成分。它是随着移民原有文化与移居地"土著文化"之间相互影响、相互冲撞的结果。华侨文化是近代中国人在大规模向海外迁移的同时将中华文化传播到异域,在侨居地形成的以中华文化为中心、以中国为认同取向、以儒家思想为核心价值体系,同时兼容吸收异域文化的一种特殊的文化形式。华侨文化是侨居社会的产物,属于移民文化的一种。它是随着华侨的出现而产生,并以华侨为传播主体的文化。作为一种文化类型,它是在鸦片战争以后形成的。由于华侨在语言、习俗、价值观念等方面深受中华文化的影响。同时,他们身在侨居国,又深受侨居国文化的浸染,潜移默化地接受着当地异质文化的熏陶。因此,华侨文化有中华文化和侨居国文化两个源头。华侨文化既是中华文化的一部分,也是侨居国文化的一个分支,具有明显的跨文化、跨地域的特点。侨乡文化是一种区域文化,有着特定的地区烙印。不同的侨乡,如五邑侨乡、潮汕侨乡、梅州侨乡,虽有共通之处,却有着各自不同的特点。从本质上说,华侨文化属于移民文化的一种。

华侨把外国文化传回自己的故乡,有多种方式:一是把国外的思想和观念传回来,使侨乡在许多方面在全国起到开创先河,开全国风气之先的作用;二是把外国的先进科学技术传回家乡,促进侨乡的技术进步;三是把侨居地语言中一些词汇传回故乡,形成独特的侨乡"半唐番"语言;[1]除此之外,还有一种就是将外国的建筑式样引进中国,碉楼即活生生的例子。在中国的文化地图上,碉楼文化是岭南侨乡文化的独特形式,集中体现了侨乡宽厚包容、勇于创新的文化特质。近年来,碉楼文化受到越来越

---

〔1〕 余定邦:"中华文化、华侨文化与侨乡文化",载《八桂侨刊》2005年第4期。

多研究学者的关注。[1]随着开平碉楼与村落被列入《世界遗产名录》，开平碉楼的文化价值和文化意义更多地呈现在世人面前。

二、开平碉楼是一个时代的华侨历史和文化的缩影

碉楼是侨乡重要的历史文化资源。说它具有很高的历史文化价值，因为它是一个时代的产物，蕴藏着丰富的华侨历史信息。这些建筑多数产生在 20 世纪前 30 年，当时开平华侨主要集中在北美和东南亚地区。由于第一次世界大战的战场在欧洲，北美和东南亚地区正处于稳定发展时期，因此这些地区的华侨受战争的影响不大，从而有机会积聚起了一定的经济实力。这是侨乡出现大量中西合璧碉楼的经济基础。但当时的华侨与现在的出国移民有很大不同，他们有着深刻的叶落归根思想，一心想着与故土的亲人团聚，这是侨乡出现大量碉楼的思想基础。如果没有这个经济基础和思想基础，碉楼是不可能出现的。华侨长期在海外艰苦拼搏，想回家乡安度晚年，需要一个安全的环境。华侨在国外日夜操劳，寄钱回乡赡养双亲和妻儿，也希望家里的财产安全有保障。在一段时间里，侨乡匪患扰民，为了自保，村民只得加强村庄的防卫。为保障家乡财产安全，华侨捐资在村中建碉楼，购置枪械以自卫。有的华侨还出资建筑防御和民居两用碉楼，让自己的亲人住进去以保平安。所以说，这些中西合璧建筑的出现，有着时代的烙印，是一个时代的产物。

碉楼背后的历史其实是令人心酸的。鸦片战争后，不少开平人为了生计被迫背井离乡，以"卖猪仔"或"契约华工"的形式向海外移民，主要是去向美国、加拿大这些国家，前去修铁路、开金矿。此时正值西方资本主义快速发展时期。在英国历史学家汤因比看来，当时整个世界几乎都只能在主动西化或被迫西化两者中做出选择。华人在当地社会往往受到严重的种族歧视，不被当地主流社会所接纳。因而他们只能回家解决自己人生的三件大事：买地、盖房、娶媳妇。从碉楼建立的年代，我们也可以看出

---

〔1〕 张国雄、梅伟强等在《开平碉楼》、《岭南五邑》、《五邑文化源流》、《侨乡文化纵论》、《五邑华侨华人史》等著作中进行了大量论述；郑泽泓、司徒尚纪、郑德华、邝积康、胡波等人的论文也对碉楼建筑进行了初步探讨。

一些蛛丝马迹：在 1833 座碉楼中，建于美国、加拿大等国实施排华政策时期的有 1648 座，占现存碉楼总数的 89.9%，19 世纪末到 20 世纪 40 年代以前成为开平碉楼与村落发展的兴盛时期。1941 年，太平洋战争爆发，日本侵略军占领香港，侨汇难以进入国内，开平也就失去了建碉楼的经济来源。所以，1941 年以后兴建的碉楼非常少。1949 年，中国进入了新的发展时期，社会环境发生根本改变，开平侨乡也就没有兴建碉楼的必要了。

三、开平碉楼所体现的华侨精神

碉楼既是一种建筑文化，也是一个地区历史与文化的载体。它是由分布在世界各地的华侨吸取各自侨居国的建筑风格，结合中国建筑传统而设计建造的。这种亦中亦西、亦土亦洋的建筑风格，蕴涵着独特的华侨文化信息。

（一）碉楼展现了华侨拼搏进取、开拓创新的移民精神

华侨出国最主要还是为了自身或家庭的生存发展，其本身就代表了一种勇于挑战、拼命劳作、锐意进取的精神。就像美国史学家 H. S. 康马杰描述美国早期移民那样，"他们从不知道失败、贫穷或是压迫；他们认为这些不幸是旧世界所特有的……他们终于得到这样一个信念：没有什么事情是办不到的，而且除非得到彻底胜利就决不罢休"[1] 为了让宗族亲人不在受匪患侵扰，华侨用自己在海外卖"苦力"的钱寄回家，建起一座座碉楼。这是与华侨通过艰辛劳作追寻梦想的移民精神分不开的。

（二）碉楼体现了华侨开放和包容的心态

由于移民频繁与所在国进行交往，所以往往比较容易接受新事物，相对而言更加开放和包容。这一点在开平碉楼上也有所体现。大多数碉楼的建造完全按照主人的意愿，随意选取不同国家的建筑符号，综合加工并自成一体。开平碉楼大胆地模仿了西方各历史时期的建筑符号，如古希腊的柱廊、古罗马的拱券和柱式、伊斯兰的叶形券拱和铁雕、哥特时期的券拱、巴洛克建筑的山花等艺术表现形式等等，而"并不单纯是某一时期、某一

---

〔1〕 H. S. 康马杰：《美国精神》，光明日报出版社 1988 年版。

国家或某一地域建筑艺术的引进"，"它是中外多种建筑风格碎片"的组合，这在中国其他地方的建筑中是不多见的。

侨乡人民在建造碉楼的时候，并不是简单照搬西方，而是经过了"筛选"和"过滤"，取其精华去其糟粕，并根据侨乡的实际加以改造为己所用。这些碉楼，虽然在外观上融合了多种宗教、多种地域的特色，但从内部结构看，仍摆脱不了传统开平民居厅、房、廊的格局。往往中间是厅堂，两侧各有一个厢房，而有廊把厅堂和厢房连起来，厨房一般设在廊里。厅堂设有历代祖先神位，厢房是人居的地方。在一幢外形酷似洋楼的房子里，中国传统的各种神位：天神、门神、灶神和土地神一应俱全。此外，在其他很多细节之处，民族性的成分都非常强烈地体现出来。如中国传统的灰雕手法、匾额等中国传统建筑习惯等，都体现着中国传统的乡土建筑风格。所以说，虽然碉楼的外表有些西化，但它的内核还是民族的、传统的。

必须提及的是，除了碉楼，中国领土上也有其他西方风格的建筑，如广州沙面建筑群、上海外滩建筑等，但这些建筑文化的传播一般都带有西方殖民色彩，而开平碉楼则是华侨主动吸取外国先进文化的产物。它突出反映了开平华侨一种自信、从容的气度，开放融通、择善而从的文化心理，古为今用、洋为中用的处世态度。这种自信从容的非凡气度正是中国传统社会必然走向近代化的基本条件之一。

（三）碉楼体现了华侨文化的先导性特征

开平碉楼现存 1833 座，它们风格各异，没有任何两座造型是重复的。有专家指出，"从材料、功能和结构上，可以看出当时华侨受西方个性张扬、观念自由的影响很深，他们标新立异，也传递着一种相互攀比和光宗耀祖的意思"。笔者认为，这同时也是华侨敢为人先、求新求异精神气质的体现。他们给家乡带来新的生活方式和思维方式，引导侨乡人民抛弃旧的落后的行为模式与观念，从而成为文化的先导。

四、碉楼体现了华侨文化对中华文化的反哺

从历史的角度出发，今天应该更多看到的是这样一个现象，那就是当年华侨文化对于当时的中国社会文化的反哺。这种反哺主要表现在两个方面，即外来物种和外来文化的引进，对中国以及中国人思想观念和生活方式的改变。

住在碉楼里的民众，"衣服喜番装，饮食重西餐"，"婚姻讲自由，拜跪改鞠躬"（民国《开平县志》），成为侨乡的一道亮丽的风景。男人们戴礼帽，穿西装，打领带，脚登进口牛皮鞋，抽雪茄，喝咖啡，饮洋酒，吃牛排，出门骑自行车或摩托车；女人们喷法国香水，抹"旁氏"面霜，涂英国口红，非常的摩登。薄薄的丝袜，即使在改革开放以后的 20 世纪 80 年代中后期，也是城市女人们追求的高级奢侈品。可是，在 19 世纪末 20 世纪初的开平乡村，玻璃丝袜已经是乡村女人们的日常用品了。在生活用具方面，从暖水瓶、座钟、碗盘、留声机、收音机，到浴缸、抽水马桶、抽水机，也处处可见"舶来品"的痕迹。

在语言上，见面说"哈罗"，分手说"拜拜"也成为一种当时的时髦。开平方言对英语音译的一些外来词汇也慢慢进入人们的日常用语。如开平人将球叫做"波"（ball），奶糖叫做"托肥"（taffy），护照叫做"趴士钵"（passport），说"对不起"用"梳里"（sorry），称面子为"飞士"（face）等等。[1]

此外，随着侨乡人民物质水平的提高，西方近代的国家意识、民族意识和民主意识也逐渐被侨乡民众所接受。开平碉楼和村里一些洋楼大多都竖有旗杆，凡遇重大节日必定悬挂国旗，这是当时侨乡的风气。在碉楼外部，民国的标识（白日）也处处可见。开平民众甚至还独创了"圓"字，用以表示民国，象征"以民为主、以民为中心"。使用"圓"字在当时的开平是非常普遍的现象。

五、结 语

开平碉楼以建筑的形式，直观反映了当时东西文化的碰撞与融合的历史。正如张国雄教授和摄影家李玉祥在合著的《老房子：开平碉楼与民居》

---

〔1〕 张国雄："从开平碉楼看近代侨乡民众对西方文化的主动接受"，载《湖北大学学报（哲学社会科学版）》2004 年第 5 期。

一书中写道：有一种习惯认识认为中国传统社会的底层是一支排斥外来因素的重要力量，中国的近代化基本上是殖民的产物，即使有自动的接受，也主要是社会上层的行为。在开平碉楼和民居面前，要重新审视这一观点，开平碉楼是当地民众自动接受外来文化创造的。古代中国底层民众并不盲目排斥外来文化，至少东南沿海地区在外来文化冲击面前表现出不自卑、顽固、封闭、排斥，而是自信、开放、包容的心态，以我为主，为我所用。[1]

开平碉楼带来这样一个启示：不同文化之间最好的相处，不是彼生此灭，而是相互吸收、相互融合，唯有如此才可能获得更好的发展。在面对异质文化的时候，自信和包容并不一定意味着自身文化的丧失，反而有可能会更好地保存本民族的优秀文化遗产，并且在创新中获得进步。在今天文化全球化的进程中，民族文化的保护与发展问题不可避免，而这一问题也的确值得深思。笔者认为，只有当一个民族积极融入文化全球化，并在全球化过程中创造自己民族文化的新特色，提升"民族性"并体现"世界性"，才能获得民族文化的永续发展。

---

〔1〕 张国雄："从开平碉楼看近代侨乡民众对西方文化的主动接受"，载《湖北大学学报（哲学社会科学版）》2004 年第 5 期。